La memoria posible

Ubaldo Plaza

La memoria posible
Ubaldo Plaza

Editado por:
PUNTO ROJO LIBROS, S.L.
Cuesta del Rosario, 8
Sevilla 41004
España
902.918.997
info@puntorojolibros.com

Impreso en España
ISBN: 978-84-15761-7-85

Diseño de cubierta:
© 2013 Ariadna Plaza

Maquetación, diseño y producción: Punto Rojo Libros
© 2013 Ubaldo Plaza
© 2013 Punto Rojo Libros, de esta edición

Quedan rigurosamente prohibidas, sin la autorización por escrito de los titulares del copyright, bajo las sanciones establecidas por las leyes, la reproducción parcial o total de esta obra por cualquier medio o procedimiento, comprendidos la reprografía y el tratamiento informático, y la distribución de ejemplares de esta edición mediante alquiler o préstamos públicos.

Dedicado a mis hijas Laia y Ariadna, en la esperanza de un futuro más justo y feliz, sin las vicisitudes que sufrió la generación de sus padres y abuelos.

Si he perdido la vida, el tiempo, todo
lo que tiré, como un anillo, al agua,
si he perdido la voz en la maleza,
me queda la palabra.

Blas de Otero

Agradecimientos

Antonio Pérez Roldán, poeta y amigo, me ha animado a seguir adelante y escribir el libro; sus correcciones al borrador y sus valiosos consejos ha contribuido sin duda a mejorarlo.

La publicación del libro debe su realización a la valiosa ayuda de Joaquín Fernández.

Silvia Banasco me puso, sin saberlo, en la senda de esforzarme para escribirlo.

Índice

La memoria posible

Primera Parte

I

En las barracas de Pueblo Nuevo

La mañana es fría y desapacible. En la calle corre un fino aire que se mete hasta los huesos. Los témpanos de hielo cuelgan de los tejados por el chorreo del agua caída durante la noche anterior. Ya las barracas de los trabajadores inmigrantes, en los barrios obreros de Tarrasa, en Cataluña, hace rato que se han empezado a despertar para que sus ocupantes, decir habitantes sería impropio, acudan a sus trabajos. Las barracas son destartaladas y de finas paredes, "adornadas" con latas y algún madero, con desechos de derribos de alguna obra, por las que se cuela todo tipo de intempestivo frío. No se sabe si hace más dentro o fuera. Mi madre es la primera que se levanta y pone un cazo en un hornillo de carbón para calentar un poco de algo negro, dicen que de cebada, a lo que llamamos café. Sólo tiene que calentarlo. Ya está hervido y colado desde la noche anterior. A pesar de lo cual, sigue teniendo zurrapas. "Es sólo para que metáis algo caliente en el cuerpo antes de que os vayáis". Enseguida se incorpora Miguel, mi padre. Se alisa someramente el pelo con la mano, se restriega los ojos con los puños de forma mecánica y se viste. Sale al común pasillo de la hilera de barracas y va al excusado, también común, que hay al fondo del mismo, con la esperanza de que no esté ocupado. Tiene suerte, a veces. Hace sus necesidades y regresa al otro extremo para intentar mojarse la cara con el agua del único grifo que está en medio del pasillo, a la intemperie, para el abastecimiento de las cuatro barracas. Lo abre, pero no sale agua: El frío de la noche lo ha dejado inservible por el hielo. Las tuberías están heladas por discurrir por los tejados y paredes sin protección alguna contra las heladas y no es posible sacar agua para nada. Es un invierno muy crudo del que dicen las gentes de la ciudad el consabido latiguillo de "los más viejos del lugar no recuerdan un invierno tan crudo". Pero eso se repite cada año. No es sólo el invierno lo que es crudo, son las condiciones en que tenemos que vivir. No es posible calentar aquel lugar lleno de grietas y agujeros con un mísero brasero de picón, cuya duración se hará alargar lo máximo posible. No es posible gastar demasiado, sencillamente no hay para más.

Mi madre prepara un tazón en el que vierte aquel líquido y pone un poco de azúcar y unos trozos de pan que lo absorben de inmediato. En un vaso pone otro poco, este sin pan, y se lo da a mi padre, que a pesar de la hora ya ha liado y encendido el primer cigarro. Se diría que lo ha elaborado casi de forma automática, cuando acaba de vaciar de un trago una copa de cazalla; gesticula con la cara, al tiempo que se traga aquello que a mí me parecía un repugnante y ardiente veneno. Mi madre no toma, eso sólo es cosa de hombres y no le hubiera parecido correcto a mi padre ni mucho menos a ella, con una educación de estricta obediencia a las costumbres heredadas de sus padres y de todo el entorno en que ha vivido.

Ha llegado la hora. Son casi las cinco de la mañana y hay que coger el coche de línea junto al bar de "La Rabassada", situado en la carretera de Matadepera y la Plaza de la Cruz, justo al pasar el paso a nivel, y que nos llevará a La Mata, donde trabajamos de carboneros. Así que es la hora de llamarme a mí que duermo como un bendito, con el sueño que tienen los niños a esa hora de la mañana. Mi madre me mira con esa angustia de las madres al tener que hacer algo tan duro para su hijo. Le duele en el alma tener que llamarme y truncar aquel sueño que sin duda contempla con esa dulzura que sólo las madres saben tener; pero no hay más remedio. Al fin es mi padre quien se decide a actuar ante la indecisión de su mujer. Esta escena se repite cada lunes de los fines de semana que bajamos a la ciudad a proveernos de suministro para la semana o los quince días que solemos permanecer en el bosque.

Corría el año 1954, 18° del Glorioso Alzamiento Nacional, y casi dieciséis años después del año triunfal del franquismo. Tras tantos años ya, aún seguía la miseria, la represión y el llanto en millones de hogares españoles.

—¡Arriba, que ya es la hora!— gritó mi padre, retirando las mantas, zarandeándome y agitando el camastro que compartía con mi hermana María, un año y medio mayor que yo. María estaba a punto de cumplir once años, yo tenía nueve. El camastro estaba en la habitación que igualmente compartíamos con nuestros padres, en cuya cama dormía también nuestra hermana menor, Maritrini. Trato de acurrucarme, pero mi padre me lo impide con un nuevo zarandeo que no deja lugar para el amodorramiento. El calor de las mantas desaparece de mi cuerpo. El sueño y el destemple hacen que durante unos momentos no sepa qué hacer. Estoy desconcertado, se me pone mal cuerpo. Este despertar brusco y la perspectiva de volver al bosque durante otra semana o dos no me resultan nada agradables. Mi padre se cala la inseparable boina y me mete prisa para que me vista, sin darme tiempo a reaccionar. Mi hermano mayor, que ronda los diecisiete años, se estira en una pequeña habitación que hacía las veces de cocina y en la que cada noche mi madre le habilitaba un improvisado camastro con seis sillas de anea en las que colocaba un colchón de lana, lo cual no impedía que al poco rato se le clavaran los palos de las sillas en los huesos. A pesar de aquella situación, algo habíamos mejorado desde la llegada del pueblo, cuando la incertidumbre se cernía sobre nosotros, tras seis meses de estar toda la familia en el bosque, "como los gitanos", al decir de mi madre.

Habíamos llegado a Tarrasa hacía menos de un año, como tantas y tantas familias, huyendo de la miseria y el oscurantismo que asolaba y atenazaba a la sociedad en general, y a los trabajadores en primer lugar. Procedíamos de orígenes diversos, de pueblos dominados por el caciquismo fascista y el fanatismo religioso, consecuencia del triunfo franquista en la guerra civil.

Los grandes núcleos industriales de Cataluña iban poblándose con innumerables barracas donde se amontonaban muchas familias, casi siempre con numerosa prole, que acudían para intentar mejorar sus condiciones de vida en un futuro incierto y oscuro. Los barrios de Tarrasa, ciudad industrial señera desde principio de siglo XX en la fabricación de tejidos y máquinas herramientas, no escapaban a esta explosión humana, provocando el crecimiento de barrios sin el menor control urbanístico, ni por supuesto de servicios mínimos. Ni tan siquiera los mínimos considerados aceptables en aquellas condiciones. Difícilmente merecía el nombre de barrio aquella amalgama de ladrillos, latas, maderas y cartones de algunos de aquellos lugares, donde habitaban seres humanos de Pueblo Nuevo en Tarrasa. Los retretes desembocaban directamente en las calles y a alguna riera ocasional o viaducto cercano; y si bien desprendían olores desagradables todo el año, en verano era la delicia de mosquitos y ratas, a los que todos nos habíamos acostumbrado por necesidad. El urbanismo, el asfalto, terminaba allí donde empezaban las viviendas de los trabajadores inmigrantes. El hacinamiento, la miseria, provocaba en no pocas ocasiones disputas entre vecinos, de solución imposible.

El incremento en avalancha de la inmigración, ante la miseria y la falta de trabajo en los pueblos de origen; el crecimiento industrial en focos localizados, hizo que la llegada de cientos de miles de trabajadores, de mano de obra barata, incrementara la plusvalía de los patronos que tenían a su disposición sangre humana joven y dispuesta a trabajar a cualquier precio.

Aquella masa de trabajadores que habían abandonado España tras la derrota, aquella clase obrera organizada y luchadora, era cosa del pasado. La clase obrera que llegaba de sus lugares de origen estaba derrotada, hundida y humillada y carente de los mínimos derechos; sin sindicatos y sin defensa ni garantía alguna que pusiera freno a la sobreexplotación, viéndose en la necesidad de trabajar largas y agotadoras jornadas de catorce, dieciséis y más horas, por unos salarios que apenas llegaban para cubrir lo más elemental: La mala alimentación y el alquiler de unas míseras barracas a las que llamaban viviendas. Los niños ya empezaban a trabajar a muy temprana edad en cualquier trabajo con el que pudieran aportar su exiguo jornal que, unido al de los padres, paliara la miseria en lo posible. Aunque legalmente no podían empezar hasta los catorce años, la realidad era que niños con nueve, diez o doce años, desempeñaban toda suerte de oficios, ya fuera en las fábricas o en el comercio; y generalmente en los trabajos más penosos y menos acordes con su edad. Se podían encontrar en tiendas, pastelerías, o en los telares de las fábricas, muchas veces bajo la capa de "aprendices", pero en realidad realizando trabajos auxiliares y de abastecimiento de las máquinas, barriendo, y repartiendo el género elaborado a los clientes. De peonaje en definitiva. Trabajaban en talleres de motos o bicicletas, siendo ellos los encargados de la limpieza al final de la jornada, careciendo de horarios que marcaran el final de la misma. Pero donde más proliferaban los niños, sin edad legal para trabajar, ya que las autoridades hacían la vista gorda, era en las fábricas y talleres pequeños, en los que los dueños, llamados "drapaires", estaban al frente de las máquinas. Se trataba de pequeños talleres o fábricas a veces agrupados en destartalados edificios ruinosos y con maquinaria de desecho de las fábricas importantes. Con el señuelo de ser dueños de su propio negocio, estos "drapaires" no eran en realidad más que una sobreexplotación de los empleados que tomaban, e incluso de ellos mismos, que no tenían horas para descansar, pues mantenían aquellas destartaladas máquinas en funcionamiento las veinticuatro horas del día si podían, si los grandes les daban trabajo. Allí acudían numerosos niños que en lugar de hacer lo que, en buena lógica les correspondía por la edad, ir a la escuela y jugar, se levantaban de madrugada para estar a pie de tajo, como un adulto, por unas pocas pesetas, que sus padres necesitaban para subsistir.

Las mujeres, jóvenes y ante la necesidad de agregar su exiguo salario al pobre jornal del marido, se hacinaban en las fábricas en turnos diabólicos que podían empezar a las dos o las tres de la mañana, y que se prolongaban todo cuanto les permitía el patrón o aguantaban sus cuerpos carentes de una alimentación suficiente. La mayoría de ellas tenían que dejar a sus hijos de corta edad o bien con los abuelos, si es que éstos estaban, o bien con alguna vecina que les hacía el favor mientras ellas trabajaban: La solidaridad entre los pobres era lo que hacía soportable todo aquel mundo de desigualdad y desesperación. Funcionaba el hoy por ti, mañana por mí.

Sin duda la peor parte de aquella situación recaía sobre las mujeres que se veían obligadas a hacer jornadas agotadoras en las fábricas textiles, y además tenían la responsabilidad de los hijos y las tareas de la casa de una manera casi absoluta. La mayoría de ellas llegadas de pueblos donde el trabajo de la casa o las peonadas en el campo, de forma habitual o esporádica, eran su única experiencia de disciplina laboral. Tuvieron que acostumbrarse con rapidez. Las costumbres y la inhibición de los hombres de la época, mantenían a éstos más alejados de los hogares, y llenando las numerosas tabernas que proliferaban en todas partes, sobre todo en los barrios obreros. Allí se dejaban buena parte del fruto del esfuerzo realizado durante la semana. Los hombres no se sentían, ni mucho menos, bien en sus barracas y tenían el escape de irse a la taberna; pero las mujeres tenían que aguantar limpiando, cuidando a los hijos y remendando calcetines y calzoncillos, cuyo aprovechamiento llegaba a extremos inverosímiles. Los pantalones estaban generalmente tan remendados que era imposible adivinar cómo habrían sido los originales. Y todo esto, cumpliendo con sus jornadas laborales en las fábricas.

Los patronos necesitaban que la jornada se alargara al máximo para dar rentabilidad a sus instalaciones, muy deficientes en la mayoría de las fábricas de aquella época, y para aumentar sus ganancias. Había trabajadores que en las fábricas textiles, donde había grandes almacenes de lanas y productos para manufacturar, que empalmaban una jornada con otra sólo con haber echado una cabezada sobre alguna de aquellas sacas, lo que les permitía recobrarse un poco de tantas horas en pie. No era raro que poco antes de acabarse la semana, el sábado por la tarde, —los sábados eran laborables todo el día— el patrón o encargado les pidiera que fueran a trabajar al día siguiente, domingo, como horas extras, a veces al mismo precio, y a veces con el señuelo de que al ser extraordinarias, serían abonadas dobles, lo que de todas formas no dejaba de ser una miseria, y un sobreesfuerzo para unos cuerpos ya suficientemente castigados durante toda la semana.

La explotación era tan brutal, las jornadas de trabajo eran tan interminables, que no se podía considerar aquello más que una esclavitud sin paliativos. Sólo aspectos formales podían diferenciar una situación de la otra. La burguesía catalana, muy moderada cuando le ha interesado mostrar la fachada lavada de sus tropelías, se ha presentado en ocasiones como tolerante, demócrata, y cuando le ha convenido porque los tiempos así lo requerían, en los años sesenta y setenta, hasta antifranquista y republicana. Pero en ningún momento renunció a utilizar todos los recursos que la derrota de la República les proporcionó, demostrándose una vez más que cuando la burguesía tiene que elegir entre la democracia y el terror como el que instauró Franco, no hay duda de qué lado está. Estuvo siempre al lado del dictador validando todas sus políticas represivas, que hacían que los trabajadores estuvieran a su merced y se practicara una despiadada explotación durante gran parte de los cuarenta años que duró aquel. Por eso es una falacia hacernos creer, como hacen algunos nacionalistas actuales, tergiversadores de la historia, en un claro aprovechamiento político interesado, que a Cataluña llegó una fuerza de ocupación el 26 enero de 1939. Se olvidan de forma interesada y con una manipuladora "amnesia" bien tejida, de que lo que hubo en Cataluña, como en el resto de España, fue una guerra civil —o incivil—, en la que participó esa derecha catalana al lado del dictador, salvo honrosísimas excepciones. A la entrada de las tropas de Franco en Barcelona, con ellas llegaron, no gentes extrañas a estas tierras, dispuestas a cambiar la fisonomía de un país desconocido para ellos, sino el empresariado y las fuerzas vivas y más representativas de la derecha, de la oligarquía catalana, que acudieron en auxilio de los sublevados; los que se habían exiliado y puesto a las órdenes del gobierno de Burgos, con todo su potencial económico y de influencias. Cuando entraron en Barcelona ya tenían claro el reparto de funciones. Y la inmensa mayoría de esos futuros dirigentes habían nacido en Cataluña. Eran catalanes. Franco no tuvo necesidad de poner al frente a otras personas de fuera. Sólo hay que repasar los discursos de los dirigentes catalanes durante toda la dictadura, llenos de elogios de un tono servil y vergonzoso hacia el dictador y su sistema. Y no sólo en los primeros años de euforia triunfal, sino en la última etapa, cuando ya la dictadura llegaba a su fin, aunque sólo fuera por la pura razón biológica de la desaparición del caudillo. E incluso, cuando ya Franco, felizmente para el pueblo, reposaba bajo la pesada losa del Valle de los Caídos, algún dirigente catalán seguía haciendo elogios al sistema dictatorial, como el camaleón franquista Samaranch, que supo pasar por toda la dictadura elogiando al dictador; por todas las etapas de la transición con cargos muy bien remunerados, y por la democracia. Es el vivo ejemplo de la inmoralidad política, más de los que lo consintieron llamándose demócratas, que de los aprovechados mismos. No es más que un ejemplo entre tantos de los pactos de los partidos llamados de izquierda con la dictadura. Algunos de aquellos dirigentes del franquismo, que habían dejado de hablar catalán en público desde hacía decenios, recuperaron la memoria y se enteraron de que eran catalanes, y aunque hasta entonces habían educado a sus hijos en lo que era la lógica de la dictadura, y se hablaba castellano en sus casas y ostensiblemente en público, entonces se les veía en entrevistas hablando su lengua materna, convertidos en furibundos defensores del monolingüismo, esta vez del catalán, apoyando la expulsión del castellano de la enseñanza, la administración y de los medios de comunicación por ellos controlados y considerando "progresista" impedir que se enseñe su lengua —el castellano— a más de la mitad de la población.

Como decimos, la inmensa mayoría de los dirigentes que durante los cuarenta años mantuvieron la dictadura en Cataluña, eran catalanes. Sin embargo, cuando el dictador desapareció, era difícil encontrar a un solo franquista; cuando todos los altos cargos de la época, según se puede comprobar en las hemerotecas, corresponden a apellidos catalanes de raigambre. Años después se calaron la barretina hasta las cejas, y empezaron a cantar "Els Segadors"; y hasta se convirtieron en furibundos nacionalistas, como antes con Franco, pero esta vez envueltos en la *Senyera*, en lugar de la bandera franquista con la "gallina", exhibida y reverenciada por ellos para mostrar así al dictador su "inquebrantable adhesión". Y no era para menos desde su punto de vista y de sus intereses de clase. Los empresarios catalanes se enriquecieron a costa de la bárbara explotación de los inmigrantes venidos de otras tierras de España, y de la clase obrera en general. Pocos recibieron un trato humano acorde con su condición de trabajador derrotado. Y eso es algo que hay que recordar para que no se pierda la memoria en actitudes folclóricas como las de los actuales dirigentes, quienes gracias a la muy apreciable ayuda de los llamados partidos obreros durante la resistencia, y sobre todo en la llamada transición, lograron pasar sin mácula de apoyar al franquismo a ser "demócratas de toda la vida", alzándose con el santo y la limosna; y lo que es peor, despreciando todo aquello que antaño habían resaltado como valor patrio. No contentos con todo ello, se inventaron historias y patrias que no resisten más que por la benevolencia de una ciudadanía anestesiada, sus clientelas amañadas desde el poder, con manipulación de los niños en las escuelas que nunca tuvieron una verdadera enseñanza de su reciente historia; y sobre todo por la pusilanimidad de los sucesivos gobiernos de España, que desde el primer momento se mostraron timoratos y condescendientes con todas las reivindicaciones de los nacionalistas, por aberrantes que estas fueran. Los dirigentes de los partidos de la clase obrera, fundamentalmente el Partido Comunista de España (PCE) y el Partido Socialista Unificado de Cataluña (PSUC) ("el partido de los comunistas catalanes") aglutinaron durante los años más duros de la represión a los militantes que procedían del PCE, y a otros luchadores que se iban formando, de lo mejor de la clase obrera, contribuyendo no sólo a lograr que la lucha antifranquista se incrementara en los centros de trabajo, sino organizando la lucha sindical y política; y pagando por ello con duras condenas de cárcel, de las que aquella burguesía, reconvertida a la democracia, estaba a salvo. Las condenas se podían contar por cientos de años de prisión para los trabajadores, cuando no acababan frente al pelotón de ejecución de los tribunales militares fascistas compuestos por militares traidores, que no dudaban lo más mínimo en pedir penas de muerte en parodias de juicios, en acusaciones de "rebelión militar" precisamente por ellos, los rebeldes, los que habían manchado su honor, traicionando el juramento de defender la legalidad democrática de la República. La inmensa mayoría de los condenados eran trabajadores poco significados políticamente. Y cuando algún representante de los hijos de aquellos burgueses daba un paso contra la dictadura —en tiempos ya mucho más recientes—, y era represaliado, lo elevaban a la categoría de héroe, aunque no se pudieran comparan las penalidades, vejaciones o torturas que recibían unos y otros. A los primeros sólo los amparaba la solidaridad de sus compañeros o militantes clandestinos, amigos o familiares; los segundos disponían de todo lo que necesitaban, y si era preciso, aparecía algún gerifalte de la Iglesia dándoles apoyo y disculpando el atrevimiento de aquellos descarriados jóvenes. Este fue el caso de Jordi Pujol, a quien elevaron a los altares del nacionalismo, cuando se atrevió a mostrarse inconformista con el régimen. Como se ha dicho, cientos de obreros eran condenados a penas mucho más duras que aquellas a las que fue condenado Pujol, y nadie del establishment se acordó de ellos para echarles una mano, ningún barrigudo obispo con gran influencia ante el dictador por su incondicional apoyo y bendición de sus crímenes protestó por las condenas y los atropellos de que eran objeto.

Estas relaciones de la burguesía con el régimen, así como el adoctrinamiento que con respecto a la cuestión del nacionalismo recibieron de sus dirigentes los militantes comunistas durante tantos años, posibilitaron que muchos años después la clase obrera fuera marginada de los centros de poder, mediante acuerdos de los dirigentes de los partidos con la burguesía, con la que había construido puentes para el futuro, sintiéndose encantados con aquellas relaciones, en las que sólo una parte llevaba las de ganar. Salvo que consideremos los favores y prebendas a los que tuvieran acceso personalmente esos notables de los partidos que habían luchado contra la dictadura. Habría que preguntarse si de aquellos lodazales no son los polvos que llegaron después.

Esa burguesía, como digo, puso toda la carne en el asador para desarrollar sus beneficios, apoyándose en el impagable instrumento que el franquismo ponía en sus manos, como eran las leyes represivas, y la total falta de derechos sindicales y políticos, pero supo dorar la píldora a ciertos dirigentes de la izquierda clandestina, con la vista puesta en un futuro, lo cual sin duda les rindió sus réditos políticos cuando llegó la hora de presentarse como defensores de la democracia, a la hora de aquella transición lampedusiana, en la que todo se cambió, para que todo quedara igual: Seguirían gobernando los mismos, dándole unas pinceladas al sistema para adecentarlo. Ahora podían gobernar sin que pudiera decirse que lo hacían como fruto de la victoria en una guerra civil, que había provocado cientos de miles de muertos, cientos de miles de exiliados y la ruina cultural del país durante decenios. Ahora éramos una democracia. Y podíamos ver cómo Carrillo, como otros dirigentes del PCE, charlaban amigablemente con algunos de los más conocidos torturadores, explicándose anécdotas de los tiempos pasados, como si de viejos camaradas se tratara, al encontrarse al cabo de muchos años. Eso es lo que pude presenciar, en el Ayuntamiento de Tarrasa, en una reunión más festiva que política, entre Carrillo y el que había sido el terror de todo aquel que en la ciudad y la comarca disintiera de los planteamientos del régimen, el fascista Pérez. Lo más chocante hoy, para cualquier observador que viviera los acontecimientos de aquellos años convulsos de la llamada transición, es comprobar amargamente cómo en tan poco tiempo la política —los políticos— se ha corrompido a niveles escandalosos. Muchas veces de forma descarada. Otras, aunque legalmente porque las leyes las hacen ellos mismos para su disfrute, adjudicándose sueldos escandalosos, mientras la mayoría de la gente ve cómo su poder adquisitivo disminuye día a día. Y lo peor de todo, para los que estuvimos en la izquierda antifranquista, es que ese comportamiento no es, ni mucho menos, de exclusiva adjudicación a la derecha.

Lo mejor que se puede decir de algunos de aquellos dirigentes es, siendo inmensamente magnánimos con ellos, que fueron unos incautos. Otros jugaron la carta de la burguesía conscientemente, ya que muchos de ellos no hacían sino defender a su clase, que para eso, no para otra cosa, infectaron a los partidos obreros en los últimos años de la dictadura, ocupando cargos de dirección que después les dieron sus frutos, utilizándolos como trampolín. Los ingenuos creyeron que la derecha —alguna hubo que se autodenominó "socialista", algo muy en boga en la época de socialistas de todo pelaje—, iba a permitir que los trabajadores tuvieran sus instrumentos de defensa, realmente útiles, y no fueran meros comparsas del sistema, con unos dirigentes burocratizados y endogámicos. Eso sin acudir a los escandalosos trapicheos que ya desde los primeros momentos convirtieron la política en un reparto de prebendas y germen del estercolero de tejemanejes y corrupciones que se materializaría años después.

Los dirigentes del partido, y de algún otro sector de la izquierda, decían que iban a desmontar el régimen franquista, y se apresuraron a desmontar el Estado, logrando que España se convirtiera en un reino de taifas, sin que ningún político tuviera la suficiente talla para tener una visión clara del Estado. Lo que se consiguió fue que una minoría de la derecha catalana y vasca se apoderara de todos los resortes del poder en esas provincias y expulsara de hecho a la gran masa de antiguos inmigrantes, y en la práctica proscribiera el castellano de la escuela y de las instituciones, llevando a cabo una limpieza lingüística, de forma suave al principio, descaradamente después, cuando vieron la debilidad de los dirigentes del gobierno ante sus exigencias, con una representación popular escasa. Así que organizaron hasta oficinas de represión lingüística, sin que los dirigentes del gobierno español se dieran por enterados, cuando debían imponer la ley y la Constitución. Por todo ello, no es poca la responsabilidad que tienen los dirigentes políticos de los partidos de izquierda, principalmente del PCE-PSUC, que era el que a la sazón tenía más influencia entre la clase obrera. El Partido Socialista de Cataluña (PSC-PSOE), un invento que tuvieron que acelerar en los estertores del entubado dictador, amalgamó a gran parte de la burguesía y de la derecha que tenían necesidad de hacerse un lavado de cara y un hueco en el panorama de incertidumbre que se avecinaba. Eso sí, con el apoyo de algunos militantes venidos con la ola de inmigración, que se sintieron felices al codearse con esa derecha oportunista. En Cataluña, hombres de la derecha de siempre, de una rancia burguesía, fueron los abanderados de lo que sería una de las mayores desgracias: Se presentaban como partidos españoles, obreros y socialistas, y no eran sino partidos nacionalistas de la burguesía, pero sin el menor sentido de Estado y, como los otros de la derecha catalana, defendían la desmembración del Estado con más o menos disimulo al principio, y descaradamente después, haciéndole la competencia al otro partido de la derecha rancia del nacionalismo catalán, al que se apresuraron a unirse cuando el dictador aún estaba siendo objeto de chanzas y bromas populares sobre "el equipo médico habitual". A este panorama se añadía otro partido nacionalista con tintes radicales, que para más inri llevaba el nombre de *esquerra* y republicana. Uno de sus máximos dirigentes mostró su talante xenófobo en cuanto tuvo ocasión, y sus más allegados conmilitones no hicieron nada para hacer callar a aquel sujeto, que fue el máximo dirigente del partido que ganó las elecciones en Cataluña antes de la guerra: Heribert Barrera, máximo dirigente de Esquerra Republicana en la transición, partido que durante la dictadura rara vez participó en las luchas antifranquistas junto con los trabajadores; primero porque en la práctica apenas existían, más allá de ciertos cenáculos estériles; segundo, porque aunque asimismo se llamaban esquerra, en realidad se escudaban en su anticomunismo para ocultar su poco valor para afrontar ningún riesgo. Heribert Barrera mostró qué clase de izquierda era y representaba, cuando en las primeras elecciones al parlamento de Cataluña, en lugar de vencer con su voto la balanza y posibilitar la formación de un gobierno de izquierdas, prefirió aliarse con la gran burguesía que después se revelaría corrupta, representada por Jordi Pujol, quien recogía los frutos de aquel fugaz acto de denuncia al franquismo, ya que tras el incidente se dedicó a plantar las bases para hacer dinero en otros parajes más rentables, como por ejemplo Banca Catalana. "Hacer país" lo llamaron. Los que se dejaban la sangre y el resuello en las obras y fábricas por sueldos miserables, para que la derecha que encarnaba Pujol, y otros como él, pudieran acumular grandes fortunas para el futuro, aquéllos, no hacían país, al parecer de estos futuros demócratas de nuevo cuño.

Y si bien es verdad que el comportamiento de esos partidos que se presentaban como alternativa de izquierda, con el tiempo se demostró que no diferían en lo más mínimo de los de la derecha pujoliana, eso entonces no lo sabíamos, lo que no exime de responsabilidad a Barrera por preferir un gobierno de derechas con la única vista puesta en el horizonte nacionalista, en lugar de favorecer otro en consonancia, al menos nominalmente, con su supuesta ideología de izquierdas.

Durante muchos años estuvieron los trabajadores emigrados casi en solitario, y en las peores condiciones de represión, defendiendo las llamadas libertades de Cataluña, su lengua y su cultura y todo cuanto los dirigentes del partido, el PSUC, casi en solitario hasta muy cercana época del final del franquismo, les ordenaban, como una necesidad, como condición lógica y natural para una convivencia entre ambas comunidades en el presente, y sobre todo el futuro democrático venidero. Se trataba, decían, de poner las bases para que la derecha no se aprovechara de la división de la clase obrera entre los catalanes de origen y los inmigrantes venidos de otras tierras de España, integrándose en Cataluña como ciudadanos sin más en una sola comunidad. No nos dábamos cuenta de que en realidad estábamos siendo domesticados para que cuando ese momento llegara todos abandonaran sus propias reivindicaciones para defender las de la burguesía nacionalista, que fue la que se hizo con el poder, por cuyo objetivo tramaron todo tipo de acuerdos y urdieron alianzas, aparentemente antinatura. En el cajón de sastre de la lucha antifranquista los dirigentes nos hicieron verlo como algo natural, y nos llevaron a que comulgáramos con ruedas de molino. Ese era el juego, esas eran las máximas aspiraciones de aquellos dirigentes que pasaban por ser comunistas. Porque la gran mayoría de los que después renegaron de su ideología y dijeron ser socialistas en pro de cargos muy bien remunerados, también habían pertenecido al partido, casi siempre en cargos de dirección. La lista de semejante ralea sería larga de enumerar. Así, en los primeros tiempos de la transición, la derecha catalana, con el consenso de los dirigentes de los partidos obreros, se inventó aquello de que "era catalán todo el que vivía y trabajaba en Cataluña". ¡Bellas palabras! Eso, la mayoría de los trabajadores lo veíamos correcto en su día. Pocos trabajadores negaban el derecho de los ciudadanos catalanes a recuperar sus libertades, como pocos podrían negar la necesidad de que todos las recuperáramos después de tantos años, desde la guerra civil. Pero no se aseguró por parte de los dirigentes que pactaron con la derecha supuestamente antifranquista, de que todos los ciudadanos de Cataluña tuvieran los mismos derechos. Los trabajadores inmigrantes estaban de acuerdo, y luchaban por ello como no lo hacía nadie —ni siquiera los catalanes de origen—, es que se recuperaran las libertades y los derechos, en los que se incluía el respeto a su cultura y su lengua, pero nunca pensaron que aquello lo hacían en detrimento de la cultura y la lengua de ellos, que fueron arrinconadas y hasta proscritas en los centros oficiales y sobre todo en la enseñanza. Se llegó al extremo de considerar una herejía el que un parlamentario catalán utilizara el castellano en el parlamento de Cataluña. A eso contribuían de mil amores los estómagos agradecidos de antiguos dirigentes procedentes de la inmigración. Y de eso hay sobrados ejemplos. En los partidos y en los sindicatos.

Así se demostró que el fascismo que nos había gobernado durante cerca de cuarenta años, sólo había cambiado de imagen; ahora era más sutil, con apariencias democráticas, pero mucho más eficaz a la hora de su aplicación; y ahora con la experiencia de años, y, con lo que es más grave, con la plena colaboración de los llamados partidos obreros. La derecha había logrado la cuadratura del círculo, lo nunca imaginado: Que la clase obrera se quedara sin organizaciones que defendieran sus derechos (llamar sindicatos a ese tinglado de burócratas de estómagos agradecidos subvencionado sería un despropósito). Así todos los partidos, al menos en Cataluña, competían para ver quién era más defensor del nacionalismo, y cuando alguien ponía en cuestión tanta aberración y despropósito, se echaban encima como fieras, "excomulgando" al que había osado discutir las esencias de la nueva religión nacionalista. Ser nacionalista catalán o vasco —o de cualquier otro lugar—, en lugar de constituir un desvarío mental en el siglo XX-XXI, más cercano a la psiquiatría que a la cordura —como si España fuera un invento de Franco—, constituía un orgullo y así lo exhibían en todos los foros. Pero si alguien reivindicaba el término de español, era tratado como apestado y hasta de franquista. Se instauró en el léxico de todo dirigente el término de "Estado español" para eludir llamar a las cosas por su nombre, para soslayar la palabra España, llegando a la más estúpida de las definiciones. Y no eran los llamados partidos nacionalistas los únicos que lo utilizaban. Todo dirigentillo de tres al cuarto lo hacía, lo mismo en Cataluña o Vascongadas que en toda España, así como los medios de comunicación, en manos de la más rancia derecha —a veces con nombre de izquierda— sin tener en cuenta la estupidez en que caían, al confundir a España con la organización administrativa del Estado. Y hasta esa llamada izquierda, sin el menor rigor histórico o análisis político, reivindicó a un señorito como Blas Infante y lo convirtió en estandarte de su afirmación andalucista, junto a otros no menos señoritos, metamorfoseados en modernos caciques, de lo que llamaron "realidad nacional andaluza", rizando el rizo de la estupidez y creando problemas de identidad donde no los había. Se habría esfumado definitivamente, lo que pudiera quedar de cordura en el pensamiento de izquierdas en alguno de los autodenominados partidos de izquierda. Era más importante para ellos amoldar el discurso al de la derecha nacionalista catalana y vasca, convirtiéndose de hecho todos en partidos nacionalistas; sin querer percatarse de que a la burguesía le sirve el nacionalismo, como toda su estrategia, si coincide con sus cuentas corrientes, no más. Utilizando los sentimientos, para su provecho como clase. Fue una derrota para los ciudadanos y para el sentido común, y hasta para el lenguaje que día a día se transformaba prostituyéndolo. Los partidos que en buena lógica deberían haber defendido a sus bases, en lugar de hacer lo propio, fueron los que más cómodos se sentían defendiendo las aberrantes posiciones políticas de aquella derecha desfasada y decimonónica, que decía "el país", refiriéndose a su tribu. En más de una ocasión, sin el menor sonrojo, Jordi Pujol manifestaba que España no era una nación. Sólo Cataluña lo era. Y no hubo nadie que propusiera tratamiento psiquiátrico o de cordura para semejante personaje, que jugaba con los sentimientos naturales de la gente, creando monstruos que no demasiado tiempo después imitarían las formas de la dialéctica de los puños y las pistolas en España, y la de los camisas pardas en la Alemania nazi, intentando amedrentar a los opositores políticos mediante la fórmula de reventar sus actos. Se diría que aquellos discursos, tolerantes con "esos jóvenes radicales" (Maragall), o con "los chicos de la gasolina" (Arzallus), como dijeron algunos de los ideólogos del nacionalismo, habían abierto la caja de Pandora y la tolerancia con todo despropósito estaba a la orden del día, llegando a culpabilizar de los altercados que se producían, a las víctimas, tratándolos de provocadores, como hizo Maragall ante un acto reventado en la universidad por grupos independentistas, como pude presenciar en la Universidad Autónoma de Barcelona. Para él, a la sazón presidente de Cataluña, que alguien en el ejercicio de su libertad, hiciera algo que fuera contra esa religión nacionalista, era una provocación. No los gamberros que trataban de impedir el normal desarrollo de un acto cultural o político. Estaba claro que el nacionalista Maragall y su partido, que para mayor burla se hacía llamar socialista, Cataluña era un coto privado de ellos.

Un feudo en el que nadie que no comulgara con sus medievales ideas podía tener su bendición. Una vez más las clases populares fueron timadas por sus dirigentes, sacrificadas en el ara de los vergonzosos pactos con la burguesía nacionalista, que les aseguraba a ellos personalmente una saneada posición. Los dirigentes habían logrado situarse en sus aspiraciones personales, y eso era suficiente: Ahora se trataba de entrar en el juego de la democracia formal, donde todo cabe. Sobre todo si ese "todo" posibilitaba el control absoluto de la sociedad, impotente ante tanto poder concentrado en pocas manos, y habiéndose convertido de hecho los que debieran hacer de contrapeso a esas desproporcionadas ambiciones y corrupciones, en cómplices y beneficiarios. Siendo los privilegios obtenidos proporcionales a la dificultad de los cargos y a la capacidad de movilizar a los ciudadanos. Por este camino el despegue de los ciudadanos de la política y de los políticos, estaba asegurado. Así el desprestigio de los políticos llegó a cotas tan altas como jamás podía sospecharse, aumentando la abstención, cosa que, declaraciones aparte en las noches electorales, les preocupaba muy poco. El sistema garantizaba sus privilegios fuera cual fuera la participación. Y así la supuesta democracia, que tanto había costado, iba convirtiéndose en mera caricatura. Así fue considerando la mayoría de la gente "corrupto" y "político", términos sinónimos. Se llegó hasta el extremo de que las falsas informaciones, las manipulaciones de los medios en manos de gentes sin escrúpulos, "vendían" que ese era el precio de la democracia. Así se anestesió a la ciudadanía, que consideraba que no había nada que hacer, que era igual quién estuviera en el poder, ya que los escándalos de corrupción aparecían en todas las formaciones, siendo directamente proporcional el nivel de corrupción al del grado de poder que disfrutaba el sujeto, el partido o el grupo de presión.

II

Explotación infantil

Mi caso, como niño trabajador, no era muy diferente al del resto de los niños de mi edad y de mi clase; sólo que yo, en lugar de trabajar en la industria, lo hacía en el monte con mi padre, cortando encinas y haciendo carbón, que era el combustible por excelencia en aquellos años de restricciones y falta de combustible de otro tipo, tanto para la industria como para los domicilios. El carbón se utilizaba para las cocinas y el picón para los braseros. Y hasta los inviernos parecían mucho más crudos. Las heladas se hacían sentir con rigor.

Mi familia y yo habíamos llegado de Guadix, Granada, después de que mi padre viniera solo en busca de trabajo en lo que conocía: El carbón. Él era de una familia de carboneros desde hacía varias generaciones, de La Peza, un pueblo situado en las cercanías de Sierra Nevada en el que la mayoría de sus habitantes eran de este oficio.

Tras varios meses deambulando todo el día, y durmiendo en casa de una tía suya, Josefa, viuda, que había llegado a Tarrasa con anterioridad con sus dos hijos; y cuando ya estaba al borde de la desesperación, mi padre supo que el dueño de una de las fincas más extensas e importantes de la comarca andaba buscando carboneros y no los hallaba. Todos cuantos había contratado resultaron fallidos. Ante las necesidades que había y la falta de trabajo, cualquiera afirmaba que conocía el oficio. Parecía como si trabajar cortando leña y haciendo hornos, boliches de carbón como los llamaba mi padre, no requiriera una técnica y una experiencia que sólo da el oficio y muchos años de trabajo. Mi padre averiguó dónde vivía el dueño de La Mata, que así se llamaba la finca, y decidió presentarse en su casa a eso de las nueve de la mañana, hambriento y deshilachado, tratando de hablar con alguien, algún empleado al que ofrecerle sus servicios, y que fuera lo suficientemente de confianza del dueño para que lo contratara. Sacó el librito del papel de fumar del bolsillo del chaleco en la esquina de la plaza de La Cruz Grande, y leyó la dirección que había anotado en él, levantó la vista y miró la placa de la calle García Humet hasta llegar al número 21 que tenía anotado. La casa era una mansión enorme, —al menos así se lo pareció a mi padre—, de tres pisos; una de esas casas hechas por la burguesía catalana a finales del XIX. Esta casa en su aspecto exterior era parecida a otras que había en la ciudad y que correspondían a otras tantas familias de rancio abolengo en la ciudad y en Cataluña. Parecía que habían seguido un modelo con aire de casa grande, con espacio suficiente para muchos hijos, pero alejados de lujos excesivos, más propios de la burguesía capitalina que de lo que de verdad necesitaban los dueños de las fincas. En aquellas casas, amén de la familia de los dueños, mi padre creyó ver que vivían las personas del servicio. En el fondo a mi padre le pareció más las casas de campesinos ricos que las de unos burgueses. En realidad en aquellas casas había una actividad constante.

Mi padre llamó a la puerta al tiempo que se quitaba la inseparable boina, se abotonaba el cuello de la camisa y se alisaba el cabello con la palma de la mano. Trató de arreglarse la raída chaqueta, tarea imposible, y esperó. Le abrió la puerta una criada por cuyo acento no le costó saber que era andaluza. El aspecto de la muchacha era agradable y se la notaba satisfecha. Lucía una cofia en su testa y un delantal blanco impecable sobre un uniforme oscuro. Su cara exteriorizaba su buena alimentación, cosa nada desdeñable, si tenemos en cuenta que la mayoría de la gente tenía aspecto, si no de hambre, sí de escasez; y eso se notaba en los colores sonrosados que la joven mostraba en las mejillas.

—¿Qué desea?

—Verá —titubeó— me he enterado de que buscan carboneros y querría hablar con algún responsable, el encargado o cualquier otra persona con la que poder tratar, yo soy carbonero y...

La muchacha debía estar acostumbrada a aquellas visitas, ya que no dejó que mi padre diera demasiadas explicaciones, y lo único que respondió fue, "espere, aviso al señor". Al cabo de un momento volvió a salir e hizo entrar a mi padre sin más.

Siguiendo a la criada atravesó un recibidor grande, de techo muy alto, o al menos a mi padre se lo pareció, con una escalera también grande, al fondo, que tenía un pasamanos de madera noble barnizada. Abrió una puerta de dos hojas, encendiendo la luz le dijo que esperara.

—Enseguida vendrá el señor, siéntese— le dijo mostrándole un sillón.

Pero mi padre, a pesar del ofrecimiento de la muchacha, permaneció en pie, con esa actitud de la gente pobre de tratar de saber estar en el lugar que en aquel momento y por necesidad le correspondía.

Sin decir palabra, y asintiendo con la cabeza, vio cómo la criada salía por la puerta. Se fijó en las paredes que estaban repletas de cortinajes y pinturas que mi padre desconocía, pero que le eran familiares, pues eran motivos propios de la montaña: Hombres cortando leña o alimentando el boliche; mulos o caballos arrastrando troncos; mujeres cocinando o chiquillos echando carbón a las seras. Todo bastante conocido por él, aunque quizás menos edulcorado en sus recuerdos de los "ranchos", en los que había estado durante la mayor parte de su vida, por no decir toda. Cuando era niño, y junto a sus hermanos, estaba como aquellos niños trabajando, pero con una dureza que en nada se parecía a lo que se veía en los cuadros, que el pintor había idealizado en su sonrosadas y alegres caras. Él, mi padre, y su familia habían vivido toda la vida de rancho en rancho y había sido una vida muy dura, en parte porque lo era en sí misma, y en parte por la actitud de su padre, mi abuelo, que tenía poco sentido común y ninguna consideración con los hijos. Decía que sólo los había engendrado con la intención de que trabajaran para él. Lo cierto es que era bastante inútil, y que de no ser por mi abuela, Trinidad, a la que hizo parir más de veinte veces, no hubieran los hijos sentido el menor cariño, ni hubieran sabido lo que era un mínimo de contacto humano con sus padres. La verdad es que mi abuelo, el pobre hombre, tenía más de acémila que de hombre. Ni siquiera tenía aquel encanto natural que suelen tener las personas que, aun siendo analfabetas, tienen una cultura nacida de la experiencia, el tesón fruto de la necesidad. La suerte, si cabe ese término en aquella situación, era que su mujer tenía mucho más sentido común, y además, tenía una inteligencia natural de mujer bragada en las tareas tanto con los hijos como con el marido, de modo que cuando había que decidir algo se las ingeniaba para que su marido, Manuel, creyera que lo decidía él, cuando la realidad era muy otra. Toda la vida, (vivió hasta los ochenta años), incluso estando enferma, supo dar a cada uno lo que le convenía, y hacer que su marido aceptara como decidido por él lo que ya estaba hecho por ella. Por defender una parte de su casa, esta mujer fue apaleada, casi hasta la muerte, por el alcalde franquista del pueblo, un tal Lucas, nombre que apodaba a su familia, "los Lucas". Cuando se repuso de aquella tropelía que le hizo estar varios días en la cama, en silencio, le hizo prometer a mi tía Adela, hermana de mi padre, y a su nuera, mi madre, que no dirían nada, en la certeza de que de saberlo los hijos "se buscarían la ruina", como decía ella. Todos los hijos en edad útil habían estado en la guerra en defensa de la República y estaban represaliados. La pobre mujer se guardó su dolor hasta que el cacique murió a consecuencia de una herida en una reyerta, en un pleito con el marido de una mujer, carnicero de oficio, llamado Francisco y apodado "el Tato". El alcalde franquista proclamaba a los cuatro vientos que el cacique se la beneficiaba, con el único interés de provocar al marido. No murió de la puñalada, pero sí a consecuencia de ella al cabo de un tiempo, porque, según decían, el tal Lucas era un animal, no se cuidó, y fornicando cuando estaba en plena convalecencia, se le soltaron los puntos, se desangró y cuando llegó el médico ya no pudo hacer nada. Fue entonces que mi padre se enteró de que aquel energúmeno, bravucón, ignorante, le había dado una paliza a su madre. Se lo dijo mi madre al referirse él que había muerto el de los Lucas. Y fue entonces cuando comprendió muchas cosas y actitudes de su madre cuando se hablaba de aquel sujeto, que en realidad no era más que un indeseable que al producirse el levantamiento fascista se fue a Granada, uniéndose a los que se habían apoderado de ella con un resultado, como es sabido, de cientos de asesinatos.

En estos pensamientos estaba mi padre cuando apareció en la puerta un hombre de mediana estatura, de unos cincuenta años, el pelo gris y bien cortado, más bien delgado y con semblante sonriente y afable. Con un ligero acento catalán, mucho más tenue del que oyera mi padre por su deambular por las calles y lugares que frecuentó en busca de trabajo, saludó a mi padre.

—Buenos días. Soy Jaime Mata, ¿en qué puedo servirle? Pero siéntese, hombre, siéntese dijo—, al tiempo en que rodeaba la amplia mesa del despacho y se sentaba en el sillón.

Enseguida se dio cuenta mi padre de que estaba hablando con un personaje que no era un encargado o manijero, como le hubiera dicho él, sino con el dueño de la finca, o al menos con alguien más importante que un simple quitavergüenzas al que dan las tareas desagradables. "Esto parece que va bien", pensó. No parecía un cacique a la usanza de Andalucía, de los muchos que había conocido y de los que había tenido que aguantar, aun sin siquiera hablar con ellos, toda clase de actitudes despóticas. Metiéndose la boina en el bolsillo de la chaqueta y sentándose en el borde del sillón que le ofrecía Jaime Mata, fue al grano sin más dilación, ante la actitud receptiva de aquel hombre que si bien le inquietaba, le daba cierta confianza por el trato inacostumbrado para él. Tragó saliva y con la determinación que da el estar en las últimas y desear salir de aquella situación que ya duraba muchos días, se presentó tal como era.

—Soy carbonero y me han dicho que usted puede tener trabajo para mí. "Aquel hombre me miró durante breves segundos y debió ver marcados en mi rostro los rasgos característicos de la gente de la montaña".

—Cierto, me hacen falta carboneros, pero que sepan el oficio. Han venido muchos que dicen saber de qué va el asunto, pero la realidad es muy otra. ¿Usted ha hecho carbón? ¿Sabe cómo funcionan los hornos y todo cuanto hay en torno a la cochura del carbón, antes y después de tenerlo en las seras? En definitiva, ¿conoce el oficio?

A mi padre le llegó una especie de bálsamo, los nervios se le quitaron y enseguida supo que tenía muchas posibilidades de acabar con aquella situación que arrastraba desde hacía meses: Al fin había encontrado trabajo, estaba seguro. Supo que aquello le empezaría a ir mejor que hasta aquel momento, que muy posiblemente se había acabado el callejear, como él decía, sin rumbo por la ciudad en busca de algo en qué engancharse. Aquel hombre le parecía diferente a todos con los que había tenido que bregar en su vida; le parecía más un hombre acorde con la mentalidad burguesa, que pretendía sacar el máximo provecho a su posición social y sabía que era fundamental la mano de obra que necesitaba en aquel momento. Además, estaba hablándole con respeto. Así que, con toda serenidad, mi padre le miró a la cara y le dijo:

—Mire usted, señor..., —no atinó a decir el nombre—, yo soy carbonero, hijo, nieto y biznieto de carboneros; soy de un pueblo en el que la inmensa mayoría lo son. En realidad no he hecho otra cosa en mi vida. Si usted quiere yo trabajo unos días y si considera que no soy apto para lo que usted desea, me marcho y aquí no ha pasado nada. Tengo hasta las herramientas que necesito en principio, siempre las llevo conmigo allá a donde voy a trabajar. Usted no pierde nada y yo estoy seguro de que tendré trabajo.

El patrón esbozó una sonrisa. La sinceridad con que hablaba mi padre era aplastante y no tenía duda de que sabía lo que decía y que por fin, había encontrado a un carbonero de verdad, a alguien en que podía confiarse a la hora de hacer el necesitado carbón.

—¿De dónde es usted; andaluz, pero de dónde?

—De Granada, bueno, de la provincia, de un pueblo llamado La Peza, al pie de Sierra Nevada. Es un pueblo pequeño.

—Pues, precisamente, de ese pueblo son dos pretendidos carboneros que he tenido que emplear en otras tareas, porque de carbón sólo saben que es negro y poco más. Se presentaron como usted, diciendo que sabían del oficio, pero la realidad demostró que conocían algo, y quizá alguna vez hayan estado viendo cómo lo hacían otros, pero ellos no lo habían hecho nunca, al menos como oficio continuado. Soy consciente de que las formas de hacerlo diferirán de cómo se hace aquí, pero en lo esencial, carbón es carbón. Y me es indiferente cómo lo hagan siempre que el resultado sea el mismo, es decir, carbón de calidad.

Mi padre, aunque no lo esperaba, no se cortó; sabía quiénes eran. Precisamente a través de ellos supo que en la finca de La Mata necesitaban carboneros, lo que no sabía es que estuvieran trabajando allí, y menos que hubieran dicho que eran carboneros.

—Bueno, La Peza, como digo, es un pueblo pequeño y nos conocemos todos. No sé quiénes serán, pero si dijeron que eran lo que no eran —titubeó— habrá sido, supongo, por la extrema necesidad en que se encontrarían. Yo llevo muchos días en lo mismo y sé que es desesperante. En esta situación los hombres se ven abocados a decir y hacer cosas que en una situación normal no dirían ni harían. Pero en lo que a mí respecta, la diferencia es que sí conozco el oficio y por eso le he dicho que me pusiera a prueba una semana, o el tiempo que considere.

—Bien, eso ahora no importa —cortó el patrón, con cierta discreción para no tener que dar los nombres de los mencionados paisanos de mi padre, aunque estaba seguro de que no se le escapaban. Además, la sinceridad y las maneras de hablar lo convencieron a primera vista, y no quería —como le diría mucho tiempo después—, que lo que él dijera creara problemas entre aquel hombre y sus paisanos, que, en principio, iba a trabajar para él. Al fin y al cabo, trabajando en la misma finca podrían tener alguna relación, aunque fuera esporádica. Con respecto al trabajo, el nuevo empleado fue tan convincente que estaba seguro de que no le mentía y por tanto era lo que necesitaba.

—Bien, entonces —dijo Jaime Mata— ¿cuándo quiere que vayamos a ver la finca?

Era tanta la necesidad que tenía mi padre, como ya se ha dicho, de trabajar, y la angustia de tantos días "dando bandazos" por la ciudad, malcomiendo por no querer ir a casa de su tía, a la que le decía que ya había comido cuando la realidad es que se pasaba las mañanas con el café bebido y algún vaso de vino, que dijo sin dudar:

—Ahora mismo, si quiere.

—No, hombre —cortó amablemente el futuro patrón— esta mañana tengo cosas que hacer en la ciudad. Quedemos para después de almorzar, a las tres de la tarde. Usted esté aquí a esa hora e iremos a La Mata para que vea dónde es el trabajo, y para que se vaya haciendo a la idea de lo que hay que hacer y cómo está el "corte" donde trabajará. Precisamente en el lugar y tal como lo dejaron sus paisanos hace más de dos meses.

Se trataba de los Galindos, dos primos más o menos lejanos, pero que en los pueblos se siguen considerando así aunque la parentela sea ya irreconocible, que habían llegado poco antes que mi padre a Tarrasa. En realidad, uno era barbero y el otro trabajaba un trozo de tierra que daba más trabajo y hambre que otra cosa. Eran de los pocos del pueblo que no tenían nada que ver con el carbón en un pueblo de carboneros. En los últimos tiempos, debido a la situación de penuria, intentaron enrolarse en un rancho con otros carboneros del pueblo, pero lo consideraron demasiado duro, no estaban acostumbrados a aquella vida arrastrada por el monte. Cuando tuvieron que cortar leña, las manos, desacostumbradas a aquello tan duro, se les llenaban de vejigas que al reventarse sangraban, haciendo imposible continuar. Deberían haber pasado mucho más tiempo hasta que aquellas manos adquirieran la dureza necesaria y se encallecieran para que el trabajo no les resultara un martirio. Pero antes de eso abandonaron.

Pero como el hambre apretaba y no estaban dispuestos a volver al rancho, decidieron pedir prestado el dinero para emigrar a Cataluña, donde según ellos había trabajo de sobra. Así lo hicieron, pero una vez en Tarrasa, y tras varios meses en casa de la tía, se convencieron de que, como se decía entonces, tampoco en Cataluña se ataban los perros con longanizas. Fue entonces cuando conocieron en una taberna cercana, reunión de carboneros del entorno, a un guarda de la finca La Mata, quien les dijo que su patrón buscaba carboneros con experiencia. Así fue cómo se presentaron, como lo hizo mi padre, en la casa de Jaime Mata. Y, después de trabajar unos días, el patrón se dio cuenta de que allí había más voluntad que experiencia. Pensó decirles que se fueran, que le habían engañado, pero lo pensó mejor y les dio trabajo en lo poco de labor que había en la finca, que era la siembra y recogida de forrajes para los animales, alfalfas, maíz y poca cosa más, en un terreno poco propicio para la explotación agrícola. Como digo, pasa en los pueblos pequeños, todos están más o menos emparentados, y la tía de mi padre, "tía de primos hermanos", también lo era de ellos, quizá de parentesco más lejano, aunque seguían llamándose primos, tíos y sobrinos por alejados que estuvieran, como una costumbre ancestral de los pueblos pequeños.

Mucho rato antes de que dieran las tres, mi padre ya estaba merodeando por la casa de la calle García Humet para ir a la finca, tal como habían quedado por la mañana. Con ese sentido del tiempo que tiene la gente del campo, se tomó el suficiente "para que no le pillara el toro", y media hora antes de lo previsto llegó a las inmediaciones de la casa de Jaime Mata. Tampoco tenía nada que hacer, y a decir verdad, ni tenía que comer. Prefería no ir a casa de su tía y arreglarse con algún chato de vino que le distrajera el hambre. Preguntó varias veces la hora a la gente que apresuradamente se dirigía a sus obligaciones. Le daban la hora con cierta aproximación. Poca gente de aquella que iba con prisas a su trabajo podía presumir de tener reloj. Cuando consideró que ya se acercaba la hora, llamó a la puerta. Le abrió una señora de unos cuarenta años. Pensó que se había equivocado, al no ver a la muchacha andaluza que le había abierto por la mañana. Se quedó algo contrariado al esperar ver una cara conocida.

—Buenas tardes, he quedado con el señor Mata, bueno, hemos quedado que vendría a estas horas, me estará esperando.

La mujer, con una seriedad innecesaria, le miró de arriba abajo y le dijo que esperara. Sin duda no le debió de gustar la raída ropa que vestía mi padre, y sobre todo las alpargatas, tan parcheadas que hubiera sido tarea difícil averiguar si les quedaría algún pedazo de la tela o suela originales, con aire de autoridad, imponiéndose a quien veía en inferioridad. Le trató como vengándose de las muchas veces que quizá ella habría sido objeto de ese mismo trato. Ya se sabe que las gentes que han ascendido, aunque sea un pequeño escalón en su escala social, en lugar de ver a los de arriba como los causantes de sus desgracias, echan toda la bilis sobre los que están en inferioridad de condiciones, como para afirmar su nuevo estatus, y para renegar del anterior.

—No entre, que me pondrá perdido el mármol.

Una ráfaga de indignación pasó por la mente de mi padre, imperceptible para aquella autoritaria mujer. Pasó por sus ojos henchidos de indignación, pero tragó saliva y se tragó su orgullo herido. Con la boina entre ambas manos vio cómo la puerta se cerraba en sus narices: Ni siquiera lo hizo pasar al recibidor, como había hecho la criada aquella mañana.

—"Por mi cabeza pasaron tantas cosas en aquel momento, en unos instantes, que de no haber sido por la necesidad perentoria, por el hambre que me cercaba..., con mi familia presente en mi pensamiento..." Después —me contaría años más tarde—, de muchas semanas había logrado ver la posibilidad de salir del túnel. Le hubiera dicho a aquella servil y maleducada mujer, aquel piojo revivido, lo que realmente pensaba de las personas como ella; que no iba a pedir limosna, sino en busca de un trabajo digno. Le hubiera dicho que al fin y al cabo ella lo único que hacía era recoger las migajas que les sobraban a los ricos. Le hubiera dicho esas cosas y muchas más, pero se las tenía que tragar con amargura. Era un desheredado y un derrotado que tuvo que soportar las palizas por parte de los fascistas que lo fueron a buscar cuando regresó, cándidamente al término de la guerra, en la creencia de que "quien no tuviera las manos manchadas de sangre... etc.," no tendría que preocuparse. Volvió al pueblo por pura necesidad cuando salió de la cárcel de Granada —la plaza de toros—. Cuántas veces se acordaría de un compañero de reclusión que estuvo condenado a muerte, fusilado a los pocos meses, que le había advertido que hiciera cualquier cosa, pero que no regresara al pueblo. Que se fuera a una ciudad grande, donde no lo conocieran. Que la represión indiscriminada sería mucho más irracional en esos pueblos y lo pagaría. Que el fascismo era algo que no tenía freno y sin la menor razón los caciques contarían con el total apoyo de las autoridades para sus tropelías y por tanto harían cuanto desearan sin que nadie se lo impidiera. Y que él ya tenía noticias de lo que estaba pasando en otros pueblos de la provincia y que las injusticias eran incontables. Que sacaban a la gente de sus casas para cualquier cosa y eran fusilados en las tapias de los cementerios o en las cunetas de las carreteras. Que desaparecían y sus familiares no volvían a saber de ellos. Que eran enterrados en cualquier sitio sin que se supiera en qué lugar estaban los cuerpos. No le hizo caso y regresó a La Peza. "Porque yo no había hecho nada malo contra nadie", me dijo.

Le hubiera gritado a la estúpida mujer que ella también tenía que servir a otros y que lo que estaba haciendo era peor que lo que hacían los propios amos, al no ayudar a la gente como él cuando no perdía nada en ello. Aunque sólo fuera con un trato amable. En fin, le hubiera dicho todo lo que le hubiera venido a la boca, lleno de ira e indignación. Después habría dado media vuelta, o quizá no habría hecho nada, se habría ido cuando le cerró la puerta, y cuando volviera a abrirla que se quedara con un palmo de narices y que tuviera que explicar a su amo qué había pasado. Pero esta idea, sólo era una respuesta infantil. Respuesta dada a sí mismo. Todo esto revoloteaba en la cabeza de mi padre, todo esto le bullía, pero no se movió; se quedó mirando a la enorme mirilla de aspa que había quedado algo entreabierta, y pudo ver los movimientos de las personas en el interior. Poco después, y como algo contrariada, vio cómo se acercaba a la puerta y la abrió. Sin mirarlo siquiera le dijo que pasara.

—Entre, el señor Mata lo espera —dijo, al tiempo que abría la negra y enorme puerta.

Una insinuación de sonrisa se asomó a los labios de mi padre, al comprobar que aquella malcarada mujer había sufrido una pequeña derrota al verse obligada a hacerlo entrar por orden de su amo, a pesar de su atuendo y de sus maltrechas y empolvadas alpargatas. La miró un segundo a los ojos con una mirada entre el odio y la lástima, como una pequeña venganza, por haber sido compensado, en parte, de aquella humillación de momentos antes.

Durante muchos años la volvería a ver, cuando iba a rendirle cuentas del trabajo al dueño de la finca. Nunca tuvieron más palabras que las estrictamente necesarias. Nunca la olvidaría. Muchos años después, cuando la conversación lo requería, entre mi padre y yo, o entre algunos de sus compañeros de oficio, en días de lluvia que no permitían salir a trabajar, una y otra vez mi padre solía referirse al trato recibido por aquella ama de casa, de llaves o lo que fuera. Lo que demuestra lo hondo que cayó en él aquella humillación innecesaria. Quizá más porque vino de una persona como él —también andaluza— pero que había sabido o podido entrar al servicio de aquella casa, con un cargo que le permitía un desahogo que los demás no podían permitirse en aquellos años.

De nuevo se encontró en aquella habitación repleta de cuadros y dibujos de motivos campestres y ante aquella mesa llena de papeles. Jaime Mata no estaba aún en el despacho. Se mantuvo en pie a la espera de que llegara. La boina la mantenía fuertemente en la mano izquierda, arrugada y prieta, como si de un asidero se tratara y le diera confianza para estar a la altura de lo que, intuía, iba a cambiar su suerte. Una suerte que para los pobres como él se resumía en poder trabajar para, mantener a su familia, que hacía mucho que no veía y a quien no había podido enviar ninguna ayuda hasta la fecha. Paseó de nuevo la habitación con la vista. Las cortinas estaban insinuando un poco de luz de la ventana que daba a la calle. Miró la mesa en la que descansaban papeles y carpetas muy bien ordenadas. Sobre un rincón de la misma, un crucifijo, más bien pequeño, era el único testigo que lo observaba, aunque estaba el pobre enclavado tan maltrecho que sin duda no estaba para muchos trotes. La espera se prolongó durante unos minutos que le resultaron largos. Se sentía observado por alguna mirada oculta, y eso hacía que mantuviera la compostura sin la menor concesión al relajo. Detrás del lugar que ocupaba el sillón de Jaime Mata había un cuadro con muchas fotografías pequeñas a las que la vista no alcanzaba con nitidez a ver las caras. Sólo pudo leer: Universidad de Barcelona, Facultad de..., y poco más. Unas fotografías algo rancias, con personas y vestimentas fuera de uso, de otros tiempos, en amigable estancia en lo que pensó era la montaña. Entre ellas pudo ver alguna sotana cubriendo un orondo y generoso cuerpo crecido con descaro a lo ancho, en épocas de obligadas delgadeces y malas nutriciones, que se le antojó un insulto. En otra de aquellas fotografías podía verse algún uniformado con boina roja, uniformes militares, así como varios cuadros con vírgenes y santos de toda la parafernalia de las mitologías cristianas. Una *madonna* con un niño en los brazos que le recordaba la que había en la casa de sus padres, y a quien su madre, Trinidad, llamaba "la Virgen del Perpetuo Socorro". Nunca supo a qué venía tal nombre, pues mientras estuvo colgado el cuadro en su humilde casa de La Peza, y después en su casa de Guadix, "poco había socorrido en aquel hogar lleno de penurias", pensó mi padre con sarcasmo. En esos pensamientos estaba cuando Jaime Mata entró a la habitación con una chaqueta fina, de piel negra, en la mano. Lo saludó:

—Buenas tardes; pero siéntese, hombre, qué hace de pie. —Se repetía en cierta forma la escena de la mañana—. Siéntese un momento mientras recojo unas cosas que necesito; enseguida estoy listo.

Mi padre dijo no estar cansado, pero se sentó, y al hacerlo sintió alivio en los pies y en las rodillas. En realidad había salido por la mañana de la casa de su tía y había ido a la casa de su futuro patrón sin tomar más que un vaso de vino y un par de boquerones fritos en una taberna. Había estado haciendo tiempo hasta que llegaran las tres de la tarde para volver tal como había quedado, por lo que tenía el estómago vacío y estaba cansado. Así que agradeció el sentarse, aunque lo hizo en el borde de una silla de asiento y respaldo acolchado, sintiéndose mejor. Mientras, Jaime Mata abría y cerraba cajones de la mesa y recogía papeles que iba depositando en una enorme cartera de piel negra y bruñida, en la que unas letras plateadas declaraban al propietario: J.M.B. (Jaime Mata de la Barata). Con aparente disimulo y con cierta apariencia de naturalidad, se metió en el bolsillo algo que a mi padre le heló la sangre: Le pareció una pistola. El patrón parecía querer que no se viera la ostentación al guardarse el arma, pero que se supiera que iba armado. Naturalmente, mi padre no dijo nada, pero en sus ojos se notó una pequeña inquietud. Recordó la cantidad de obreros que habían sido asesinados, aunque enseguida lo atribuyó a la natural seguridad personal de la que los burgueses se proveían y que no tenía nada que ver con él. No se conocían y, además, qué sentido tenía que lo hubiera hecho ir a su casa. Aquello era motivo de preocupación, sobre todo viniéndole a la memoria hechos ocurridos después de la guerra por los pueblos de Andalucía, donde los caciques utilizaban las pistolas con toda ligereza e impunidad. La veda para imponer su ley se levantó con el final de la guerra. Mi padre no se había visto en una situación semejante, pero sí sabía de algunos trabajadores que habían sido asesinados por la mínima discusión. "Me sentí molesto y preocupado durante unos instantes, pero enseguida comprendí que carecía de sentido aquella preocupación. Ni estábamos en el pueblo, ni aquel hombre me conocía ni tenía sentido que pensara que pudiera tener ninguna animadversión hacia mí. Esto no es un pueblo pequeño, donde los falangistas de turno podían, con la ayuda de la guardia civil, cometer todo tipo de tropelías sin la menor responsabilidad". Tal vez porque la cara que mostraba mi padre, denotaba cierta extrañeza, Jaime Mata, sacando la pistola y depositándola en un cajón, dijo:

—Tengo que ir a hacer ejercicio de tiro cuando regresemos, pero ya pasaré a buscarla a la vuelta—. A mi padre se le aflojaron en ese momento los músculos, respiró profundamente y se sentó más cómodo en la silla con el respaldo adosado a la espalda. Lo que el cuerpo le pedía era dormir, y de haber podido, lo habría hecho. Estaba agotado y la tensión de todo el día le trituraba los nervios.

—Antes de irnos —dijo cogiendo una carpeta de tapas negras— dígame su nombre y todos sus datos personales, en fin, su filiación completa, los necesito para tenerlo asentado en mi registro; a partir de ahora tendremos una relación bastante habitual.

Mi padre le dio cuenta de todos los datos que le fue pidiendo, no sin resquemor; sabía que eso era normal. No estaba ante un interrogatorio de la guardia civil ni nada que se le pareciera, sino ante la lógica de que el patrón debía saber a quién contrataba. Pero seguía teniendo los recuerdos de experiencias anteriores en que cualquier petición de identidad iba acompañada de alguna desgracia. Trató de quitarse aquello de la cabeza; carecía de lógica tanta preocupación. Ahora estaba seguro de que, a pesar de que no había estado aún en el tajo, de que Jaime Mata no sabía cómo trabajaba, la decisión estaba tomada: Se quedaría a trabajar, sin duda.

Mi padre sólo esperaba y temía las fatídicas preguntas que le habían hecho cuando intentó trabajar en algunas fincas de Granada o Córdoba, cuando salió de la cárcel: "¿En qué bando hizo la guerra?" "¿Ha estado en la cárcel?" "¿Tiene alguna cuenta pendiente con la justicia?" Etc. Pero de esas preguntas no le hizo Jaime Mata ninguna. "Algo han cambiado las cosas, esto no es como en los pueblos de Andalucía, donde los caciques están al tanto de todo para informar a la guardia civil de todo lo que sus trabajadores hacían o pensaban". Anotó todos los datos sin más, además de en el cuaderno negro, en un libro grueso de color negro y con los bordes de las hojas en rojo; pudo ver a la distancia a la que estaba que había otros nombres, sin duda el resto de los trabajadores de la finca, pero sin poder leer ninguno de ellos, sobre todo de sus paisanos. Con una pluma que untó en un tintero con borde ribeteado en oro que había sobre la mesa, trazó una línea horizontal para separar los datos de otros nombres, al tiempo que decía:

—Bien, ya nos podemos ir, iremos a La Mata para que la conozca, y conozca el personal con el que deberá estar en contacto por ahora, hasta que las cosas estén en condiciones de poder empezar la campaña.

A pesar de que aparentemente aquella visita a La Mata se había planeado para que el recién llegado conociera el lugar, para que empezara a trabajar como prueba, según propuesta de mi padre como condición para ser contratado, en ningún momento se desprendía de las palabras y la actitud del patrón, signos de provisionalidad; todos los pasos que daba le parecían a mi padre como si ya diera por hecho su pertenencia a la plantilla de carboneros que trabajaban en La Mata, sin necesidad de prueba alguna. Le dijo que lo acompañara hacia una puerta pequeña disimulada tras unos cortinajes, que daba paso a un amplio garaje donde estaba el coche. El garaje estaba separado sólo por una gran arcada, donde había dos coches negros que a mi padre le parecieron muy similares.

El propio Jaime Mata se puso al volante de "un coche Ford", según mi padre, de los años treinta, aunque dudo que él supiera distinguirlos, y que renqueaba a una velocidad que no debía pasar de los treinta o cuarenta kilómetros por hora, en el mejor de los casos. Era una época en la que resultaba difícil, aun para los ricos, obtener vehículos modernos. Casi todo el parque automovilístico seguía siendo el de antes de la guerra.

Mientras avanzaban por la sinuosa y estrecha carretera de Matadepera, que va hacia Mura y Talamanca, dos pueblos pequeños a unos veinte kilómetros de Tarrasa, el patrón le iba explicando la orografía del terreno y su flora:

—Este es un terreno plagado de encinas; la encina es la mayor riqueza de estos parajes y como sabe, con la encina sólo se puede hacer carbón o leña, así que intentamos que esto, ahora que es tan necesario por la falta de combustible, sea rentable. En la finca hay una treintena de carboneros, la mayoría de la tierra. Aquí había en otros tiempos, antes de la guerra quiero decir, muy buenos carboneros, gentes a las que no había que explicarles nada de cómo se trataba la tala de las encinas ni del tipo de cocción que requería para que el carbón saliera con ese sonido metálico y musical que es la principal muestra de calidad del producto.

—Sí —dijo mi padre tratando de dar a entender al patrón que sabía de qué estaba hablando—, el sonido metálico y musical al que usted se refiere, es la muestra más certera de que el carbón está bien cocido, y una garantía de que no habrá tizones, es decir, que no hará humo al hacer la combustión; vamos, que si el carbón hace el más mínimo olor y humea, eso es leña mal cocida, nunca carbón. Lo cierto es que muchas veces juegan las circunstancias: El tiempo que haga, el tipo de tierra con la que se cubre el boliche u horno, y también un poco de suerte. Hay veces que si se tuerce y empieza a fallar, no hay manera de enderezarlo y la única solución es acelerar la cocción, acabar cuanto antes aquel horno y aprovecharlo lo mejor que se pueda. Aun sabiendo que más de la mitad se habrá estropeado. A veces la causa de que se tuerza es la densidad de la leña, que no se ha puesto de forma uniforme para que todos los troncos tengan una fuerza similar de aguante al fuego. Creo que en eso está la experiencia. El oficio, como diríamos.

Aquella explicación dada por mi padre, aunque innecesaria por sabida, pareció congratular al patrón, ya que cada vez parecía que estaba más seguro de que aquel hombre que acababa de contratar no era uno de tantos como habían pasado por la finca y que del carbón sabían más bien poco.

—Como le decía —prosiguió Jaime Mata— aquí en esta zona había los mejores carboneros de toda la comarca, y posiblemente de Cataluña, pero la guerra acabó con eso. La mayoría tuvieron que marcharse cuando terminó, y esto quedó abandonado, sin mano de obra cualificada; fue una desgracia para este sector, como para otros.

Mi padre guardaba silencio ante aquellas precisiones del patrón; hubiera querido decir que aquello era por la brutal represión a la que estaba sometida la clase obrera y las clases trabajadoras por el franquismo; a que la mayoría de las personas habían tenido que exiliarse; a que las cárceles estaban repletas y a que en ellas estaba el tesoro de España. Y que así no era posible enderezar el país; que las principales víctimas de toda aquella situación habían sido los trabajadores; que él mismo se había pasado varios años en la cárcel por el solo hecho de haber defendido la legalidad republicana, así como por los odios de un sujeto de su pueblo que lo denunció a la guardia civil. Le hubiera gustado, como tantas veces, poder decir eso y muchas cosas más, pero también una vez más, guardó silencio; aunque en su rostro se mostraba visiblemente la amargura por no poder responder a todo cuanto le estaba diciendo aquel hombre que iba a ser su patrón. Sus mandíbulas se mostraban hinchadas y su rostro enrojecido, y aunque Jaime Mata no hablaba como lo haría un cacique de los que mi padre había conocido, de los que echaban pestes de lo republicano, no se atrevía a abrir el pico, se jugaba demasiado. Acababa de encontrar trabajo y eso, nuevamente, pesaba, era lo importante, lo inmediato.

Jaime Mata siguió hablando con normalidad, pero sin duda con el rabillo del ojo puesto en el rostro de su empleado Miguel. Lo notaba reservado y crispado. Comprendía por qué era: No se conocían, y además se encontraba en inferioridad de condiciones, lo sabía y trató de que la conversación fuera lo más fluida posible, sin poner en aprietos a su empleado. Así que prosiguió, dando un giro más concreto a su conversación, seguramente con la esperanza de que mi padre comprendiera cuáles eran sus opiniones al respecto, más de forma funcional con respecto a la necesidad de la explotación de la finca, y la falta de mano de obra cualificada, que como crítica. No quería que pareciera que estaba hablando de política, cosa vedada en aquellos tiempos para todos... los derrotados.

—Aquí se podría haber hecho como se ha hecho en Alemania, que al cabo de unos meses, máximo un par de años, todo el mundo ha vuelto a su estado normal. Demasiados problemas tenemos en el país para su reconstrucción, después de un conflicto tan duro como el que hemos tenido en España, como para no poner todos nuestros esfuerzos en solucionarlos y aprovechar todos nuestros recursos, en primer lugar el potencial humano. Sobre todo si tenemos en cuenta que muchos se tuvieron que marchar y, aunque algunos han regresado, la mayoría siguen sin volver.

Pareciera que el patrón le adivinara el pensamiento, todo cuanto habría querido decirle él. Pero siguió callado, sin responder más que con gestos de cabeza que más eran por cortesía que como afirmación de nada. Esperaría a tener las cosas más claras para opinar, aunque fuera sobre cosas intranscendentes: La experiencia le hacía no fiarse de nadie.

Ante el silencio persistente de mi padre, Jaime Mata desvió la conversación hacia derroteros menos comprometidos para el andaluz. Sin duda se sentía incómodo con la conversación y, aunque suponía que tendría muchas cosas que decir, no quiso seguir por aquel camino. Entendió que él tendría sus motivos para no dar más viveza a la conversación.

—De lo que carece La Mata es de bosques de pinares en abundancia; eso sí que es rentable en estos tiempos de escasez de papel; además, el pino es un árbol que crece en pocos años y da un rendimiento formidable con menos trabajo; sólo hay que talar los pinos, acarrearlos y enseguida está comercializado; con mucho menos trabajo y en menos tiempo que el carbón; sí, es mucho más rentable, sin duda. Las encinas, en cambio, necesitan, tras una tala, más de treinta años para volver a explotarlas. Así que hay que ser racional con la tala selectiva, hay que ser muy cuidadoso para que el bosque no se convierta en un desierto y podamos seguir teniéndolo y conservándolo para las futuras generaciones.

Aquellas palabras del patrón le hicieron recordar a mi padre sus campañas en los montes de Andalucía, en Sierra Morena, donde estuvo en varias etapas a lo largo de su vida. Allí, cuando llegaban a un encinar lo arrasaban, eliminaban todo vestigio. Arrancaban hasta las cepas para hacer carbón, a pesar de que el carbón de las mismas no era de calidad precisamente. El chisporroteo tan molesto a la hora de cocinar con él, era un martirio para las amas de casa. Sobre aquellos bosques ya extinguidos, recordaba que le habían hablado los ancianos de que en otros tiempos gran parte de Sierra Morena estaba poblada de grandes encinas centenarias y hasta milenarias al decir de algunas gentes. Ahora eso ya era del pasado. Él mismo arrancó encinas que entre cinco hombres no las abarcaban con los brazos. Hermosos encinares habían sido sacrificados para una rentabilidad más que dudosa, teniendo en cuenta el daño que se hacía. Muchas veces se eliminaban aquellas maravillas de la naturaleza para convertir en tierra de labor aquellos montes, o lo que es peor, para convertirlos en pasto de toros de lidia donde se lucían los señoritos andaluces y otros parásitos de la sociedad. Por eso a mi padre le sorprendió aquella preocupación del dueño de la finca en la que iba a trabajar, por la naturaleza y por el futuro, por las generaciones venideras. Era algo a lo que no estaba acostumbrado.

—Veo que sí hay pinares, dijo mi padre mirando por la ventanilla, ante algunos nutridos rincones de pinos.

—Sí, cierto, pero no en la cantidad que requeriría para que fueran rentables; nos hemos propuesto hacer una repoblación de pinos, aunque no estamos seguros de que agarren, este terreno no es demasiado propicio para el pino maderero, al parecer, pero lo estamos estudiando. También, y aunque no con la densidad de la encina, sí tenemos bosques de robles y quejigos que utilizamos como madera, para la construcción. También lo vendemos como leña y para carbón, aunque de inferior calidad. Muchas veces, por necesidades del terreno, por su mezcla, lo cocemos junto con la encina y hacemos carbón de mezcla, *barreja* decimos aquí. Es carbón con poca densidad y de poco peso, arde con suma facilidad; aguantan poco las ascuas. Pero, claro, ante la escasez que hay, se vende igualmente, aunque como es de suponer a menor precio. La cochura hace que pierda mucho y un tronco de un peso determinado cuando está cocido, pesa la mitad que la encina, e incluso menos. El roble tiene mucha agua, que obviamente pierde al cocerse.

El destartalado *Ford* del año treinta y cinco iba con lentitud tragándose los poco más de quince kilómetros que separaban La Mata de la ciudad de Tarrasa, un trayecto ridículo, pero se empleaba un tiempo tedioso y desesperante, aun en aquella época, en recorrerlo con aquel coche ruidoso y por una carretera sinuosa y en muy mal estado. Mi padre iba viendo el paisaje, que era agradable; con la vista localizaba plantas que él conocía y otras que no había visto nunca; numerosos arbustos que poblaban las montañas. Veía que eran muy ricas en variada flora. Pocos coches, por no decir ninguno, circulaban por la carretera estrecha y con un asfalto más que deteriorado y que hacía que los ocupantes de aquellos trastos saltaran continuamente de los asientos. No sólo por la carretera, sino por unos amortiguadores deficientes que estaban pidiendo sustitutos hacía ya tiempo. Fueron cruzándose o adelantando gentes que iban andando a sus tareas. Arrieros con mulos y, sobre todo carros que a aquellas horas ya volvían con la carga, con caballos percherones capaces de arrastrar una carga considerable con sus musculosos remos. Los carreteros salían de Tarrasa a las cuatro o a las cinco de la mañana, que en invierno, que era cuando había ese tipo de transporte, era media noche, y empleaban todo el día en transportar la carga, que generalmente era de leña, seras de carbón o sacos de cisco para los braseros. El patrón respondía, con un gesto con la mano izquierda, a los saludos que los carreteros le dirigían al conocerlo. Todos sabían quién era; la mayoría sin duda regresaban cargados de su finca, La Mata. Esta misma carretera, que los días laborables estaba casi solitaria, los festivos era una procesión de carretones arrastrados por los mismos dueños hasta los bosques; allí cortaban leña de desechos y la cargaban para tener el combustible que no podían comprar, para calentarse y cocinar. Era la única posibilidad que tenía aquel enjambre de caminantes de fines de semana de poder calentarse y cocinar durante toda la semana. Eran verdaderas procesiones de gentes, mujeres y hombres, y en no pocas ocasiones niños, que arrastraban aquellos improvisados vehículos, hechos con ruedas y tablas y los más variopintos materiales. Todo servía si era posible utilizarlo como soporte y si se le podía colocar algo que rodara. Era una tarea dura después de trabajar durante toda la semana en la industria, el domingo había que proveerse del necesario combustible. Curiosamente, había un total respeto de todo el mundo por el bosque. A nadie se le ocurría cortar ningún árbol que estuviera vivo, ni una rama. Todos recogían lo que estaba seco, en el suelo. Y no había una vigilancia especial, más allá de la de los propios acarreadores, que se cuidaban de que nadie les llamara la atención.

A mitad de camino, y al salir de una curva, la pareja de la omnipresente guardia civil les echó el alto. Al ver que se trataba del conocido Jaime Mata el que iba al mando del volante, el guardia civil se llevó la mano derecha al tricornio y se cuadró. "Esto es lo mismo en todas partes", pensó mi padre, que cuando veía a la pareja, no eran bonitos recuerdos los que le venían a la cabeza. La guardia civil era el símbolo más terrible que había poblado las tierras de España, en los últimos cien años, al menos de Andalucía, que era lo que más conocía. Su presencia era miedo; su mirada fija podía ser pánico. Siempre al servicio de los caciques de los cortijos y en los pequeños pueblos, donde se les ajustaban las cuentas a los díscolos que osaran quebrar el ritmo y la tranquilidad de los que mandaban. E incluso sin necesidad de eso. Bastaba con que el cacique, cualquier chivato declarara la desafección de cualquiera al régimen, para que la llamada benemérita interviniera con contundencia. Era la salvaguarda de sus intereses y para ello no vacilaba en cometer cualquier injusticia.

—Buenas tardes, señor Mata, ¿todo en orden?

—Sí, ningún problema—, respondió con amabilidad, pero sin decirles que subieran al vehículo, como hubieran exigido ellos, según su costumbre, de no haberse tratado del rico hacendado.

La pareja de la guardia civil solía parar los coches o camiones que circulaban y con una insinuación, que más parecía una orden, les decían que los llevaran hasta donde iban. Su obligación era hacer la ronda andando, pero si lograban que los llevasen se ahorraban la caminata. Pero al señor Mata no le podían presionar, por razones obvias. Él y otros ricos como él eran el motivo de su existencia; desde su nacimiento la guardia civil era el brazo armado que defendía el orden establecido en las zonas rurales, por injusto que fuera; es más, precisamente por eso, por ser la injusticia la que se señoreaba por tantos lugares dominados por los caciques. Sabían quiénes eran y las relaciones que tenían con sus jefes, con el capitán y, sobre todo, con el gobernador. Miraron por la ventanilla y vieron a aquel hombre de pobre indumentaria, con barba de varios días y desaliñada. Se les vio la intención de preguntar por él y pedir su documentación, al menos eso temió mi padre, pero no quisieron entretener al amo y tal vez molestarlo. Así que le dieron las buenas tardes y se retiraron dejando que el patrón y su acompañante reemprendieran la marcha, al tiempo que aquél les deseaba "buen servicio".

El patrón le fue preguntando a mi padre los pormenores de cómo se hacía el carbón por su tierra, lo que, seguro no desconocía; si utilizaban el sistema vertical de los hornos con chimenea central; si colocaban troneras alrededor del horno. Eran preguntas que parecían del todo inocentes, sólo como una forma de hablar de algo durante el trayecto. Pero mi padre se percataba de que lo que en realidad el patrón hacía era probarlo, saber más sobre los conocimientos que tenía del oficio. Las preguntas eran fáciles y con cada respuesta el empleado confirmaba su seguridad en que se quedaría a trabajar.

A medio camino, Jaime Mata paró el coche al finalizar una corta recta, antes de virar una cerrada curva.

—Aquí hay una fuente, quiero que la conozca. Esta va muy bien, casi siempre tiene agua. Además está a medio camino del lugar donde vamos. Su nombre es *Font de L'Olla*, Fuente de la Olla. Va muy bien para saciar la sed del caminante. Hay otras muchas fuentes por toda la finca. Ya las irá conociendo porque las necesitará. Tendrá que proveerse de agua en ellas para beber y cocinar—. Bebieron agua, que les hirió los dientes de puro fresca. Jaime Mata Señaló a un mojón y dijo:

—Aquí empieza La Mata, ese mojón determina la linde—. "Lo que siempre notaba cuando Jaime Mata hablaba de su propiedad, es que jamás hacía alarde de ello, nunca decía que lo fuera, utilizaba los términos como "la finca", "La Mata", nunca "mi finca".

Como tratando de tomar la iniciativa en la conversación, mi padre quiso desviar el tema que presumía vendría enseguida: La presencia de los civiles. No quería tener que opinar sobre ellos, ya que tendría que guardar silencio o bien mentir:

—Aquí debe de haber caza, supongo, por la densidad del bosque y por lo escarpado de algunas zonas.

—Hay Jabalís, conejos y poco más; también hay perdices. En cuanto a otros animales, también hay ardillas.

—¿Y lobos y zorros?

—No, los lobos desaparecieron hace muchos años. La presión de los humanos los han prácticamente extinguido hace mucho tiempo; me extrañaría que hubiera. Yo, que ya peino canas, no los he visto nunca, hace muchísimos años que no se ven. Y en lo que respecta al zorro, no creo que haya muchos; de vez en cuando alguno hace de la suyas en alguna de las barracas de los carboneros, e incluso en los corrales de la casa se han atrevido a entrar, haciendo verdaderos estropicios. Suele pasar cuando hay alguna nevada que dura varios días con el suelo cubierto. Eso, el que entren en las barracas, no ayuda a su mantenimiento, ya que son perseguidos sin tregua con cepos, lazos y todo tipo de trampas. Y aunque está teóricamente prohibido, nadie pone remedio, hay demasiados problemas presentes para que se le dé la importancia que debiera dársele.

A lo lejos, a la salida de una curva se divisaba un caserón, que de forma majestuosa se levantaba en lo más alto de la ladera. Era una de esas casas-masías que, en general, se construyeron durante el siglo XIX, y en algunos casos a finales del anterior, no como casas de recreo, como acostumbraba la nobleza de la época, sino con la clara intención de dar rentabilidad a la finca, en los tímidos intentos de la burguesía, nunca realizados del todo, de avanzar en sus proyectos políticos y económicos, que les negaba el antiguo régimen aristocrático. Algunas de estas casas ya existían desde mucho tiempo antes, y fueron remozadas o hechas de nuevo con criterios más modernos. Éste era el caso de la masía de la finca El Obach, situada a diez kilómetros de Tarrasa, en una colina cerca del pueblo de Rellinás, que existía desde un siglo antes y que fue quemada por los carlistas. En vez de remozarla, la hicieron nueva en un lugar más propicio y más cerca de la carretera, lo que facilitaba la comunicación con Rellinás, pueblo, aunque pequeño, importante para toda la gente que vivía del monte. Y por supuesto las ciudades más importantes: Tarrasa y de alguna forma por la misma carretera, Manresa.

—Bien, ya estamos llegando— dijo Jaime Mata.

La casa, que a mi padre le pareció grande de lejos, lo que después al verla de cerca confirmó, era de tres plantas en el edificio central y con anejos para las viviendas de los sirvientes, las caballerizas y las necesidades auxiliares de la finca.

—Como es natural necesitará proveerse de las correspondientes herramientas, así que tendrá que ir a la ciudad para adquirirlas. Ya le daré lo que necesite para ello.

—Siempre llevo conmigo las imprescindibles, las que son más personales según mis costumbres, pero, claro, necesitaré otros tipos que serán más específicos para las tareas de aquí. Llevo el hocino, el hacha, que en mi caso es una segur o *seguro* como lo llamamos en mi tierra. Es un hacha con dos bocas que es muy antigua. En realidad, según dicen, ya la utilizaban los romanos, aunque es posible que con el tiempo haya tenido transformaciones. No sé si usted sabrá lo que es.

—Bueno —dijo Jaime Mata con una casi imperceptible sorna— yo sé que los romanos utilizaban un hacha grande, de dos bocas o cortes, pero que en general lo hacían para cortar cabezas, y no creo que ése sea el cometido de su herramienta, dijo ya abiertamente en un tono jocoso y humorístico.

—Eso no lo sabía; sí sé, porque me lo dijo un catedrático que estuvo conmigo, que era una herramienta antigua. En este caso, como digo, parece que ha habido cambios en su forma.

A mi padre la palabra "catedrático" le sonaba muy bien y la solía utilizar cada vez que se refería a alguna de las cosas que vio u oyó de los que estuvieron en la cárcel con él. Incluso la utilizaba impropiamente cuando se refría a alguien que él consideraba "culto".

—Según me dijo ese catedrático —prosiguió mi padre— era un hacha, pero de una sola boca. La que nosotros usamos en mi pueblo es de dos bocas y además está armada con un astil fino, como una vara, al que se le inyecta una cuña para presionar el astil a la contra por el ojo de la herramienta. Ésta es muy útil cuando hay que cortar árboles muy grandes, con troncos muy gruesos y madera dura, como es el caso de las encinas. Eso permite que el corte sea más estrecho y se pueda ahondar hasta el centro del tronco con una abertura que con un hacha convencional sería prácticamente imposible, habría que hacer un tajo mucho más alto, más grande, lo que tendría el inconveniente de tardarse mucho más rato en talarlo. Pero no sólo eso, sino que un hombre que tenga que hacer ese trabajo en un tronco de grandes dimensiones, como digo, con un astil más grueso se resiente mucho de sus manos y remos por los fuertes golpes que repercuten en todo el cuerpo. Con la segur los "zapatazos" los recibe en su mayor parte la herramienta, gracias a su astil fino.

—Pues no conozco esa herramienta, pero me gustará verla; aunque si es más útil para árboles grandes, la verdad, por aquí no hay demasiados. El monte es de mediana dimensión, ya que desde siempre, o al menos desde hace muchos años, se ha explotado y en unos treinta años, a veces menos, se repite la operación de tala y carboneo.

Jaime Mata guardó silencio unos momentos, como si no supiera cómo ir a otro tramo de la conversación. Como supo mi padre tiempo después en conversación con él. Al patrón le suscitó la curiosidad lo que aquel carbonero había dicho y no cuadraba con el personaje que tenía delante, había mencionado a un catedrático y era de suponer que sus relaciones no serían precisamente de ese tipo.

Se trataba de un catedrático de la Universidad de Granada, que estaba de vacaciones en La Peza, el pueblo de mi padre, cuando hubo el golpe de

Estado, y pasó la guerra de capitán de milicianos, hasta que terminó y fue recluido en la azucarera de Guadix junto a otros miles de soldados del ejército vencido. Había tenido una participación muy señalada durante la organización de la resistencia en los primeros momentos, contribuyendo a que el resto de la provincia no cayera en manos de los sublevados, como sí sucedió con la capital. Era un hombre muy conocido, y cuando lo detuvieron, a los pocos meses le dieron "el paseo" al amanecer. Era el mismo que había aconsejado a mi padre que no regresara a su pueblo.

Jaime Mata estaba un poco intrigado, la curiosidad le empujaba a averiguar más sobre aquel hombre; así que, sin más, le dijo:

—¿Cómo es que conoció a un catedrático que le explicó esos pormenores de sus herramientas? ¿Es algún conocido suyo, algún familiar? —Dijo aquello seguramente a sabiendas de que ponía a mi padre en un aprieto, ya que tenía la certeza de que era prácticamente imposible en aquellos tiempos que una persona de su clase tuviera un familiar que fuera de semejante categoría social, cuando lo que abundaba entre las clases populares era el analfabetismo.

Mi padre se quedó un poco turbado. Había dicho algo que quizá no debía y eso lo obligaba ahora a explicar lo que no debería: Su estancia en la cárcel; y que allí había conocido no a uno, sino a muchos hombres cultos que purgaban el haber sido fieles a los ideales de la democracia, o simplemente a la legalidad y la libertad que la República representaba. Pero Miguel Magán —o Maganes—, era alguien especial. Lo había conocido en el frente, y lo había oído hablar a los trabajadores de sus problemas. Era un hombre convincente. Nunca había hablado con él hasta que lo vio en la plaza de toros de Granada, donde estaban con el petate uno junto al otro. En los días que estuvieron juntos mi padre aprendió mucho más que en todos los anteriores años de su vida. Hacía que gentes como él, con escasa instrucción, comprendieran los temas más complicados. Y allí fue donde le aconsejó no volver a su pueblo. Después de la detención de mi padre se volvieron a encontrar en la azucarera de la estación de Guadix, donde se hacinaban entre tres y cuatro mil presos, según algunos de ellos con los que pude hablar muchos años después, ya muy ancianos en un viaje que hice a Guadix. Coincidieron en la misma nave. Recordaba que hablaba con una sencillez y con una capacidad didáctica y de síntesis que llegaba a todos aquellos campesinos que nunca habían oído hablar de cosas que les atañían, como era la propiedad de la tierra, la colectivización, la organización del trabajo, sus derechos como trabajadores. Hablaba de la sanidad y la enseñanza para todos, cuando eso era algo que apenas se vislumbraba dentro de los proyectos que la República tenía y que habían quedado frustrados por el golpe de Estado fascista y, decía, por la incapacidad de los dirigentes políticos de la República. A él le oyó por primera vez la palabra revolución, el nombre de Lenin y de los demás dirigentes rusos. Hablaba de múltiples materias con la mayor de las facilidades. De las riquezas del mar o de astronomía. Ante aquellos campesinos analfabetos, que las circunstancias habían igualado, aquel profesor —de quien mi padre nunca supo decirme qué materia impartía— se erigía como un sabio, sin duda idealizado por la falta de instrucción de la audiencia. La verdad es que caló hondo en los recuerdos de mi padre, que se refirió a él con mucha frecuencia a lo largo de su vida, gracias a lo cual yo pude enterarme de muchas cosas, en las tertulias de días de lluvia con los carboneros visitantes o visitados. Y ahora tenía que hablar de él, en un momento en que su imprudencia lo traicionó. No tenía más remedio que decir la verdad, y no sabía cómo caería aquello en la opinión del patrón.

—No, no señor, no era familiar mío. A ese hombre, como a otros, lo conocí en la cárcel; allí estaba la flor y nata de los hombres de ciencia de España —dijo con cierto orgullo y exagerando "ciencia" y "de España", términos recurrentes también en mi padre.— Esos hombres nos enseñaban allí muchas cosas, ante la imposibilidad de hacerlo en otro sitio. Muchos presos aprendieron a leer y escribir gracias a que ellos trataban de hacer provechoso el tiempo que allí les sobraba. Aunque a él, concretamente, no le sobró mucho.

Ahora también ardía en deseos de decir, como solía hacer en todas las conversaciones en que se suscitaba el tema, que se lo llevaron al amanecer para darle "el paseíllo" y que en todo momento estuvo dando ánimos a todos, con una serenidad que casi enloquecía pensarlo; que cuando llegaron por sorpresa los falangistas a por él toda la azucarera se tornó en un clamor, en un grito unánime, como desgraciadamente sucedía a diario. A mi padre le hubiera gustado decir que junto al "Magán", habían sido fusilados en el cementerio de Guadix otros veinte presos aquella mañana. Pero una vez más se quedó en el silencio de sus recuerdos y su rabia.

—Eran hombres con una cultura, unos conocimientos extraordinarios. Yo supe muchas cosas porque se lo preguntaba sin más—. Meditó unos instantes y al fin prosiguió: —Así que ya sabe que he estado en la cárcel, cosa que por otro lado no creo que le fuera muy difícil averiguar.

El patrón miraba fijamente a la carretera, quizá para no cruzarse con la mirada y el rostro enrojecido de mi padre.

—No lo he averiguado, pero lo suponía; no es muy difícil imaginarlo en los tiempos que corren, pero no se preocupe. De los que trabajan para mí en la finca, la mayoría han estado presos; son cosas de los tiempos en que vivimos. Es más, algunos han estado en dos guerras, en la de España y en la de Europa. Y más de uno la ha querido prolongar después con el maqui. Cuando salieron de España al acabar la nuestra —no utilizó el término que imponía el régimen de "glorioso alzamiento"— se incorporaron al ejército de los aliados. Después regresaron incorporados a la invasión del maquis, cerca de la frontera, que fue un verdadero desastre; y muchos de ellos viven aún en el anonimato. Alguno había trabajado para mí, y lo continúa haciendo. Así que eso es normal, dentro de la anormalidad en que vivimos. Por lo tanto, dejemos eso.

Con esto, el patrón daba a entender que la conversación al respecto había concluido y que mi padre no diera mayor importancia a la situación. "Aquella conversación fue una especie de salvoconducto para mí, y un acuerdo tácito entre el Mata y yo, a lo que no era necesario referirse más en el futuro".

El coche aminoró la marcha. Habían salido de la carretera y se adentraban en un camino de carro sombreado por gruesas encinas a un lado y otro. A los pocos minutos se volvió a divisar el cerro con todas las edificaciones. Ante ellos y como si hubiera aparecido de golpe, se alzaba la casa de La Mata, de paredes blancas algo mustias que revelaban que hacía bastante tiempo que no se les había dado una mano de cal o pintura. En los bordes del camino, ya cerca de la casa, había cerezos y manzanos. Junto a la casa, una pequeña ermita con un san Jaime en un mosaico de varias piezas, relucía como si fuera lo único que habían tenido en cuenta al limpiar la fachada. Un enorme reloj de sol, presidía el frontal del edificio. Grandes ventanales avisaban de la gran dimensión de la casa y sin duda de las habitaciones. Las rejas, que eran de una solidez extraordinaria, estaban hechas con gusto y recreo en el arte del forjador.

En la escalinata de la casa estaba esperándoles el guarda de la finca, Manuel, con una carabina al hombro; el responsable de la casa o "masovero", José, como después lo llamaríamos nosotros, y el carretero, Mariano. Todos saludaron al dueño y esperaron sus posibles órdenes. Siempre que llegaba, esa era la comitiva que lo recibía, si es que estaban en la casa. Parecía una especie de puesta en escena, una "guardia de bienvenida". A veces faltaba el carretero, debido su trabajo. Jaime Mata nunca avisaba de su llegada, pero seguramente estaban avizorando la carretera y, además, el tráfico de coches no era muy denso; a decir verdad, podía pasar el día entero sin que pasara uno solo. Cuando oían el ruido de alguno, se asomaban y les daba tiempo de avisarse para estar en el lugar cuando el coche llegara, ya que éste tenía que dar la vuelta por detrás de la loma para tomar el camino que lo llevara hasta allí, bordeando la montaña.

Manuel, el "masovero", vivía con algunos de su familia en la casa. Tenía varios hijos ya mayores que trabajaban en las diversas tareas de la finca, sobre todo cortando leña. Algunos de los hijos, ya casados, vivían en Mura o Rocafort, y uno en Manresa. La mayoría estaban toda la semana en la casa, y se iban los fines de semana, como hacían el resto de los carboneros. El más pequeño apenas contaba quince o dieciséis años cuando yo lo conocí tiempo después, lo veía con el rebaño de ovejas —el patrón no quería tener cabras, pues decía que éstas eran dañinas, ya que destrozaban los brotes o renuevos de las encinas, cosa que las ovejas no hacían— y yo creí que esa era su tarea y que en realidad pasaba allí todo el tiempo. Lo cierto es que sólo estaba los domingos y cuando tenía vacaciones, ya que a pesar de vivir en la masía de La Mata, cada mañana se desplazaba a Mura para ir a la escuela. Cuando me enteré de eso me pareció imposible. Pero después todavía me parecía más imposible que fuera yo el que no acudiera a la escuela. Definitivamente comprendí que para los catalanes, y para aquellos que llevaban tiempo en Cataluña, la enseñanza de los hijos era prioritaria.

El muchacho, que creo se llamaba Jaime, cuando salía con las ovejas, siempre se pasaba por el tajo donde estábamos nosotros y entablaba conversación con mi padre, liaban un cigarrillo y charlaban de cosas que yo desconocía. Pero sí recuerdo que era muy educado y hablaba mucho mejor el castellano que el resto de sus hermanos. Se notaba la diferencia, aunque todos sabían leer y escribir, a pesar de haber estado toda su vida dedicados a las faenas del campo o del monte.

Hablando en castellano, Jaime Mata se dirigió a sus empleados, para anunciarles la llegada del nuevo carbonero.

—Os presento a Miguel, es carbonero con experiencia —dio esto por supuesto— y a partir de ahora trabajará en La Mata con nosotros; tú, Mariano, lo acompañarás para que se instale. —Y dirigiéndose a mi padre, —tendrá que hacer la barraca para vivir, los carboneros viven cada uno en su tajo. La barraca la hace como usted quiera, pero si necesita alguna explicación Mariano sabrá decirle cómo hay que hacerla, o al menos cómo hay costumbre de construirlas aquí. Sé que por su tierra se hace de otra manera, así que usted mismo. Ahora vamos a acercarnos adonde se quedó el tajo, donde lo dejaron sus paisanos. Lo dijo con un cierto sarcasmo que nadie percibió, salvo mi padre. Vamos, así verá sobre el terreno dónde está y lo que hay que hacer. Además tendrá que llevar las herramientas que le hagan falta; todo lo que necesite. También necesitará comprar los utensilios de cocina. Como es costumbre, yo le adelantaré el dinero que precise para la compra de todo; pase mañana por casa y se lo daré. También necesito algunos pormenores sobre usted por si pregunta la guardia civil. Es más, seguro que preguntará. Pero no se preocupe, cualquier problema o pregunta que tenga que hacer, se lo dice a Mariano o viene a verme. De todas formas yo vengo casi cada día por aquí; usted desde hoy ya está cobrando el jornal; lo digo porque si mañana tiene que dedicarlo a aviarse todas las cosas que necesite, hágalo, no se preocupe.

Lo hizo entrar a la parte de la casa que ocupaban los empleados, le enseñó las cuadras y algunas otras dependencias para que, dijo, se hiciera una idea del lugar; así mismo, y como desde el altozano donde estaba la casa se divisaba gran parte de La Mata, pudo hacerse una idea de las dimensiones de la finca y del denso bosque que lo poblaba. Aunque después supo que sólo una parte era alcanzable a simple vista. La extensión era considerablemente mayor.

Le dio orden a Mariano para que al día siguiente se pusieran de acuerdo para subir a La Mata, una vez mi padre hubiera comprado lo necesario en la ciudad. Hecho lo cual volvieron a subir al coche y tomaron dirección a Tarrasa. Por la noche, en casa de su tía, pudo descansar mejor; con el poco dinero que le quedaba compró unas viandas y pudo convidar a cenar con algo fuera de lo habitual a quienes lo habían tenido durante meses recogido, frente a la incertidumbre de ver "si mañana encontraba dónde agarrarse", para echar algún jornal.

También, de nuevo, mi padre notó cierta diferencia entre aquel patrón y los que había tratado hasta entonces: Sabía Jaime Mata de sobra que él no tendría un duro y que le sería muy difícil adquirir todo cuanto necesitara, sobre todo porque no conocía a nadie que se lo diera a crédito; pero tuvo la elegancia de decirlo sin humillarlo, y sobre todo sin que se notara. Le adelantaba el dinero no porque él no lo tuviera, sino "porque era costumbre". La verdad es que a mi padre poco le importaba que los demás supieran que estaba en las últimas, pero al parecer el patrón tenía un toque, una mano izquierda decían, que hacía que la gente, a pesar de todo el empaque que mostraba, se sintiera relajada en su presencia.

Lo que no acababa de entender mi padre era eso de tomar los datos por si los pedía la guardia civil. Ya le había tomado la filiación en su casa; le había dicho todo lo personal que necesitaba, pero al parecer no era suficiente. Eso le preocupaba. Especialmente la mención a la guardia civil. Sobre todo sabiendo cómo las gastaban en los cuartelillos de los pueblos.

Jaime Mata era un hombre de talante abierto y comunicativo, propio de un sector de la burguesía catalana que comulgaba con la dictadura franquista por los beneficios que ello reportaba en aquellos años duros, pero no políticamente; con una clase obrera derrotada y sin derechos tras la guerra, cuyas consecuencias represivas estaban en todo su apogeo. Los tribunales militares funcionaban de forma constante, con dureza. La burguesía se aprovechaba muy bien de aquellas circunstancias de indefensión de los trabajadores. Pero la mentalidad de aquel hombre, más avanzada, hacía que el trato con su personal fuera respetuoso. Como burgués moderno, era consciente de que para sacar mejor provecho de los trabajadores el trato digno era mejor camino que el despotismo caciquil imperante en la mayoría de los patronos de la época, principalmente en las zonas rurales.

Se comentaba que Jaime Mata tuvo problemas durante la guerra y fue salvado in extremis por un miliciano que trabajaba para él antes de producirse el golpe militar. Un grupo de incontrolados fue a buscarlo para "darle el paseo", y Mariano, que así se llamaba el miliciano, se opuso rotundamente. Las cosas se pusieron serias y pistola en mano, haciendo frente al grupo, se llevó al detenido para dejarlo en lugar seguro. Por los medios que tenía al ser un responsable de algún sindicato, y saltándose normas de todo tipo, le proporcionó un salvoconducto que hizo que pudiera pasar la frontera sin demasiados problemas. Después se supo que nunca había conspirado, al menos como lo hicieron otros; y, aunque era de familia rancia y reaccionaria, él no comulgaba con la mayoría de los suyos; "no era un fascista ni un fanático", decían. Sí un burgués con ideas modernas, otras formas que abrirían camino hacia la modernidad de España y la sacarían del atraso secular, se adaptaba a la República, que al fin y al cabo también era burguesa. En su cabeza no estaba la España germanófila. Según decían, parece que simpatizaba abiertamente con las formas de vida y de actuar de los ingleses. Como hombre instruido que era, había leído a pensadores europeos que marcaban el camino más recto y coherente hacia el racionalismo, con ideas más modernas que las que imperaban en la España que, en teoría, era la suya. Al menos, los suyos habían ganado la guerra. Cuando pasó a Francia se limitó a esperar acontecimientos y no se apresuró, como tantos otros miembros de la burguesía catalana, a acudir con todos sus recursos en apoyo del gobierno de Burgos, poniéndose a su entera disposición. Esperó a que la guerra terminara y cuando aún no había sido ocupada Barcelona por las tropas de Franco, ya estaba de nuevo en su casa dispuesto a emprender la actividad, consciente de las dificultades que se avecinaban para la población, y de la necesidad de combustible que habría, a partir de ese momento, máxime cuando los tambores de guerra en Europa sonaban en todas partes. Ocultó sus ideas contrarias a las fuerzas del Eje y, según testimonios conocidos años después, escuchaba las emisoras de los aliados.

Todo esto puede ser cierto o no, puede ser una fábula interesada que las gentes exageran, airean, o inventan, cuando entre tanto canalla hay uno que lo es menos, o lo sabe disimular. Pero todo indicaba que el patrón sabía utilizar las relaciones con su personal con un talante que llamaríamos “civilizado”.

Como en todas partes de “la España de la victoria”, los fusilamientos, juicios sumarísimos y gente huida, echada al monte, estaban a la orden del día; y como tantos otros, Mariano andaba escondido en las montañas de La Mata, que conocía a la perfección por haber pasado gran parte de su vida en ellas. Y como tenía que procurarse lo mínimo para vivir, de vez en cuando se dejaba caer por la masía, cuando advertía que no estaba cerca la guardia civil, o bien por alguna de las barracas, de las que tomaba alguna comida “prestada”. No se atrevía a dar la cara ante los carboneros —le decía a mi padre cuando se lo contaba— para no comprometerlos y sobre todo porque no conocía a la mayoría.

Jaime Mata se enteró de que de vez en cuando acudía a la Masía para proveerse de lo que necesitaba. Uno de los *masoveros* fue con el parte al dueño, éste le hizo prometer que no se lo diría a nadie, bajo la amenaza de que si lo hacía lo pondría de patas en la calle, y lo amenazó con que además tendría problemas con la guardia civil por haber guardado silencio hasta entonces. Así que lo mejor para él era seguir callado. De esta forma, Jaime Mata "le metió las cabras en el corral", como diría mi padre cuando lo relataba en aquellos días lluviosos a que me he referido antes, en la barraca junto a otros carboneros.

Como Jaime Mata no era un explotador de su finca desde el salón de su casa o desde su cómoda chimenea, se conocía a la perfección todos sus rincones por habérsela pateado muchas veces y durante muchos años; y sabía los lugares en los que se podría ocultar un hombre sin ser localizado fácilmente, si los que lo buscasen no eran conocedores del terreno, con un mínimo de garantía de no ser encontrado; y de que el escondrijo reuniera unas condiciones para poder subsistir a las inclemencias del tiempo. Junto con el guarda de la finca, previamente confesado, montó guardia durante varios días; una vez descartados un par de lugares no tuvo dudas de dónde se encontraba Mariano. Se encaminó allí sin más instrumento que su bastón con empuñadura de plata, que siempre que salía por el monte llevaba consigo, y se dirigió a una cueva que estaba en un lugar de difícil acceso, rodeado de riscos, y al que sólo se podía acceder a pie y con dificultad. Cuando Mariano lo vio acercarse le echó el alto y le dijo que no siguiera adelante, encañonándolo con una pistola.

—Mariano, quiero hablar contigo —le dijo—; tienes que dejar esto; no puedes vivir como las bestias.

—Márchese, señor Jaime, no quisiera tener que matarlo. ¿Con quién ha venido, con la guardia civil?

—Parece mentira que creas eso de mí. He venido para que vengas a mi casa y trabajes en la finca como antes de la guerra. Te prometo que no te pasará nada, que nadie te molestará y podrás estar con tu familia sin ningún problema, yo me encargo de ello.

—Usted no podrá evitar que me detengan y me fusilen, como están haciendo con tantos y tantos hombres inocentes. Aunque los que mandan hoy sean de los suyos, usted no sabe cómo las gastan. Sin las menores averiguaciones, sin el menor juicio, te fusilan por el capricho de cualquier inútil fascista al que en otros tiempos le desagradó una orden que le tuve que dar. A veces por orden suya, en el natural desenvolvimiento de las tareas de la finca. No quiero que me detengan y acabe fusilado cualquier amanecer sin tener ni posibilidad de defenderme.

—El que no sabe nada eres tú, Mariano; te aseguro que no te pasará nada. Todos esos que hacen tantas fechorías, que asesinan, lo hacen porque otras personas como yo, con poder, lo permiten; es una válvula de escape para los fanáticos que creen haber ganado la guerra. Pero tanto tú como yo sabemos que, aunque aparentemente estén al lado de los ganadores, la han perdido. Así que no te preocupes, guarda la pistola y ven conmigo. Te repito que nadie te molestará.

Mariano, ya sin convicción, se negó a ir con él; Jaime se fue acercando, hasta que estuvo a su lado. Su rostro demacrado denotaba su hartura, su cansancio. Muchas veces pensó avanzar hacia la frontera y llegar a Francia, pero no lo hizo. Pensaba que debía haberse unido a otros en su misma situación y formar una partida para sobrevivir. Pero no estaba convencido de que fuera la mejor solución. Sobre todo porque pensaba en su familia. Así aguantó bastante tiempo, solo por el monte, a la espera de que las cosas se suavizaran. Pero seguían mal para él. La represión se agudizaba. Si ya en los primeros momentos de la sublevación se daban "paseos", ahora incluso lo hacían con visos de legalidad mediante un consejo de guerra. Las penas de muerte eran las sentencias más frecuentes. Y él sabía que tenía todas las posibilidades de ser asesinado. Así que, mal que bien, aguantó. Pero como estas cosas son difíciles de ocultar, al final todos sabían que alguien rondaba por allí. Tenía que comer y las chozas de los carboneros eran los mejores lugares de aprovisionamiento. Al final el secreto era guardado por tanta gente, que no era tal. Todos sabían que Mariano, el carretero, estaba escondido en algún lugar de aquellas montañas. Todos temían a las rutinarias preguntas de la guardia civil: "¿Han visto a alguien desconocido por aquí?". "No, no señor, a nadie". Esa era la respuesta que una y otra vez repetían. Pero tenían miedo de que cualquier día se descubriera que sí sabían que, al menos de vez en cuando, cogía algo de comer.

—Anda, guarda la pistola o dámela, que ya no te va a hacer falta.

—No, si en realidad no está cargada; la poca munición que tenía la gasté tratando de matar algún conejo. Pero era una forma de intimidar a las posibles visitas molestas. Llevo aquí más de año y medio y veo las patrullas de la guardia civil a lo lejos, aunque si me hubieran encontrado me hubieran cazado como a un conejo; poca cosa podía hacer con una pistola aunque hubiera tenido munición—. Esto último lo dijo con el manto y el peso de un hombre sin recursos, derrotado moralmente hasta lo indecible.

—Pues si no recuerdo mal, con esa misma fue con la que te impusiste para salvarme la vida cuando querían asesinarme.

—Sí, pero hoy no hay nadie que sea capaz de imponerse a una arbitrariedad como la que se intentaba hacer con usted. Hoy, como sabe, se está asesinando sin el menor freno a personas que el único delito que han cometido es el de ser fieles a un régimen legal republicano, haber querido avanzar en la dignidad humana. Tras la guerra nos han devuelto a siglos de esclavitud.

—Por nuestras conversaciones anteriores, tú sabes que yo no comulgo al cien por cien con esta gente, aunque tampoco con los que querían colectivizarlo todo, olvidando todo derecho.

—Pero se aprovecha de la situación de privilegio que este régimen de bárbaros le ponen a su disposición; y no sé qué es peor.

—No voy a discutir contigo sobre eso. Tú tienes tu razón, pero son circunstancias que, hoy por hoy, ni tú ni yo podemos cambiar; acepta al menos mi ayuda, aunque sólo sea personal hacia ti, al menos como agradecimiento por tu comportamiento a la hora de salvarme la vida.

—Yo le aseguro que aquello lo hice por usted como lo hubiera hecho por cualquier otro al que hubieran querido asesinar. Si hubiera tenido garantías acerca de su seguridad hubiera aceptado que lo llevaran ante un tribunal para que quedara claro que no era responsable de lo que se le acusaba. Pero tan poco justo era aquel "tribunal" de cuatro delincuentes incontrolados y llevados por la irracionalidad de odios acumulados por injusticias añejas, como los que ahora asesinan tras los supuestos tribunales en juicios sumarísimos. Aunque hay una diferencia: Hoy se hace de forma sistemática y con la ley en la mano. Las personas que caían en manos de los tribunales de la República tenían garantías de un juicio justo y derecho a defenderse; los que caen bajo las garras de los tribunales de Franco tienen todas las posibilidades de acabar ante el piquete de ejecución tras un simulacro de juicio rápido. Esa es la diferencia.

—Bien, ya basta, dejemos eso que nada soluciona ahora. Sé que eres un buen polemista y difícilmente voy a convencerte, cosa que por otra parte no pretendo. En fin, vámonos, en la carretera tengo el coche. Pero te recomiendo que no tengas conversaciones como ésta con nadie, es lo mejor para ambos. Los tiempos son duros para personas como tú, quizá mucho más de lo que se percibe desde este escondrijo. Y hay que pensar en vivir; lo demás no tiene demasiada importancia ahora.

El tono enérgico del patrón hizo que Mariano cediera sin más, como el condenado a muerte que ya ha perdido todas sus esperanzas y acepta por bueno todo lo que le espera, con tal de acabar con aquella incertidumbre. Es aleccionador ver a una persona que antaño tuvo los redaños que esgrimió, y que ahora carecía de ánimos; como la inmensa mayoría de los españoles, tenía la derrota bien presente y todo se la recordaba. "Esta fue, probablemente, la última vez que Mariano habló de cosas semejantes" le dijo uno de los trabajadores de la finca, Ramón Penina, a mi padre cuando le relataba los hechos: "Mariano desde entonces era un cadáver aunque siguiera en este mundo". También le dijo, un tanto confidencialmente, que Mariano en realidad se llamaba Juan, pero que adoptó ese nombre para despistar. Yo no sé a ciencia cierta si esto es verdad, pero lo que sí sé es que el carretero respondía al nombre de Mariano. Yo asistía a estas conversaciones entre mi padre con Ramón Penina, así como con Mariano, en silencio, pero con mucho interés.

Aquella fue la actitud de Jaime Mata, como agradecimiento a la de Mariano por haberle salvado la vida en unos momentos en que puso en peligro la propia. Le dio el trabajo de carretero, el mismo —al parecer— que tenía antes de la guerra. Este trabajo lo desempeñaba en la finca, sin tener que desplazarse a la ciudad con demasiada asiduidad y afrontar el riesgo de ser visto por gentes conocidas, lo cual hubiera podido resultarle, como mínimo, molesto. A partir de entonces Mariano se convirtió en un hombre poco sociable, taciturno y con un carácter agrio. Todo cuanto bullía en su cabeza en tiempos pasados había desaparecido de su vocabulario por razones obvias, debido al silencio que todo español de la época debía guardar; pero es que Mariano tampoco comentaba nunca nada con los carboneros con los que trataba por su trabajo de carretero. Se limitaba a su trabajo, sin hacer el menor comentario a ninguna posible insinuación con respecto a lo que estaba pasando. Cuando iba con el carro, siempre llevaba colgada en él alguna culebra o lagarto, pues según se decía, había aprendido en el frente de Extremadura, de boca de quienes lo habrían probado, que tanto la culebra como el lagarto era un bocado exquisito. Pero la mayoría de la gente se lo atribuía a las rarezas incubadas mientras estuvo escondido.

III

La oferta de Mariano el carretero

Cuando mi padre llevaba en La Mata un tiempo prudencial, cuando ya trabajaba para sí y no a jornal con el patrón, le escribió una carta a su hermano Agustín, mucho más joven que él, pues no hacía demasiado tiempo que había terminado el servicio militar, para que se viniera a trabajar con él. El trabajo estaba claro: Trabajarían y todo cuanto ganaran sería a partes iguales, sin ningún otro problema. En realidad era lo que generalmente hacían en Andalucía cuando iban al rancho: Trataban de ayudarse unos a otros en el trabajo. Al cabo de unos meses hizo lo propio con su otro hermano, Antonio, un año más joven que Agustín, que acababa de llegar licenciado de la mili en Guadalajara. Estuvieron un tiempo trabajando juntos, en el mismo tajo, hasta que decidieron que lo mejor sería hablar con el dueño, para que les permitiera que cada uno llevara lo suyo.

La forma de ser de un hermano y otro, de Agustín y Antonio, era muy diferente. Mientras estuvo el primero con mi padre solo, no hubo problema, ya que lo respetaban como a un padre, porque en realidad podría, por la edad, haberlo sido. Pero en algunas cosas chocaron Antonio y Agustín y decidieron que cada uno iría por un lado en el trabajo. Era lo mejor para que no acabara la cosa mal. Mi padre les dijo que esperaran hasta que llevaran más tiempo en la finca, y entonces él mismo hablaría con el dueño.

A Mariano, que vivía amargado por muchas cuestiones que lo ahogaban, se le sumaron otras desavenencias familiares que acabaron por convertirlo en un ser que vivía en su caparazón, en un hermetismo total. Sólo se había sincerado alguna vez cuando iba al tajo donde trabajaba mi padre, cuando lo encontraba solo. Cuando sus hermanos estaban retirados, en otras tareas. Cuando estaban los tres o había alguna otra persona no se paraba. En una de aquellas veces, en un intercambio de petacas, de esa formar pausada que solían tener la gente del campo a la hora de liar el cigarrillo, mi padre le comentó que tenía intención de traerse a su familia, ya que así, solo como estaba, la vida para él era imposible; que buscaba una vivienda donde poder alojarla, una vivienda de alquiler que tuviera, como era lógico, un precio módico.

—Además, es necesario que mis hijos encuentren una vida mejor que la que hemos tenidos nosotros. Y si siguen en el pueblo, no levantaré cabeza: Necesito que estén conmigo. En Cataluña seguro que podremos abrirnos camino, si estamos juntos se reducirían los gastos. Con la familia separada no junto un duro, no mejoro.

Mariano había ido sondeando a mi padre y sabía cuáles eran sus opiniones. Así que le soltó, casi como un bufido, que no creyera que las cosas le serían fáciles "en esta España de canallas y asesinos". Así se destapó el carretero ante él, cosa que a mi padre no le extrañó, pues él pensaba lo mismo. Se hicieron amigos, y siempre que tenía ocasión, Mariano paraba un rato en el tajo para conversar con *"el andalú"*, que era como le llamaba. Siempre que mi padre estuviera solo, claro, que eran las más de las veces, ya que le había dicho a sus hermanos que cuando vieran venir al carretero se hicieran los distraídos porque quería hablar con él, y si había alguien más no pararía. Si oía conversación y estimaba que había alguien cerca, pasaba de largo sin decir nada. En todo caso, si se topaba con algún otro carbonero, conocido o no, levantaba cansinamente la mano para saludar sin decir palabra.

Unos días después de esta conversación, se acercó por el tajo y cuando estuvo cerca de él, le tiró una pastilla de picadura de tabaco de contrabando andorrano, Reig, y el librito de papel, al tiempo que le dijo que liara un cigarrillo. La mayoría de los carboneros fumaban de este tabaco, ya que los corrucos de Tabacalera, que además se vendían por racionamiento, eran infumables. Era difícil averiguar de qué estaba compuesto, aunque todos aseguraban que de tabaco, no. Los Reig eran de contrabando, y todos lo sabían; y también todo el mundo sabía dónde hallarlos; los bares en que se vendían, aparentemente bajo cuerda, pero nunca faltaban. Había quien decía que a esa patraña no eran ajenos los jefes de la guardia civil, y otros gerifaltes del régimen. En alguna ocasión, cuando la pareja pasaba por allí de patrulla, los guardias solían apañárselas para que algún carbonero los convidara a fumar, lo que dice mucho de la situación real en la que también los brazos represores de la dictadura se encontraban (eso no ha cambiado). Normalmente se sacaban la petaca del bolsillo del chaleco, con lo que se disimulaba la procedencia del tabaco, aunque no fuera difícil ver la diferencia con la picadura de los corrucos de Tabacalera. Pero alguna vez, ya fuera por descuido o no, les alargaban la pastilla, sin que dijeran nunca nada. Una vez, y eso lo presencié yo tiempo después, un compañero de mi padre, un tal Rafael Sierra, que era de un pueblo de Almería, de Tabernas, le ofreció tabaco a la pareja, y el jefe dijo: "Fuma usted tabaco de contrabando, eso está prohibido". El hombre, que no sería la primera vez que los convidaba, respondió sin cortarse lo más mínimo: "Me lo acabo de encontrar ahí mismo cuando venía para acá". Sabían muy bien que los beneficiarios de aquel contrabando no estaban lejos de sus jefes.

—He estado pensando en lo que me dijiste —dijo Mariano tuteando a mi padre por primera vez, en una de las cada vez más frecuentes visitas que hacía al tajo— y he pensado que quizá pueda interesarte lo que te voy a proponer: Yo tengo una casa vacía en el pueblo, en Mura; si quieres te la puedo alquilar; por el precio no nos pelearemos. No la necesito. Es grande y seguro que ahí estaréis bien. Allí los niños podrán ir a la escuela; pero allí tampoco hay demasiado porvenir para la gente joven. Allí, un oficio, es difícil aprenderlo fuera de las tareas del campo o del bosque. Para eso mejor hay que irse a una ciudad grande, a Tarrasa o Barcelona.

—Sí, claro, ya comprendo lo que me quieres decir —dijo mi padre devolviendo el tuteo—, pero es el primer paso. Para mí muy importante. Si están aquí tendré más facilidades para que puedan trabajar, sobre todo el mayor, ya tiene edad de hacerlo, eso me ayudaría.

Con un meneo de cabeza respondió algo dubitativo, Mariano:

—No creas, Miguel, los hijos no ayudan mucho, todo lo contrario, pero te entiendo. En esa lacónica frase se resumía posiblemente su situación personal que entonces mi padre desconocía y que padeceríamos todos.

—Así que no se hable más, cuando quieras la vamos a ver. La casa de Mura, quiero decir.

Así lo acordaron. No hizo falta más que la decisión tomada. No se hizo nada escrito; bastaba con la palabra para que tuviera lugar el acuerdo. Y así mi padre se puso a planear el viaje para traernos a nosotros, a mis dos hermanas, María, Maritrini, a mi hermano mayor, Miguel y a mí, a Tarrasa.

Con ese motivo habló con Jaime Mata para que le facilitara el viaje y le adelantara el dinero que necesitaba para hacer posible lo que venía rumiando desde hacía tiempo y para lo cual Mariano le había facilitado el camino. Jaime Mata no puso el menor obstáculo, ya que de todas formas tenía trabajo realizado, leña cortada en cantidad suficiente para varios hornos, que no había cocido todavía, a la espera de que lloviera algo y favoreciera el montaje de los boliches con algo de humedad, ya que de lo contrario se hacía difícil compactar la tierra, provocando remolinos, con el peligro de incendio del horno, lo que supondría la pérdida del trabajo de muchas semanas. Además, se quedaban allí sus dos hermanos que continuaban trabajando. Y cuando volviera ya terminaría la tarea. Así que Jaime Mata le dio el dinero que le debía y le adelantó algo más a cuenta.

Jaime Mata, que era hombre emprendedor y disponía de medios, se había propuesto llevar a cabo la explotación de La Mata. Sabía que las necesidades de carbón y leña eran muchas después de la guerra, y más con la escasez de combustible en España. Y que era un momento propicio para poner en práctica sus aspiraciones de sacar a la finca del letargo en que había estado durante muchos años, no sólo por los conflictos habidos en los últimos tiempos, sino por la desidia y despreocupación en la que la habían mantenido sus familiares que, siendo lo suficientemente ricos para vivir sin trabajar, residían en Barcelona y tenían la finca como recreo vacacional, los tres meses de verano del año. Eso es lo que decían los carboneros más antiguos.

De ahí la preocupación de Jaime Mata por encontrar gente competente para llevar a cabo su proyecto de convertir la finca en una de las más rentables de la comarca. La atención y el correcto trato que seguía con Miguel, así como con la mayoría de los carboneros, no eran en absoluto desinteresados. Le había costado mucho tiempo lograr que las cuadrillas o "collas" de carboneros que se habían marchado a raíz de la represión, al finalizar la guerra, fueran volviendo poco a poco. Trataba de hacer de parapeto para que no los molestara la guardia civil. Lo mismo hizo con mi padre, una vez conocido su trabajo: Quería que volviera, y sabía que aquel hombre si no traía pronto a la familia no duraría mucho allí, como en alguna ocasión había comentado con Ramón Penina, que era hombre de confianza, refiriéndose a algunos otros: "Un hombre solo, sin la familia cerca, acaba marchándose". Ya en una ocasión, y en una visita que le hizo al tajo, se lo preguntó a mi padre:

—¿No piensa en traer a su familia con usted, señor Miguel? Creo que debiera irse haciendo a la idea de traerla. La vida del carbonero es dura ya en sí misma. Tener a la familia, aunque sólo se vea una vez a la semana, ayuda mucho.

Mi padre respondió que sí, pero que tenía que encontrar el momento más propicio, lo cual significaba que esperaba a ganar un poco de dinero para hacerlo posible: "Encontrar algún lugar donde meterse una familia con seis personas, sólo con mi sueldo, no era tarea sencilla". Así me lo comentaría mucho después.

Jaime Mata no quiso decirle más en aquella ocasión. Quizá creyó que a pesar de la necesidad que tenía de reunir a la familia, tenía un punto de orgullo que le impedía pedir ayuda de forma directa. Entonces, mi padre aún no tenía acumulada la leña que como aval le serviría. Así que lo dejó para más adelante.

IV

De La Peza a la Cárcel

Cuando terminó la guerra mi padre se encontraba cerca de La Vega, al sur de Granada, poco más al sur del Suspiro del Moro. Fue detenido por el ejército franquista y encarcelado con los restos del Ejército desmantelado de la zona, en El Padul, pueblo cercano a Granada. Aquella detención fue simplemente el primer paso para el traslado a la capital, unos días después, cuando fue llevado a Granada y recluido junto a otros miles de soldados en la plaza de toros, donde pasó unos días, durante los cuales no les dieron ni comida. Conoció de cerca al capitán Miguel Magán, de su compañía. Y allí le dijo por primera vez que no regresara a su pueblo, si salía en libertad, por el momento, hasta ver cómo se desarrollaban los acontecimientos. Después fue puesto en libertad, e hizo precisamente lo que no debía: Ir a su pueblo, a La Peza, donde ya empezaban a regresar todos los que se habían marchado a Granada cuando el levantamiento, y comenzaban a preparar la venganza. Así que a los pocos días ya se sabía que lo estaban buscando. Mi padre pretendía marcharse al rancho, al monte, a trabajar, y así desaparecer del pueblo, donde se estaban enrareciendo las cosas y donde a medida que regresaban los falangistas, iban deteniendo a los "rojos". Los llevaban al cuartel de la guardia civil y allí eran apaleados. Unos se escapaban con unas cuantas bofetadas y otros, a los más, les daban palizas de muerte. Esas palizas las propinaban los falangistas, eso sí, con la guardia civil como apoyo.

Mi padre hizo lo posible para no estar visible y empezaron a buscarlo, hasta que fue evidente que no tardaría mucho en caer en manos de los envalentonados falangistas, dirigidos por un tal Juan Chacho.

Temiendo que los fascistas lo encontraran y lo mataran, una tía mía, hermana de mi padre, Adela, lo acompañó al cuartel y lo entregó al comandante de puesto de la guardia civil, un cabo bigotudo "y con fama de muy mala leche". Adela creyó, ingenuamente, que entregándoselo a una autoridad, en lugar de que fueran los falangistas de Juan Chacho quienes lo detuvieran —del que la gente decía que era de "la Mano Negra" sin que nadie supiera explicar qué significaba—, tendría garantías de que lo tratarían bien. Pronto se daría cuenta de que la legalidad franquista no tenía nada que ver con la ley. Ésta era aplicada a la medida del cacique de turno.

Fue apaleado durante tres días, la mayoría de las veces en presencia del denunciante, que dirigía la tortura. No era una tortura con fines de sacarle al interrogado ninguna confesión, sino por el puro placer de torturar a una persona con quien, al parecer y al decir de mi padre, en sus años mozos se disputaron en los bailes del pueblo a la misma mozuela, o a bien decir, la muchacha utilizaba a mi padre para eludir a Juan Chacho. Ambos se trataban como primos, como sucede en los pueblos pequeños que se mantienen los parentescos, aunque se hayan alejado. Este insignificante hecho fue suficiente motivo para que Juan Chacho optara por los falangistas, al ver que mi padre, al que profesaba un odio enfermizo, se había afiliado al partido comunista un año antes, y que había participado en reuniones como militante del partido y de la Unión General de Trabajadores (UGT), aunque en honor a la verdad mi padre poco pudo participar, ni en el sindicato ni en el partido, ya que nunca me refirió ninguna reunión; y porque la mayoría del tiempo estaba ausente trabajando en el monte, a veces a muchos kilómetros de allí, por lo que apenas estaba en el pueblo unas pocas semanas al año. Además Juan Chacho nunca demostró en aquellos años ninguna inquietud política, y por tanto no se había significado como hombre de derechas, más bien era amorfo y bastante ignorante. A decir de sus paisanos, "Juan Chacho era un animal, un tarugo sin luces". Fue reclutado en un mitin que hicieron unos matones venidos de Granada al pueblo pocas semanas antes de la guerra y de los que Juan Chacho quedó fascinado por sus uniformes y sus pistolones al cinto.

Cuando llevaban tres días pegándole, decidieron trasladarlo a Guadix y lo encerraron en la azucarera, convertida en prisión, donde se hacinaban varios miles de presos. Allí pasó tres años, en los que sufrió, como tantos miles, todo tipo de vejaciones y carencias. Dormían en naves enormes, uno junto a otro, con el solo espacio que ocupaban sus cuerpos. El frío crudo de las cercanías de Sierra Nevada, junto al hambre, hacían estragos. Con las letrinas presentes sin remedio y "con un cazo de agua sucia al que habían echado cualquiera sabe qué, que bailaba dentro de aquel incomible líquido".

Aquellos años fueron de una dureza aplastante. Con todo, lo más terrible eran las "sacas" diarias, al amanecer, que eran como una lotería fatídica. Sin juicios, sin la menor advertencia, eran leídos los nombres de un número determinado de reclusos al alba. Eso se convirtió en cotidiano. Cientos de presos fueron asesinados por ese método. La temida lista de nombres la traían los falangistas, aunque la leían los funcionarios. A veces oían la "sentencia" en formación, a veces desde las naves donde trataban de dormir sobre sus petates. Los hacían salir y eran llevados al cementerio donde los fusilaban. Ya nunca más los volverían a ver. Algunas veces, para divertirse, les hacían un simulacro de fusilamiento al que seguían ruidosas risotadas. Cuando los "fusilados", llenos de pánico, creían que aquello había sido una diversión más de aquellos asesinos, sin mediar palabra, eran ametrallados, también con risotadas, pero esta vez, con los muertos amontonados unos sobre otros.

Algunas veces, la presencia de los matones fascistas se debía a que querían satisfacer sus instintos y deseos de venganza, y los llamaban, se los llevaban a otra sala de la azucarera, y cuando se habían cansado de darles vergajazos, eran devueltos a la nave. Los compañeros los cuidaban como podían, y no pocos de ellos sucumbían a las palizas a los pocos días. Muchos, incluso sin ser torturados, morían de enfermedad o hambre. "Aquel era el panorama de aquella pocilga convertida en cárcel por los franquistas", me contaba mi padre.

Para tratar de evitar que aquellos hombres murieran, sus mujeres, madres y hermanas, si es que no estaban en la misma situación que ellos en otras cárceles, trataban de llevarles cuanto podían, que no era mucho. Pero cualquier cosa paliaba algo la situación extrema en que estaban miles de hombres en aquella azucarera de mi pueblo. Esa era la situación de mi madre, en aquellos años. Se dedicaba a trabajar en el campo recogiendo cuanto podía para que su marido no muriera de hambre. Pero además tenían un hijo de año y medio, nacido durante la guerra, al que había que alimentar. Tuvo que dejarlo con mi abuela Trinidad, para poder ir haciendo las tareas del campo, que muchas veces los caciques le negaban por ser mujer de un rojo. Iba a trabajar a otras fincas más lejanas a hacer cualquier tarea del campo que le dieran para lograr sobrevivir, ya fuera segar o escardar. Además de la tarea de intentar que mi padre sobreviviera en aquel pozo de torturas e inmundicias, mi madre tenía también a su cargo un hermano, Antonio, también preso en la cárcel de Granada, quien no tenía a nadie más que a ella en el mundo y al que trataba de ayudar para que saliera adelante. Así que la mujer no tenía más remedio que repartir sus fuerzas. Iba una semana a Granada a ayudar a su hermano, y a la siguiente a Guadix a llevarle algo a su marido. Eso significaba recorrer andando más de cincuenta kilómetros en uno y otro viaje. "Tratábamos de encontrar por el camino algún cortijo donde nos permitieran hacer algunas peonadas y de paso poder comer algo; también recogíamos hierbas para cocerlas y comérnoslas, si no había otra cosa", me contaba mi madre mucho tiempo después.

El caso de mi tío Antonio, el hermano de mi madre, es de lo más sangrante. Una muestra más si cabe de la irracionalidad del fascismo. Antonio no era una persona ni con ideas ni con ningún tipo de animadversión hacia nadie, entre otras cosas porque era un hombre con escasas luces. Un hombre que había vivido prácticamente aislado en el campo y sin más contacto que los animales que cuidaba. Jamás había salido del cortijo de los amos donde trabajaba, hasta que tuvo que ir al servicio militar a Madrid. Nunca supo de política más que lo que puede saber un niño de corta edad. Era un "alma cándida" que no tenía más distracción que la que le daban las cabras (del amo) que pastoreaba, sin jornal alguno, sólo por la mísera comida. Sin embargo, fue llevado a la cárcel como "un peligroso rojo". Se tragó unos cuatro años en aquel infierno de cárcel de Granada. Una persona de su condición tenía pocas posibilidades de sobrevivir sin la valiosa ayuda de su única hermana. Sobrevivió gracias a mi madre y a la solidaridad de los compañeros presos que, aun en las situaciones más trágicas, y casi sin nada para comer, le ayudaron a sobrellevar aquella tragedia que, si era mala para todos, para él podría haber sido fatal. La solidaridad era el único patrimonio que les quedaba a aquellos hombres. Mi madre tenía otro hermano, que según contaba mi padre éste sí que era avispado. Marchó con las tropas que salieron por la frontera, se fue voluntario a combatir a los nazis, y allí murió. Años después, en un viaje que hicieron a Andorra, otro hermano de mi padre, José, exiliado, le enseñó un periódico con una lista de nombres, que rezaba así: "Los crímenes del fascismo", donde aparecía el nombre del hermano menor de mi madre, José Requena Sánchez, a quien mi madre siempre tuvo presente. Cuando tuve uso de razón le preguntaba por él, al tiempo que mostraba su preocupación por mi militancia, en cierta forma comparándome con él.

V

José Fernández Castro, la libertad

José Fernández Castro, escritor, amigo de la infancia de mi padre era un hombre nacido en La Peza, cuyos padres debieron pensar que en el pueblo tendrían poco futuro y se trasladaron a Granada, tratando de ganarse la vida con una pequeña fonda, en la que él colaboraba, alternándolo con los estudios, así como haciendo otros trabajos de oficinista, taquígrafo y, pasado el tiempo, funcionario del Gobierno Civil de Granada.

Fernández Castro, ya en dicho cargo de funcionario del Gobierno Civil de Granada, aunque de ideas socialistas, no era un hombre significado en aquellos momentos. El levantamiento fascista del 18 de julio le sorprendió de vacaciones, las cuales tuvo que adelantar, debido al agotamiento que le producía el exceso de trabajo. Estaba en El Prado de Alfaguara, lugar idóneo para descansar. Estando con sus paseos y sus libros, solo como un "robinsón", le llegó la noticia por el cartero del sanatorio "con un diario de varias páginas en blanco", censuradas: Se habían sublevado los militares. Pensó que tal vez aquello era otra "Sanjurjada", un golpe efímero que fracasaría como éste, controlado por el gobierno. En el Gobierno Civil bullían las opiniones y discusiones durante los últimos meses. Quizá en el subconsciente tenía asimilado qué ocurriría, cuando meses antes escuchó a Manuel Llamas, funcionario de derechas, que "muy pronto el general Franco lo arreglará todo". Lo tenían preparado, y el Gobierno de la República lo sabía. No había más que ver los periódicos de aquellos días, para darse cuenta de que lo que se estaba preparando contra la legalidad republicana no era un forcejeo de los militares para presionar al gobierno, sino que era una sublevación en toda regla. Y que aquello no se arreglaba con paños calientes. Pero la indecisión y falta de claridad del gobierno de la República, hicieron posible que el levantamiento tuviera lugar. Hacía mucho tiempo que había muestras sobradas de que los militares y los partidos fascistas y la Iglesia estaban preparando algo serio que no iba a ser un mero pronunciamiento. Pero el gobierno ni se enteró. Y eso no sólo era a nivel del gobierno de España, la misma tónica se daba a niveles más bajos de las estructuras del Estado, como eran los gobiernos civiles, donde estaba Fernández Castro. Era un clamor lo que se preparaba, y los fascistas ni siquiera se preocupaban por ocultarlo. Todos los estamentos, "las fuerzas vivas" de la reacción de Granada, con los militares y la Iglesia a la cabeza, estaban involucrados en el levantamiento fascista; y todo ello, en una ciudad como Granada, en donde los elementos reaccionarios, el fascismo, eran de primera fila. Así se demostraría poco después con el asesinato de todo aquel que podía oler a republicano, o simplemente a tolerancia. En Granada fueron asesinados miles de obreros e intelectuales, entre los que destaca el poeta Federico García Lorca, o el ingeniero socialista Juan José Santa Cruz, que fueron arrastrados a fosas comunes sin ni siquiera un simulacro de juicio. Las órdenes que llegaban desde "arriba", posiblemente dadas por el sanguinario Queipo de Llano, de no dejar nada en la retaguardia, eran ejecutadas con la mayor diligencia.

El día 20 de julio, a Fernández Castro le llegó la noticia de que había habido resistencia por parte de los obreros en el barrio del Albaicín y de que la sangre de éstos y de otros antifascistas corría por la capital, con fusilamientos en las esquinas. Los militares, con el apoyo de los falangistas, se habían apoderado del Gobierno Civil y de los otros centros oficiales. Eran los dueños de la ciudad, con la excepción del Albaicín, y de los pueblos circundantes. Los militares, ante la férrea defensa del barrio obrero, amenazaron con bombardear el barrio árabe, universalmente conocido.

Ante la situación creada, el funcionario Fernández Castro decidió esperar unos días para ver qué rumbo tomaban las cosas, escudándose en el permiso que por escrito le había expedido el gobernador, Ernesto Vega de la Iglesia, sustituido pocos días antes del levantamiento, por César Torres, a su vez depuesto por los fascistas. A los pocos días llegaron sus dos hermanos, y decidieron que se fueran ellos dos a Granada, mientras su madre sondeaba en la oficina si podía reintegrarse a su puesto. Días después el cartero le llevó el recado de que su madre lo llamaba. Al regresar se enteró de que habían registrado su casa, de que estaban fusilando a todas las personas significadas; se enteró del fusilamiento del ingeniero Santa Cruz, socialista.

Cuando llegó el día de incorporarse, el joven funcionario temblaba. Las persecuciones y los asesinatos proliferaban por la capital. Estaba preocupado por una carta que había enviado al antiguo gobernador, Ernesto Vega. Temía que hubiera caído en manos de los sublevados. Se enteró de que estaba en la cárcel, y en el mismo proceso que Santa Cruz, fusilado el día anterior, junto con toda una serie de personajes de la intelectualidad conocidos en Granada por sus ideas republicanas. De todo el grupo, sólo fue Torres, el gobernador, el único que se salvó de la pena de muerte. Grupos de fascistas, con el arzobispo a la cabeza, se interesaron por salvarle la vida. Y no era para menos: Él, Ernesto Torres, al negarse a entregarles armas a los obreros, hizo posible que la sublevación tuviera éxito en Granada.

Los compañeros del Gobierno Civil recibieron a Fernández Castro con cierto recelo. Aquello era un caos. Habían recibido la orden de estar quietos "hasta que tomaran las medidas pertinentes".

Dos semanas después, en el juicio contra el grupo de notables, el arzobispo doctor Parrado y García, pidió clemencia para Ernesto Torres, pero muy piadoso él, se olvidó de los otros, que fueron asesinados. Tampoco hizo nada para salvar a Federico García Lorca y los que fueron asesinados junto al poeta, dos o tres semanas después. La Iglesia, que tomó parte activa en el levantamiento fascista y en la represión en toda España, tuvo una singular participación en Granada, durante el mismo, y también después, como perseguidora de los demócratas.

La situación de este funcionario del Gobierno Civil, José Fernández Castro, amigo de mi padre, no era ciertamente muy boyante, pero pudo hacerse un hueco y hasta tal punto supo capear el temporal, que logró, gracias a su buen hacer, buen trato y disposición, pasar desapercibido;

incluso pudo ayudar a un sinfín de personas conocidas que estaban en la cárcel. Sus buenas relaciones con los jefes civiles y hasta militares durante los primeros años de la dictadura facilitaban esa labor; entre otras cosas, por algún incidente de faldas que presenció entre el gobernador y alguna secretaria en el despacho, y con alguna notable de familia conocida, asuntos sobre los que supo callar. Le ayudó a guardar algunos secretos inconfesables, que en aquella Granada católica, puritana e hipócrita, era de suma importancia. Uno de esos gobernadores militares que hubo era, al decir de Castro, un hombre muy católico, pero sumamente bondadoso, y que cuando se le pedía un favor, valoraba que lo hacía para los demás y no para él.

Así fue cómo pudo pedirle, entre otros muchos, la libertad de mi padre, consiguiendo que a los tres años de prisión saliera en libertad provisional, todo ello sin haber tenido juicio y ni siquiera haber sido encausado, con la orden de que se presentara cada mes en el cuartelillo de la guardia civil. Sin duda este hombre ayudó a muchos paisanos suyos que estaban purgando cárcel. Fernández Castro se llegó a convertir en un personaje que más que importante era imprescindible. Había sabido guardar muchos secretos de aquellos energúmenos, que lo mismo tenían relación con cuernos en las altas esferas de la sociedad, con el estraperlo o con negocios y corrupciones; y todo eso, al amigo de mi padre le daba una especie de inmunidad que lo ponía a salvo de muchos peligros en la Granada de aquella España negra del fascismo. Alguna vez mi padre me había comentado que había un dicho en la capital: "En Granada sólo hay tres personas que dicen lo que les da la gana, el arzobispo, el gobernador civil y José Fernández Castro". Esto da una idea de hasta qué punto supo granjearse unas relaciones que le sirvieron para sobrevivir y para ayudar a los demás. Y todo ello debido a que muchos de los notables del régimen en la ciudad del Darro y el Genil, eran vulnerables por sus golferías.

Mi abuela se enteró, porque esas cosas corren de boca en boca entre las gentes con suma facilidad, a veces con certeza, a veces como medias verdades, incluso pudiendo ser contraproducentes, de que Joseíco Pacurro, que así era conocido en el pueblo, había hecho gestiones para la puesta en libertad de algunos paisanos; y como mi abuela conocía desde siempre a la familia, incluso después de que Fernández Castro y su familia se marcharan a Granada, no dejaron de tener relación con ella. Se pusieron en marcha, a pie, desde La Peza a Granada, para pedirle si podía hacer algo por la libertad de mi padre. Los tiempos eran muy difíciles para todo el que se movía en ese sentido, así que Pacurro les dijo que él poca cosa podía hacer. No estaban los tiempos para alardear de liberar rojos. Mi madre, conversando sobre esto años después, me dijo que tanto mi padre como su hermano, Antonio, "salieron de la cárcel cuando empezaron a soltar a muchos, pero que José Fernández Castro no había hecho nada, como él mismo les había dicho". Sin embargo, mi padre, estando en el bosque años después, con motivo de la publicación del libro de Fernández Castro, *La Sonrisa de los Ciegos*, me confirmó que efectivamente, sí intervino de alguna forma, "que él sabrá cómo", para que saliera de la azucarera de Guadix. Lo cierto es que no había pasado un mes de la visita de mi abuela y mi madre a casa de Pacurro, cuando mi padre fue puesto en libertad. A mi madre, como era lógico, se le escapaban aquellas sutilezas y la necesidad por parte de Pacurro de la discreción.

Para mi padre, tuvo la lógica importancia la intervención de este hombre —que con el tiempo llegaría a ser escritor—, por lo que representaba ser libre y, aliviar en algo la desesperación y miseria en que estaba mi familia; pero es que, además, este hombre logró poner en libertad a muchos que de no haber sido liberados por su intervención hubieran sido fusilados, como ocurría todos los días en todas partes, en aquella España devotamente católica. Así mismo a los pocos meses liberaron a mi tío Antonio. No sé con certeza si con la intervención del futuro escritor, pero cabe pensar que así fuera, sobre todo teniendo en cuenta que mi padre se lo comentó a los pocos días, cuando Fernández Castro viajó a donde estaban mis padres, acompañando al gobernador. Y, ya en democracia y siendo militante del PSOE, denunció al alcalde socialista de Granada por su comportamiento sobre la especulación de los terrenos de La Vega que ha sido destrozada a base de construcciones. Tratando de "disciplinarlo", ya que él, Fernández Castro, encabezaba un Comité, o algo parecido, en defensa de la Vega de

Granada como patrimonio de los granadinos y bien común. El partido le abrió un expediente. Recibió una carta del entonces secretario de organización, José María Venegas, amenazándolo, demostrando en realidad que un burócrata como Venegas estaba a años luz de la honradez del escritor, mientras el partido y sus dirigentes validaban todo tipo de despropósitos de su alcalde. Era la época de Felipe González. Fernández Castro comprendió que los que gobernaban en el PSOE —y también en España— eran tan impresentables como los otros. Le envió una carta al secretario de organización del PSOE dándose de baja del partido, y mandando a paseo al soberbio Venegas.

Durante un tiempo, antes de que el escritor se mostrara díscolo y desencantado con el que era su partido, el PSOE trató de convencerlo para que aceptara el cargo de gobernador civil de Granada, lo que no logró. Se negó en redondo. Cuando hablé con él en una visita que le hice en su casa de Granada me dijo que prefirió tener las manos libres y no hipotecarse. Eso mismo lo dejó dicho en su libro *Las Ramas de mi árbol*.

Salió mi padre en libertad, pero esta vez no se fue al pueblo de La Peza a vivir. Se fue al cortijo en el que estaban mi madre y mi hermano Miguel, más cerca de Granada, en el Molinillo, y trató de capear el temporal dando jornales allí donde podía; recogiendo las hierbas que podían para alimentarse; sembrando algunas cosas como hortalizas, patatas y todo cuanto sirviera para aliviar el hambre; cazando algún conejo, con dos perros que crió, que según sus palabras, "eran dos verdaderas joyas, ya que más de una vez pudimos comer gracias a ellos". También cazando con lazos, de forma furtiva, que colocaban a la entrada de las madrigueras.

Aquella situación era bastante anómala para un hombre como mi padre, acostumbrado a un trabajo duro pero independiente. El tener que estar pendiente de un jornal de miseria, cuando se lo querían dar, no era ciertamente lo que más deseaba; él tenía la cabeza puesta en otro sitio.

Así estuvo esperando a encontrar la manera de volver al trabajo que realmente conocía, el de carbonero. Así estuvieron los tres, hasta que, mientras tanto, nació mi hermana María. Esto agudizó más la necesidad que tenía de abandonar aquella vida, aquella situación de dependencia de un jornal ocasional, y que le daban cuando querían los caciques de la comarca.

Y llegó el momento en que encontró trabajo en el rancho. Antes de marcharse para hacer la campaña, que podría durar medio año o más, había decidido llevarse a la familia a Guadix en cuanto tuviera oportunidad. Regresó, por disparidad con el compañero que iba con él, a los tres meses y se dedicó a dar jornales de nuevo, aprovechando el tiempo de la siega. Cuando ésta hubo terminado se vio abocado de nuevo al paro o a mendigar jornales. Un tío suyo, un "medio rico", que vivía en Guadix, y que tenía una carbonería de las más importantes de la ciudad, le dijo que se fuera allí y que él le daría la posibilidad de que a su vez también pusiera una tienda con el material que le suministraría. Mi padre naturalmente se iría al rancho, y sería mi madre la que se encargaría del trasiego del carbón, en una casa de dos habitaciones que alquiló. Después se comprobaría que aquel negocio en realidad era para su tío Pepe, que así se llamaba. Nunca los ingresos sobrepasaron a los gastos, y sólo servían para equilibrar "lo comido por lo servido", en el mejor de los casos. Vendió la casa de la cortijada, que no era gran cosa, y con ese dinero compró un par de toneladas de carbón a su tío, pagó algunos meses del alquiler de las dos habitaciones en Guadix, y dejó la familia allí.

Guadix es una ciudad situada a unos cincuenta y cinco kilómetros de la capital, Granada. De unos veinte mil habitantes, y con una tradición religiosa que espantaba. Plagada de iglesias, conventos y la catedral. Casi se podría resumir que, entre la catedral, lo que dependía del obispado, las iglesias y conventos, constituían más de la mitad del pueblo. Con este panorama es lógico que el poder del clero, y después de una guerra ganada por éste, el fanatismo que reinaba y la sumisión a todo cuanto venía de la Iglesia, fuera absoluto. Además había un seminario, "fábrica de buitres ensotanados", como lo llamaban en privado los accitanos, gentilicio de los habitantes de Guadix, Acci, antigua ciudad romana. Toda la vida de la ciudad en aquellos años giraba en torno a las iglesias, procesiones y milagros de una virgen o un santo cualquiera. Las fiestas religiosas eran por antonomasia apabullantes. Allí reinaba el Nacionalcatolicismo fascista con todo su esplendor, más quizá que en lugares como Granada e incluso Sevilla, al ser ciudades mucho más grandes, en cierta manera no eran tan agobiantes. En Guadix el ambiente era irrespirable. Cuando llegaba Semana Santa era una procesión continua en todas las parroquias, en las que era imposible inhibirse de tanta parafernalia religiosa. La proximidad de unas iglesias con otras era tal, que todo olía a cera e incienso, todo olía a fanatismo religioso. En época normal, los cultos empezaban en las iglesias a las seis de la mañana; después continuaban en algunas más, de los retrasados, a eso de las nueve, y si se terciaba, por razones de puro masoquismo, a las once. Pero la cosa no acababa ahí. Siempre había algún culto horas después del almuerzo que empalmaban con el santo rosario, o con alguna otra misa extra, según las épocas del año. Y todo eso con las iglesias abarrotadas. El fanatismo y la supeditación a todo cuanto llegaba de los estamentos religiosos, convertían a aquella sociedad en algo propio de la Edad Media. Todos los ingredientes estaban ahí a disposición de curas, obispos y caciques; y de sus delatores y colaboradores en acabar con la más mínima opinión que difiriera de lo que deseaba el régimen, y que deseaba aquella Iglesia al servicio del más añejo oscurantismo. Y si no existía el Santo Oficio, no importaba, estaba la policía y la guardia civil; estaban las "sacas" y los fusilados al amanecer, que cumplían su función a la perfección.

En este agobiante ambiente, es donde nacimos mis hermanas y yo: Maritrini, llamada así en honor de mi abuela paterna y Delia una hermosa niña, de cabellos dorados, que murió a los cuatro años, creo que de meningitis de la que apenas tengo más recuerdos que estos.

Mi padre empezó a acariciar la idea de emigrar. Y en un primer momento pensó irse a Argentina. Y así se lo comentó a su madre, que le aconsejó que se fuera "a algún lugar más cercano, que no dejara a su mujer y a sus hijos y se fuera tan lejos". Y no lo decía mi abuela porque sí. Mi abuelo también se había ido a Cuba y a Maruecos algunas veces y siempre volvía peor de lo que se había ido, mientras ella tenía que apechugar con toda una caterva de chiquillos que alimentar, sin que esto a mi abuelo le quitara el sueño en absoluto. Debía pensar que él bastante hacía con engendrarlos, visto el poco apego y cariño que mostraba con sus hijos, que debían trabajar para él. Quizá fue por esos consejos de mi abuela por lo que mi padre se decidió a buscar otros horizontes más cercanos y optó por Cataluña. Si bien no tenía demasiada idea de dónde estaba el país americano con exactitud y lo que allí se podría encontrar, sí sabía de sobras que Cataluña estaba a un tiro de piedra comparativamente.

VI

En Guadix, de monaguillo

Mi padre, como hemos dicho, por razones de su trabajo (y antes de emigrar a Cataluña, e incluso cuando él ya había decidido emigrar en solitario), siempre estaba fuera del pueblo. Y sólo regresaba en contadas ocasiones, un par de meses al año, que generalmente coincidía con las fiestas, más o menos sonadas, ya fuera en Guadix o en La Peza.

Al estar ausente casi siempre, mi padre consideró que era bueno, primero para mi hermano mayor, Miguel, y después para mí cuando llegó el momento, que fuéramos a hacer de monaguillos en la iglesia del barrio, Santa Ana. Yo, en el transcurso de los años, nunca llegué a comprender este insólita decisión de mi padre, teniendo en cuenta sus opiniones políticas y su nula religiosidad, que percibí cuando estaba con él en el bosque. La única explicación que yo oía decir era que "así no estarán apedreando perros y sí recogidos con unas obligaciones".

De aquella época, contra lo que pudiera parecer, anidó en mí mi rechazo a la Iglesia, y andando el tiempo, por lecturas más sosegadas, el rechazo a la superstición. Mi ateísmo tomó cuerpo, convicción que ya nunca abandonaría.

Sin duda habría otras razones que mi padre nunca me refirió, ni de niño cuando estábamos en la barraca en aquellas noches largas y tediosas de invierno en la finca de La Mata, ni tampoco cuando, siendo ya mayor, y se lo pregunté; pero las explicaciones que me daba nunca me convencieron; abundaban sobre lo mismo. Tratando de sacar algo más en claro le preguntaba sobre si era consciente de que al colocarnos a mi hermano y a mí, en manos de aquellos buitres retrógrados moldearían nuestras mentes hacia sus intereses. A esto me respondió, no sin cierta razón, que yo era un ejemplo precisamente de todo lo contrario. Así se zanjó aquello, que aún hoy sigo considerando una incógnita. Y murió sin decirlo, a pesar de que en más de una ocasión siendo yo ya mayor traté de que me lo explicara, en vistas del claro rechazo que sentía por lo que la Iglesia representaba —y representa— como obstáculo para el pensamiento libre, siempre junto a los poderosos. Y ya no era algo visceral por el trato y la relación que había tenido con aquellos "representantes de dios en la tierra". Tampoco mi madre supo nunca los motivos, más allá de los confesados de "para que no estuvierais descontrolados, teniendo en cuenta que tu padre no estaba nunca, y yo lo tenía difícil para poder manejaros", y aquello tan recurrente en la época de "apedrear perros".

Allí, en aquella iglesia donde me dejé muchas de mis ilusiones de la infancia, con apenas seis años, vestía con la sotana de monaguillo, o acólito, como gustaba de decir al cura párroco, de cuyo nombre jamás me olvidaré en toda mi vida. Se llamaba Antonio —don Antonio había que llamarle— Monedero Infante.

Este hombre, brusco, de talante irascible y modales violentos, era una mezcla de paternalista, militar, fascista y, para no desentonar con la España nacional-católica, un inquisidor. Tenía la mano ligera a la hora de abofetear, de dar un guantazo o un cocotazo con los nudillos, sobre las tiernas cabezas de los monaguillos, o a quien se le pusiera por delante y le contrariara. Se decía que era un militar frustrado y que tuvo que estudiar la carrera eclesiástica por imposición de su familia. Yo eso nunca lo supe, pero así se comentaba; y era muy corriente que en ciertas familias significadas de esa época, y anteriores en la España obscura, tener un cura en su seno. Y si podía ascender en el escalafón, mejor obispo. Era algo que se arrastraba desde el medioevo. El cura Antonio no parecía que tuviera mayores capacidades para ascender.

Se impuso a los niños la costumbre (recuperada, supongo) de que cuando aparecía un cura por la calle, y eran plagas las que devoraban el ambiente en aquel pueblo, con aquellas figuras negras y tétricas, acudieran de inmediato a besar su mano. Los niños acudían sin que esto tuviera ningún significado religioso, al menos era lo que me pasaba a mí. Y, si don Antonio estaba de buen humor, parecía hasta divertida aquella nada higiénica patochada de besar manos, pero si el hombre tenía un mal día, te podía dar la mano a besar con indiferencia, al tiempo que te soltaba un bufido y te aplastaba la nariz.

Así fue como, siendo un niño en edad de jugar con los otros niños, me arrebataron la infancia, lo esencial de ella: La posibilidad de jugar y aprender. Además, ese cometido lo desempeñaba en horarios terroríficos para un niño de tan corta edad. Me levantaba para ayudar a misa antes de las seis de la mañana, cosa que sólo se entiende en una sociedad enferma y manipulada por la más barata y mediocre de la beatería de la época del nacionalcatolicismo. Siempre tenía el sueño atrasado. Siempre tenía sueño. Entre misas, rosarios, entierros y bodas, nunca tenía tiempo ni de dormir. Aquellos madrugones eran terroríficos. A los madrugones había que añadir que en invierno la temperatura era la propia de un lugar desde el que se divisaba Sierra Nevada, y que allí los inviernos son crudos. Temperaturas por debajo de cero eran muy habituales en los meses de invierno. Los sabañones en las orejas, manos y pies eran un verdadero martirio. Y si a eso añadimos la escasez de ropa de abrigo y la falta de una alimentación adecuada, el resto se comprende.

Además de las tareas de la iglesia, también desempeñaba la de aprendiz en una calderería que tenía un tal Miguel Soto, ubicada en la misma calle de Santa Ana, donde vivíamos —al que servía para insuflar aire en la fragua de carbón, y para otras tareas que me mandara—. A veces le habían encargado alguna bañera para algún enfermo, y éste moría antes de que estuviera terminada; con ello el negocio se iba al traste, porque el cliente no aparecía más por allí. No sé si mi jefe habría cobrado algo a cuenta, pero la forma en que se enfadaba, parecía que no.

Este hombre, tenido por el más capacitado de su familia —y de hecho lo era, porque por lo menos tenía un oficio— estaba casado, pero no había tenido hijos. Recuerdo que era un asiduo de la casa de citas que había en el pueblo. Lo curioso es que, a pesar de mi edad no se recataba lo más mínimo en decirme los pormenores de sus visitas a aquel lugar, que como se comprenderá era bastante curioso para cualquier niño de la época. Algunas veces llegaba al taller alguna mujer con la que yo oía que charlaba durante un rato, y a mí no se me escapaba lo que estaban tratando y el comercio que hacían, a pesar de que cuando eres adulto crees que los niños no se enteran de nada. Acababan en un almacén que había justamente enfrente; su dueño era Fernando Cañas, dueño también de una ferretería, posiblemente la más importante, si no la única entonces. A esos comercios también acudían los hijos del dueño de la ferretería, Juan y Fernando. Por cierto que en la ferretería trabajaba un primo de mi padre, José, hijo del tío Pepe, que permaneció durante cincuenta años en ella hasta que se jubiló.

Miguel Soto tenía un hermano que era todo un ejemplar raro. Se consideraba con dotes para ser un buen boxeador. Y yo creo que más que se considerara él, es que los demás lo animaban para que se enfrentara a alguno de los que boxeaban en aquel tiempo, no sé si famoso o no. El caso es que se fue calentando su escaso seso, y al final le prepararon una pelea. Lo sé muy bien porque yo era de su equipo; le llevaba la toalla y los artilugios, con la única pretensión por mi parte que la de poder entrar gratis. El pobre Antonio Soto recibió tal paliza que debieron quitársele las ganas de seguir por esos derroteros. También tenía otro hermano, a quien yo sólo lo vi en un par de ocasiones, y no en momentos muy felices. Su hermano Miguel, que era el mayor, discutía mucho con él cada vez que se veían. Le reprochaba su comportamiento porque casi siempre estaba en la cárcel. Por lo visto era un ladronzuelo o algo más, no lo sé. Pero la cárcel la pisaba muy a menudo. Y es que, según contaba mi madre: "La culpa era de su madre que siendo niños, cuando iba al mercado incitaba a los hijos a que fueran echando cosas dentro del cesto sin que los comerciantes se dieran cuenta". Algunas veces, al parecer, los habían cogido. Pero parece ser que los hijos, con la excepción de Miguel, siguieron la carrera de apropiarse de lo ajeno.

Miguel Soto, dentro de la situación económica en que estaba la mayoría de la población, no era precisamente de los que estaban peor, más bien todo lo contrario; dentro de que era un trabajador, porque había de ganarse la vida dando muchos martillazos cada día, tenía un negocio propio. Y le iba bien aunque exhibía cierto grado de chulería innecesario.

Recuerdo que tenía un piso alquilado, que usaba como almacén, y parece ser que lo denunció el dueño y lo instó a desalojarlo. Él se negaba y lo tuvo que hacer por vía judicial. Recuerdo, porque estaba yo presente, que cuando llegó el secretario del juzgado a notificarle el hecho, y para que firmara la notificación, se enfrentó con él. El secretario del juzgado no era más que un mensajero de lo que había decidido el juez; sin embargo, recuerdo que se encaró con él, lo insultó como si fuera el culpable de lo que consideraba una injusticia, que no sé si lo era, negándose a firmar la notificación, el "enterao", como decían allí. Eso no evitó que a los pocos días acudieran unos cuantos trabajadores enviados por el juez y desalojaran el piso. Empezaron a bajar trastos de todo tipo y a colocarlos en la plaza de Pacheco —la plaza donde estaba y está la iglesia de Santa Ana— que quedó absolutamente abarrotada. Yo no comprendía cómo era posible que en aquel lugar, que en principio no parecía muy grande, hubiera tantas cosas. Desconozco los pormenores del hecho, si se trataba de que el dueño del piso lo quisiera recuperar por diferencias en el alquiler o porque lo necesitaba por otras razones, pero dio lugar a un escándalo que de todas formas no tenía otra salida que la que al final tuvo: desalojarlo. Supongo que tendría algún lugar donde colocar todos aquellos trastos, porque se los llevó sin demasiados problemas.

Una de las características de Miguel Soto era su ligereza verbal. Acusaba de vagos a todos los que emigraban a Cataluña u otros lugares. Curiosamente, años más tarde supe que él también había emigrado, y también a Cataluña. Me dijeron que estaba en alguna ciudad del cinturón de Barcelona. Nunca lo llegué a ver.

VII

Reunificación familiar

Cuando mi padre regresó de Cataluña para llevarse a la familia, mi hermano Miguel contaba dieciséis años y hacía algún tiempo que había conseguido entrar en un taller de ebanistería, en la carpintería del obispado de Guadix y en la escuela de Artes y Oficios; y aunque el sueldo era prácticamente nulo y las perspectivas no eran muy halagüeñas, al menos estaba aprendiendo algo y era, en cierto modo, un privilegiado con respecto a los demás muchachos de su edad. La siguiente, mi hermana María, tenía once años, y estaba haciéndole recados a los llamados ricos del pueblo, que no eran ricos, sino que tenían algún trabajo de funcionarios o algún negocio mísero, pero suficiente para destacar sobre la mayoría que rozábamos la miseria, o algo parecido. Estos "ricos", aunque estaban mal pagados, tenían el sueldo seguro cada mes y podían permitirse el lujo de alardear de clase media y de tener criada o "moza", como se decía allí. Como tantas chicas de su edad, mi hermana estaba destinada a convertirse, poco tiempo después, en una de las muchas criadas que habría sirviendo a esas familias de "quiero y no puedo", que hacían malabarismos para alargar el sueldo hasta fin de mes. Iba a la escuela de monjas de San Diego, y después a la de niñas del barrio, y si bien en ambas los rezos eran lo prioritario, en la primera, entre rezos del rosario y otras pías plegarias se agotaba el repertorio, mientras que en la pública dependía de si la maestra era competente y en cierta forma soslayaba el fanatismo religioso en pro de algo útil. Poco se podía aprender que fuera realmente necesario para el desenvolvimiento futuro. Pero la maestra que le tocó a mi hermana cuando hubo salido de la horma de las monjas, al decir de ella, y aunque duró poco tiempo, diría años después, "fue con quien aprendí lo poco que sé". Huelga decir, por sabido, que niños y niñas estaban separados en las clases, tal como siguen estando hoy, en pleno siglo XXI, en las escuelas de la secta derechista que creó aquel orate, Escrivá de Balaguer.

Yo, que era el tercero, iba a la escuela, donde apenas había aprendido a conocer las letras, en una escuela igualmente de rezos y batallas triunfales, que moldeaban las mentes de los niños, compaginaba desde los seis años mi asistencia a la escuela y a la tarea ya mencionada de monaguillo y "calderero".

Recuerdo de forma bastante difusa a tres maestros. Al primero, don Tomás, que según relatos posteriores de mi hermano, era buen maestro, pero fue sustituido por otro, don Ginés, que era un hombre amargado, sin que se supiera la razón. Era de ideología de izquierda y se veía en la necesidad de impartir una enseñanza que no cuadraba en absoluto con el sentido común y la racionalidad que mostraba cuando estaba sereno. Estaba alcoholizado y en más de una ocasión fue incapaz de sostenerse en pie, aunque casi nunca en la escuela. Sí recuerdo que alguna vez había llegado algo "caliente" a dar clase, y se había pasado todo el rato bebiendo agua, supongo que con la intención de paliar su estado, o que se notara lo menos posible. Había caído su autoestima tan bajo que los niños lo veíamos algunas veces por las calles tambaleándose y cayéndose, teniéndose que sentar en el suelo, siendo contemplado por los niños con extrañeza, e incluso con pena, porque su hijo, que era de nuestra edad e iba a la escuela, trataba de llevárselo a su casa, mostrando el chiquillo un gran sentido de la responsabilidad a pesar de su corta edad, y supongo que tristeza al ver el estado de su padre. A pesar de que era habitual ver a hombres borrachos por las calles en aquellos tiempos, —cualquiera sabe los motivos que tendrían para beber—, ver al maestro borracho se me quedó grabado de forma muy negativa. El maestro era para un niño algo superior a los demás y los tiernos sesos podían entender, porque lo veían incluso en sus casas, que los hombres se emborracharan, parecía algo normal, propio de los hombres, estábamos acostumbrados. Pero no comprendíamos que el maestro se emborrachara, que perdiera el rigor y la seriedad que mostraba en la escuela. El hombre llegaba a dar lástima, al decir de los vecinos.

Aprendí a ayudar a misa en latín, como se hacía entonces, por rutina y de oído, sin entender nada. Era tal el odio que sentía por aquella jerga, que en cuanto dejé de ir a la iglesia, se me olvidó lo que había aprendido. Años después, sin embargo, hubiera deseado tener nociones de latín que me permitieran adentrarme en textos clásicos, arcanos para mí.

Cuando había un entierro, las cosas para la Iglesia estaban bien definidas por el poder económico del muerto y sus familiares. Había entierros especiales, de lujo, de primera, de segunda, de tercera, y hasta de indigentes. La Iglesia, siempre muy redentora ella, sabía considerar el poder terrenal y el valor en dividendos de cada muerto. Quienes crean todavía que el poder de la Iglesia es sólo espiritual...

Los especiales estaban rodeados de gran boato y de seis o más curas y tres monaguillos, cada uno con una enorme cruz. Con cánticos y procesión de un lujo insultante, si tenemos en cuenta la situación de la inmensa mayoría de la gente. Iban vestidos con sus mejores galas (de lujo); con la estola y la casulla bordadas en oro. Todo un entierro para príncipes, de los que la Iglesia cobraba unos buenos dividendos.

Los de primera eran casi igual que el especial, pero con algún cura menos; y a veces sin la participación del "cantaor", que era un hombre con una voz, creo que de barítono, extraordinaria, llamado Rufino; enjuto y de baja estatura, "muy poca cosa"; pero que "valía la pena que se muriera alguno de los ricos para oírlo cantar", solía decir mi padre jocosamente. En todos los mencionados entierros los curas entonaban rogativas y cánticos en latín tales que, a juzgar por la afición que ponían en su cometido, seguro que hacían que los difuntos fueran al cielo con salvoconducto directo, por muy indeseable que hubiera sido en vida el sujeto. La Iglesia siempre sabe valorar las inclinaciones y dispendios de los candidatos a sentarse junto al dios todopoderoso, y como es natural, se lo facilita.

Además, en los entierros especiales, de primera y a veces en los de segunda, digamos extra, el montaje religioso se extendía hasta el agotamiento, al menos para mí, en la obligatoria misa de difuntos. En ésta se repetían los cánticos y formulaciones de promesas de trocitos de cielo, muy en la parafernalia de las mitologías cristianas, aunque, claro está, el pago de dichas parcelas había que hacerlo aquí en "el Valle de Lágrimas". Sólo era una transacción comercial como otra cualquiera, que había que abonar al contado, lo cual lo dice todo de la seguridad que tenían los intermediarios de dios en la Tierra de que la deuda pudiera abonarse en el más allá.

En los de segunda, ya se notaba visiblemente el bajón de categoría y de "exhibición de curas y liturgia"; eran sin duda muy inferiores. En éstos solamente acudía el párroco, y con una sola cruz grande que me encargaba yo de llevar, a pesar de que mi estatura y mis fuerzas eran bastante pocas; sobre todo si tenemos en cuenta que a lo sumo, y cuando ya lo dejé porque vino mi padre para trasladarnos a Cataluña, sólo contaba nueve años.

A veces también, en estos entierros de segunda, y con carácter especial, era contratado un sacerdote añadido, y a veces dos, pero lo normal era uno. Don Antonio se bastaba solo y así no tenía que compartir los honorarios con los otros curas. Correspondía a aquéllos que bien podríamos denominar socialmente entre los "del quiero y no puedo", pero que no renunciaban a figurar a la hora del entierro: Era de segunda, pero con algún cura más, se notaba menos: La psiquiatría debería aquí tener algo que decir.

En los de tercera, que eran la mayoría, iba el cura, el monaguillo (yo, en este caso) tras el féretro, con cierta bulla, y sin pararse en demasiadas liturgias. Todo transcurría lo más rápido posible: El muerto no había dejado nada y eso era visible hasta en los pequeños detalles. A lo sumo sus familiares abonaban lo estipulado, pero sin llegar a más. Eran entierros de gente sin más medios que los míseros jornales o peonadas, cuando los había.

Don Antonio me inducía, en cualquier oficio religioso, a que les pidiera alguna propina para mí. Yo lo hacía, pero, casualidad, siempre se trataba de los más pobres. Cuando me atrevía a hacerlo a alguno de los ricos, a los que verdaderamente podían, me apartaba de un bufido y decía que no molestara a don Fulano, que tuviera educación. Esto provocaba en mí un gran desconcierto, no entendía que me incitara a pedirle a los pobres y no a los ricos. ¿Sería por aquello del camello y la aguja, por lo que procuraban que hubiera muchos pobres, candidatos al cielo, y se hacía lo posible para que los ricos se fastidiaran? Años después comprendí que la Iglesia a los pobres les tiene reservado el reino de dios, pero en este mundo era mejor que los ricos disfrutaran, para que se jorobaran después en los abismos infernales; claro que si contribuían al mantenimiento del clero, a los gastos de la Iglesia, eso se remediaba. Secretos de Nuestra Santa Madre Iglesia. Como lo tan manido del rico y el camello, que bordan a la perfección, si tenemos en cuenta lo mucho que la Iglesia hace para lograr que, efectivamente, los pobres sigan siéndolo, sin duda en pro de esa meta celestial.

Los entierros de los que no tenían nada, de los que morían en el asilo, los pobres y ancianos que también eran muchos, esos sí que eran dignos de reflexión: Todo era puro trámite. El monaguillo llevaba una pequeña cruz de poco más de un palmo y medio de alta con una base o peana para que se mantuviera en pie; el hisopo con agua bendita que yo llenaba de la fuente situada en la misma plaza de Pacheco, junto a la de la iglesia de Santa Ana; y se despedía al cortejo, si es que se le puede decir así, a los pocos metros.

Los ataúdes de aquellos pobres del asilo o sin medios, eran de pino sin barnizar, y se recuperaban una vez terminado el entierro, para otras ocasiones, sin demasiados miramientos. Todo un alarde de caridad cristiana.

La educación que tenía aquel animal con sotana, dejaba mucho que desear. Una vez pude presenciar cómo a un vecino, carpintero, llamado Franco de apellido —que creo que incluso era algo de su familia o cercano a ella—, que no se percató cuando él pasaba en dirección al asilo de San Francisco, en la Plaza del mismo nombre, ataviado con todos sus "sayones ceremoniales", se le encaró con estas palabras que siempre he recordado por el impacto que me causaron: "¡Quítate la gorra, estúpido!" Al hombre se le tornó la cara de cera. Era mucho el daño que podía hacer un cura en aquella época si se le antojaba.

Todos los féretros se llevaban a hombros. Primero por costumbre, y segundo porque la calle por donde transcurrían los entierros de la iglesia de Santa Ana era escalonada y no podía pasar por ella un vehículo con ruedas.

Todo el montaje repercutía, como dijimos, en las finanzas de la iglesia. Pero los monaguillos que faltaban, (porque en la iglesia sólo estaba yo), los tenía que buscar yo entre mis amigos y otros niños de la calle, a los que prometían un real por hacer de monaguillo durante un rato. Eso era un martirio para mí, pues a veces me las veía y me las deseaba para encontrarlos. Unas veces porque los padres no querían, y otras porque simplemente no lo deseaban ellos. Caía sobre mí una responsabilidad que me abrumaba a medida que iba pasando el tiempo y no lograba voluntarios. Era una orden de don Antonio y me aterrorizaba no poderla cumplir. Así que en una ocasión, en un entierro de uno de los más ricos del pueblo, no había más que dos monaguillos, cuando al parecer tenían que acudir seis. Naturalmente era un entierro de un notable y habían contratado una determinada categoría, precisamente por lucir el boato, y se encontraron con seis curas y sólo dos acólitos, uno de los cuales era yo, claro, y un amigo mío que se prestó a ayudarme. Tuvieron que buscarlos en las otras parroquias, lo que representaba que don Antonio tenía que pagar; no a los monaguillos, como hubiera sido lógico, sino a sus respectivos párrocos. Me llevé una gran bronca de aquella "bestia con sotana", pero desde entonces el cura me dijo que en adelante los niños que "contratara" para los entierros de cierta categoría cobrarían una peseta. No era mucho, pero eso alivió un tanto la responsabilidad de tener que buscarlos sin otro incentivo que la promesa de que "algo caería", lo cual no siempre sucedía. A mí, al fin y al cabo, me pagaban diez pesetas por todo el mes, que incluía la limpieza de la iglesia, tocar las campanas, repartir folletos, ayudar a misa, pasar el cepillo, etc.

Uno de los recuerdos que me ha quedado es el de un cura llamado Tomás que venía algunas veces a decir misa. Era, me lo parecía, buena persona, pero un borrachín empedernido. Tenía que tenerlo en cuenta a la hora de colocar las vinajeras. Don Antonio era todo lo contrario, apenas bebía, por lo menos en la misa. A don Tomás había que servírselas llenas y las agotaba.

También muy de tarde en tarde venían por allí algunos frailes. Éstos cuando decían misa se vestían de forma diferente, teniendo que adaptar la casulla a la que ya lucían con su hábito. De uno de ellos, se decía que estaba en misiones: "Con los negritos o los chinitos", que entonces estaban de moda. Cuando venía solía decir misa en aquella u otras iglesias del pueblo. No recuerdo su nombre, pero era muy campechano, y, a pesar de los tiempos tan restringidos, lo habíamos visto vestido de paisano y bebiendo vino por las tabernas. Eso lo corroboró mi padre, pues al parecer se habían conocido años antes. Era un cura que tenía dos hijos. Cuando terminó la guerra —al decir de mi padre— parece que la jerarquía de la Iglesia le dio la opción de irse de misionero y olvidar su "desliz".

VIII

En Sierra Morena con los maquis

La vida de la familia de mi padre no era ciertamente fácil, como la de la inmensa mayoría de los trabajadores en aquellos años negros de miseria y de represión. Como ya ha quedado dicho, mi padre pasaba la mayor parte del tiempo lejos de la familia, por su trabajo en el rancho haciendo carbón. Trabajaba para quien le daba trabajo. A veces se juntaban unos cuantos que formaban una cuadrilla para explotar un sector de encinares. Unas veces estaba en los mismos montes de Granada, y otras tenía que marcharse a la provincia de Córdoba, a Sierra Morena. Mientras, mi madre, mis hermanos y yo esperábamos a que mi padre pudiera traer algún dinero con que comer. Mi madre pasaba la mitad de tiempo pidiendo fiado a las tiendas hasta que mi padre volvía, liquidaba lo que se debía, y vuelta a empezar. Su tío Pepe le iba dando todo el carbón que necesitaba para vender, pero la realidad era que las ganancias se las comía él. Cuando mi padre regresaba con el dinero ganado en duro trabajo en el rancho, le lucía poco, pues tenía que saldar deudas, en ambos frentes: Su tío y los tenderos. El dinero del carbón se gastaba en las muchas necesidades que nos agobiaban.

España se encontraba en pleno desabastecimiento y con un racionamiento que no daba más allá que para pasar hambre, racionamiento que duró hasta el año cincuenta y dos, ¡trece años después de acabada la guerra!

Como otras familias, comprábamos cada año un cerdo para engordarlo. Así podíamos ir tirando. Y, cuando llegaba la matanza, que se hacía en la propia casa, con las morcillas, chorizos y el resto de las partes del marrano hacíamos acopio de suministro para el resto del año. Los jamones se vendían. Era la manera de poder comprar alguna de las cosas que necesitábamos, que de otra forma hubiera sido imposible. Y eso si no teníamos la desgracia de que el marrano cogiera alguna enfermedad, malogrando todo el esfuerzo realizado. Cuando esto sucedía, había que deshacerse del cerdo, y, cosa que nunca comprendí, se lo llevaban los gitanos, lo troceaban, y se daban el gran festín. Nunca se supo si eso tuvo consecuencias para la salud de aquellos gitanos, pero la realidad es que iban por todas partes, y eran los primeros en enterarse de que el cerdo de tal o cual vecino estaba enfermo y se estaba muriendo.

Como es sabido, los cerdos se castran para que engorden con mayor rapidez. En una ocasión, y a consecuencia de un castrado hecho en malas condiciones (seguramente tocó con la navaja algún órgano vital) el animal se amodorró, se puso enfermo y murió a los dos o tres días. La castración la hizo un amigo de mi padre, que se dedicaba a eso como una forma más de ganar unas pesetas. No es que fuera un profesional, pero era algo que mucha gente hacía de forma habitual en el campo. Como aquello, según dijeron, no había sido por enfermedad alguna, sino a consecuencia de las malas artes del capador, se procedió "a hacer la matanza" del cerdo ya muerto. Cual si de un velatorio se tratara, un grupo de gitanos estuvo haciendo guardia durante dos días para llevarse al gorrino, pero quedaron frustrados. No pasó nada y la carne nos la comimos, y aunque pequeños los jamones, creo que se pusieron a secar para uso propio; no porque fueran pequeños, que sí lo eran, sino porque imagino que nadie los hubiera querido comprar. Sería la única vez que los jamones se quedarían en la casa para que la familia se los comiera. A mis hermanos y a mí, nos pareció estupendo, pero mi madre lo lamentaba, por no tener reservas de matanza aquel año, y porque con el dinero de los jamones hubiera podido comprar otras cosas de suma necesidad.

Durante todo el tiempo que estuvo mi padre por aquellas montañas de Andalucía, tenía el miedo en el cuerpo. Eran los años en que la sierra estaba plagada de maquis, "gente de la sierra", como eran denominados por los carboneros andaluces. Como la guardia civil rondaba por aquellos parajes día y noche, no los dejaban tranquilos, siempre pidiendo documentación. Aunque fuera la enésima vez que lo hacían, repetían continuamente las mismas preguntas, los mismos interrogatorios, y con exigencias expeditivas. Como era natural, los guerrilleros tenían que vivir, y necesitaban de los que estaban en los cortijos, y de los carboneros, muchos de los cuales hacían de enlaces con el resto de los grupos. También eran los que les proporcionaban la información de lo que hacía la guardia civil, y de por dónde rondaba. La tirantez de la situación era asfixiante para todos aquellos que habían salido de la cárcel, que eran muchos.

En cierta ocasión la guardia civil y los maquis tuvieron un enfrentamiento en el que murieron varios guerrilleros. Éstos quedaron en la cima de una montaña y cuando al día siguiente la guardia civil fue a identificarlos, en lugar de bajarlos como seres humanos que eran, y con un sentido humano del trato al enemigo, los tiraron por el terraplén, y fueron a estrellarse contra las rocas del fondo. Ciertamente, si no tenían miramientos en tratar a los vivos, difícilmente los iban a tener con los muertos. Les era más fácil hacer que los cuerpos bajaran por su propio peso que hacerlo con cuidado y algo de respeto. Los grupos de guerrilleros que estaban por allí, cuando se enteraron de aquel comportamiento con los cadáveres, pasaron bastantes días en averiguar quiénes eran los responsables de aquello. Y lo averiguaron porque los mismos guardias lo solían comentar, vanagloriándose de ello. Al final se supo que el responsable había sido un teniente, que ante la indicación de algún guardia de que para bajar los cuerpos serían necesarios un par de hombres más, dijo que no perdería el tiempo, que bajarían por su propio peso. Así que les dio la orden a los guardias de que los arrojasen al vacío. Una vez identificado el teniente, un grupo le tendió una emboscada con cierto riesgo de perecer todos. Desarmaron a los guardias y les dijeron que se marcharan. Al teniente lo interrogaron y dijo que sí, que él había dado la orden de arrojar los cadáveres. Le descerrajaron un tiro, le abrieron el pecho y le introdujeron la petaca y el yesquero. No sé si esto es o no verdad, pero cabe la posibilidad. Al menos es lo que confesó un guardia al que tuvieron retenido unos días, y que después soltaron.

Las gentes de la sierra eran muy cuidadosas a la hora de acercarse a los carboneros. No querían comprometerlos con su presencia, ya que sabían que la guardia civil tomaba represalias, y muy duras. Así que generalmente no se acercaban, pero alguna vez, por necesidad, lo habían hecho tomando todas las precauciones. Había sido mientras trabajaban en el tajo, cuando ya caía la tarde. De pronto mi padre vio a varios hombres apostados junto a sendos chaparros. Disimuló como si no hubiera visto nada y les dio la orden a sus hermanos menores y a otro compañero que trabajaban junto a él, para que se fueran a la choza. No les dijo nada. Ante aquella orden se extrañaron. Trataron de disuadirlo con el argumento de que ya era tarde y que podían irse todos juntos.

—¡Os he dicho que os vayáis, yo ya iré! Dejad las herramientas que ya las guardaré. Id preparando la cena.

Los tres se marcharon. Los recién llegados se quedaron todo el rato inmóviles como estatuas. Cuando ya mi padre se quedó solo, siguió con su tarea como si no pasara nada. Pero la cara lo denunciaba. No se enteraba de lo que estaba haciendo. Y era lógico, ante la situación nueva que se le había presentado. Por el rabillo del ojo pudo ver que "al menos eran seis". Pero eso no era lo importante. El problema era que no los conocía de nada. Y eso era muy peligroso. Los guardias civiles, ante situaciones difíciles, se adentraban en la sierra vestidos de paisano y simulaban ser de alguna partida de maquis, para descubrir quiénes estaban ayudando a la guerrilla. Tenía que averiguar en pocos minutos, y sin que se notara, si eran guerrilleros, o por el contrario eran agentes de la guardia civil. Habiéndose deshecho de los chavales jóvenes, de quienes temía que metieran la pata, esperaba salir airoso de aquello. Y en última instancia, él era el único responsable, sin que pudieran caer represalias sobre los demás. Aunque eso nunca se podía saber, ya que tomaban a cualquiera como culpable sin demasiados miramientos, le propinaban una paliza, o bien se lo llevaban al cuartel, y si tenía suerte, volvería con el cuerpo caliente; si no, iría a parar a cualquier centro de detención, donde podía pasarse años sin que nadie dijera de qué se le acusaba. Así eran las cosas, nadie tenía responsabilidad ante aquellos atropellos.

En ese momento pasó por la cabeza de mi padre todo lo padecido. La cárcel, los palos en el cuartel. Y sobre todo que no lo dejaran emprender el camino de poder rehacerse después de tanta fatiga.

El que parecía tener el mando se dirigió a él, al verlo como un tomate y muy nervioso:

—Buenas tardes, no se preocupe, que no queremos más que un poco de comida, que le pagaremos, y nos marchamos. ¿Ha visto la patrulla de la guardia civil por aquí en los dos últimos días?

Ante aquella pregunta, otro de los hombres terció diciendo que no contestara. Que no les importaba. Le preguntaron que de dónde era, y al decir que era de La Peza, llamó a uno que estaban oculto, diciéndole:

—Mira, Manolico, este carbonero es de tu pueblo. ¿Lo conoces?

Se trataba de un paisano al que había perdido la pista en El Padul. Cuando ya la guerra se acababa les dijo a los compañeros que él no se entregaba, que trataría de unirse a otros que ya se estaban organizando. Era soltero y eso pesó bastante a la hora de tomar la decisión. En realidad el tal Manolico no era de La Peza, sino posiblemente de Purullena, o quizá de Guadix, pero es una incógnita el por qué dijo a sus compañeros de partida que era de La Peza, aunque sólo había estado unos días parando en el pueblo, donde lo conoció mi padre. Mi padre, al ver a *Manolico "el de la fuente"*, llamado así por él en la Compañía, en la guerra, por haberse conocido en la Fuente de La Gitana, cerca de La Peza, al fin pudo hablarles claro y sin tantos temores.

El que había hablado en primer lugar era de Baza, y había sido teniente de artillería profesional del ejército de la República. Le dijo a mi padre que si podría proporcionarles algo de comida, que naturalmente le pagaría. Mi padre se desplazó hasta la choza, seguido por los guerrilleros a cierta distancia, un tanto dispersos, y tomó de los suministros que tenían lo que consideró. No podía ser mucho porque como todo lo tenían que comprar con la cartilla de racionamiento o en el estraperlo, la guardia civil controlaba si los carboneros compraban en los pueblos cercanos algo más de lo normal, que pudiera servir para alimentar a los "bandidos rojos". Después de charlar un rato y allanando un poco la situación, mi padre les dijo que se quedaran aquella noche, si estaban muy cansados. "Se quedaron aquella noche con nosotros, para reponer fuerzas. Llevaban ropas de paisano más o menos mezcladas con prendas militares, residuos de los uniformes de otros tiempos. Me inquietaba por si se sabía después y los civiles tomaban represalias; pero en ningún momento pasó por mi cabeza decirles que se marcharan. Los veía a ellos y de algún modo sentía que tal vez yo hubiera podido estar en su lugar si las circunstancias lo hubieran dado así. Ellos, con la derrota en sus cuerpos, seguían reivindicando de alguna forma, con su resistencia, la legalidad truncada por el golpe de Estado del 18 de julio. Era admirable ver aquellos hombres que después de años de guerra no se rendían, como habíamos hecho la mayoría. Decían que si los cogían lo más seguro era que fueran fusilados allí mismo."

Sabido es que la guerrilla, al menos la de Andalucía, persistía más por intentar salvar la vida que por ningún otro objetivo. Lo que hubieran deseado la inmensa mayoría de aquellos hombres era tener una frontera a mano para poder pasar al exilio. Pero la más cercana, la de Portugal, tenía una dictadura como la de Franco y lo que hacía Salazar era entregárselos al dictador español, y muchos de ellos eran encarcelados y en muchos casos fusilados. Así que la reflexión que se hacían es que era preferible quedarse. Por lo menos estaban en terreno conocido.

Cuatro del grupo se acomodaron dentro de la choza, mientras otros dos hacían guardia a una distancia prudente, equidistantes, que les permitía ver cuanto sucedía y si se acercaba alguien. Cada par de horas cambiaban la guardia, de forma rotativa. Su idea era dormir y descansar un rato después de comer algo, ya que andaban escasos de suministro. Pero aquella noche nadie durmió en la choza. Mi padre, por la inquietud que le embargaba, y sus hermanos por la novedad que representaba la presencia de aquellos hombres, mil veces mitificados por los relatos de los mayores. Parecía mentira que aquellos hombres, que en teoría estaban en la sierra aislados, supiesen tantas cosas de las que acontecían en la ciudad y los pueblos. Hasta sabían lo que sucedía en el mundo. "Sabían la marcha de la guerra europea y la situación de los frentes; si las tropas rusas avanzaba o retrocedían, y eso que entonces no había radios portátiles como hoy", decía mi padre. Algo parecido me contaba de la cárcel: "Yo estaba, me comentaba, más informado estando en la cárcel que ahora" Y seguramente era cierto, ya que allí no tenían nada más que hacer que pensar. Y lo que él llamaba información tal vez fuera bastante sesgada. Cuando la gente está en una situación de aislamiento y en las condiciones que había en aquellas improvisadas cárceles después de la guerra, es propensa a todo tipo de fábulas e imaginaciones sobre los acontecimientos, tratando de vencer la orientación hacia el lado positivo: En definitiva, escuchar algo que deseaban y les diera esperanzas. Después, años más tarde, en las cárceles sí que se organizaron redes de información que les permitían a los presos estar informados. Pero en aquellos momentos de que hablaba mi padre, seguramente no eran tan ciertas las informaciones. Algunas sí que llegarían, pero la mayoría seguramente se fabricaban allí mismo, eran meros bulos. Pero eso siempre ha sido así.

"La noche la pasamos en viva conversación. Desde que estuve en la cárcel no había tenido ocasión de hablar con nadie de aquellos temas, y con tanta precisión de datos. Hubiera podido pasar muchas horas y días hablando con aquellos hombres, pero las luces de la aurora ya despuntaban. Con las primeras luces del día emprendieron la marcha y se alejaron. Para mí empezaba una gran preocupación, sobre todo por mis hermanos".

Así fue, y por boca de aquel grupo de "gente de la sierra", cómo se enteró mi padre de que habían tenido secuestrado durante un tiempo al hijo del gobernador de Córdoba, un mozo de 22 años, al que soltaron al cabo de unos días cuando ya se sintieron seguros. "Era un buen muchacho, y cuando llevaba un tiempo, lo tratábamos como a uno de nosotros. Salvo que no le dejábamos arma alguna, y que lo vigilábamos por si hacía alguna "trastá", pero parecía uno más. Desde que lo llevamos con nosotros como rehén no nos dio problemas, se adaptó perfectamente. Y cuando oía decir que su padre y la guardia civil denunciaban que estaba siendo maltratado y que corría peligro su vida, se echaba a reír. El muchacho no estaba acostumbrado a nuestras comidas a salto de mata. Algunas veces comíamos tocino no demasiado bien rasurado, o que le habían crecido las cerdas en el puchero, como es bien sabido que sucede al cocerlo. Pues bien, el chico decía que aquello era "tosino con sepillo". Era muy gracioso".

También les explicaron algunas historias de los guerrilleros: La gente de la sierra tenía un contacto en la mismísima casa del gobernador de Granada. Era la criada, una gitana muy dispuesta ella, a la que habían matado un hijo los civiles, poco después de acabar la guerra, cuando el chaval atravesaba un campo de maíz. Le dieron el alto casi al mismo tiempo que le dispararon. La gitana vio morir a su hijo sin que la dejaran abrazarlo. Ella les llevaba algunas informaciones de los movimientos de tropa que hacían los civiles. Mas empezaron a darse cuenta de que algo fallaba. En las últimas semanas había habido algunas emboscadas en las que murieron una decena de compañeros, y no se lo explicaban. Ella hacía de enlace con partidas diferentes. Supusieron que la traición venía de allí y lo confirmaron por alguna información que les llegó de algún funcionario del gobierno civil. Así que empezaron a urdirle una trampa y le enviaron un sobre con una bomba para liquidar a la chivata que les había costado ya muchas vidas. Pero, al mismo tiempo, el gobernador empezó a tener también sospechas de la criada gitana, que era una hermosa hembra. Según comentarios, "la criada del gobernador", como la llamaban, era gitana, pero no ejercía precisamente de criada. Las sospechas tomaban cuerpo y así se lo manifestó. Ella lo negaba con rotundidad. Tal fue así que al recibir el sobre, se lo llevó al gobernador como muestra de confianza, para que leyera él el contenido de la carta, y así supiera de quién era y qué decía. Ella sabía que las partidas no le enviarían una carta comprometedora con la dirección del Gobierno Civil. El gobernador abrió el sobre, dicen que con cierta precaución y recelo, y le explotó. Le volaron varios dedos de la mano derecha y un ojo.

Así fue el relato que le hizo uno de los guerrilleros a mi padre aquella noche en Sierra Morena. Él nunca supo la verdad de lo relatado. Que el gobernador quedó tuerto por un sobre bomba, es cierto, pero lo que no está tan claro es que la gitana fuera la traidora culpable de las emboscadas. Pero aquel hecho quedó en la memoria de los carboneros durante muchos años y en la mía cuando lo comentó mi padre. Y así lo hicieron correr hasta que todo el mundo se enteró, y con cierta satisfacción, por tener fama de sanguinario y represor el dicho gobernador. Estos relatos alimentaban mi curiosidad cuando mi padre los refería a los compañeros en el bosque, en La Mata.

Como cada día el cerco se cerraba más y más, y ya mi padre no podía vivir con aquella inquietud, a la espera de que cualquier día se lo llevaran detenido con cualquier motivo, optó por marcharse. Con la idea de cambiar de suerte, regresó a Guadix, donde no encontró trabajo, comiéndose lo poco que había ganado en el rancho en aquellos meses.

En estas circunstancias vivía cuando decidió probar suerte en Cataluña, donde según se rumoreaba entre los rancheros, había bosques de encinas y se necesitarían carboneros. No se lo pensó demasiado. Era más la necesidad de creérselo que esperar a saber si eran ciertos los rumores de que "en Cataluña sobraba trabajo".

La guerra europea, no muy lejana, la autarquía económica nacional y el cerco internacional tenían como una de sus consecuencias la escasez de gasolina, que era sustituida por carbón en muchos de los vehículos. Así que se convirtió en una materia prima para hacer funcionar al país, tanto en la industria como en el transporte. Muchos camiones que circulaban lo hacían con el gasógeno del carbón. Se colocaba un artilugio grande y aparatoso en la parte posterior, donde se cargaba el carbón, que generalmente era vegetal, y si era posible de encina, aunque las minas de carbón de las cuencas mineras adquirían cada vez más importancia. El régimen vendía propagandísticamente el hecho como algo extraordinario, con la frase "Gasóleo español, sin dependencia exterior", etc.

Así que mi padre decidió probar suerte y con lo poco que le quedaba de lo que había cobrado de aquella campaña, le dejó algo a mi madre para que aguantara y se aventuró a emprender el viaje, con la natural incertidumbre respecto a cómo le saldría. Algún conocido había hecho lo mismo y al cabo de unos días, a lo sumo semanas, ya estaba de regreso. Eso hizo que mi madre le dijera que no se fuera, que tratara de buscar por otro sitio más cercano, en la propia Andalucía. Cataluña era un lugar remoto y desconocido. Pero mi padre ya lo había meditado y decidido. Y en esa decisión tuvo que ver, quizá, una carta que recibió de su hermano José, que había salido hacia Francia al empezar la guerra. En ella le aconsejaba que tratara de salir del pueblo y que buscara otros horizontes. Sin duda Francia no podía ser la meta, ya que en aquellos tiempos no podía salir nadie de España sin permiso expreso de las autoridades, pero sí le mencionó Cataluña como lugar idóneo "para que tus hijos encuentren un futuro mejor que el nuestro".

Por entonces se dio el caso de un tal Coca, portero del seminario de Guadix, que robó 3000 pesetas, mucho dinero en esa época, y no se le ocurrió otra cosa que tomar el tren, ir a Barcelona, vivir a lo grande supongo, y regresar con su familia —tenía mujer y varios hijos—, sin dinero al cabo de unos días. Estando yo en su casa con su hijo, llegó la policía y se lo llevó. Su pobre mujer creyó que su marido se había ido con la intención de buscarse la vida, pero acabó en la cárcel, donde lo veía los domingos cuando iba con el cura a ayudar a misa. Supongo que no estaría mucho tiempo.

Mi padre esperó al día que le tocaba presentarse a la guardia civil, firmó ante el comandante de puesto, tal como estaba obligado, y al día siguiente tomó el tren en la estación de Guadix, muy cerca de la azucarera que sirvió de prisión, sin decir nada a nadie. Ni siquiera a mi madre, que pensó que se iba a buscar trabajo por un rancho cercano, y que cuando estuviera allí, ya le escribiría. Por otro lado, esto no podía extrañar a mi madre, ya que cuando se marchaba muchas veces no sabía adónde iba con exactitud. Pero esta vez tenía motivos para no decirlo: No pensaba presentarse al cuartel, al menos durante un tiempo, hasta que supiera dónde paraba y viera las circunstancias y lo que el futuro le tenía reservado.

IX

De Guadix a Tarrasa: La brigadilla de la guardia civil

Tras más de un año en Cataluña, y ya apalabrada la vivienda, mi padre decidió volver por la familia y tomó el tren de regreso a Guadix, donde estaba ésta impaciente por saber lo nuevo que tenía que contarle cuando regresara. Lo embargaba cierta preocupación porque desde entonces no se había presentado a la guardia civil. Al parecer nadie de este cuerpo se había desplazado a su casa a averiguar su paradero, pero él sabía que algunos, los que no se habían preocupado en su ausencia, cuando regresaban, como mínimo, eran molestados con interminables interrogatorios; eso si no iban las cosas más lejos y pasaban en el cuartel varios días recibiendo golpes y humillaciones de todo tipo. Esa incertidumbre lo tuvo pensativo y preocupado durante todo el largo viaje. Antes de partir el patrón le había dado una especie de certificado, que esperaba sirviera de algo, en el que se afirmaba que pertenecía a la plantilla de la finca, y que por lo tanto estaba trabajando. Eso aliviaba sus temores.

Aunque mi madre se imaginaba que más tarde o más temprano levantarían la casa para marcharse a Cataluña, mi padre por carta no le había dicho nada concreto. Y es que la misma preocupación le hizo ser prudente. "Si se lo hubiera dicho —me dijo mucho tiempo después— todos lo habrían sabido antes de mi llegada, y no me interesaba: Las mujeres hablan más de la cuenta. Como cuando dijo que no estábamos casados por la iglesia, que lo estábamos por lo civil, y tuvimos que casarnos de nuevo por la iglesia, por las presiones que recibí". Así que de regreso al pueblo le explicó de qué se trataba y que había que preparar el viaje, pero con cierto sigilo. No hacía falta que todo el mundo se enterara. "Hoy aquel secretismo puede parecer exagerado, pero entonces no lo era. Habíamos aprendido a vivir sin expresar nuestras decisiones por poco trascendentes que fueran", decía. Y aunque lo cierto es que era un secreto a voces, mi madre nos lo comunicó advirtiéndonos de que no dijéramos nada. Y así lo hicimos. Mis hermanos y yo guardamos el secreto, aunque no sabíamos muy bien el por qué de aquel mutismo, cuando yo me moría de ganas de decírselo a mis amigos.

Aquello era absurdo y de todas formas se supo. Además tuvimos que hacernos las fotografías para el kilométrico familiar, ya que así el viaje era mucho más barato. En aquella foto también se puso mi hermana Maritrini, aunque ella estaba exenta de pago. Al colocarla en el kilométrico el funcionario de RENFE la recortó, quedando como resultado una chapuza.

Mi madre se puso contenta, ya que desde que se conocieron no habían podido estar juntos mi padre y ella prácticamente nunca, salvo temporadas cortas, cuando regresaba del monte al final de campaña, que duraba muchos meses; o cuando salió de la cárcel, antes de volver de nuevo al rancho. De esta manera tenía poco trato con la familia. Ahora, y según le decía, el trabajo estaba a pocos kilómetros del pueblo donde viviríamos, y estaríamos como una familia de verdad, y no cada uno por un lado.

Fueron días de nervios y esperanzas tanto para mi madre como para nosotros, los niños, siempre fáciles de ilusionar, ante lo desconocido. Yo había copiado, más mal que bien, el mapa de España y mis hermanos y yo veíamos lo lejos que quedaba de nuestro pueblo aquella tierra. Pasábamos horas hablando de cómo sería. Durante el tiempo que duró la preparación del viaje hubo que vender —malvender decía mi madre— lo que no nos podíamos llevar. Soñábamos en proyectos e ilusiones sobre cómo íbamos a estar tan lejos, y nos prometíamos volver de visita en cuanto tuviéramos dinero, para estar con los amigos de la infancia, de los que luego la realidad hace que tan fácilmente te olvides. Todo un castillo de cartas montado sobre aquel vacío e incertidumbre.

Cuando llegó el día de la marcha, era un frío mes de un febrero del cincuenta y cuatro. Así que una vez malvendidos los cuatro trastos que teníamos —sería sumamente pretencioso llamarlos muebles—, los que consideró mi padre que nos podrían ser necesarios, los empaquetaron y los facturaron para el tren.

El día de la despedida, —no sé si los demás sintieron lo mismo que yo— estuvo a caballo entre el ansia por ver lo que nos esperaba y la añoranza, al irme de donde había estado toda mi corta vida. Supongo que hay algo en el ser humano que lo ata en cierta medida a la tierra donde nace. No sé qué sería, pero quedó en mi memoria una especie de ilusión y de amargura a un tiempo. Como es natural, y por mi corta edad, eso se difuminó, al cabo de poco tiempo.

El viaje lo hicimos desde Guadix hasta Tarrasa, pasando por Madrid. Salimos por la tarde, creo que a eso de las cinco. Los trenes, como casi todo entonces en España, eran un desastre. Ni soñar con espacio reservado, ni trenes con un mínimo de puntualidad, ni nada que se le parezca. En aquella época se podía viajar también vía Valencia, pero eso suponía hacer un montón de transbordos, lo que no hacía mucha gracia a mi padre; tener que andar de tren en tren era demasiado engorroso. Así que prefirió que fuéramos vía Madrid, pues si bien se tardaba más, sólo tendrían que cambiar de tren una vez. Salvo mi hermano mayor, supongo porque había ido alguna vez a Granada, y mi padre, naturalmente, los demás no habíamos subido nunca a un tren; para mi hermana María y para mí parecía una aventura, agradable al principio, y muy fatigosa poco después. Y si a eso le añadimos la situación en que se viajaba en aquellos años, era realmente duro para una familia. La única ilusión nuestra, pero sobre todo de nuestros padres, era que íbamos hacia un lugar mejor donde podríamos llevar una vida más digna que la que ellos habían tenido, y que la que nos hubiera esperado de seguir en Guadix, donde no se le podía pasar a uno por la cabeza encontrar trabajo con cierta estabilidad de futuro. Al menos en Cataluña sabían que, "aun dejándose uno los huesos en el tajo, con muchas horas al día", tendrían alguna garantía de mejorar. "Aquí, decía mi madre, lo único que les espera es ir detrás de las bestias para recoger su estiércol". Una frase muy recurrente entonces para dar a entender el futuro que les esperaba a aquellos que no se decidían a levantar el vuelo y emigrar, lo que era muy poco esperanzador para los hijos.

Mi hermano mayor, Miguel, contaba dieciséis años y había conseguido entrar en un taller de ebanistería, como ya he dicho, en la carpintería del obispado de Guadix. Lo cierto es que cuando nos marchamos a Cataluña ya conocía bastante bien el oficio. Se le notaba capacidad para aprender y desarrollar aquella profesión, que yo más calificaría de arte, porque realmente había que ver lo que hacía con gubias y formones, unas maravillas de muebles y dibujos sobre madera, algo prácticamente olvidado hoy, por lo menos de forma general. Sería un lujo hacer los muebles de aquella guisa en los tiempos acelerados y pragmáticos de hoy.

El tren iba abarrotado todo el tiempo de viajeros, maletas y bultos por todas partes; los pasillos estaban bloqueados y era difícil el acceso al lavabo, que al poco rato ya estaba totalmente embozado e inutilizable. El estraperlo estaba a la orden del día y por todas partes se veían bultos con cargas de aceite, trigo o cualquier otro producto que escaseara. Miguel, mi hermano, había dicho de llevarse una especie de escritorio que él utilizaba en Guadix, porque, decía, le haría falta en donde fuera para poner sus cosas. Resultó un trasto inútil que arrastramos durante mucho tiempo, pero que hoy me sirve como recuerdo de aquella aventura en que se convirtió el viaje en aquel tren. Es curioso cómo la memoria, a veces, se queda enganchada a recuerdos intrascendentes, con la mirada de hoy. Mi padre no quería llevárselo porque eso significaba tener que facturarlo, lo cual conllevaba gastar lo que sin duda no tenía. Al final decidieron llevarlo en el vagón, con nosotros. Menciono esto porque como el tren iba lleno hasta los rincones más insospechados, hubo quien se quejó de aquel bulto. Fueron en busca del revisor, que trabajo tuvo hasta llegar. Éste empezó a despotricar contra aquella irregularidad, que aquello teníamos que sacarlo de allí, que tendría que facturarlo en la próxima estación, etc. Mi padre, que ya conocía cómo funcionaban las cosas, se acercó a él y le dio diez pesetas, y enseguida cambió el tono de la protesta, diciendo:

—Métalo debajo de los pies de todos ustedes, y procuren que no se vea demasiado. Y es que la miseria alcanzaba a todos, y un revisor también tenía sus necesidades, pues el sueldo no daba para mucho. Entre lo que podían sacar de aquí y de allá, con algún saco de judías o una garrafa de aceite y algunos estraperlos de poca monta, lograban sobrevivir. Hombres sin tacha en otras circunstancias, eran sobornados con pequeñas cantidades. Era el modo de seguir adelante unos y otros.

Los cientos de miles de personas que tuvieron que viajar en aquellos años de auge de la emigración hacia Cataluña u otros lugares de España, saben que el viaje era pesado hasta la extenuación. Cuando se llegaba a alguna estación, no se sabía por qué pero la espera era interminable. Nunca se sabía cuándo se volvería a iniciar la marcha. Como aquellos trenes eran "borregueros" de tercera, se quedaban parados en algunas estaciones esperando no se sabía qué otro tren, que tenía preferencia. Cada uno llevaba lo que podía en unas fiambreras que convertían aquello en un basurero al cabo de poco rato. Hacía frío, pero no se podían cerrar las ventanillas. Cuando llegaba un túnel, entonces el ambiente se hacía irrespirable, porque el humo se metía como una ola asfixiante por los vagones, provocando una tos colectiva y hasta ahogos. Y los vagones iban llenos de niños de todas las edades, lo que hacía aún más penoso si cabe, el viaje. El que no llevaba agua lo tenía muy mal, ya que no había de donde tomarla. En algunas estaciones importantes, mientras el tren estaba parado, había vendedores de botellas de gaseosa, zarzaparrilla... Quien podía compraba algo para aliviar su sed. La mayoría se aguantaba. Los que eran expertos, sabían si en una parada la espera era grande o no. Entonces bajaban a estirar las piernas unos minutos. Mi padre bajaba de vez en cuando, pero no dejó que bajáramos nosotros. "No sea que os perdáis", decía. Mi hermana María y yo, entre entumecidos y temerosos porque todo era nuevo para nosotros, casi íbamos más asustados que otra cosa; así que no nos movíamos de donde nuestro padre nos dijo que no lo hiciéramos.

A Madrid llegamos a las nueve de la mañana y el tren no salía para Barcelona hasta las cinco de la tarde. Era una espera muy larga y mi padre decidió ir a una cafetería para tomar alguna cosa, algún tentempié. No demasiado, porque el dinero no estaba para muchos dispendios. Y en la cafetería pedimos unos cafés con leche. Quizá porque no estábamos acostumbrados a beber aquel tipo de leche, le notamos un gusto raro, diferente a la que tomábamos en el pueblo, que nos la traía el cabrero con la misma cabra que la ordeñaba en nuestra presencia, o que no estaba en muy buen estado. Me inclino a creer lo primero, o fue el café, o quizá el mal cuerpo que teníamos por el viaje, el caso es que tanto mis hermanas como yo, vomitamos aquel mejunje al que llamaban café con leche. Durante muchos años, tanto mi hermana María como yo recordaríamos aquello; tal fue así, que siempre decíamos que el café con leche no nos gustaba.

A las siete de la tarde, salía el tren de las cinco con dirección a Barcelona. La noche fue tan mala o peor que la anterior, seguramente por el cansancio; y, al menos para mí, porque tenía el estómago revuelto y vacío, fue muy penoso. Me colocaba en un rincón sin ganas de nada, y con mal cuerpo. Además de ir mareado por la falta de costumbre de viajar. Nunca he comprendido por qué me mareé en el tren. Supongo que sería por una retahíla de circunstancias, entre ellas quizá la alimentación, o por el traqueteo del tren. Si las paradas eran largas en casi todas las estaciones, la de Zaragoza duró una eternidad. Era un nudo ferroviario, decían, y llegaban muchos trenes con preferencia.

Llegamos a Tarrasa un sábado de febrero a las nueve de la mañana, en el tren que llegaba de Madrid, con retraso de varias horas, cosa habitual en la RENFE de la época. Pude darme cuenta, durante el trayecto, aunque entonces no sabía de qué se trataba, de que alguna vez alguien tiraba por la ventanilla algún saco. Después supe que se trataba de estraperlistas, que los lanzaban antes de llegar a una estación que debía tener vigilancia, o porque así lo habrían acordado con sus compinches como solución para que no los pillara la guardia civil. Eso lo vi en varias ocasiones, incluso cuando estábamos llegando a Tarrasa, cerca de lo que hoy identifico como Can Gonteras o cerca de ahí.

En principio fuimos a parar a la casa de la tía de mi padre, en la calle Castellet 18, donde ya había parado él cuando estaba solo y buscaba trabajo, como se ha referido. Aunque no tenían demasiado espacio, nos arreglamos como pudimos a la espera de nuestra próxima marcha al pueblo de Mura, el pueblo donde mi padre había alquilado la casa al carretero Mariano; una casa, según decían, grande, con ocho habitaciones. Como teníamos que recoger de la estación todo lo que habíamos facturado en Guadix, y como eso no era inmediato, pasamos unos días en Tarrasa antes de decidir la marcha a nuestra nueva casa. Estábamos ansiosos de marcharnos pues, aparte de que no había espacio donde estábamos, mi madre se sentía agobiada. Algunos problemas añadidos se le debieron presentar a mi padre, cuando en lugar de marcharnos inmediatamente, esperamos una semana.

Así que, por fin, cargamos todos los trastos en un carro alquilado que les servía de transporte para el carbón, con la intención de irnos definitivamente para el pueblo de Mura, un pueblo de escasos doscientos habitantes, con reminiscencias medievales por sus muros e iglesia, que estaba junto a un río que, aunque no muy caudaloso, llevaba agua todo el año. Cuando se pasa por la carretera queda en una hondonada, de modo que el viajero no percibe que allí, en aquel lugar perdido, pueda haber un pueblo. Está rodeado de montañas, metido en una hoyada a la que se accede por una carretera de sinuosos giros. Desde la carretera comarcal está a escasos cinco kilómetros, que se hacen interminables. El pueblo bien parecía que había salido de pronto de tiempos pasados, por los escasos signos de modernidad que mostraba. Allí teníamos que ir a parar, pero las cosas se complicaron y no pudo ser, porque había algún problema que ni yo ni mi hermana comprendíamos, pero que al fin se aclaró: Mariano, que no controlaba, por lo que se vio, la situación de su familia, fue en busca de mi padre y le confesó que, aunque le había apalabrado la casa, no se la podía entregar por negarse su mujer y sus hijos a que una familia de charnegos viviera en su casa y en un pueblo donde todos eran catalanes; no lo dijeron así de crudo, claro, y trataron de dulcificar la actitud racista y xenófoba con el consejo de que en un pueblo como aquel, "donde no había gente de fuera", les sería difícil adaptarse a los niños, a los que supongo nos veían harapientos y quién sabe si como un peligro para la buena convivencia del pueblo. Algo así, trascurridos los años, manifestaría la mujer de Pujol, Marta Ferrusola, cuando sus hijos "no podían jugar, porque les hablaban castellano", como afirmaba la racista mujer del, a la sazón, presidente de Cataluña y que siguió como "Molt Honorable" gracias al pacto tácito de los políticos para echarse una mano. El propio fiscal, José maría Mena, manifestaría tiempo después que "había indicios más que razonables" para imputar a Pujol "por lo de Banca Catalana para montar el tinglado de su tribu, dinero que tuvimos que pagar todos los españoles". Pero eso es otra historia.

Aquello fue un mazazo para Mariano, que se acabaría de hundir aún más de lo que ya estaba; pero sobre todo para mi padre, que se encontraba con la familia en la calle, con todos los trastos en el carro y sin saber qué hacer. Mi padre trató de convencerlo para que al menos nos dejara estar unos días, hasta que pudiéramos encontrar allí alguna solución.

—Sólo te pido unos días, Mariano, estoy en la calle, con el carro cargado y con mi familia sin saber adónde ir.

—Te aseguro, Miguel, que siento vergüenza, pero no tengo fuerzas para enfrentarme a toda la familia.

—¡Menuda papeleta me has dejado, Mariano¡ Ya me dirás qué hago yo ahora. Encontrar una habitación para meter a mi familia antes de que llegue la noche y sin dinero no es fácil.

Esta era la situación en que estábamos. Parecía que habíamos llegado a lo más hondo del infierno, que ya no podían empeorar las cosas más de lo que estaban, que mi padre estaba al borde de la desesperación, sin saber qué hacer con la familia en medio de la calle, sin vivienda y sin dinero. Cuando sucedió otro hecho que agravaba aún más nuestra situación, —¡y de qué manera!—, un hecho que iba a tener gran trascendencia en nuestras vidas, y en la mía en particular.

El carro tirado por un caballo percherón, que mi padre había alquilado al carretero que habitualmente le transportaba el carbón, para trasladar los enseres y a la familia a Mura, llevaba un rato parado a la orilla de una de las carreteras, la de Rellinás; que no es la que va a Mura pero, seguramente, mi padre buscaba soluciones de nuestro problema entre sus conocidos—. A pocos metros del carro, una taberna abarrotada de hombres, de denso humo de tabaco y bullicio que llegaba hasta la calle. Encima de los muebles y otros trastos íbamos muy sonrientes mis dos hermanas, María y Trinidad y yo, ajenos a lo que pasaba. Para nosotros era muy divertido ir divisándolo todo desde esa privilegiada atalaya, después de estar durante una semana constreñidos en una casa sin espacio y con personas que, aunque fueran de la familia de mi padre, eran unos desconocidos para nosotros. Ahora, pensábamos, iríamos a una casa donde estaríamos nosotros solos. Encima del carro jugábamos los tres con alegría, pensando que pronto llegaríamos a nuestro destino, tras un viaje emprendido hacía una semana en la estación de Guadix. Hacia "un pueblo de la montaña", como nos habían dicho nuestros padres; donde había un río y nos podríamos bañar y jugar en él. "Un río que no era muy grande y por lo tanto no era peligroso". Nuestra imaginación infantil se disparaba en ilusiones y aventuras, sueños que sólo los niños pueden tener, cuando sus mentes aún no aceptan la realidad de las situaciones difíciles. Mi madre se había quedado rezagada en casa de la tía ayudándola a limpiar un poco, como forma de agradecerle la ayuda que desinteresadamente nos habían prestado aquella semana que estuvimos en su estrecha casa de dos habitaciones, en la que tenía que dormir la tía con sus dos hijos, ya mayores, Víctor y Manolo, el primero de ellos con su mujer, Asunción, ya que acababa de casarse, y nosotros seis: diez personas en un espacio mínimo. Ahora creo que eso se debía a que mi padre le dijo que debía resolver el problema, que esperase allí. Así eran las cosas en aquella época. Sin aquella solidaridad de los familiares hubiera sido imposible sobrevivir.

Todo parecía agradable por fin, pero para mi padre las cosas no eran tan divertidas. Sobre todo después de la noticia que había recibido de Mariano aquella misma mañana, cuando ya lo tenían todo dispuesto para trasladarnos a la Casa de Mura. Era una situación realmente desesperada. Mi padre le dijo al carretero, Manel, que parara el carro junto a un bar. No sabía muy bien qué tenía que hacer. No sabía adónde ir. Quizá pensó que allí encontraría la solución, que sería posible encontrar alguna vivienda como fuera, donde fuera, y sin mirar demasiado las condiciones en que estuviera. Si entonces no tenía dinero, lo tendría cuando hubiera trabajado. Quizá se vería obligado a pedir algo anticipado, cosa que no le gustaba, pero era la única solución. Era una situación límite. Habló con Juan, el compañero o "arrimao", como se decía maliciosamente, de Lola, la dueña del bar-tienda, al que conocía desde hacía tiempo, por ser parada casi obligada cuando se iba para el monte, como una primera estación "para reponer fuerzas" con la "barrecha" cazalla y moscatel. Quería saber si él conocía a alguien que alquilara una barraca donde descargar todo aquel cargamento y tratar de pasar unos días hasta, con más tiempo y calma, buscar otra vivienda.

Pero como las desgracias, según dicen, no vienen solas, se sumó otro acontecimiento de mayor dificultad: Mientras estábamos los niños esperando en el carro, y mi padre trataba de buscar una solución, se acercaron dos individuos mejor vestidos que la mayoría de la gente que se veía por la calle; vestían la clásica gabardina que se ha identificado con la policía secreta, no sé si por influencia del cine policíaco o porque era la moda así. Uno de ellos se acercó por el lado del carro más cercano, donde estaba mi hermana María, quizá por considerarla la mayor y le preguntó dónde estaban nuestros padres. Mi hermana me miró. Nos quedamos callados, sin saber qué decir. Con temor, sin saber muy bien por qué. Nos mirábamos uno a otro, con cara de miedo, sin responder; como si con cualquier cosa que dijéramos fuéramos a meter la pata. Repitieron la pregunta, pero la respuesta fue la misma, silencio. En ese momento llegó mi padre junto con Manel, el carretero. A mi padre lo vi en ese momento desencajado, pálido, no sólo por lo que pasaba allí, sino por lo que ya había pasado; por la situación en que lo había dejado Mariano al negarle la vivienda. Y porque, según parecía, de momento no encontraba nada viable para aquellas horas, para aquel día. En el ahogo que provocaba aquella situación, se preguntaba qué podría hacer con sus hijos en aquel momento, si no lograba una salida que se le antojaba casi milagrosa. Ahora se añadía una dificultad mayor. "Al ver a aquellos hombres junto al carro —me contaría— supe que era la brigadilla de la guardia civil". Una gente temible en aquellos años de indefensión. Podía pasarle cualquier cosa a un trabajador que cayera en sus manos y le atribuyeran cualquier delito o falta. Poco importaba que fuera o no cierta la acusación. Al ver llegar a mi padre y al fornido carretero se identificaron y les preguntaron:

—¿Quién de ustedes es el dueño del carro?

—Bueno, yo soy el dueño de la carga que lleva, el dueño es este señor, dijo mi padre, viendo que el carretero, Manel, se acercaba para ver qué pasaba. Mis hermanas y yo asistíamos desde encima de la carga a aquel contratiempo sin haber salido de nuestro asombro. Un remolino de gente se había formado muy cerca, cosa muy habitual cuando alguien huele en plena calle que algo se sale de lo habitual y puede dar algo de distracción que rompa la rutina de la vida. Nosotros nos sentíamos como protagonistas de algo indeseado. Éramos diana de todas las miradas, o al menos eso nos parecía a mis hermanas y a mí.

—Somos de la brigada de la guardia civil— dijo el que parecía llevar el mando—. ¿De dónde son ustedes?

"La pregunta la solían hacer aquella gente de tal manera que el solo tono imperativo ya acojonaba al más pintado". Era imperativa, chulesca y sin el menor atisbo de respeto hacia las personas, lo que en aquella época hubiera sido un lujo. El oír el nombre de "los civiles", que es como llamaban a este cuerpo represivo en Andalucía, removía todos los recuerdos de las muchas tropelías que habían cometido desde siempre en defensa del caciquismo. Mi padre trató de serenarse y disimular su enrojecido rostro. "Sólo me faltaba esto, pensé, ya lo único que me falta es que me parta un rayo".

No le preguntaron el nombre. Parecía que los civiles tenían claro lo que debían hacer ante situaciones parecidas. Ni siquiera le pidieron la documentación. Les bastaba saber que era un recién llegado con la familia y eso sobraba.

—Soy de un pueblo de la provincia de Granada. Tengo el carro cargado porque me trasladaba al pueblo de Mura para llevar a mi familia.

—Tiene que acompañarnos al cuartel, quedan retenidos hasta que se averigüe en qué situación están aquí.

Mi padre trató de darles explicaciones que, con la prepotencia que caracterizaba a las autoridades franquistas, no fueron escuchadas. "Sólo quien ha pasado por un trance así, sabe lo que yo pasé aquel día". En aquel momento ya lo de la vivienda, lo de Mariano, y todo lo demás, era un problema secundario. Aquello tomaba mal cariz. "Cualquier situación, por difícil que fuera, la he sabido solucionar mal que bien, pero aquel día, creedme —decía— me sentí casi sin fuerzas. Cuando los problemas te los causaban las autoridades franquistas, con cinco personas a tu cargo y en aquella situación, uno no sabe cómo salir".

Mi padre sabía que durante aquellos años muchos de los recién llegados eran detenidos sin contemplaciones y devueltos a sus pueblos de origen. Esto en el mejor de los casos, cuando la identificación del individuo en cuestión se podía verificar con la propia documentación en regla que aportaba él mismo. Pero eso no siempre era así. Otros muchos eran enviados a la prisión del castillo de Montjuich, en calidad de detenidos, para ser devueltos a sus tierras de origen cuando lo consideraran oportuno, vejándolos con todo tipo de arbitrariedades. Podían pasar allí varios meses sin que se supiera de ellos, si es que no se había enterado previamente algún conocido o familiar. Esta era una más de las injusticias que el franquismo cometía contra los trabajadores que acudían a tierras catalanas en busca de trabajo; aparte de que, al parecer, el trabajo no abundaba como les habían dicho en sus pueblos de origen. Una vez más el franquismo pisoteaba hasta las propias leyes elaboradas por ellos mismos. Eso del Fuero de los Españoles no servía ni siquiera para garantizarle a todo español su libre movimiento por todo el territorio nacional. Además esas normas eran aplicadas, con mayor o menor manga ancha, en función del gobernador que había en cada provincia. Posiblemente iba en función de lo que la burguesía necesitara de mano de obra.

Ante esa negra perspectiva, mi padre quiso seguir explicándoles a aquellos dos energúmenos que tenía trabajo, que podían responder por él. Todo fue inútil. El que llevaba el mando cortó en seco y, dirigiéndose a Manel, el carretero, le ordenó más que le dijo, que los acompañara con el carro hasta el cuartel de la guardia civil que distaba poco más de un kilómetro. El carro viró en dirección opuesta y echó a andar carretera de Rellinás abajo, atravesando el paso a nivel de la vía de RENFE por donde hacía unos días habíamos llegado en el tren. Enfilamos la calle de San Lorenzo, en dirección a la de San Leopoldo, donde estaba el cuartel, ya desaparecido.

Mi hermana Trini, sin saber por qué, se puso a llorar, y María la tomó en brazos, más para hacerla callar que para consolarla. Quizá temía que aquel llanto incomodara a aquellos hombres. Yo estaba muy asustado. Los guardias civiles de la brigadilla se situaron detrás del "cortejo" vigilándonos. El carretero Manel, inquieto, conducía al caballo cogido de la jáquima. Mi padre iba silencioso y pensativo a su lado. Le iba dando vueltas a la situación. Hasta pensó que la única posibilidad que le quedaba era avisar al patrón, para que certificara que efectivamente tenía trabajo. Con cierto disimulo, se acercó al carretero:

—Manel, cuando lleguemos al cuartel, acércate a casa del Mata y dile lo que pasa.

Aquel hombre estaba padeciendo por lo que estaba presenciando. Conocía a mi padre desde los primeros días que trabajó en la Mata y habían tenido buen trato cada vez que había carga.

—Sí, en cuanto deje el carro seguro, lo haré; tranquilo por esa parte, Miguel, me llegaré en un momento, está ahí mismo. En cinco minutos lo sabrá, y él podrá ayudarte.

La situación no era buena para casi nadie, y Manel, un robusto hombre acostumbrado a tareas duras, trabajaba haciendo el trasporte de carbón con el carro y su caballo percherón, con lo que se ganaba la vida mejor que la mayoría y pagaba las deudas del caballo que había comprado recientemente.

"Mi duda después de eso era si realmente Jaime Mata podría o querría hacer algo por mí ante aquella situación. O si se comprometería a ayudarme contradiciendo las normas que habían establecido las autoridades franquistas respecto de la inmigración a Cataluña".

Llegamos al cuartel y uno de los guardias de paisano ordenó:

—Sígame. Mi padre entró dentro sin darle opción de decirnos nada a sus hijos, que seguíamos con el miedo cada vez más acusado en nuestros rostros.

Mis hermanas y yo, sobre el carro; en nuestras caras había un halo de temor e incertidumbre ante lo que no comprendíamos, pero que leíamos en el rostro, pálido y desencajado de mi padre, ante la impotencia de la situación. Los tres estábamos en silencio. El carretero acercó el carro a la pared, y pasando la palma de la mano por la crin del caballo, lo acarició. Como si el animal supiera que no estaba el horno para bollos, obedeció a su amo mansamente y se mantuvo quieto. Al ver el rostro del guardia de puerta, con el uniforme de la guardia civil, el miedo se acrecentó en nuestros cuerpos. Aquel uniforme asustaba. Uno de los "engabardinados" ordenó que bajáramos del carro, pero nosotros estábamos agarrotados y no respondíamos a la orden que nos daban. El malcarado guardia civil de la puerta tomó la iniciativa y con visible enfado nos apremió:

—¡Que bajéis del carro os han dicho, coño!

Mi hermana pequeña, Trini, ante el grito de aquel salvaje reanudó el llanto que había cesado al cogerla María en brazos.

Manel se adelantó y tomándonos uno a uno nos fue depositando en el suelo, al tiempo que nos indicaba que esperáramos en un rincón de la entrada. Había un banco verde, pero no nos atrevíamos a sentarnos. Allí estuvimos arrebujados los tres niños, asustados, mientras a nuestro padre lo habíamos visto desaparecer por un portalón pintado de verde.

—Quedaos vosotros aquí hasta que salga vuestro padre. Yo tengo que hacer un recado y enseguida vuelvo—. Mientras, nosotros lo mirábamos sin decir palabra. —No os mováis—. Y salió de prisa calle abajo por la calle del Paseo y calle Nueva, Plaza de la Cruz Grande, en dirección a García Humet, a la casa de Jaime Mata.

Mi padre, de pie en la antesala del que era el despacho del capitán de la guardia civil, esperaba a que lo llamaran. La espera se hacía interminable. Ni tan siquiera se atrevía a fumar para tratar de calmar los nervios. ¿Qué podía hacer? ¿Qué podía decirle a aquella gente para que se vinieran a razones? Pasaron por su cabeza, durante el rato que estuvo a la espera, un sinfín de situaciones vividas, como cuando fue detenido y apaleado en otro cuartelillo de La Peza por gente como aquella. Saldrían a relucir sus antecedentes. Que había estado en la cárcel. Pensó si no le volverían a buscar las cosquillas por cualquier cosa, si lo volverían a encerrar, y si lo acusarían de no haberse presentado a las autoridades desde hacía más de un año. La situación la veía desesperada. ¡Qué sería de la familia! Totalmente desarraigada, en una tierra desconocida, y él preso y sin dinero y sin saber a dónde iría a parar. Tal vez iría de cárcel en cárcel sin que su familia supiera dónde estaba. Era como una pesadilla, era volver a empezar. Recordaba una y otra vez aquella noche en que lo apalearon hasta el amanecer en su pueblo. Después, la cárcel donde se pasó más de tres años sin que nunca le presentaran cargo alguno. Pero aquello no era La Peza ni Guadix, era una ciudad grande. Allí no tenía por qué pasar nada parecido, al menos nada de lo que estaba pensando. Había salido de la cárcel sin ningún cargo, gracias a que su amigo José, que estaba en el Gobierno Civil de Granada, había movido algunas influencias ante algún pez gordo y lo pusieron en libertad. No debería tener nada que temer. Pero él también sabía que tampoco era una norma de conducta la acción de las autoridades franquistas, y menos para la todopoderosa guardia civil, principal soporte represivo de la dictadura.

De estas cavilaciones lo sacó la voz imperativa, autoritaria, de un cabo enjuto, con un mostacho que le tapaba la boca:

—Pasa— lo tuteó— te espera el capitán.

Con el temor lógico en estas situaciones de incertidumbre, avanzó hacia la puerta que mantenía abierta un guardia. Con la boina entre las manos sudorosas se adentró en aquel despacho como si estuviera subiendo al cadalso. De pie, y de espaldas, estaba un hombre con el uniforme perfectamente planchado, en cuyas hombreras lucía las tres estrellas de capitán de la guardia civil. Detrás de él la famosa fotografía del dictador y la del "ausente", como solían decir al referirse al fundador de Falange, José Antonio. Sin mirar a un lugar determinado se dirigió al recién llegado, al tiempo que se daba la vuelta. No le dijo que se sentara. Permanecía en pie y con la negra boina entre las manos que le sudaban constantemente. El capitán daba cortos paseos tras la mesa del despacho. Se diría que era una táctica para poner nervioso y en mayores dificultades a la persona que iba a interrogar.

A un par de metros de la mesa, sentado junto a una ruidosa y destartalada máquina de escribir, un número de los civiles esperaba las órdenes de su jefe.

Como si estuviera hablando a un rostro sin definición, dirigía la mirada de forma general, mientras iniciaba un paseo con lentitud por toda la estancia, contribuyendo con ello a aumentar la alteración de los nervios de mi padre. El capitán sabía que aquello era simplemente un engorroso trámite administrativo que no tenía más remedio que cumplir, pero que carecía de importancia. Pura rutina. Le haría unas preguntas y se lo pasaría al sargento para que él decidiera. Se quitaría el problema pronto de encima. Tener que hacer aquello le molestaba. Parecía decirse a sí mismo: "Con mi categoría y tener que hacer esto".

—¿Cómo se llama usted?

—Miguel Plaza, Miguel Plaza González—, puntualizó, al recordar cuándo en un caso parecido ante el guardia civil de Guadix, en una de las veces que se hizo presente como estaba obligado, aquel le dijo en tono de burla, si es que sólo tenía un apellido.

—¿De dónde son?— dijo pluralizando, incluyendo al parecer a toda la familia.

—De Guadix —"evité expresamente, si no era necesario, decir que era de La Peza"— provincia de Granada.

—Pues han hecho el viaje en balde, tendrán que volver a su tierra, aquí ya hay demasiada gente, así que ya puede hacerse a la idea. Aquí, como ya sabrá, no hay trabajo para todo el que viene.

—Yo tengo trabajo —se atrevió a contestar—. Trabajo en la finca del señor Jaime Mata, soy carbonero. Hace un año que trabajo para él. Puede comprobarlo, él mismo se lo confirmará sólo con que le llame por teléfono.

Como si tal cosa, el capitán no escuchó su razonamiento. Siguió con el que posiblemente era el guión acostumbrado en situaciones parecidas, que según supe después eran frecuentes. No le interesaba nada de cuanto aquel hombre le explicaba. No le interesaba saber de su tragedia ni de sus motivos. Además, aquella sugerencia le parecía una impertinencia. Para el capitán todos los casos de ese tipo eran similares. El capitán, uniformado de forma impecable, con botas relucientes, seguía sin mirar el rostro de mi padre, cada vez más disminuido en sus adentros. Prosiguió como si quisiera introducir un hilo de paternalismo en la admonición que le estaba propinando.

—¿Pero ustedes no se dan cuenta que no puede ser que todo el mundo venga aquí? De todas formas a mí me da igual, pero las órdenes del gobernador son tajantes y hay que cumplirlas. Así que ya lo sabe. Tiene que regresar a su pueblo. Si no puede por sus medios, será devuelto por la autoridad, "a cargo de la autoridad". Con ese eufemismo disimulaba que sería devuelto por vía policial, detenido y conducido; eso si no era encerrado en Montjuich a la espera de la deportación, cosa que podía muy bien tardar varios meses.

El guardia mecanógrafo estaba quieto con un papel algo pajizo en la máquina, en la que sólo había escrito el nombre y la procedencia de mi padre, a la espera de que el capitán le diera la consabida orden: "Escriba". Pero no la daba. Se perdía en consideraciones de "órdenes del gobernador", y con disertaciones moralistas de que "ustedes estarán mejor en el pueblo, esto no les gustará, hay gente que está hecha para vivir en el campo y no se adaptan bien a la vida de la ciudad", etc.

Mi padre se extrañó de que el capitán sólo le hubiera pedido el nombre y la procedencia, de que no le hubiera preguntado, como tantas veces lo habían hecho, si tenía antecedentes, si había estado en la cárcel, etc. Las preguntas que le hacía más parecían un formulismo, pero que llevaban a rajatabla. De lo que se trataba era de impedir que fueran llegando gentes en masa a Cataluña.

En ese momento el mismo guardia cadavérico, con galones de cabo y mostacho, que antes lo había hecho pasar, y cuyo peso parecía que iba a inclinar su cuerpo hacia delante, entró en el despacho del capitán.

—Mi capitán, el señor Mata está aquí y quiere hablar con usted. —El capitán puso cara de hallarse visiblemente molesto, como si quisiera decir: "Vaya, qué querrá ahora este hombre, interrumpiendo mi trabajo. Son los dueños de todo y nosotros hemos de dar la cara, para que ellos vivan tranquilos. Nos jugamos el pellejo y a lo más que llegan es a pasarnos la mano por el lomo. Ahora seguro que quiere algo relacionado con el retenido. Siempre exigiendo y nosotros siempre a sus órdenes. Yo soy el responsable de gestionar esto, entonces por qué se tienen que meter, por qué han de marcar toda la vida. ¿No estamos para hacerles la vida más fácil contra todo esta gente? Si es así que nos dejen en paz". Aguardó unos instantes mientras recomponía su porte. El sargento, con la puerta entreabierta, esperaba la orden del capitán, orden que no dudaba cuál sería.

—Hágalo pasar, cabo; supongo que la visita tiene que ver con este hombre que dice que trabaja para él. —Apretó la mandíbula con resignación, como si pensara: "A ver qué tripa se le ha roto al señorito", pero se guardó tal comentario delante del escuchimizado cabo.

Con el rostro sonriente y afable como siempre, vestido con ropa de campo hecha a la medida e inmaculadamente peinada su cabellera blanca con ribetes aún grisáceos, cruzó la puerta Jaime Mata, único hombre en que mi padre había puesto sus vagas esperanzas de que se pudiera liberar de los fisgoneos de la guardia civil. No en vano cuando se conocieron, de alguna manera le dijo que algunos de los carboneros que trabajaban para él tenían una situación irregular, y no pasaba nada.

—Buenos días. ¿A qué debo su visita, a estas horas, señor Mata? —dijo el capitán con la sonrisa en los labios y mostrando su dentadura, pero un buen observador como el terrateniente no podía por menos que ver su mandíbula apretada, su ceño fruncido y ciertas arrugas en la frente que denunciaban su contrariedad ante aquella inesperada visita.

—He venido porque al parecer usted me está haciendo boicot —dijo entre bromas—. Parece que no quiere usted que trabajemos y hace lo posible para arruinarme. Detiene a un empleado mío sin motivo alguno, y está cometiendo un error. Espero que lo reconozca y el incidente no tenga mayores consecuencias.

El capitán, siempre sonriente, quedó contrariado por las palabras de Jaime Mata, fuera de lugar a su parecer, como pensando: "¿Qué diablo hace este millonario intercediendo por este desaliñado al que yo tengo la obligación de devolver a su pueblo? ¿No están claros los papeles de cada uno de que la defensa de sus intereses están bien guardados por las fuerzas de orden público, en primer lugar la guardia civil, con la única condición de que sean estas fuerzas las que han de asegurarlo sin intromisiones?" Con la misma amabilidad de que hizo gala Jaime Mata, el capitán argumentó:

—No estamos cometiendo error alguno, señor Mata, este hombre está aquí porque mis hombres lo han traído cuando estaba dispuesto a trasladarse a otro pueblo, con su familia y con todo un cargamento de enseres, trastos diría yo. Usted sabe que el gobernador civil nos ha dado la orden de que todo el que venga en parecidas circunstancias y sea detenido, sea devuelto a su pueblo, o puesto a su disposición. Así que no estamos haciendo ningún boicot al trabajo de su finca, ni mucho menos queremos— ¡Dios nos libre!— arruinarlo. Así que no puedo hacer otra cosa que la que hago. Órdenes son órdenes y yo sólo obedezco.

A Jaime Mata no se le iba la sonrisa de los labios, pero endureció visiblemente su rostro, que adquirió una tensión en los músculos que denunciaban un estado de ánimo y de enfado que no pasó desapercibido a ninguno de los asistentes. "Yo presenciaba aquel regateo entre el capitán y el patrón, con preocupación e incertidumbre; y pensaba si tendría poder mi jefe para hacer desistir a nada menos que un capitán de la guardia civil, casi un dios en aquellos ámbitos y en aquellos años, de devolvernos al pueblo. Aquello lo veía como una batalla librada por otros, pero cuyo principal sujeto, derrotado o airoso, éramos yo y mi familia. ¿Sería posible que estuvieran discutiendo por mí cuando un trabajador en aquella España carecía de la menor significación en cuanto a derechos se refería?", pensaba mi padre.

Jaime Mata prosiguió:

—Parece que no me ha entendido, capitán, porque posiblemente me he explicado mal. Disculpe mi falta de precisión. Le estoy diciendo que este hombre trabaja para mí desde hace más de un año, lo que supongo él ya le habrá contado; y que por tanto no entra en los supuestos que hacen que sean devueltos los inmigrantes, ya que una condición es que no tengan trabajo, según tengo entendido.

—Sé que conoce usted, señor Mata, las decisiones del gobernador perfectamente, pero parece que ha olvidado que aparte de trabajo también es una condición tener vivienda —terció el capitán—. Si no tienen vivienda, también.

—Vivienda tiene. Eso me consta.

Mi padre se intranquilizó. No había tenido tiempo de decirle al patrón lo que había pasado con la casa de Mariano. Y tampoco le habría dicho nada el carretero Manel cuando fue a avisarle. Ahora sentía que el que estaba tratando de ayudarle podía estar en falso. Y que si eso sucedía, al patrón le sería fácil decirle muy amablemente, eso sí, que lo sentía pero que estaba fuera de sus manos, que era una decisión que se escapaba a sus posibilidades. Pero se calló. No era el momento de interrumpir aquel pequeño rifirrafe entre aquellos dos hombres.

—Pero si usted persiste en el error, capitán, o simplemente quiere llevar hasta el final su celo en este caso, yo me veré obligado a llamar al gobernador y darle cumplida cuenta de los hechos. Y me parece del todo innecesario. Yo soy fiador de este hombre, que insisto, trabaja para mí hace más de un año.

El capitán meditó un momento, ante el órdago que le lanzó Jaime Mata. No tenía ningunas ganas de tener que enfrentarse al gobernador ya que, si bien la guardia civil era muy poderosa, en aquellos años, el gobernador era una autoridad con un poder absoluto en su circunscripción. Él había llegado hacía pocos meses destinado a esta plaza —según le dijeron después a mi padre— y no querría que un enfrentamiento, por leve que fuera, lo situara frente al gobernador como una persona difícil. Era joven para ser capitán y tenía una brillante carrera por delante. Se alisó el bigote con dos dedos, miró hacia donde estaba mi padre con cierto aire de perdonavidas, y se dirigió a Jaime Mata:

—Bien, señor Mata, como usted comprenderá, no tengo ningún interés personal en este caso en concreto. Sólo cumplo órdenes. Si usted se hace responsable de este hombre y de su familia, no hay más que hablar.

Así se deshizo todo aquel lío, en un momento, con la intervención del patrón. El poder que tenían los poderosos a estos niveles era asombroso. Una palabra suya, una insinuación, un "hablaré con su superior" bastaba para que lo que era un drama para un trabajador metido en los vericuetos de la injusticia, se solucionara con la mayor facilidad.

—Bien, capitán, veo que es usted una persona razonable. Le aseguro que no olvidaré este gesto de amabilidad por su parte. Buenos días y que usted lo pase bien. Miguel, ya puede usted ir a su tarea.

"Me hice el rezagado para poder hablar con él".

—Gracias, señor Mata, por su intervención, pero ahora tengo otro problema añadido a todos estos líos. ¿Usted sabe que Mariano, el carretero, me alquiló la casa que tiene vacía en Mura, y que por esa razón fui a traerme a mi familia? Pues bien, resulta que por problemas de su familia, dice que no me la puede alquilar, que su mujer y sus hijos no quieren que me la alquile, y me encuentro con el carro cargado con todos los trastos y sin saber adónde ir. Como usted puede suponer no me resulta fácil encontrar una casa en estas circunstancias y además ha de ser para ahora mismo; tengo esperándome a mis hijos ahí fuera, como puede ver, y a mi mujer en casa de una tía donde hemos parado estos días. Así que, en cierta forma estoy en los supuestos que decía el capitán, si no lo puedo remediar pronto.

Al patrón se le notó en la cara una contrariedad añadida al problema que lo había llevado al cuartel. Aquello era algo inesperado. No comprendía que Mariano, aquel hombre enérgico y valiente de otros tiempos, hubiera caído tan bajo a la hora de resolver un problema doméstico como el de zanjar con la familia cualquier discusión sobre un acuerdo al que había llegado con Miguel, con alguien a quien había dado su palabra.

—Mariano, —murmuró —, está desconocido. Lo que se puede llegar a hacer con un hombre que ha perdido toda la perspectiva y la ilusión.

Pero eso ahora ya no tenía importancia. De lo que se trataba era de resolver lo que apremiaba a mi familia en aquellos momentos: Adónde íbamos a parar. No era fácil alojar a seis personas en un momento, así que tomó la decisión que más cerca tenía:

—Mire, señor Miguel, coja a su familia, váyase a La Mata, al lugar donde está trabajando; hágase una o dos barracas, las que necesiten para todos y vivan allí hasta que se les arregle la situación. Con tiempo para encontrar vivienda todo será más fácil, ya lo verá. Tratar de conseguirlo ahora sería complicado.

Y bien que lo sabía todo el mundo. Las viviendas eran escasas y después de la guerra se había construido poco y con el aluvión de la inmigración aumentó la población de forma considerable. De todas partes arribaba gente intentando encontrar formas de subsistencia. Gentes de Andalucía, Extremadura; de Aragón, de Murcia. De todas partes en donde no había medios de vida. Se desarrolló el barraquismo por todas las periferias de las ciudades. Cualquier lugar era bueno para levantar algo con que cobijarse. Y aun así, seguía escaseando. Los que habían venido antes y tenían una casa, vieron la manera de sacar provecho de aquella situación; la convertían en varias viviendas. Cada habitación correspondía a una familia. A veces con la cocina y el retrete comunes. Éste, la "comuna", se solía situar en el pasillo donde lo único que había era un agujero con salida libre hacia algún torrente cercano, y si más no, hacia la calle. No, no era fácil encontrar una barraca, que no otra cosa podía buscar mi padre, para que nos metiéramos toda la familia. Y mucho menos para aquella misma tarde, para poder dormir aquella noche. "Yo no quería volver a dormir en casa de mi tía, ya la había molestado bastante. Para mí era una humillación haber vuelto aquella noche donde habíamos estado unos días, sabiendo las condiciones que tenían ella y sus hijos. Bastante había hecho con acogernos cuando llegamos, cuando se trataba de pasar sólo una o dos noches".

Fue una tabla de salvación para mi padre y mi familia la solución que le había dado el patrón. Para mi padre, aparte de que le solucionaba el terrible problema en aquellas horas agotadoras, no constituía nada raro vivir con la familia en el rancho. Estaba acostumbrado a que él y su familia, desde niño, pasaran así temporadas. Allí estaba su madre y sus hermanos pequeños. A mi madre no le hizo en principio mucha gracia irse a vivir "como los gitanos", al bosque, pero no se podía hacer nada mejor. Y se conformó de buen grado cuando supo que la alternativa era regresar al pueblo. Y así pudimos emprender la difícil ruta de nuestro asentamiento en una tierra desconocida, con lo difícil que resultaba para la gente, sobre todo pobre, la inmigración. La de desprecios y marginaciones de todo tipo a las que se ven sometidos. Eso pasaba entonces en la España franquista, y pasa hoy en la próspera y muy democrática Europa que necesita la mano de obra barata. Y cuando hay el más pequeño seísmo estructural, por las propias contradicciones del sistema, los emigrantes resultan molestos; y hasta hay quien lo aprovecha para engordar el odio o desprecio hacia lo diferente y buscan culpables, precisamente entre los más débiles, entre los que no son responsables de la situación, sino sus víctimas.

X

En el Obach: el "masovero" y la guardia civil

De que el poder e influencia de los patronos ricos era indiscutible da una idea lo que Paco Ferrer, el colono de la casa Obach, con el que mi padre trabó una amistad muy fluida, nos contó años más tarde en los ratos de charla, en las visitas que nos hacía para pesar el carbón, referente a su predecesor, Antonio y su familia.

En aquella época —en el 46 ó 47— aún persistían algunos focos residuales de guerrilleros anarquistas —que se hacían notar de vez en cuando— más por supervivencia que como objetivo político o militar, que carecían de sentido ante el panorama que se evidenciaba en España después de la traición de las "democracias europeas". Ya había pasado la descabellada y mal organizada ocupación del Valle de Arán en 1944, y los guerrilleros que dependían del PCE habían recibido la orden de regresar a Francia. Así que, de tarde en tarde, algunos de estos grupos hacían acto de presencia con algún atentado contra las torres de alta tensión que cruzaban los montes, ocasionando problemas al abastecimiento de energía eléctrica a la industria, ya de por sí bastante afectada por cortes y restricciones que estaban a la orden del día. Esa situación hizo que las autoridades tomaran cartas en el asunto y la guardia civil se encargó de patrullar, a pie y a caballo, en casi permanente vigilancia, las torres y líneas de tendido eléctrico de alta tensión. Las parejas de los "civiles" estaban constantemente en la casa de la finca donde vivían solos Antonio, su mujer y dos niños.

La situación no era fácil tampoco para los guardias civiles —nos decía— ya que vivían con sueldos de miseria, como la mayoría de la población. Pero como este cuerpo tenía tradición de autoridad y de abuso en su comportamiento; como estaban educados para atropellar a los débiles, aunque ellos eran en su mayoría desertores del arado, creían que podían hacer todo cuanto se les antojara, como lo hacían en otras tierras de España. Así que cuando llegaban a la casa de la finca no pedían las cosas, las exigían. "En principio no tenía demasiada importancia, pero se fueron acostumbrando y llegaban atropellando y pidiendo que les hicieran de comer; y no se conformaban con cualquier cosa, sino que cada día pedían que le mataran un conejo, un pollo, o lo que se les antojaba de la pequeña granja o corral que tenían los *masoveros*, y que aquella mujer, y por su cuenta, iba sacando con un esfuerzo añadido. Los criaba para ayudar a aumentar el exiguo sueldo, ya que vivían más de lo que cultivaban en las paratas y de los animales que vendían los sábados en el pueblo, que del jornal que, como digo, era escaso".

"Al principio lo estuvieron aguantando por el temor que la guardia civil les inspiraba. Hasta ver si se solucionaba, si se daban cuenta de que aquello era un abuso insostenible. Como comprenderás, Miguel, yo que ahora estoy en su puesto, me hago cargo de lo que representaba en aquellos años de hambre: No le interesaba a Antonio levantar la liebre; él estaba marcado. No quería que indagaran en sus antecedentes, sus ideas republicanas ya desde antes de abril del treinta y uno. En fin, que estaba atemorizado, sobre todo, supongo, porque tenía una familia, y lo último que deseaba en aquel momento era protestar, a sabiendas de que lo tenía todo en contra. No quería que la guardia civil y las autoridades se acordaran de él y de que había sido de la Confederación Nacional del Trabajo (CNT). Y, aunque, según me dijo, nunca había tenido cargos relevantes, eso no era obstáculo para que, si les parecía, le molestaran, e incluso le detuvieran, aunque fuera, como decían a veces "para hacer unos trámites". "Trámites" que a veces duraban meses, e incluso años purgados en cárceles, sin que nadie se acordara de uno."

"Así estuvieron Antonio y su mujer —prosiguió el guarda— durante algún tiempo hasta que la situación se hizo insostenible. Trabajaban sin descanso para criar los animales que después Carmen llevaba los sábados al pueblo de Vacarisas para venderlos en el mercado semanal. Pero ese esfuerzo era inútil. Ya se había convertido en una costumbre para los guardias que las tres parejas que cubrían la vigilancia durante los tres turnos, se pasaran por la casa para que Carmen les pusiera la comida rociada con el vino correspondiente, con la mayor desvergüenza".

"A tal extremo llegó la situación de agobio —según me contó Antonio—, tan hartos y desesperados estaban, que ya no pudieron aguantar más. Así que tomó una decisión drástica: Se marcharía de la finca a buscarse la vida por otros derroteros, ya que veía en peligro no sólo su situación económica, sino su integridad física, si en un momento perdía los nervios y cortaba por lo sano y les decía a los civiles que ya se había acabado, que no les daba más de comer sin que les pagaran".

"El guarda y *"masovero"* tiene como obligación ir una vez al mes a casa de la dueña para rendir cuentas de cómo iban los asuntos del carbón, y los trasiegos que haya habido. Eso es lo que hago yo también, como sabes. Por eso le extrañó a la dueña, la señora Montserrat Obach, cuando la criada le anunció que el "colono" estaba allí aquel día, y a aquella hora, y que pedía hablar con ella". "Algo anormal ha debido suceder, debió de pensar".

—¿Qué hace usted aquí, señor Antonio; hay algún problema, sucede algo en el Obach?

"En la cara de Antonio la señora debió de ver una tirantez nada habitual; aguardó a que el hombre se decidiera a contestar a su pregunta. Ella lo conocía muy bien, desde hacía unos años, y sabía que era un hombre recto y cumplidor de sus obligaciones. Por tanto algo muy importante le había traído. "Me dijo Antonio que pasó un mal rato, que tomó aire como para darse un tiempo para meditar lo que iba a decir; al fin se decidió a hablar".

—No, no ha pasado nada, sólo que no podemos, mi familia y yo, continuar en la casa a su servicio, y vengo a rendirle cuentas, entregarle las llaves. Me marcho, he de marcharme— apostilló— no tengo más remedio que irme a otro sitio. Es una cuestión de supervivencia".

"Para la señora Obach aquello no tenía sentido, algo más pasaba que Antonio, su empleado, no podía o no quería confesar. Tenía confianza en él. Hasta entonces todos los tratos habidos habían sido correctos, no tenía queja alguna. Ella debió de notar, porque es muy lista, que Antonio estaba descompuesto, nervioso. No debía hablar con la serenidad con la que siempre lo había visto. Según dicen, cuando lo conoció no tuvo la menor duda de que era el hombre idóneo entre los posibles candidatos para ocupar el cargo. Entró a trabajar a la finca como peón para lo que hiciera falta, pero enseguida se percató la dueña de que aquel hombre tenía un sentido de la responsabilidad muy elevado, y además entendía un mínimo "de números", como se decía".

—Siéntese, señor —le dijo—, siéntese y vamos a aclarar eso que me dice y que no comprendo. Se presenta aquí, sin avisar y sin que yo sepa qué razones lo llevan a tomar esa decisión. Ya sabe, porque me conoce, que yo estoy dispuesta a discutir lo que sea, así que dígame lo que pasa. No creo que de la noche a la mañana haya decidido irse sin motivo alguno. Demostraría que durante todo el tiempo que hace que lo conozco, en realidad he estado tratando con otro hombre muy diferente del que creía.

—Verá, señora Obach, usted me conoce bien, como dice, sabe cómo pienso porque nunca lo he ocultado, aunque ahora sea más beneficioso guardar silencio, así que no estoy en condiciones de defenderme como sería mi deseo. Han sucedido cosas en las últimas semanas en la finca que ya no puedo soportar, por eso me marcho.

"Ante la renuencia de Antonio a decir lo que le inducía a tomar la decisión de marcharse, la jefa decidió abordar las cosas de forma más expeditiva, ya la conoces, Miguel —le decía Paco a mi padre— es muy mayor pero tiene la cabeza muy en su sitio. Y entonces aún estaba mucho más ágil".

—Mire, señor Antonio, ahora soy yo la que exige una explicación. Ya no se trata de una decisión que le pueda afectar a usted y a su familia, se trata de que me dice que han sucedido cosas en la finca de las que yo, que soy la dueña, no me he enterado; que de ello hace semanas, y que usted se marcha sin más. Pues bien, eso no es posible, tiene que rendir cuentas, tiene que esperar a que haya un sustituto, y eso requiere un tiempo; y entonces si quiere marcharse, hágalo, pero las cosas han de hacerse con un mínimo de orden. Así que no estoy dispuesta a aceptar sus palabras sin más y quedarme tan tranquila. En cuanto a que sé cómo piensa, evidentemente, y nunca puse obstáculo a ello, y usted lo sabe. A mí me interesa su capacidad y experiencia para el trabajo que realiza, y naturalmente su demostrada honradez; pero todo lo demás no es de mi incumbencia. Cierto que estamos en una situación difícil para los hombres de su cuerda, y con su historial. Pero eso no lo vamos a solucionar nosotros ahora. Así que hable, diga lo que pasa, si no, no podrá marcharse así como así. Además, si por alguna razón tiene problemas con alguien, lo dice y trataremos de solucionarlo. Entre nosotros nunca ha habido problema alguno. ¿A qué viene esa estrambótica y precipitada decisión ahora de abandonar el trabajo, de abandonar el Obach? ¿Qué sentido tiene que se marche? Las cosas no están para andar buscando trabajo, y usted eso lo sabe mejor que nadie, pues está tratando cada día con una legión de gentes que van a la finca en su busca con la intención de trabajar. No, no se engañe, tendrá que marcharse de por aquí, y se lo digo desde ahora, muchos de los patronos no le darán trabajo precisamente por sus antecedentes por aquella zona. Sé que hay algo que no quiere o no se atreve a decir, pero le pido que lo haga. Ya tiene dos hijos y no puede ir haciendo el aventurero por ahí.

"Me decía Antonio que quizá se había precipitado a la hora de plantearle las cosas a la dueña; llevaba tantos días tratando de tomar aquella decisión, que al final lo había hecho sin seso ni cordura. No tenía más remedio que explicar los motivos por difícil que le resultara. Pero acusar a la guardia civil, decirle a la patrona lo que le estaba pasando, no sabía cómo lo iba a tomar. Ni siquiera sabía si eso le podría acarrear disgustos añadidos. Ante sus acusaciones, podría decidir hablar con algún mando, que ese mando hiciera venir a los guardias y los obligaran a un careo; que los guardias, naturalmente, negarían los hechos y él no podría demostrarlos. Y seguro que darían más credibilidad a lo que dijeran los civiles que a las acusaciones de un elemento fichado y marcado como Antonio; y ya encontrarían —me decía— algo más para hacerle la vida imposible, suponiendo que la cosa no pasara de ahí. Se podía encontrar totalmente desprotegido, dentro de la ya natural indefensión en la que estaba, pues hablamos de mediados de los años cuarenta, cuando aún quedaban muchos por fusilar. Pensó en explicarle el caso, pero con la petición de que no hiciera nada que le perjudicara más. Y se decidió; tratando de tener la voz serena, le dijo:

—Mire, señora Montserrat, no tengo ningún motivo de queja de usted y creo que usted de mí tampoco, ambos hemos cumplido con nuestros tratos, pero comprenderá que yo no puedo trabajar para mantener a las patrullas de vigilancia de la guardia civil.

"En este momento —me dijo Antonio— quiso dar marcha atrás. Pensó que se había dejado llevar más por las ansias que tenía de acabar con aquello que por el aplomo que requería tan delicado tema. Que debía haber utilizado otras palabras, menos agresivas, pero ya estaban dichas y no podía dar marcha atrás. Así que siguió con la misma tónica. Le dijo a la dueña lo que venía sucediendo desde hacía semanas; que habían agotado todas las existencias de lo que tenían para ellos y que desde el principio ella los había autorizado a criar, como medio de desahogo y para estirar el sueldo, etc."

"Una vez despachado todo lo que tenía que decirle, me dijo Antonio que se sintió mejor, pero sin saber si lo que había dicho le ayudaría o por el contrario habría empeorado las cosas".

"Cuando le explicó todos los pormenores del comportamiento de las patrullas de la guardia civil, porque le insistió en que lo dijera todo, ella se lo quedó mirando, guardó silencio durante unos segundos, que a él le parecieron eternos, y le dijo:

"Siéntese, siéntese", ya que seguía en pie. Y le dijo que esperara un momento, que quería que oyera lo que iba a hacer. Y si después de esto decidía marcharse lo podría hacer sin ningún problema. Le liquidaría lo que le debía y santas pascuas. Pero que no era posible que se marchara pensando que ella podía tolerar cuanto le había dicho, si eso era cierto, y no lo dudaba, ya que comprendía lo que le habría costado dar el paso de venir a contárselo. "Seguro que si eso hubiera sido algo puntual, algo que pasaba de cuando en cuando, no hubiera dicho nada", dijo la señora, que se situó frente a su gran mesa de despacho y descolgó el negro teléfono que descansaba encima. Dio varias vueltas al disco y esperó unos instantes."

—¿El señor Acedo, por favor?...Dígale que la señora Montserrat Obach quiere hablar con él—. Esperó unos instantes.— Hola, Felipe; soy Montserrat...bien, ¿y tú?—...Bueno... Sí, se me ofrece hacerte una pregunta que, como gobernador, civil, debes saber responder.

"Antonio no podía oír lo que se decía al otro lado del teléfono, pero se lo podía imaginar, y tal como avanzaba la conversación me dijo que se sentía sorprendido por lo que estaba oyendo decirle nada menos que al gobernador civil de Barcelona. La señora Obach, con voz firme y serena, y con cierto aire sarcástico, hablaba por teléfono y miraba al *"masovero"* como diciéndole: "Escucha lo que estoy diciendo, te interesa"

—¿Es que no le pagáis a la guardia civil?—."Un silencio que duró unos instantes. Antonio se quedó atónito por la forma en que estaba hablándole la señora a la primera autoridad de la provincia".

—Yo tampoco lo comprendo, Felipe, por eso te lo pregunto a ti; y lo digo porque el encargado que tengo en la finca se me ha despedido porque lleva varios meses —exageró— teniendo que alimentar cada día a las parejas, y además con exigencias de bocas delicadas. Y claro, mi empleado no tiene por qué alimentar a la guardia civil, a la que se supone le pagáis cada mes —y con cierta ironía— a menos que haya cambiado el reglamento.

"La conversación, por lo que me contó Antonio y lo que él podía percibir, cada vez era más subida de tono, por la cara que ponía la señora Obach. Después de un rato y tras preguntarse por la esposa, los hijos y otros cumplidos, la dueña de la finca volvió al tema".

—Espero que los responsables de tan impropia conducta, se harán cargo de todos los gastos ocasionados y que a partir de ahora no se repetirá.

"Y, efectivamente, Miguel, desde aquel mismo día se acabaron los abusos de la guardia civil. Le dijo la señora que se marchara para la finca y que tuviera la seguridad de que aquello se había acabado, que a partir de ahora no podrían entrar en la casa sin su permiso, y mucho menos pedir nada que no se les diera voluntariamente, como a cualquier otra persona sin más, que a lo único que tenía obligación era a darles agua si se la pedían con buenos modos. "Como se haría con cualquier cristiano que llamara a la puerta". Además, no tendría ni la obligación de venderles nada que no quisiera".

"Al cabo de unos días, en una de sus visitas para rendir cuentas le dio dos mil pesetas, y le preguntó si consideraba que con aquel dinero que la señora les había pedido para él, estaba saldada la deuda. Claro, lo aceptó como es lógico, ya que estaba saldada en demasía, pero el guarda lo hubiera hecho igual, aunque sólo hubieran quedado las cosas simplemente como debían desde el principio."

"No sé, —nos decía el guarda a mi padre y a mí que estaba con las orejas abiertas— aunque no lo puedo saber de cierto, intuyo que ella, la señora, pagó la deuda de los civiles de su bolsillo. La cosa estaba arreglada y mejor era dejarlo. Con gran satisfacción, y sin haberse quitado todavía el miedo del cuerpo por las posibles represalias, volvió a sus quehaceres. Después, al cabo de varios años, como sabemos, Antonio se marchó a otro trabajo que consideró más favorable, pero ya nada tuvo que ver con todo aquello".

Así quedó demostrado para el colono, para los guardias y para todo el mundo, quién mandaba realmente; que los grandes propietarios como Jaime Mata y otros tenían mucho peso entre las autoridades, y en este caso la dueña del Obach. Entre los carboneros, cuando surgía la conversación de los atropellos que la guardia civil cometía, comentaban: "Aquella señora los puso en su sitio —decían con regocijo—, al menos en lo que a su finca se refería". Allí no harían lo que les viniera en gana en las cosas domésticas, sin el menor control, como hacían en aquellos años en otros sitios. El colono nunca fue molestado; ni fue comentado el hecho del cambio producido en la situación. Tampoco en La Mata podían hacer lo que querían. El dueño también sabía ponerlos en su sitio.

El comportamiento exquisito a partir de entonces por parte de los guardias civiles, por las advertencias que sin duda los mandos les habrían hecho, hizo que las relaciones entre las patrullas y los moradores de la casa fueran excelentes. Algunas veces la mujer de Antonio, que era andorrana, y que había vivido siempre entre montañas, entablaba conversación con los guardias y de vez en cuando les sacaba alguna cosa para comer: Algún trozo de chorizo y un vaso de vino. Claro, la diferencia era abismal, no tenían la presión ni la obligación. Lo hacían por puro calor humano: Los guardias, a todas luces iban necesitados y con el hambre en la cara, como la mayoría de los españoles en aquellos años.

XI

Todos al monte

Mi padre había hecho llegar el aviso a sus hermanos que esperaban en La Mata, anunciándoles lo que pasaba, y que se prepararan para hacer un par de barracas para la familia. Tampoco les extrañó pues, como mi padre y toda su familia, estaban acostumbrados a la vida en el campo, donde también habían convivido ellos durante largas temporadas.

Los más de quince kilómetros que separan Tarrasa de la finca La Mata fueron duros y de una incertidumbre indescriptible para el estado de ánimo tanto de mis padres como de nosotros los pequeños. Mi madre, acostumbrada a todo tipo de calamidades, no decía nada, pero se le notaba en el rostro la decepción. Y era lógico. Se las prometía algo mejor. Nunca había podido formar una casa con los mínimos necesarios, y pensaba que cuando salían del pueblo era para mejorar, para que algo cambiara en sus vidas. Aquello lo sentía como si todas sus pequeñas ilusiones, que nunca vio realizadas, también ahora se frustraran. Cuando mi padre decidió marchar con la familia a Guadix, ella creyó que la vida daría un tumbo y que algo iría mejor; y ahora se repetía la historia. Iban a vivir en el bosque con sus hijos y no sabía lo que esto podría durar. "Más hubiera valido no levantar la casa". Mi padre, a pesar de la situación, consideraba que no habían salido las cosas tan mal. Sobre todo tanto como barruntaba cuando íbamos camino del cuartel. Se sentía optimista y hasta hacía ciertas bromas para relajar la tristeza que, de todas formas, nos embargaba, de una u otra forma, a todos. Mis hermanas y yo hicimos el recorrido encima del carro. Mirábamos el frondoso bosque al que no estábamos acostumbrados; el paisaje era relajante y nuestras miradas se dirigían a todas partes, descubriendo todo tipo de plantas. Aunque aún no era primavera —era el dos de marzo—, brotaba un verdor exuberante, por las nieves y lluvias caídas durante las últimas semanas, que en algunos rincones de umbría, aún blanqueaban. Marchábamos silenciosos y acurrucados bajo una manta para paliar el intenso frío que cortaba la carne en aquel mes de febrero crudo que acababa de pasar, "como no se conocía desde hace muchos años". Sólo los ojos fuera para no perdernos lo que se ofrecía nuevo a nuestro paso. No sabíamos qué era lo que pasaba, qué era lo que había hecho que no fuéramos a aquella casa que nos había prometido mi padre; y qué había sucedido en aquel tétrico caserón de la guardia civil. No parábamos de pensar adónde habíamos venido a parar, y qué nueva desventura nos aguardaba. Todo aquello lo superaríamos. Mi madre, de cuando en cuando, decía, "pero adónde nos has traído". Pero enseguida rectificaba, pensando que peor era cuando tenía que andar todo el día, kilómetros y kilómetros, para llevarle algo de comer a su marido o su hermano para que no se murieran de hambre. Además, ahora no se encontraba sola. Ahora estaba junto a su marido y las cosas se resolverían de otra manera. Así cavilaba una y otra vez mi madre y, como al final los pobres se tienen que aclimatar a lo que tienen, se fue conformando ella misma con sus propios sueños, sus propias ilusiones, y su particular cuento de la lechera.

Sobre mi padre recaía todo el peso de la responsabilidad de lo que había pasado. Tenía una familia, y no podía desesperar. Y, aunque tratara de alegrarnos el camino porque tenía que dar a entender que todo saldría bien, "la procesión la llevaba por dentro". Nos decía que más adelante podríamos ir al pueblo. Pero no a aquel pueblo pequeño que teníamos como destino, sino a Tarrasa, que era una ciudad mucho más importante; que aquello de estar en el rancho era provisional. "No como yo y mis hermanos que estábamos en el rancho y vivíamos allí meses y meses sin otra perspectiva que trabajar y comer cada día lo que era posible".

A nosotros los pequeños, aunque cabizbajos al principio por esperar otra cosa, pronto se nos pasó el estado de inseguridad o de incertidumbre. Los niños se adaptan con facilidad a todo cambio, y si es una novedad, lo hacen con la alegría de descubrir un mundo nuevo a su alrededor.

Aquella noche, como no teníamos cobijo, nos hacinamos todos en la barraca que tenía mi padre, que había compartido con sus hermanos. Y suerte que mis tíos durante la ausencia de mi padre, con la idea ya fraguada de independizarse y tener corte propio, se habían hecho otra barraca, a la usanza de Andalucía, mucho más pequeña, con lo que ellos dormían aparte, dejando más espacio. De no haber sido así no sé dónde nos hubiéramos metido ocho personas en una única barraca.

A pesar de venir de la pobreza, aquello me pareció el último rincón del mundo, lo peor que podíamos encontrar. Me pareció desolador. En un camastro de ramas y paja nos echamos todos a dormir. El cansancio nos vencía. La primera noche los niños no cenamos. Mi padre encendió fuego y pasamos la noche como pudimos. Creo que fue la primera noche en mi vida en que el insomnio se apoderó de mí, quién sabe si para no abandonarme jamás. El cansancio nos vencía, pero enseguida teníamos sobresaltos. Mi hermana me cogía de la mano como tratando de darse ánimos y animarme.

Al día siguiente, con la ayuda de mis tíos Agustín y Antonio y otros carboneros que se prestaron a ayudarnos, empezamos a cortar encinas que servirían de material para el montaje de otra barraca. La ya hecha, para mis padres y mi hermana pequeña, y la otra para los otros tres. Fue un día duro para los mayores, pero también para los pequeños que ayudábamos en lo que podíamos, transportando troncos y todo cuanto era necesario para que al llegar la noche estuviéramos a cubierto, algo más desahogados que la anterior y con un fuego que nos calentara. Cuando la luz del día se alejaba por el horizonte, ya los ramones yacían sobre el esqueleto de las barracas, que se construyeron como le pareció a mi padre, más útiles, por grandes, que las que él hacía en Andalucía. Aquellas eran redondas, casi como las que hemos visto en las películas de indios. En cambio las que se hacían en Cataluña, tal como le indicó Manuel, que fue quien "reclutó" a compañeros de otras "collas", eran de forma triangular, con un tronco central como espina dorsal, que permitía mayor espacio.

Así que las barracas no eran más que unas crucetas de troncos revestidos con ramaje y con lastones con la intención de que la lluvia penetrara dentro de la choza lo menos posible, ya que no se evitaba que hubiera goteras, y algo más, los días que llovía copiosamente. La cama, un cuadrilátero de troncos gruesos con otros más pequeños cruzados, sobre los que se depositaban ramajes que no tuvieran demasiados nudos. Sobre ellos se vertían unos cuantos sacos de paja que nos proporcionaron en la *Masía* por el masovero, según decían, a cambio de la leña de la barraca una vez tuviera que ser desmontada. Eso se decía, pero nunca vi que ocurriera. Por lo menos nosotros cuando la desmantelábamos la utilizábamos como leña. De todas formas, aquel lecho infernal sólo se entendía como cama por el cansancio que arrastraban los carboneros cuando llegaba la noche, y el sueño era profundo.

Cuando el manto de la noche se fue extendiendo sobre el bosque, el miedo se adueñó de mi hermana y de mí. Todo estaba a oscuras, no se divisaba ni la más leve lucecilla. La luz de un candil era el único punto de referencia entre aquellas tinieblas. Apenas divisábamos nuestros rostros con aquel pabilo triste y humeante del candil de aceite quemado que tenía mi padre. Tanto mi hermana María como yo nos caíamos de sueño, pero ninguno quería desplazarse solo a la barraca que nos asignaron por temor a aquella boca de lobo que teníamos que atravesar desde la barraca de nuestros padres hasta la nuestra, a escasos veinte pasos. Al fin decidimos ir juntos mi hermana María y yo. El uno animaba al otro y al fin quedamos dormidos, en ese profundo sueño en que suelen caer los niños. Antes de que fuera de día, ya estaba mi padre traqueteando nuestros cuerpos para que nos levantáramos. Cuando intentábamos despertarnos, todo era confuso. No sabíamos dónde estábamos ni lo que pasaba. Pero pronto vimos la realidad. Una vida bastante distinta a la anterior nos esperaba a partir de entonces. No digo que fuera ni mejor ni peor que la que habíamos tenido en el pueblo, pero sí muy distinta, que trazaría el rumbo de mi vida.

La dureza de aquella vida sólo era paliada por la relativa felicidad que daba el hecho de estar toda la familia junta. En pocas ocasiones, desde que mis padres se casaron en plena guerra, habían podido estar juntos durante mucho tiempo. Ahora compartían todo lo que tenían, aunque fuera poco. La educación de los hijos en aquel tiempo, al menos en mi caso, no era una prioridad fundamental. Sí lo era poder comer cada día y tratar de abrirse camino. Esa educación, en lo que cupiera, ya no recaía exclusivamente en mi madre, siempre sola, sino que mi padre podía participar. Aunque es muy discutible lo que entendían, la mayoría de los padres de la época, por educación.

Pero aquello tenía que ser forzosamente provisional. No era posible que todos estuviéramos en aquellas condiciones "como los gitanos". Mi madre tenía la idea permanentemente puesta en buscar una salida para que nos fuéramos del bosque más pronto que tarde. Para mi padre eso no era prioritario; él se había criado junto a sus hermanos en aquellas condiciones y lo consideraba normal. Pero mi madre, aunque venía del campo y era analfabeta, quería otra cosa, como tener una casa con sus pocas o regulares comodidades, pero una casa, "como todo el mundo"—decía—.

Se estableció que mi madre fuera cada semana a por suministro para toda la familia. Por eso cuando tenía ocasión preguntaba por la posibilidad de encontrar "algún sitio donde meternos, una vivienda, por modesta que fuera, que nos permitiera ser una familia normal". Las chozas no tenían nada parecido a una casa, al menos no lo tenían tal y como lo veía ella, y quería hacer lo posible para embellecerlas.

Según la costumbre que tienen de blanquear las casas en los pueblos de Andalucía, quería hacer lo mismo con las chozas; pero desistió al oponerse mi padre, y no le faltaba razón. "Esto sería visible desde muy lejos, —le dijo— y lo que hay que hacer es pasar desapercibidos, que nadie que no deba saberlo sepa que aquí hay gente". Y esto no lo decía mi padre porque sí. En aquella época de miseria, había gentes que no tenían más remedio que irse al monte, y para vivir desvalijaban las barracas de los carboneros, que sabían que tenían la comida para una o dos semanas. Sólo buscaban comida, ya que otra cosa no podía haber en aquellas miserables chozas. Durante algún tiempo nos fue sustraída, en varias ocasiones, comida, cosa que nos obligaba a tener que emprender el camino de la ciudad para reponerla. Cuando eso se repitió con demasiada frecuencia, los carboneros se empezaron a organizar con la intención de coger al que lo hacía. Y se dieron varias circunstancias. Cogieron a uno que expresamente subía de la ciudad y se quedaba durante días acechando el momento en que las chozas quedaban vacías para asaltarlas. Así podía ir tirando. Ese mismo, a veces, lo que hacía era llevarse poca cosa de una misma choza donde hubiera varios carboneros, y así no se notaba. Pero claro, un día u otro aquello deja de funcionar. Muchas "collas" compuestas por varios carboneros, optaron por empezar la vigilancia. Así que aparentemente todos abandonaban la choza para ir al tajo, pero en ella o cerca de ella, quedaba oculto alguno. Y así fue como se logró pillarlo en plena faena. Era un hombre joven, desarraigado y que deambulaba por aquellos cerros desde hacía tiempo. Dijo que no encontraba trabajo y que no tenía más remedio que robar para comer. Y eso no era del todo cierto, ya que cuando uno de los carboneros le ofreció que se quedara, él en principio lo aceptó, pero, al parecer, no estaba hecho para aquel trabajo. Así que a los pocos días, y sin decir nada, desapareció, y nunca más lo volvieron a ver. Al parecer, cuando empezó esta tarea de ir cogiendo comida de las barracas, sí era cierto que tenía una necesidad imperiosa. Pero al poco tiempo podía haber hecho algo para engancharse a trabajar en alguna de las tareas que había en La Mata, o el alguna colindante. Pero el hombre se acostumbró a no trabajar y vivir de lo poco que sustraía, y así danzaba como un lobo perdido entre aquellas montañas, durmiendo en el suelo con una raída manta, en una covacha en cualquier terraplén.

Al cabo de un tiempo, cuando ya todos tenían claro que no se repetirían los robos en la chozas, empezaron de nuevo a faltar ciertas cosas. En mínimas cantidades. No se comprendía quién debía ser. Hasta que se empezó a sospechar, no de nadie extraño, sino de uno de los carboneros. Y se empezó a dudar de él, un tal Conrado, porque llevaba una vida poco acorde con sus posibilidades. Este tal Conrado trabajaba junto con otros, pero dormía y comía en una barraca propia. Cuando bajaba a la ciudad, como hacían todos los que podían, para comprar lo que necesitaban, se había observado en él que se pasaba el domingo jugando a las cartas. Y allí se dejaba el dinero que tenía. Así que el lunes volvía prácticamente sin nada. Trataba de sobrevivir tomando lo que había de los demás. De él, mi padre empezó a sospechar cuando un lunes por la mañana subió al coche de línea y no llevaba más que una pequeña taleguilla, donde a todas luces no cabía la comida de la semana, en lugar del saco voluminoso que todos llevaban. Al final el asunto se resolvió hablando con él y dándole un ultimátum: O dejaba de llevarse más suministro o el día que volviera a faltar algo, lo echarían de allí. Y así se hizo. Puede parecer extraño tanta condescendencia de los carboneros ante aquello y que a nadie se le ocurriera denunciarlo, pero es que todos sabían lo que representaba que la guardia civil interviniera, y nadie lo deseaba. Y, de alguna manera, se comprendían aquellas situaciones. Todos aquellos hombres llevaban años pasando muchas dificultades. No era caso de tratar como un ladrón a alguien que, aunque fastidiara y complicara la vida a los demás, en gran parte se ganaba la vida trabajando.

XII

En La Mata. Cortando leña. El carbón

Lo que restaba de aquel primer invierno en La Mata se pasó casi sin darnos cuenta. Trabajábamos todos dentro de nuestras posibilidades, acarreando leña, yendo a buscar agua, o en cualquier tarea que fuera necesaria. Mi hermana María, igual ayudaba a mi madre en las tareas de la comida, que lavaba la ropa en unas pozas que se hacían en un torrente cuando llovía; o acercaba troncos para el fuego o el boliche, al par mío. También arrastraba los haces de ramón a las plazas para hacer el picón, donde se quemaban. Con el transcurrir de los años ella me manifestaría que recordaba aquel tiempo con alegría y felicidad, ya que estábamos juntos. Yo no tengo ese grato recuerdo, quizá porque fue ensombrecido por los muchos años que tuve que pasar después sólo con mi padre, y mis dos hermanas ya no estaban conmigo. Enseguida llegó la primavera, lo que trajo días más agradables y luminosos, que con la explosión del campo al reverdecerse, sin duda hacía que todo pareciera más llevadero; nos íbamos adaptando más porque no podíamos hacer otra cosa, porque realmente consideráramos que aquella situación fuera normal. A pesar de que a mi madre en pocas ocasiones la habíamos oído cantar, en aquella primavera se le pudo oír alguna entonación que hacía ver que de alguna manera también se había amoldado. Eso era peligroso, ya que mi padre, que estaba en su salsa, podía considerar como casi definitiva nuestra nueva vida. Nos tenía a todos cerca, controlados, diría, salvo a mi hermano, aunque también, porque todas las noches venía a dormir; trabajábamos, mal que bien, todos y repercutía en la bolsa común. Eso hacía que de alguna forma pudiera ver una salida económica mejor. Todo lo demás parecía no tener ya demasiada importancia para él.

Mi hermano Miguel, como se ha dicho, continuaba yendo y viniendo cada día con la bicicleta de llantas de madera, que cuando llovía se dilataban y se le abrían unas rajas que las inutilizaban. Con la deficiente alimentación que tenía, el muchacho arrastraba su cuerpo por la noche, tras salir del trabajo, y llegaba exhausto a la choza, con ganas de acostarse. Yo, con nueve años, colaboraba en lo que mis padres me ordenaban, y soñaba con volver a ver más gente que la estrictamente familiar. Allí sólo estaba mi hermana para jugar, y juegos, lo que se dice juegos, había pocos. La higiene brillaba por su ausencia, tanto por las condiciones en que estábamos, como por la falta de hábito. Siempre íbamos con la cara tiznada como los tizones que recogíamos. Cuando llegaba el domingo las cosas no variaban demasiado, salvo que posiblemente, por la tarde, relajábamos algo el trabajo, cuando mi padre aprovechaba para afeitarse y para medio asearse el resto. Pero pasaban pronto aquellas horas de las tardes de los domingos, que sabían a gloria. Es cierto aquello de que "lo mejor de las fiestas son las vísperas", porque lo estábamos esperando y después pasaba sin darnos cuenta.

Las tareas, durante los primeros meses de nuestra estancia en el monte, estuvieron prácticamente dedicadas a cortar leña, arrimarla a las plazas de los hornos, y a desbrozar parte del monte bajo para que se facilitara la tarea de llegar a las encinas que habrían de ser cortadas después para hacer el carbón. Todo el ramón y brozas se quemaban para convertirlo en picón, es decir, carbonilla para los braseros, que era la única manera de calentarse que tenía la mayor parte de la gente de aquella época. La tarea consistía en llevar y llevar las ramas, después de cortarlas y agruparlas en haces, hasta un lugar más o menos amplio, donde se encendía una hoguera, en la que se iban volcando los haces. Era una tarea infernal, ya que al acercarse uno al fuego se quemaba la cara, que no tenía más protección que el mismo haz. Cuando la cantidad de leña se consideraba que era suficiente, se atizaban los restos que quedaban para que el fuego los acabara de consumir, convirtiéndola en brasa. Esta era la peor tarea, ya que no había la menor protección y nuestras caras se ponían al rojo, los ojos lloraban y el sudor que corría hacia ellos nos cegaban. Además, no se podía demorar demasiado la acción, ya que el fuego enseguida se consumía, cubriéndose con una capa de ceniza, y de esta forma el picón no tenía la calidad necesaria. Así que había que coger bidones y con una pala con un mango lo más largo posible, para no acercarse demasiado al fuego, se iban llenando palada a palada. Cuando estaba todo el rescoldo, todas las brasas en los bidones, había que proceder a taparlos con una tapadera de la misma plancha del bidón. Con un trozo de palo atravesado se bloqueaba, se ajustaba y quedaba en condiciones de que la brasa no se vaciara cuando se le diera la vuelta para ponerlo bocabajo. Entonces, se rodeaba la boca de tierra y se sellaba para que se fuera apagando al perder el oxígeno. Normalmente al día siguiente se destapaba y estaba en condiciones de ensacarse. Si el bidón tenía algún orificio, por pequeño que fuera, cuando se abría estaba aún encendido. Muchas veces, si no era muy grande el fuego, lo apagábamos con una meada y santas pascuas. Alguna vez, por algún descuido, se habían quemado sacos enteros. Por esa razón siempre los dejábamos separados los unos de los otros. A pesar de lo cual nunca se producían incendios forestales, lo que me da que pensar en el origen de los muchos incendios producidos años después, quemándose grandes extensiones de bosques.

Cada semana, sobre todo al principio, el patrón iba por el tajo para dar una ojeada al trabajo que se estaba realizando. Mi padre pensaba que se trataba de vigilarlo, ver qué hacíamos aquella familia viviendo en el monte, pero después comprobó que era tarea semanal de Jaime Mata visitar de vez en cuando a todas las "collas" o cuadrillas de carboneros que trabajaban en la finca. Era prácticamente la única visita que recibíamos. Sólo la pareja de la guardia civil que regularmente pasaba por el tajo, repetía una y otra vez la consabida pregunta de forma imperativa y como una orden: "¿De dónde son ustedes?" A lo que mi padre respondía invariablemente, y con el mismo tono repetitivo y cansino: "De la provincia de Granada". Era casi como un ritual. La misma pareja, el mismo paseo, las mismas preguntas y respuestas. Parecía como si trataran de averiguar si en algún momento se respondía de forma diferente. Era algo a lo que nos íbamos acostumbrando, aunque la presencia de la guardia civil siempre causaba un estado de inquietud, de un temor que trascendía a la persona de mi padre. Aquella inquietud se nos contagiaba a nosotros, reflejándose en nuestras miradas el temor ante aquellos personajes tétricos. Los niños sabíamos, sin que nadie nos dijera por qué, que aquellos hombres a caballo no eran bienvenidos. Que de un momento a otro podían crear una situación de pánico. Era un temor que se llevaba en los huesos y que los españoles habíamos aprendido desde la cuna, desde lo más hondo de los sentimientos. "¿De dónde son ustedes?", una y otra vez, y cuando se les antojaba: "¿Cuántos son ustedes?" A lo que respondía mi padre, que era el único que hablaba: "Matrimonio y tres hijos, todos pequeños". O, anteriormente: "Tres hermanos". Y al final: "Sólo estoy yo y mi hijo pequeño".

Los civiles se acercaban con sigilo. Uno de ellos quedaba retrasado unos cincuenta metros y el otro se acercaba hasta un lugar prudencial, a donde le pudieran oír. Algunas veces preguntaban de forma rutinaria si habíamos visto a alguien desconocido por allí en los últimos días. Siempre la respuesta era negativa, entre otras cosas porque era la pura verdad. Por aquellos barrancos no se acercaba nadie.

XIII

De fiesta en La Mata

Fueron pasando los meses y se iba acercando el verano. La familia seguía en el bosque. No habíamos salido de aquel lugar desde que llegamos, el dos de marzo. Sólo mi madre, como ha quedado dicho, los sábados bajaba a Tarrasa para hacer la compra. Algunas veces lo hacía en la grupa de la bicicleta de Miguel, cuando se iba al trabajo, ya que la bajada no conllevaba dificultad, y otras en el coche de línea que subía hasta Mura los lunes de madrugada, los sábados y domingos. Una vez le había ocasionado un disgusto cuando mi madre sintiendo que se le caía la zapatilla y trataba de colocársela bien, no se le ocurrió otra cosa que hacerlo poniendo el talón sobre los radios de la rueda trasera. Cayeron al suelo, claro. Afortunadamente no hubo mayor trascendencia, pero pudieron haberse hecho mucho daño. Mi madre permanecía en Tarrasa el tiempo justo de comprar en el mercado y al mediodía volver con el mismo destartalado autocar. Nosotros, mi hermana María y yo, nos desvivíamos por acompañar a mi madre con el único objeto de visitar la ciudad, de romper la rutina de meses sin ver a nadie. O a casi nadie. Salvo a una pareja de carboneros, ya casi ancianos, que de vez en cuando se acercaban por allí. Él, Llorenç, era aragonés y, según decían, había hecho algún favor al dueño en la guerra. Y ella, María. Eran muy buenas personas. Tenían varios hijos en Tarrasa que algunos domingos subían a hacer alguna visita a sus padres y de paso recoger leña para la semana. Ella bebía más de la cuenta y en más de una ocasión la habíamos visto tirada por los suelos, con la desazón de su marido, al que se le notaba que sufría aquel estado de su esposa.

En una ocasión mi padre y yo pasábamos cerca de su barraca y oímos gritos. Y cuál fue nuestra sorpresa al verla con la cabeza metida en un bidón, con las piernas al aire y sin nada debajo. Mi padre la sacó como pudo, y tratando de disimular para no abochornar más al marido, al que se le veía incapaz de reaccionar. El pobre Llorenç, aquel día querría morirse antes que ver a su mujer dando el espectáculo de enseñar el culo, y que nosotros viéramos que no llevaba bragas. Si bien mi padre trató de que yo me retirara de allí ante aquel insólito espectáculo, no lo logró. Nunca había visto a nadie en semejante estado y en aquella situación; para mí fue un choque ver cómo una persona mayor podía hacer aquello tan ridículo. Después, estando a solas, mi padre me dijo que de lo que había visto, "chitón", como solía decir él ante los tabúes que consideraba no debía conocer un niño. Y que lo que le había pasado a la señora María —me dijo— era que se había encontrado mal y al tener que recoger algo del fondo del bidón, se resbaló. Nada más. Es curioso, algunas veces, la pobre opinión que los adultos tienen de los niños, cuando tratan de enmascarar la verdad con una mentira evidente, considerándolos poco menos que dementes. Cuando es sobradamente sabido que los niños muchas veces disimulan, para hacer creer a los mayores que no se han enterado de lo que pasa de verdad para que no se sientan ofuscados. Todo lo contrario de lo que algunos creen. Eso mismo me pasó a mí, que, naturalmente simulé dar por buena la explicación absurda de mi padre, sobre la indisposición de la señora María, como si —pensaba yo— tuviera algo que ver que la señora María se encontrara mal, como decía mi padre, y que no llevara bragas, además de atufar a vino.

Tras varios meses, sólo una vez nos acercamos al pueblo de Mura para cortarnos el pelo con algo más de tino, ya que nos lo cortaba mi padre, que hacía lo que podía, dejándonos tales trasquilones, que al decir de algún bromista: "Parecíamos lobos matados a pellizcos". Para mi hermana María y para mí, aquello fue una fiesta. Nuestra madre nos obligó a lavarnos. Más bien nos lavó ella, y no era por casualidad: Era una época en que los piojos abundaban.

Así llegó el verano. Y llegó el día de San Jaime (Santiago para nosotros), onomástica del patrón. En esa fecha se organizaba una especie de concentración de personas venidas de diversos lugares de la comarca, en la finca, alrededor de la casa. Era una especie de concentración paternalista, de las que abundaban mucho en la época. Un día al año los patronos bajaban del pedestal y se mezclaban entre sus obreros. Parecía que así los patronos eran menos explotadores, como más humanos en un mundo en el que la necesidad era palpable. Lo solían acompañar de comida y bebida algo mejor de lo habitual. La gente pasaba el día de campo y el patrón solía visitarla con sonrisas y palmadas en la espalda. Toda esta parafernalia modesta, pero que rompía con la rutina de cada día de los carboneros, se completaba, naturalmente, con la obligada misa en la capilla de la finca. Dentro se sentaba el patrón con su familia y los más allegados. Como la gente no cabía en ella por ser de unas dimensiones reducidas, la seguían desde fuera. Parecía una misa de campaña, bastante propia de los momentos que aún se vivían. A la fiesta fue convidado mi padre y su familia, como el resto del personal que de una u otra forma estaba ligado al patrón.

—Si quieren —le dijo Jaime Mata a mi padre en nuestra presencia— usted y su familia asistir a la fiesta, pueden hacerlo. Sus hijos pasarán un rato de diversión. Saldrán de la rutina, y verán a otros niños de su edad. Seguro que lo pasarán bien. Y si no quieren asistir a los oficios religiosos, no es necesario que lo hagan. Eso lo dejo a su libre elección. Lo de la ceremonia religiosa es un acontecimiento social más en el que tengo que estar presente, pero quienes no deseen asistir no están obligados—. Mi padre le dijo que aunque él no fuera religioso, tampoco le importaba asistir si se terciaba. Que eso no tenía importancia.

Como aquella invitación fue hecha en presencia de mis hermanas y mía, nosotros sólo entendimos, de todo cuanto dijo Jaime Mata, lo de la fiesta. Así que nos despertó tal ilusión, que una semana antes estábamos deseando que llegara el gran día de diversión. Eran tan pocas las ocasiones que teníamos para animar algo nuestras miserables vidas, para salir de la rutina y de la soledad de entre aquellas montañas, que el hecho de enfundarnos en nuestras remendadas, aunque limpias ropas, suponía lo más grande que imaginar pudiéramos. Aquello hacía la función de Fiesta Mayor para la mayoría de las fiestas de los pueblos en otras épocas, cuando la gente no tenía ocasión de divertirse más que una vez al año. Sin duda eso hoy —las Fiestas Mayores— tiene más que ver con las campañas políticas de los partidos políticos de los ayuntamientos que con otra cosa.

Mis tíos, Agustín y Antonio, optaron por acercarse en aquella ocasión al pueblo de Mura, donde aprovechaban para pelarse y de paso veían alguna película de las que hacían en el pueblo los domingos y días de fiesta. Y de paso, porque eran jóvenes, explayarse con las mozas, que tampoco sería cosa del otro mundo. Más bien creo que lo pasarían en la taberna del pueblo. Así que, de nuestra "colla", fue mi padre y nosotros, los niños. Mi madre se quedó en la barraca sola: "Porque tengo qué hacer, y tampoco tengo qué ponerme". Esta respuesta de mi madre, siendo cierta, hizo que muchas veces, en lugar de acompañar a mi padre, se quedara en casa y lo dejara irse solo a cualquier sitio, acostumbrándolo a que lo normal era que él se marchara y ella se quedara en casa. Por este camino mi madre nunca encontraba la ocasión de hacer algo que se saliera de aquella "normalidad". Y sabido es que a los hombres de aquella época no hacía falta darles demasiadas ocasiones para que consideraran también normal las obligaciones establecidas: La mujer en casa, el hombre en al bar. Pocas mujeres se atrevían a romper con esa costumbre, y si alguna lo hacía se encontraba con la demoledora critica de propios y extraños.

No era una feria, pero lo parecía. Habría gente, niños que no conocíamos con los que poder jugar, charlar y ver un mundo que, por simple e intranscendente que fuera, era a lo máximo que podíamos aspirar en aquella situación de aislamiento en la que vivíamos desde hacía meses, después de no tener ocasión desde que llegamos del pueblo.

Cuando llegó el día de San Jaime toda la montaña de alrededor de la masía parecía una feria, por el bullicio y movimiento de personal que desde primera hora da la mañana concurría. La gente iba alegre y algunos cantaban canciones. Las botas de vino pasaban de mano en mano y eran estrujadas sin piedad. En la explanada de la casa estaban dispuestas desde muy temprano grandes mesas cubiertas de unos lienzos que hacían las veces de manteles. Sobre ellas algunos mozos de la casa, o venidos de fuera, iban depositando bandejas con bebidas: Gaseosas, zarzaparrillas y unas jarras de vino. Sobre las mesas y previniendo que el sol hiciera de las suyas aquel veinticinco de julio de caluroso verano, todo lo cubrieron con ramas de encina recién cortadas, soportadas por cuatro troncos de pino, a modo de palio. Nosotros, vestidos simplemente "de limpio", paseábamos por los distintos corros; mi padre saludaba a los carboneros que conocía. Y nos moríamos de ganas de probar aquellos dulces, que no nos atrevíamos a coger por temor a hacer algo que no estuviera bien, tal como nos había advertido nuestra madre, antes de salir de la choza: "No seáis "ensorribles", no quiero que la gente nos mire mal, portaos con educación y no cojáis nada que no se os ofrezca". Jaime Mata se acercó a nosotros y con naturalidad nos preguntó a los niños si habíamos probado los dulces, al tiempo que nos indicaba que cogiéramos lo que nos apeteciera. A nosotros se nos abrió el cielo. Tomamos galletas y otras golosinas y una gaseosa, que nos sabía a gloria. Una "orquesta", compuesta por un grupo de carboneros aficionados, animaba la fiesta con más voluntad que acierto. Oíamos hablar en catalán a las gentes, lengua que no comprendíamos. El tiempo que llevábamos en Cataluña era poco, y además no habíamos tenido oportunidad de tener trato con gente que lo hablara, salvo esporádicamente, con los carboneros, que, claro está, nos hablaban en castellano. Y las pocas personas que se habían acercado por el tajo no hablaban catalán. Siempre se habían dirigido a mi padre en castellano. Uno de nuestros propósitos, que era poder conocer y jugar con otros niños, quedó algo frustrado. Nos sentíamos cohibidos. Como si el tiempo que llevábamos sin ver a la gente nos hubiera acomplejado. Las cosas seguían como estaban, salvo este pequeño paréntesis de la fiesta, de un día de no trabajar, ya que aunque fueran días festivos, para mi padre eran de tajo como los demás.

XIV

Todos a Tarrasa, menos yo

A estas alturas del año mi padre ya tenía previsto llevar la familia a Tarrasa. Mi hermano mayor presionaba a mi padre para que buscara una vivienda, por destartalada que fuera. No quería pasar otro invierno yendo y viniendo con la bicicleta a trabajar cada día y recorrer un camino interminable, sobre todo al final de la jornada. También mi madre intentaba convencerlo de que aquella no era vida para nosotros. Al fin mi padre, al que, como se ha dicho, no importaba demasiado seguir como estábamos, decidió alquilar una barraca a un paisano que tenía varias alquiladas y que le quedó libre en Pueblo Nuevo, nombre adjudicado de forma popular a un barrio que se estaba formando, por considerar que "aquello no era Tarrasa, aquello era otra cosa, era un pueblo nuevo". La barraca era un dormitorio y una cocina, que no pasaban entre ambas piezas de quince metros cuadrados. A pesar de todo no era de las peores; tenía en lo que se consideraba cocina, una chimenea donde se podía tanto cocinar como hacer fuego para calentarnos.

En el mes de octubre, cuando ya el otoño avanzaba, y amenazaba con llegar el invierno, mucho más duro; tras ocho meses de estar toda la familia en el monte, y habiendo creído al principio que sería cosa de unos días, o a lo sumo unas semanas, lo poco que teníamos lo echamos al carro del carretero Manel y partimos de regreso a Tarrasa. Otra incertidumbre se cernía sobre nosotros, ante otra cosa nueva; pero tanto mi hermano Miguel como mi madre veían que aquello podía ser el comienzo de la solución de los problemas; a ser algo más normales de lo que habíamos sido durante todo aquel tiempo desde que llegamos del pueblo.

Mi madre encaló la barraca como se hacía en Andalucía, tratando así de dar un viso de limpieza e higiene a aquel lugar que desde ahora debía servirnos de vivienda. Y no desentonaba en absoluto, ya que todas las barracas estaban encaladas. Todos éramos andaluces, y todos seguíamos esa costumbre. Como el espacio era escaso y no daba para todos, hubo que solucionarlo de la única manera posible: En la habitación se pusieron dos camas casi pegadas la una a la otra. En una dormían mis padres con mi hermana más pequeña; en la otra María y yo. Miguel tenía que dormir en la especie de cocina donde, como ya se ha dicho, se colocaban unas sillas con un colchón. El sueño lo lograría por agotamiento. Ese trasiego diario de poner y quitar el camastro agotaba a mi madre, sobre todo si tenemos en cuenta que el colchón era de lana que se apelmazaba, y que tenía que mullir la lana, para que así no se clavara demasiado en los riñones.

Aquel invierno fue duro. Aunque a decir verdad yo consideraba entonces todos los inviernos duros. También los siguientes. Y el día de la gran nevada, en torno al dos de febrero, día de la Candelaria, fiesta de los electricistas, en la que mi hermano, por ser aprendiz del ramo, lo celebró junto con sus compañeros de oficio. Eso entonces era habitual. Todos los ramos lo celebraban, supongo que como reminiscencias de los gremios de otro tiempo, y el régimen potenciaba con un paternalismo añejo. Seguramente se hacía para que la gente olvidara, aunque fuera por un día, las penurias que pasaba y quiénes eran los responsables de ellas, haciendo que hubiera un cierto codeo entre el patrón, que aparecía aquel día como un benefactor, y sus empleados.

Miguel siguió con su trabajo y notó la mejora, aunque sólo fuera por no tener que darse la paliza diaria con la bicicleta. María, aunque no tenía más que doce años, encontró trabajo en una sastrería de la calle Obispo Irurita (hoy Pi i Margall) donde más que a aprender el oficio iba a ejercer de recadera y de criada. La mujer, que no se debería dar cuenta exacta de que era una trabajadora, como su marido, el sastre —ambos se las veían y se las deseaban para salir adelante—, debió de pensar que estaba en posición de tener criada, sin pagarla, claro. Había ido allí con la intención de aprender, y la empleaban como chica para todo, incluida las tareas de la casa, como lavar la ropa, que como se puede comprender se hacía a mano, y el resto de las tareas domésticas. Hasta que mi madre se enteró y decidió que se fuera: "Para estar fregando te quedas aquí", le dijo. Poco después encontró trabajo en una fábrica de confección, lo que mejoraba no sólo las condiciones de trabajo, sino el sueldo, que sin ser grande, era más que lo que le daban en la sastrería donde estaba "como un favor para que aprendiera". Aquí ya trabajaba como una adulta. En aquellos tiempos no importaba la situación laboral; si no tenías edad de trabajar, daba lo mismo. Los empresarios, sobre todo pequeños, empleaban a muchos niños para hacer tareas de adultos, y si ya los salarios de éstos eran exiguos, no digamos los de los niños. Pero era tanta la necesidad que había que eran importantes sus aportaciones, por pequeñas que éstas fueran. Había inspecciones para ver si en un taller había menores, pero que generalmente no pasaban del despacho. En realidad servían más para sacarle unos cuartos al pequeño empresario, para el inspector, que para solucionar nada. De todas formas hay que situarse en el tiempo y en las condiciones de vida de la gente para comprender que si se hubiera llevado a cabo la vigilancia y persecución del trabajo infantil, que todo el mundo sabía que estaba generalizado, los primeros perjudicados hubieran sido los padres de aquellos niños que no trabajaban precisamente por gusto. Así que la tolerancia más la corrupción completaban el panorama. Los empresarios pagaban sueldos más míseros que a los adultos, y los funcionarios del régimen iban tirando.

Yo, en cambio, tuve que quedarme en el bosque con mi padre, "para que me haga compañía", decía él. Esto supuso un mazazo para mí, que deseaba quedarme en la ciudad, y si era posible, ir a la escuela.

También para mi padre empezaba una nueva etapa de su vida, pero ahora sin demasiadas perspectivas. La incomprensible necesidad de que los hijos adquirieran conocimientos como vía de una cierta mejora y prosperidad, y si más no, como mejora de su situación, no era comprendida entre amplios sectores de los trabajadores, quizá porque, como dice el dicho, "antes es comer que leer". En esta situación se hallaba mi padre, a pesar de que habían tenido ocasión de compartir conversaciones con gentes de cultura en la cárcel, donde abundaban consejos de que la mejor manera de liberarse era ensanchándose culturalmente. Y a pesar de que había militado, aunque fuera de forma esporádica, en el Partido Comunista, donde él mismo me decía, le hacían ver lo importante que era tener cultura; sin embargo, no comprendía suficientemente lo importante que era la escuela para el futuro de sus hijos. Yo creo que aquello era una forma acomodaticia de ver las cosas y no afrontar la lucha por la vida más que en lo primario. Él lo había pasado muy mal durante toda su vida, y como sin duda algo había mejorado, parecía pensar que con eso le bastaba.

En esto yo veía un cierto egoísmo, algo que por otra parte estaba extendido en amplios sectores de los trabajadores. El sacrificio que representaba para las familias modestas, el que sus hijos asistieran a clase, privándose del pequeño sueldo que aportaban a la economía familiar, pesaba más que el hipotético futuro mejor. Había en muchas familias la idea clara de que quien era hijo de un obrero a lo más que podía aspirar era a imitar a su padre. Y si en lugar de un chico era una chica, entonces la decisión estaba mucho más clara: El futuro de ésta era casarse y obedecer al marido. También la Iglesia jugaba aquí su papel idiotizante y alienador. La lectura en nuestras casas era cosa rara y se limitaba, en el mejor de los casos, a alguna novela de las llamadas del Oeste y poco más. En una situación como de desierto cultural, todo hay que decirlo, aunque se tratara de literatura como aquella, no hay que despreciarla; algo se podía aprender. Algo despertaba el deseo de saber. Yo mismo, y no soy un caso único, logré soltarme en la lectura, primero con los tebeos, y con las novelas del Oeste después.

Otra cosa era en las familias de tradición anarquista, en Cataluña muy influyente antes de la guerra; éstas sí habían tenido desde siempre como prioridad la mayor formación posible de sus hijos. Si se entraba en la casa de un obrero y había un cierto número de libros, se podía tener casi la absoluta seguridad de que alguien era o había sido anarquista en la familia. Al menos en aquellas que conocí, los padres hacían cuanto estaba en sus manos para que sus hijos pudieran asistir a alguna escuela, a veces a clases particulares dadas por maestros en sus casas, y que no podían ejercer por estar purgados desde la guerra, y lo hacían para ganarse la vida. Aquellas clases dadas por aquellos maestros que siguen siendo recordados como modelos de educación de la República. La ventaja que tenían para los niños que asistían a ellas, era que estaban exentas del idiotismo impuesto por la religión en aquellos años de dominio absoluto de la Iglesia, sobre todo en la enseñanza. Algunos de estos alumnos que conocí siendo adultos, tenían una educación y visión sólida y laica de la vida. Darles aquella educación a sus hijos requería un enorme sacrificio para las familias, que estaban en circunstancias muy parecidas, en pobreza, a las que había en mi casa, como en la mayoría de las de los trabajadores inmigrantes llegados a Cataluña por aquellos años.

Cerca de la barraca donde vivíamos, en Pueblo Nuevo, había un viejo maestro republicano que daba clases en su casa, apartando lo que estorbaba, e improvisando un aula. Por asistir se pagaba una peseta diaria, que se daba al entrar, ya que algunos iban y quizá no volvían hasta al cabo de una semana. No era mucho, pero me consta que algunos de aquellos niños aprendieron allí lo que sabían. Así se ganaba la vida aquel hombre represaliado por el franquismo, quince años después de acabada la guerra. En una España como la de aquellos años, con la escasez de maestros que tenía, miles de ellos estaban en paro por haber sido fieles a la República. Y seguramente, a nivel local, las autoridades hacían la vista gorda ante la imposibilidad de hacer más escuelas. O quizá esa situación les pasaba desapercibida. A aquellas improvisadas escuelas asistían niños de diversas edades, por lo que el maestro tenía que adaptarse a cada uno de ellos y a sus conocimientos. Lo que solían exigir muchos padres para que a los niños no se los consideraran analfabetos, era "que leyeran de corrido y que les enseñara de números".

En aquellos años era sumamente difícil comprar lo que se necesitaba. Así que surgieron comercios que vendían a crédito. Algunos empezaron guardando la prenda para entregársela al cliente cuando la hubieran acabado de pagar. Eso fracasó porque la gente lo necesitaba, y, "para que tengas tú el dinero, lo tengo yo," decían. Otros comerciantes con mayor visión, entre los que destaca "Almacenes Los Ángeles" por estar en dicha calle, empezaron a vender a crédito, pero entregándole lo comprado de inmediato, con lo que la gente iba pagando lo que podía cada semana, pero ya podía vestirse con cierta pulcritud. Así proliferaron los "semaneros": Unos hombres que cada domingo iban con su carpetilla, casa por casa, cobrando lo que se había acordado. Es cierto que algunos se escaparon de pagar e incumplieron aquel trato, pero la inmensa mayoría pagaba. Sobre todo si tenemos en cuenta que había poco control, entre otras cosas porque era imposible llegar a todo. La gente se comportaba con honradez.

Algo que hoy parecerá imposible, es que también los domingos, que era el día en que se podía encontrar a las amas de casa, iban con un carrito vendiendo colonias ¡a granel! Porque la gente no tenía dinero para comprar un frasco entero. Se vendían por onzas.

Aquella era la situación, cuando ya la familia se había trasladado a Tarrasa, en que mi padre decidió que su hijo continuara en el bosque con él para "que le hiciera compañía", en lugar de dejarme en la ciudad para que asistiera a la escuela, aunque fuera a una de lo más precario. Era de un egoísmo incomprensible, ya que la aportación real por el trabajo de un niño de nueve años, no era importante para la economía familiar, al menos no lo era en aquellos momentos para la nuestra. Trabajando en el bosque mi rendimiento era mínimo comparado con el mal que me causaría una deficiente formación como persona. Truncaba así la posibilidad de adquirir unos conocimientos en la edad en que es más necesaria su adquisición, y privándome de lo más importante: Que me criara relacionándome con otros de mi edad, y desarrollara mi personalidad en un ambiente más propicio que el que iba a tener en adelante, en la soledad del monte, o en la compañía esporádica de personas mayores. Aquello fue una losa enorme que he llevado toda mi vida.

Esa actitud de los padres entre los trabajadores inmigrantes, que procedía de padecimientos seculares mucho más duros, no se manifestaba igual entre la población catalana, o que llevaba asentada en Cataluña desde hacía muchos años y había conocido la República y el interés de ésta por la cultura. Cataluña era una zona industrial y la propia dinámica de la industria y la producción hacía que la burguesía propiciara centros para elevar el nivel de conocimientos de algunos sectores de la población trabajadora. Pero como mi padre y yo estábamos aislados en las montañas, esto no iba con nosotros. Y era tal el aislamiento, que ni siquiera teníamos aparato de radio, como lo tendríamos años después, en que la radio se popularizo. Sí tuvimos una radio galena que fabricó mi hermano. La tuvimos poco tiempo en el bosque, donde sólo se captaba una emisora o dos y con dificultad, ya que había que ponerse auriculares para oírla, y más lo veíamos como una curiosidad que otra cosa. Tuvo que extender un cable de cobre, bien aislado, como antena. Esa misma radio la colocó en la barraca de Tarrasa un tiempo, donde se oía mucho mejor, siempre con auriculares, claro, pero ya captaba unas cuantas emisoras. Aún no habían llegado las radios portátiles con transistores a España, o al menos no estaban al alcance de la mayoría, o desde luego no al nuestro.

El cine era una cosa de la que sólo sabíamos que existía, pero poca cosa más. Pocas o ninguna vez había tenido ocasión de ir desde que llegamos del pueblo. Cuando bajábamos el fin de semana a Tarrasa, se notaba un cambio, una envidiable efervescencia. La gente hablaba de cosas que yo no conocía, de las que nunca había oído hablar. Del estreno de la película Mogambo, en febrero del cincuenta y cinco, que parece que fue un escándalo para la época. Y, aunque en Tarrasa no la habían puesto aún, ya que las películas llegaban muy tarde, la gente sí sabía que estaba en el Tívoli, en Barcelona, y se hablaba mucho de ella. Las noticias que llegaban a la gente duraban mucho tiempo en el candelero, muchas veces sólo por rumores y de oídas, pero se comentaban muchas semanas. Como la muerte del actor estadounidense James Dean, o el estallido de la primera bomba atómica de la URSS. La entrada de la España franquista en la ONU, visualizando ya, si había alguna duda, que el régimen franquista contaría con el apoyo de las llamadas democracias, que harían que el franquismo pudiera eternizarse como lo hizo, algo que se completaría al cabo de unos años con el llamado Tratado Hispano Americano, con un fastuoso recibimiento a Eisenhower por parte del dictador Franco. Todas aquellas noticias eran relatadas por los niños como yo por habérselas oído a sus padres o a la gente. Y lo explicaban como si verdaderamente ellos hubieran sido protagonistas de los hechos, con una inventiva extraordinaria; cada uno iba colocando su granito y la noticia se hacía familiar, como propia. Cuando se supo lo de la bomba atómica, había niños que por influencia paterna decían que ahora Rusia se podría enfrentar a los Estados Unidos, que Rusia ayudaría a España contra Franco. Y eso que aquel año el régimen logró su ingreso en la ONU, y se veía que iba acabando con el aislamiento internacional, ya que a las potencias occidentales, como se ha demostrado tantas veces, les importa un comino que se trate de una dictadura, si está a su servicio, como fue el caso del franquismo. Se hablaba, porque la radio y el NODO lo machacaban continuamente, de la cantidad de pantanos que el dictador inauguraba. Incluso aquello, que no era malo para el país, se veía sólo como un acto propagandístico, que lo era. Y la gente de forma inconsciente repetía aquello de "menos pantanos y más pan". Era el reflejo de las ansias tan grandes de estar contra la dictadura; a todo había que contestar. En ese tiempo se empezó a fraguar el llamado antiamericanismo, al menos entre nosotros, con la llegada del nuevo embajador yanqui a España. La gente lo veía como una bofetada al pueblo español. Curiosamente, fue un carbonero, en la barraca del bosque, quien comentó por aquel tiempo la muerte de un tal Ortega, que, según dijo, era un gran pensador. Yo creí que se trataba de un torero, ya que mi padre era muy aficionado a los toros y me había hablado de un tal Domingo Ortega. Pero era otro. Éste se llamaba Gasset de segundo apellido. Yo, como no tenía gran cosa que explicar cuando bajaba a la ciudad, y estaba con los otros niños, aquella conversación la exploté a tope. Daba toda clase de explicaciones sobre quién era el tal Ortega, y cuando supe que no era el torero, me inventé un hermano de éste, pero que, naturalmente, era menos importante: El importante para mí era el torero. Uno de los chicos dijo que también había muerto un sabio alemán, que había demostrado que se podían hacer máquinas para viajar a mucha velocidad, "como la luz", pero a nosotros eso no nos interesaba demasiado, si era alemán forzosamente tenía que ser amigo de Franco, ya que ellos le ayudaron en la guerra. Dijo que no, que según su padre, era un sabio, pero no amigo de los alemanes. Pero como no supo dar más detalles, no supimos qué bicho raro era aquel que siendo alemán no era migo de Franco; no entendíamos ese galimatías. Otro dijo que el que había salvado muchas vidas, un inglés que había "inventado" la penicilina, también había muerto. En estas conversaciones infantiles salía todo cuanto corría de boca en boca de los padres. Como el triunfo del ciclista mallorquín, Timoner. De ahí alguno saltaba a los problemas de guerra en Indochina o por allí, que ninguno sabía por dónde caía eso. O el lío que había en el Canal de Suez. Que había quien decía saber dónde estaba, pero nadie lo aclaraba. Para saber si eran de los nuestros o no, había que saber de parte de quién estaba cada cual, y eso no era fácil. O que aquella artista tan guapa, Grace Kelly —de la que casi nadie había visto sus películas—, se había casado con un rey o algo parecido.

También lo de Hungría, que nadie sabía qué era, pero de lo que todos opinaban. Yo también sobre esto pude decir algo, ya que en el bosque hubo quien estaba enterado; decían que la URSS había tenido que sofocar un levantamiento fascista organizado por la Iglesia. Yo, que seguía influenciado por mis años de monaguillo, y por las muchas veces que me habían dicho que a los curas los mataban lo rojos, no comprendía que los curas tuvieran algo que ver en aquello; yo eso no lo entendía muy bien, pero tuve argumentos para llevar algo de mi cosecha la siguiente vez que bajé a Tarrasa, con los niños. Y como ellos no lo sabían, así podía yo mostrar mis "conocimientos", y me abría un hueco, aunque fuera muy pequeño y de semana en semana, en aquellas tertulias de niños, siempre influenciados por las opiniones de nuestros mayores, pescadas al vuelo. Eran conversaciones infantiles, pero muy ricas en la formación del carácter y la base de conocimientos de un niño. Yo la mayor parte de todo eso me lo perdía. De esas charlas animadas, sólo percibía una pequeña parte. Además de no ir a la escuela, aunque fuera aquella escuela franquista de rezos y adoctrinamiento del "destino en lo universal". Recordando aquello, no era extraño que cuando aquellos niños, hijos de obreros explotados hasta exprimirlos crecieron, fueran capaces de crear un movimiento obrero fuerte contra la dictadura. Habían percibido la lucha desde pequeños sabiendo quién era el enemigo. Las bases estaban puestas para que en los años sesenta-setenta crecieran como la espuma en los centros de trabajo las organizaciones obreras.

XV

Invierno del 56, frío, mucho frío

Aquel invierno del cincuenta y seis fue de fuertes nevadas y temperaturas muy extremas. Fue, según decían, el más frío de Europa en lo que iba de siglo, y nos tuvimos que quedar en la ciudad durante varios día por ser imposible el acceso no ya al bosque, sino a la carretera, por la que apenas se podía transitar. Además de que las nevadas caídas en aquellos días fueron muy abundantes, el cielo quedó raso en las noches siguientes, helándose toda la nieve. No se podía dar un paso sin el riesgo de romperte la crisma. Numerosas personas se rompieron las piernas, y los precarios hospitales no daban abasto. Las conducciones de agua se helaron. Los árboles se resquebrajaron como si un rayo los hubiera partido de arriba abajo. Los hermosos eucaliptos que había en Pueblo Nuevo quedaron achicharrados por el frío. Y eso se veía por muchos lugares.

Cuando amainó un poco el mal tiempo, volvimos al trabajo regresando al monte; y a eso de las cinco de la mañana, como cada lunes, emprendimos la marcha. Con la chaqueta raída y una bufanda que me rodeaba toda la cabeza tapándome las orejas y la nariz, y con los ojos como único faro para el camino, salíamos de la barraca de Tarrasa mi padre y yo en silencio. Por mi mente pasaba toda clase de ideas, a cuál más idílica, que me sacaban de aquella desesperación: La de tener que volver al bosque durante la siguiente semana, o quizá los próximos quince días. Pensaba en lo bueno que hubiera sido seguir en la ciudad en compañía de los otros niños. Jugar con la pelota, aunque fuera de trapo o de goma. Yo iba en silencio y medio dormido y enfurruñado porque no quería hablar con mi padre, al que hacía responsable de todos mis infortunios. Al menos yo lo veía así. Me sentía el niño más desgraciado del mundo. Desde que bajaron del bosque, mis hermanos se habían quedado en Tarrasa, donde sin duda —pensaba yo— serían más felices, tendrían amigos y verían otras cosas que yo tenía vedadas. Aprenderían un oficio que no tuviera nada que ver con la leña y el carbón, que yo odiaba. No pasarían aquellos terribles fríos y el miedo que yo pasaba cuando oscurecía y mi padre me enviaba a vigilar la pila, el horno de carbón. A veces lloraba en silencio, pero con rabia e impotencia. ¿Por qué tenía yo que ser diferente? Había abrigado la ilusión de que mi padre decidiera que la familia bajara a la ciudad, de poder hacer una vida como el resto de los niños. Hasta había pensado en buscar trabajo, a mi corta edad, porque me habían dicho que en algunos talleres o fábricas admitían a niños para hacer recados o trabajos auxiliares. En mi cabeza se había montado todo un castillo, a la espera de que, cuando dejáramos el bosque, que yo esperaba fuera pronto, se hiciera realidad. Pero el tiempo pasaba; ahora ya sabía que era muy difícil que mi padre se convenciera de la necesidad de que yo asistiera a la escuela, aunque tuviera que trabajar de algún modo. Hasta fui un sábado a buscar trabajo a una fábrica de medias y me lo dieron. Pero no pude cumplir. Ni siquiera me atreví a decírselo a mis padres.

Recorría las calles casi oscuras cada lunes, tras el fin de semana que bajábamos a aprovisionarnos. Ahora era mucho peor que cuando estaba en el bosque con toda la familia. Cuando estaba con mis hermanos, principalmente con María, a la que me sentía muy unido, la cosa era diferente. A pesar de estar aislados, podíamos jugar y pasábamos los días hasta cantando e inventándonos travesuras; nos explicábamos cuentos el uno al otro. Entonces, junto a mi hermana, era otra cosa. Ahora no. Ahora estaba solo. Los días se hacían interminables en aquella situación. Esperaba con ansia la llegada del sábado. Todo el pensamiento quedaba, como congelado, en lo último que había hecho el fin de semana anterior en la ciudad. Era como si por un momento les dijera a los demás niños: "Dejadlo aquí, que enseguida vuelvo y seguiremos con el tema". Claro, "el tema" a la semana siguiente era diferente, y yo quedaba sin enterarme de las muchas cosas que ellos ideaban o tramaban; todas las travesuras que los niños de aquella edad podíamos hacer.

Cargados con los sacos en los que llevábamos el suministro, íbamos recorriendo las calles, que en su mayoría seguían sin despertase. Teníamos que atravesar un barranco que nos separaba de lo que podríamos llamar la civilización, el barrio de barracas de los inmigrantes, de la ciudad propiamente dicha, en Pueblo Nuevo, de la carretera de Rellinás. Allí ya se veía un poco mejor. Había luces en las calles. Y si había llovido no estaban embarrizadas como las que rodeaban aquellos barrios nuestros, a los que el asfalto no llegaba, abandonados a su suerte, sin que las autoridades hicieran nada para mejorar la salubridad. Sólo aparecían los "municipales" cuando había alguna pelea o contratiempo que hiciera necesaria su intervención. Llegaban con la soberbia de todas la autoridades, atropellando. Con la chulería propia del que sabía que hiciera lo que hiciera, su autoridad estaría siempre por encima de las personas que allí vivían, más atemorizadas que otra cosa. Un simple guardia municipal, se revestía de tal autoridad bajo la gorra y el uniforme, que asustaba. Por aquellos años, uno de los guardias, un tal Pérez, era el terror de mucha gente. Otro fulano, guardia municipal, un tal Olivares —desconozco si era su apellido o un mote— que había llegado de Almería hacía unos años y que solía hacer comentarios sobre los que eran sus paisanos, referente a que "había venido a Cataluña lo peor de cada casa y lo más malo de cada pueblo". Cuando en una ocasión alguien le dijo que él era parte de esa gente que había venido, respondió que él había llegado "para explorar el terreno, no por necesidad". Con lo que desde entonces le solían llamar, naturalmente a sus espaldas, "el explorador". Hasta un simple municipal, chulo y bravucón como él tenía toda la autoridad del mundo para abusar y maltratar a la gente, y no siempre sólo de palabra, pues solía tener la mano ligera, además de llevarte al cuartelillo si se le antojaba.

La parada del autocar estaba en la Plaza de la Cruz, cerca del paso a nivel de la carretera de Matadepera, donde había una taberna en la que los carboneros se amontonaban para tomar una copa de una bebida a la que unos llamaban "coñac corriente", y otros, con mayor acierto, "matarratas". Los más pedían una barrecha, castellanización de la "barreja" catalana, consistente en mezclar vino moscatel con cazalla, u otra combinación igualmente explosiva para el gaznate de aquellos rudos trabajadores que lo único que querían era meterse en el cuerpo algo que los entonara y les quitara el frío. Aunque cuando no lo hacía, lo cierto es que también bebían lo mismo.

Tanto una bebida como la otra, eran de ínfima calidad, y la bebían como rutina. Para mí, mi padre me pedía un vaso de leche, que me sabía a veneno; lo encontraba malísimo; y un "crusante", también castellanizado; no por nosotros, sino por la misma tabernera, una mujer mayor, al menos así lo percibía yo entonces. El ruido de voces en la taberna repleta de carboneros, en torno a la estufa de leña, era algo más que murmullo de conversaciones cruzadas e ininteligibles. Se mezclaba el castellano y el catalán sin el menor problema, aunque yo casi no entendía nada. Todos decían que yo lo aprendería enseguida porque era un niño y eso a los niños se les pegaba fácil. Conversaban todos a la vez, y pedían las bebidas a aquella mujer rechoncha que hablaba con dificultad el castellano, o quizá con tanto acento que a mí me costaba entenderla. La tabernera debía darse prisa en servir, pues al cabo de poco rato aquello quedaría vacío, y el negocio estaba en darse prisa en aquella hora escasa que duraba la espera del autocar.

Algo después de las seis asomaba el morro un destartalado autocar en el que cabíamos todos los que hubiéramos esperando. No importaba cuántos fuéramos. Todos nos hacinábamos como podíamos en los asientos, cediendo algún lugar solidariamente unos a otros. Nadie se quedaba en tierra, ni a nadie se le ocurría que pudieran traer otro autocar, por mucha gente que hubiera. Aquél era el único de la compañía, que era del propio conductor y sus hermanos, para aquel recorrido, desde Tarrasa hasta Mura. Cubría los sábados, en que recogía a los carboneros que bajaban; y los domingos, para los que iban hasta el pueblo; y el lunes, que era el día que más cargado subía, y regresaba vacío prácticamente. Nadie se quedaba en tierra. Si no había posibilidad de entrar dentro, se subían a la baca del autocar. Eso, en verano, era hasta agradable, pero en invierno era terrible. Rodeados de mantas de pies a cabeza, hasta se intentaba seguir el truncado sueño del que nos habían despertado hacía rato. El peligro no era demasiado grande. La velocidad que alcanzaba no pasaba del promedio de quince a veinte kilómetros. La carretera no daba para más, estaba desierta casi siempre, sobre todo a esas horas. Sólo nos encontrábamos de vez en cuando algún carretero que desde hacía mucho rato había emprendido el mismo camino. O alguien que había empezado a subir andando y cuando el autocar lo alcanzaba, se detenía y lo dejaba subir. En el trayecto hacía varias paradas, en realidad en cualquier sitio que cualquiera le dijera al chófer. Una de las paradas obligadas, por ser el destino de varios carboneros, era en la famosa Alzina del Salari (Encina del salario, como lo llamábamos nosotros) que debía ese nombre a que, según decían, bajo su sobra se les pagaba en otros tiempos el jornal a la gente que trabajaba por allí. Al parecer, dicha encina enfermó años después y la talaron. El destartalado autocar tampoco estaba para muchos trotes. Era un vehículo antiguo que se aguantaba por las muchas reparaciones que el conductor, buen mecánico, le hacía, aun con los pocos medios de que disponía. Para los veintitantos kilómetros que había en todo el recorrido necesitaba unas dos horas. Tenía que hacer multitud de paradas, tanto para que la gente bajara, como para que subiera si alguien pedía subir haciéndole el alto con la mano. El conductor no callaba en todo el recorrido. Conocía a todos y cada uno de los pasajeros por su nombre, y naturalmente hablaba con ellos. No importaba que aquel a quien se dirigiera estuviera a su lado o en la parte de atrás, hablaba sin parar. Y daba lo mismo que le hablaran en una u otra lengua; él contestaba siempre en la que le hablaban. Al chófer, Juan Gibert, que fue junto con sus hermanos, dueño de los primeros autobuses de Tarrasa, muchos años después, ya anciano, pero conservando todas sus capacidades, lo encontraba paseando por la ciudad. Yo siempre lo había visto con el clásico "mono" o "granota" mientras trabajaba, incluso en aquellos tiempos; siempre iba con esta vestimenta. La única diferencia era que si no estaba trabajando, el mono lo llevaba limpio. Eso me trajo a la memoria el calderero con el que trabajé en Guadix, Rafael Soto, que, como Juan Gibert, siempre vestía con el mono de trabajo.

En los primeros tiempos me sentía en soledad. Fueron tiempos de verdadera amargura. Era difícil adaptarme, pero al fin, como no podía ser de otra forma, las cosas se suavizaron y, aunque no demasiado, conseguí, recorriendo a mis fantasías, llegar a soportar aquella situación. Aunque mi carácter se moldeó con aquellas circunstancias, ya desde aquella época empecé a vivir en tensión. Un estado de inseguridad me acompañaba casi permanentemente. Temía que mi padre se enfadara por algo y que aún se me hicieran más difíciles las cosas.

Las tareas de corte de encinas y de ir apilando la leña habían comenzado, ahora con mucha más intensidad. Esas tareas sólo eran posibles en otoño e invierno, cuando los árboles no están en savia. Se empezaba generalmente en aquellos lugares que durante la primavera y el verano se habían desbrozado de maleza. Así el bosque estaba más limpio y se podía acceder con mayor facilidad. Cortábamos las encinas con las segures o bien con las hachas convencionales. Una vez la encina era abatida se ramoneaba y dejaba el tronco pelado. Si éste era muy largo se troceaba allí mismo en dos o tres trozos, para facilitar su arrastre hasta el lugar donde se tenía que montar el boliche u horno de carbón. Con las ramas de cierta consistencia se operaba igual: Se limpiaban del follaje y se aprovechaban los ripios de leña para rellenar los huecos en el boliche, cocerlos y sacar el carbón menudo. La forma de transporte hasta la plazoleta preparada para el boliche, era, si se podía, a rastras. Pero los troncos más pequeños, que eran la mayoría, había que llevarlos sobre los hombros. Era un trabajo agotador. Hacíamos de mulos de carga.

Una vez la leña estaba en las cercanías de donde se prepararía el horno, se procedía a adecuar todos y cada uno de los troncos para poderlos colocar en su sitio. Los de ciertas dimensiones, se aserraban con un serrón, una sierra de hoja grande y flexible usada por dos personas, una en cada extremo. Los troncos se dejaban entre un metro y metro y medio de largo. Cuando la leña estaba toda dispuesta, se procedía a fabricar el horno de carbón propiamente dicho: En el centro de una plaza de ciertas dimensiones, que ya estaba hecha por ser una tarea que se venía haciendo desde hacía muchos años, seguramente siglos, se colocaban unos troncos, unos encima de otros, haciendo un cuadro en forma de castillete de un cuadrado no más de unos cuarenta centímetros. Cuando éste tenía la altura de un metro se empezaba a arropar con otros troncos adosados a él. Así se iba aumentando la cantidad de leña poco a poco, tronco a tronco. Cuando ya se podía, nos subíamos sobre la leña colocada y elevábamos el castillete hasta lo que se consideraba necesario para la leña existente, esto es, según el tamaño más o menos previsto del boliche. Procurábamos colocar los troncos más grandes al inicio, arropados con algunos finos, para que los huecos no fueran excesivos, y para que al terminar los pequeños homogeneizaran el redondel del horno. Quedaba una pila de leña de grandes dimensiones, con un orificio central —el castillete— que iba desde el suelo hasta la cúspide del horno. Al final de estas operaciones tenía forma de un huevo partido por la mitad.

Cuando ya estaba colocada toda la leña, se procedía a arropar el horno con gran cantidad de ramón de las mismas encinas, con la intención de formar una espesa capa que impidiera que la tierra que a continuación se pondría encima se colara hasta los troncos. Ésta se vertía con espuertas desde la base hasta la cima del horno, procurando que quedara compacta al vaciar el capazo de golpe y bocabajo. Para que la cohesión de la tierra fuera efectiva, se procuraba que estuviera mojada, o al menos húmeda, con algo de sazón. A veces, cuando hacía mucho que no llovía y la tierra estaba muy seca, había que posponer aquel trabajo hasta que lloviera. Habíamos tenido que esperar semanas en época de sequía. Cuando ya estaban todas esas tareas realizadas, sólo restaba prender fuego al horno por la boca que se había dejado abierta por medio del castillete. Se procuraban unas ramas de fácil combustión —encendaja, lo denominaba mi padre— generalmente ramas secas de encina, o una aulaga que era atacada con una percha, hecha con un tronco de entre tres o cuatro metros de largo, no muy grueso para evitar el excesivo peso. Se iba alimentando hasta que se consideraba que ya había prendido el fuego. Ahora había que vigilarlo día y noche durante varias semanas, mientras lentamente iba cociendo la leña, que en ese tiempo se convertiría en carbón vegetal, carbón de encina, que era el más preciado. Cuanto más lenta era la cocción, mejor era el producto final. Para regular la cocción se tapaba el cráter con una tapadera de una plancha cortada de un bidón, que se iba abriendo y cerrando a voluntad y a la medida de la necesidad de que el fuego creciera o aminorara.

Otra modalidad, que era para acelerar el proceso, consistía en ir colocando troneras en la base del horno, y que partían desde el mismo corazón del boliche, esto es, el castillete, de forma radial, y que se abrían y cerraban, según la rapidez que convenía a cada momento. Pero este sistema casi nunca lo utilizábamos, por considerar que todo lo que aceleraba, mermaba la calidad del carbón y los comerciantes del producto eran muy entendidos, y no lo deseaban. Y si previamente se le habían hecho las troneras, no se utilizaban, salvo que en el proceso de cocción el horno se torciera, es decir, que quemara más por un lado que por otro, y se intentara enderezarlo ayudado del tiro de alguna de ellas, y frenándolo por la parte más avanzada. Pero no era lo normal. Eso sólo lo utilizábamos nosotros porque era una técnica normal en Andalucía, y la sabía mi padre. Los demás carboneros catalanes no la hacían, salvo alguno que la vio y la aplicó en raras ocasiones, si el horno "se le iba". Sin duda, el proceso de hacer carbón requería una técnica más elaborada de lo que simplemente pudiera parecer. Muchos que observaron de forma superficial el proceso, intentaron pasar por carboneros y acabaron desistiendo. La paciencia era una condición primordial, pero, como en todo, se requería experiencia. Los que, como los primos de mi padre, consideraron que no era tan difícil, cuando trataron de vender el carbón se lo rechazaban. La razón es que habían ido demasiado rápido y en lugar de obtener carbón, obtuvieron leña cruda, tizones humeantes.

Durante aquellas semanas era un vigilar permanente. No se podía uno retirar mucho rato del boliche, y claro, las pasábamos sin poder ir a la ciudad. Tanto si llovía como si nevaba, aquello no podía olvidarse si no queríamos que en un momento dado el fuego se fuera por algún flanco del horno; y en pocas horas podía perderse todo el trabajo de meses. Durante la noche, era un martirio. Cuando yo estaba en el mejor de los sueños, a las dos horas de haberme dormido, con ese sueño que suelen tener los niños, y tras un trabajo agotador de todo el día, mi padre me traqueteaba y con voz firme me ordenaba: "Ve a dar una vuelta al boliche". Como un cadáver viviente, sin decir nada, y casi con los ojos cerrados, en plena noche, a veces como boca de lobo, iba "a dar la vuelta", acción que sabía se repetiría dos o tres horas más tarde. El sueño me martirizaba. Y creo que eso fue motivo para que lo perdiera y durante muchos años no lograra dormir con tranquilidad. Cualquier ruido me despertaba. Fue una losa que llevé permanentemente, incluso muchos después, cuando ya había dejado el monte.

Una vez transcurrido el tiempo de cochura, la pila perdía su forma y menguaba poco a poco al irse convirtiendo la leña en carbón. Dejaba de emitir humo por el cráter formado en la cúspide. Con unos rastros de madera de dientes largos, de unos veinte centímetros, o bien con un rastrillo, se iban quitando los guijarros y se sustituían por tierra seca y fina, que penetraba por entre las rendijas que quedaban entre los troncos de leña, ya convertidos en carbón. Se intentaba que todo quedara lo más sellado posible. Esto se hacía para que se ahogara el fuego, perdiera temperatura y se apagara del todo. Así se dejaba un día o dos, tiempo que se consideraba suficiente para poder abordar su extracción. A pesar de que ya fuego vivo no había, la temperatura era elevada, y si no se andaba con cuidado, se encendía. Mediante un escardillo se iba dejando el carbón al descubierto. Con rastrillo de hierro o "rampill", se recogía lo que se escapaba de los dientes del rastro. Con el rastro de madera de dientes largos se iba separando la tierra del carbón, el cual se extendía lo más separado posible en torno a la plaza para que se fuera enfriando. Las quemaduras eran frecuentes, sobre todo en los pies, que con las abarcas que calzábamos estaban al descubierto.

Alguna vez, de forma súbita, prendía y había que apagarlo, bien mediante un cubo de agua, de la que no siempre disponíamos, o volviéndolo a enterrar. Cuando habían pasado varias horas y se tenía la absoluta seguridad de que ya el fuego no aparecería, con una horca de largas púas se iba volcando el carbón en la seras preparadas al objeto, y comprobando que no llevara ni tierra ni piedras. Las partes menudas del carbón tenían que ser recogidas a mano, tarea laboriosa, para que todo fuera limpio, sin nada extraño, lo que algunas veces no se lograba totalmente, pero eso era asumido, siempre que no fuera mucha cantidad. Esa era posiblemente la peor parte, por lo cansado que resultaba estar en cuclillas o arrodillados durante horas. En el tiempo en que estuvo la familia, en los pocos boliches que se hicieron tanto mi madre como mi hermana colaboraron en esa ingrata tarea. Una vez el carbón estaba en las seras, se tapaba con trozos de saco, se ataban con cuerdas de esparto o pita, y el proceso había terminado.

En la Mata, se contabilizaban los kilos con el billete de la báscula pública que estaba cerca de la estación de la RENFE. Se podría pensar que el dueño establecía algún tipo de control para que no se le engañara, pero lo cierto es que eso no se daba. Aparte de que en el ánimo de los carboneros esa práctica no existía, le hubiera sido imposible a quien lo intentara, ya que confluían toda una serie de factores, que sin proponérselo hacían de control: El carretero que lo trasportaba, los carboneros a quienes se le vendía, así como el resguardo de la báscula pública. Nunca se supo que nadie lo intentara.

Una vez concluido todo ese proceso, sólo quedaba esperar al carro con el caballo percherón, que lo trasladara hasta la tienda de la ciudad, del carbonero que previamente lo había adquirido. Si la pila estaba cerca de un camino de carro, eso facilitaba el transporte, pero otras veces no era accesible, y se tenía que transportar con un mulo hasta el lugar al cual llegaba el carro. Como el carro iba sobrecargado, normalmente se hacía un primer viaje hasta la carretera asfaltada, para acabar llevando el resto en un segundo viaje. De lo contrario el animal no hubiera podido arrastrar toda la carga por el camino de tierra, no siempre en condiciones, aunque de vez en cuando dedicábamos jornales a hacer de "peones camineros".

En este porte el carretero empleaba todo el día, desde la cuatro de la mañana en que salía de sus casa de Tarrasa, hasta que regresaba una vez descargaba, que podían muy bien ser las siete de la tarde. Manel conocía el oficio. Alguna vez, por razones que desconozco, mi padre se vio obligado a contratar algún otro, y fue un desastre: No era tan fácil bregar con los animales en la montaña.

Algunas veces, cuando ya estaba todo dispuesto, tras acabar de llenar las seras, descargaba una tormenta y había que correr para cubrirlas, mal que bien, con lo que podíamos, para que no se mojaran o lo hicieran lo menos posible. No siempre se lograba; alguna vez la seras pesaban el doble por la cantidad de agua que habían absorbido. Pero el carbón había que pesarlo seco; y así había que vendérselo a la carbonería que lo revendería al consumidor. Si estaba mojado, pero se había pesado seco, poco importaba al mayorista. Así lo vendía a la gente. Nadie protestaba. Y más que hubiera habido, ante la escasez de carbón. Cuando se acababa una campaña, descansábamos de tanto estar pendiente día y noche; pero, algunas veces, eran varios los hornos que quemaban al unísono, sólo con unos día de diferencia, con la intención de que a la hora de la extracción no coincidieran, ya que estábamos solos mi padre y yo para todas las tareas, y eso hubiera dificultado la labor.

La explotación de los encinares para el carbón era la mayor riqueza de la finca. Cuando se terminaba un horno y se había vendido, los carboneros se trasladaban a casa del dueño para rendirle cuentas, que generalmente eran al cincuenta por ciento. Ni que decir tiene que con el número de carboneros que había en sus propiedades, que era de varias decenas, las cantidades recibidas debían ser cuantiosas. Y como el combustible andaba escaso, el carbón constituía la fuente de energía más barata y disponible, de una forma casi ilimitada, por los cuantiosos bosques de encinas que poblaban la comarca. Los carboneros, que en un principio trabajaban a jornal para el patrón, fueron independizándose poco a poco. Si bien el trabajo a jornal era más seguro, la verdad era que no levantaban cabeza. Así preferían pedir al patrón el sistema de particiones, aunque el trabajo fuera mucho más duro, porque tampoco estando a jornal tenían horarios: Trabajaban de sol a sol igualmente.

Es lo que hizo mi padre en cuanto pudo. Él nunca había trabajado a jornal, ya que estaba acostumbrado desde siempre a trabajar como una bestia, de sol a sol; y yendo a jornal no se trabajaba menos. Además, sacaba poco provecho de aquel esfuerzo. Con el sistema de particiones las jornadas eran agotadoras y de mayor responsabilidad, pero al mismo tiempo el resultado económico era más rentable, a jornal, el resultado "cundía menos," como decía mi padre. En nuestro caso, todavía se veía más claro. Como yo era un niño, mi padre cobraba su sueldo, pero de mí no se decía nada; y por poco que hiciera era evidente que ayudaba en los trabajos y no cobraba nada por ellos. Cuando nos pusimos "por nuestra cuenta", algo mejoró. Al menos todo iba a engrosar las ganancias finales.

En los primeros años las ilusiones de quedarme a trabajar en la ciudad y asistir al colegio, se fueron diluyendo. La única ilusión era bajar a la misma, estar unas horas con los pocos amigos que había conocido y volver a empezar el lunes a las seis de la mañana cuando tomaba el coche de línea, como ya se ha dicho.

El resto de la familia no es que fuera muy boyante, pero mi hermano logró afianzarse en el trabajo de electricista, en el taller, y aprender el oficio con gran soltura. Y además iba a la escuela industrial, logrando, si no terminar la maestría porque trabajaba muchas horas, sí conocer el oficio bastante a fondo. María también, en una fábrica de confección, iba entrando en ese mundo del trabajo que le permitía ir creciendo con algunas perspectivas. Mi madre arrastraba las consecuencias de las ancestrales costumbres de los maridos de aquel tiempo, y sobre todo del pueblo y de la familia que procedía: El exceso de bebida, la permanencia casi total en la taberna, y la desatención hacia sus mujeres, en el sentido de considerarlas compañeras, y no meros instrumentos de asistencia en las casas para hacer las faenas del hogar, y como conejas de cría, como había sido mi abuela. Cuando llegábamos a Tarrasa después de pasar una semana o dos en el monte, casi con el tiempo justo de lavarse y cambiarse de ropa, a mi padre le quemaba la casa —la barraca habría que decir— y se iba a la taberna con los amigos. Allí se llenaba de alcohol mientras jugaban a las cartas, al "subastado", "para distraernos", decían. Mientras tanto mi madre no tenía más que quedarse en casa limpiando y arreglando las cosas para que el lunes su marido y su hijo —amén de las necesidades del resto de la familia— lo tuvieran todo a punto para volver al bosque. Algunas veces le amanecía remendando calzoncillos y mi padre no había aparecido. El bar era su hogar en aquellas pocas horas que aún estábamos en la ciudad. Cierto que no debía ser muy ilusionante quedarse en un ambiente nada agradable, pero tampoco debía serlo para mi madre y para la mayoría de aquellas mujeres que fueron envejeciendo sin apenas darse cuenta. A la miseria de la mayoría se unían situaciones de incomprensión y de costumbres atávicas, muy bien alimentadas por la dictadura.

Con aquellas pocas aspiraciones de mejora por parte de mi padre, cuya meta parecía resuelta con lo que tenía, no había forma de salir de aquel agujero que era la barraca donde se amontonaba la familia. Así fue cómo la afición de mi padre a la lotería, a la que por otra parte tampoco jugaba mucho por razones obvias, le llevó a sacar un premio de dos mil pesetas, premio ridículo, pero que para nuestra economía era un respiro. Mi madre logró convencerlo de que se invirtiera en la compra de un terreno en el otro extremo de la ciudad, en Can Palet, que se pagaba con mucha facilidad, sólo dando una pequeña entrada. Así empezamos a hacernos una casa —otra barraca, pero algo más amplia— con mil sacrificios. Ni siquiera podíamos poner el agua de la compañía para la obra. Íbamos a por ella a unos cientos de metros, a un pozo situado en un barranco, con cubos, tarea que generalmente nos tocaba a mi hermana María y a mí. En las afueras de Tarrasa, como en la mayoría de las ciudades industriales, los domingos era una orquesta de bullicio de trabajadores que se construían su hueco e iban constituyendo lo que después serían los nuevos barrios de la ciudad. Era la única manera que había de poder poner un ladrillo con el menor coste posible. Toda la familia, pequeños y mayores, tenían su cometido. Emprendimos la obra, como cientos de recién llegados de otras tierras de España, quitándonoslo de lo más elemental, de lo más necesario para vivir, pero era la tónica de la inmensa mayoría de los inmigrantes que habían llegado a Cataluña y pretendían mejorar algo su situación, tratando de huir de aquellas barracas sin espacio para la mucha gente que las ocupaba. Proliferaban por todas partes construcciones de viviendas sin el menor control. Se pedían los permisos a los ayuntamientos, pero ningún arquitecto o autoridad controlaba la calidad de las obras, entre otras razones, porque era imposible. Sólo hubiera cabido paralizarlas, y eso se escapaba de la situación creada. La gente no se hacía una casa en aquellos momentos, sólo se hacía una barraca, un hueco algo más grande que el anterior, un agujero donde meterse con algo más de desahogo, y que fuera de su propiedad, con la intención de, “cuando se pudiera”, mejorarlo. Que tuviera las bases para poder hacer obras más adelante, cuando la situación mejorara, y terminar algo que se pareciera a una casa. Era como un paso dado hacia la conquista de algo propio, de unas gentes que habían llegado a las tierras catalanas sin nada, y trabajaban duras jornadas por sueldos míseros.

También, como la mayoría de las barracas, aquellas nuevas viviendas carecían de lo más elemental. Las hubo que carecieron de agua y de luz eléctrica durante muchos años, hasta que los vecinos se organizaron para pedir a los poderes públicos que les llevaran las redes de distribución hasta esos barrios en los que no había de nada, ni siquiera comercios. La gente tenía que ir al centro, a la plaza de abastos, para adquirir los suministros. Nos aviábamos de agua de aquel pozo del barranco o de algún otro que hubiera en las cercanías, sin que nadie controlara si esas aguas eran o no aptas para el consumo. También de la riera cercana. Si las aguas se veían limpias aparentemente, la gente hacía cola con garrafas para beber y cocinar.

Nos alumbrábamos con candiles o con los carburos que empezaron a proliferar, como una luz más viva y más parecida en luminosidad a la eléctrica. Cocinábamos con leña o carbón hasta que empezaron a extenderse las cocinas de petróleo, pero eso tardó. La irrupción del petróleo constituyó un fenómeno nuevo en las costumbres de las gentes. Pero no por eso se hizo la vida más fácil. Como había restricciones, no era fácil obtener el novedoso líquido. En todos los establecimientos de venta de petróleo, se formaban largas colas para poder comprarlo, y en cantidades limitadas. Se podían pasar el día entero para lograr una lata o garrafa. En las colas se ocasionaban polémicas entre quien decía que estaba delante o detrás; quien había llegado primero o después. Y eran lógicas las trifulcas, porque cuando llegaba producto y se formaba la inmensa cola de gentes arrastrando su vasijas, no se tenía garantizado llevarse los cinco litros de petróleo, que el vendedor había decidido repartir por cada uno, ya fuera por decisión propia o de las autoridades. Podías estar todo el día esperando, y al final irte sin nada. Así se desarrolló la picaresca: Había algunos que cogían a niños que por una peseta iban con ellos y se ponían en la cola con una lata. Así que cuando la gente que estaba allí se daba cuenta del truco, la armaba a voces y discusiones;

hasta el punto de que intervenían los municipales, de modo que a veces, dando golpes a la gente, la cola se deshacía y los más avispados, aunque estuvieran los últimos, se colocaban los primeros. Eso si no eran los guardias mismos los que decidían caprichosamente quiénes iban delante o detrás.

Casi todos criaban, en esas casas de su propiedad, todo tipo de animales, lo que les permitía mejorar su dieta, y al mismo tiempo complementar los escasos salarios. Si un domingo se podían permitir el lujo de comerse un arroz con conejo o con pollo, era debido a que en los patios tenían las "granjas" domésticas o corrales, donde los animales eran alimentados con la hierba que recogían en los campos cercanos o con las sobras de la casa.

Diversiones en mi casa teníamos pocas. Más allá de la taberna para los hombres, y algún baile verbenero que se organizaba, cuando llegaba el tiempo, sólo quedaban los cines, los cuales se abarrotaban para ver las películas de los actores famosos, y que llegaban con bastante retraso a los cines de las ciudades españolas de segunda importancia. De tanto en tanto acudía alguno de los cantantes de la época que rompía todas las razonables perspectivas. Era el caso de Antonio Molina, entonces en la cúspide de la fama. Para verlo se formaban colas inmensas, la gente se atropellaba de forma irracional, hasta el punto de que tenía que intervenir la autoridad para poner orden, generalmente de la forma a la que estaban acostumbrados: Con el vergajo en ristre. La gente tenía tan pocas ocasiones para pasar un rato de diversión, que cuando había un acontecimiento de esa guisa, se volcaba. Y más teniendo en cuenta que mucha gente añoraba su tierra, generalmente los pueblos de Andalucía, de modo que cuando venía un cantante de allí, era, aunque sólo fuera durante un rato, como si vivieran algo suyo, algo a lo que no tenían acceso y los llevaba a sus recuerdos. El Teatro Alegría, en la calle de la Rasa, bautizada por el franquismo como General Mola, fue escenario muchas veces de acontecimientos de esa índole.

Mi hermano entró a trabajar como operador en los ratos libres, que eran muchas noches y todos los fines de semana, en el cine Imperial, para sacarse algunas pesetas. Cuando yo estaba en la ciudad, le llevaba la cena con el único propósito de entrar a ver las películas gratis. A veces entraba al empezar y salía después de haberlas visto dos y hasta tres veces, ya que era normalmente sesión continua. El obligatorio NODO, del servicio de propaganda del franquismo, daba las noticias más relevantes. Así fue cómo yo supe de la muerte del famoso actor Humphrey Bogart, que había hecho la película La Reina de África. La de Casablanca yo no la conocía y tampoco las otras. En realidad yo sólo conocía al actor por lo que los demás decían. Pero aunque el noticiario era muy sesgado, de alguna forma llegaban informaciones; algunas de las que recuerdo bastante chocantes. Por ejemplo, el cambio de indumentaria de algunos curas franceses, que habían decidido ponerse a trabajar, "para llevar el evangelio a los trabajadores en sus mismas condiciones". Al parecer eso creó polémica entre alguna gente. En España no se hizo visible hasta bastante tiempo después, paralelo al auge y desarrollo del movimiento obrero, más o menos organizado.

También el adelanto de la URSS a los EEUU en la carrera espacial. La puesta en órbita del "Sputnik" en 1957. Eso sí corrió como la pólvora. Que los rusos hubieran alcanzado tal grado de perfección técnica, era como si de algo nuestro se tratara. En cambio, de lo que hablaba poco el NODO, era de la guerra de Ifni, en Marruecos, y cuando lo hacía era para decir que los enemigos habían tenido cuantiosas bajas. Y la visita de Carmen Sevilla a las tropas españolas "para darles ánimo", decían. (Tampoco hay que extrañarse de esta propaganda del régimen, en la primera guerra del Golfo, Felipe González, supuestamente socialista, también montó el circo propagandístico, con el representante de la burguesía catalana, el oscuro Serra, (también flamante "socialista"), como ministro de la Guerra, más tarde gerifalte de la muy socialista "Caixa Catalunya". Todo ello para apoyar a los intereses de Estados Unidos, con algunos artistas, que, o estaban ya "apesebrados", o aspiraban a ello, afición que se extendería de forma alarmante tiempo después, ayudando a que la corrupción se "normalizara". A los detentadores del poder no se les escapa la importancia que tiene la propaganda, aunque para eso tenga que mostrar su verdadero rostro de farsantes legales y a cargo del presupuesto, éste tan generosamente distribuido entre ellos, por decisión de ellos mismos, naturalmente).

Las informaciones de los artistas del régimen eran cosa continua. El casamiento de Lola Flores y el "Pescaílla", y otras por el estilo, beneficiados por el franquismo, era lo importante, al parecer, para el régimen, necesitado de dar a la gente si no felicidad propia, sí felicidad ajena. Que pudiera mirarse y en el espejo de estas gentes famosas, al margen de la vida real. Así, folclóricas, toreros y otros artistas, eran recibidos por el dictador en el Pardo en recepciones de lujo, sin que al darles la mano se la miraran, por si se les había quedado pegada algo de sangre asesinada. Estos artistas vivían totalmente al margen de la realidad social en que se movía la España de la dictadura. También podíamos ver de cuando en cuando el racismo en los Estados Unidos. El NODO recreaba la lucha de los estudiantes negros por la integración.

Lo que tuvo mucha repercusión en toda España fueron las inundaciones de Valencia a finales de 1957. Todo el mundo hablaba de ellas. Se hicieron colectas por todas partes, recogiéndose ingentes cantidades de dinero para paliar la situación en que habían quedado los damnificados. Al año siguiente, unos meses después, la gente criticaría que, a pesar del desastre, se organizaran las fallas por todo lo alto, a lo grande. Pero también había quien argumentaba que las fallas constituían un medio de financiación, por la cantidad de gente que acudía a ellas cada año por San José. Supongo que nada que ver con lo de ahora, ya que el turismo aún no se había "inventado" para la mayoría de los españolitos que tenían otras prioridades.

Mientras todo este mundo se movía aceleradamente, en las ciudades que crecían de formas anárquica y sin control, mi padre y yo seguíamos en los bosques cortando leña, haciendo carbón, limpiando bosques y quemando las ramas para hacer picón. Como el bosque en soledad se hace bastante tedioso, los carboneros trataban de juntarse, cuando el tiempo era malo e impedía el trabajo normal, en una u otra barraca para cambiar impresiones y para salir del aburrimiento y de la rutina de días, semanas y hasta meses en aquellos montes sin relacionarse con nadie de fuera. Era la única distracción que yo tenía, cuando algunos carboneros de otros tajos se dejaban caer por allí, y pasábamos la velada juntos. Podía hablar con alguien más que no fuera mi padre; aunque cuando estaban en tertulia, yo callaba y escuchaba con mucha atención todo cuanto decían sobre sus vivencias y experiencias. La mayoría eran carboneros desde siempre. Habían estado en los frentes de media España durante la guerra, muchos de ellos voluntarios, cuando se produjo el levantamiento fascista, pasando por campos de concentración y cárceles, y alguno había pasado por los campos franceses cuando una masa humana huía tras la derrota. Y los había que estuvieron en la guerra contra Alemania y hasta habían participado en el maquis. Varios de ellos seguían siendo proscritos y vivían al amparo de otros carboneros, ocultando su identidad entre aquellos bosques. Jamás bajaban a la ciudad, y si lo hacían era con mucho cuidado. Se pelaban y afeitaban entre ellos. La ropa la llevaban a lavar a la ciudad por medio de alguno de los compañeros, cada par de semanas. Cambiarse de ropa era simplemente ponerse una camisa y calzoncillos bajo la misma ropa raída que se caía a pedazos. Pero eso en el monte no era grave ni importante.

Poco a poco se hizo costumbre que un par de días a la semana nos reuniéramos en alguna choza al oscurecer, después del trabajo, sobre todo en invierno con noches largas; y se entablaban conversaciones, casi siempre en torno al mismo tema: La situación política internacional, y la casi siempre posible y no lejana caída del régimen. Se alimentaban las ilusiones con cualquier cosa que indicaba, o a ellos les parecía, que Franco no podía durar, que todo el mundo estaba contra la dictadura, que si Inglaterra, que si Francia, que si los Estados Unidos... Algunos veían que pronto las cosas se normalizarían. Pero aquello no era más que las ilusiones que todo ser humano necesita para seguir viviendo en condiciones precarias y angustiosas. Si hubieran pensado que la dictadura duraría tanto, se hubieran desesperado, pero al parecer el ser humano está preparado con todo un arsenal de defensas que le permite aguantar lo indecible. Y ellos estaban en libertad condicional, como la inmensa mayoría de los españoles. Pero en las cárceles, donde el más pequeño aliento de esperanza daba motivo para seguir luchando por la vida, allí sí que tenían importancia aquellas vanas ilusiones. Entre aquellos hombres de caras tiznadas y arrugadas por el tiempo y la necesidad, había todo el abanico del pensamiento de la izquierda. Había antiguos militantes del Partido Obrero Unificado Marxista (POUM). O simplemente gente que había luchado desde los sindicatos obreros, sin afinidad política determinada. Pero lo que más abundaba eran antiguos militantes anarquistas. Hombres a los que se les notaba mayores conocimientos en cuanto a cultura general.

A la luz de la viva llama de la lumbre que acompañaba las veladas, en aquellos habitáculos, estrechas barracas de leños, nos apretujábamos. Como único testigo, el espeso bosque que al anochecer quedaba en aquellas noches de invierno, "negro como boca de lobo". Y entre apretón y apretón al culo de la bota de vino, único placer que se permitían de vez en cuando aquellos hombres rudos y acostumbrados a los peores padecimientos, a los dos tragos se les soltaba la boca y se entablaban conversaciones y discusiones de lo más vivo y acalorado. Pero en ningún momento las discrepancias llegaban más allá. Unos hablaban con bastante desconocimiento, y sólo lo hacían desde su particular entender, o por lo que habían oído a otros en las conversaciones mantenidas en los años en que estuvieron presos. Pero otros sí sabían muy bien lo que decían. Un carbonero, nacido en Olesa, al que llamábamos El Pepe de Olesa, o Pep, que pedía calma siempre que se suscitaba la cuestión de la pronta caída del régimen, no lo veía tan claro. Había sido capitán en el ejército y tenía los conocimientos suficientes para comprender la realidad del país. Era un poco el hombre que imponía su autoridad, a la vista de sus opiniones. A pesar de todo el desconocimiento que pudieran tener, todos sabían leer y escribir. "En eso, decía mi padre, había diferencia respecto de los carboneros que conmigo habían estado en Andalucía, que la mayoría eran analfabetos". Y él mismo aprendió a leer y escribir, en las escasas temporadas en que, siendo niño, estaba en el pueblo.

Así que la inmensa mayoría de los carboneros, por no decir la totalidad, eran personas que habían estado en la guerra y, aunque el miedo guardaba aquella viña, no faltaban los comentarios. Todos, en cuanto tenían ocasión, en las charlas nocturnas, sacaban sus fobias por el franquismo, y comentaban sus experiencias en los distintos frentes en los que habían estado. Las tertulias al anochecer, siempre giraban en torno a las mismas cuestiones: La guerra, la cárcel y, por supuesto, la represión. Los fusilamientos continuos por todas partes. Y los más recientes de algunos resistentes hacía pocos meses en Barcelona, se comentaban con mucha frecuencia. A pesar de la tragedia que suponía aquella permanente represión, era interpretada como un síntoma de optimismo, por considerar que la resistencia estaba viva, que no todo estaba perdido, que había gentes que seguían en la brecha luchando contra la dictadura; que ésta no podría durar, pues todo el panorama internacional estaba en su contra. De esta manera alimentaban sus ilusiones.

También, y durante los años posteriores a la guerra mundial, en aquel monte se hacían cábalas sobre las posibilidades de que los aliados echaran a Franco y restituyeran la legalidad republicana, o bien sobre lo que Franco sería capaz de resistir. De si, con la ayuda de los franceses e ingleses, todo se iba a arreglar. Eran ilusiones que se cocían en la misma olla en que se consumían. Alguno de los carboneros, experimentado tras tres años de guerra en España y cinco en la mundial, les decía que los aliados no harían nada a favor de los españoles, que ya lo habían demostrado con el famoso Pacto de No Intervención, dejando sola a la República, mientras alemanes e italianos enviaban a Franco cuanto necesitaba. Aunque de forma menos descarada que los nazis, también los aliados ayudaron, con petróleo y otras formas, al triunfo de los sublevados.

—Todos ellos —decía Pep el de Olesa— prefieren tener en España un régimen como el de Franco, que una República avanzada que ponga en peligro algunos de los privilegios, que al fin y al cabo son también los suyos. No harán nada, podéis estar seguros. Lo que se haga por nosotros lo tendremos que hacer nosotros mismos. Es duro, pero es la pura realidad.

Pero —decía alguno—, si en Francia entra un gobierno de izquierdas con los socialistas, tal vez eso ayude.

A lo que respondía él que ya tuvieron la oportunidad de hacerlo cuando hubo el levantamiento y durante los tres años de guerra. En Francia gobernaba el Frente Popular, a cuyo frente estaba un socialista, León Blum, e hizo todo lo posible para no incomodar a la bestia nazi. Así que no podían esperar ayuda de ellos. Los socialistas, eso del internacionalismo proletario lo habían olvidado, si es que alguna vez lo habían practicado, pues prefirieron embarcar a sus pueblos en la primera guerra mundial, en defensa de sus respectivas burguesías.

De ese tenor eran las tertulias a la luz del candil en aquellos inviernos, entre los carboneros de La Mata. Como años atrás, cuando la guerra terminó con la derrota del fascismo en Europa ciertas esperanzas se despertaron entre aquellas gentes. Pensando que los ganadores de la guerra, a los que tanto había costado la victoria, no iban a permitir la permanencia de un régimen fascista al sur de Europa, incompatible —decían— en un continente liberado. Poco duraron las esperanzas para aquellos rudos trabajadores. Pronto se enteraron de que las intenciones de las "democracias" del mundo, que con el inicio de la guerra fría empezarían a llevar la coletilla de "libre", no eran las de interesarse por las condiciones de vida del pueblo español, a pesar de que había sido el primero en defenderse del fascismo, ya que la guerra civil constituyó el primer ensayo de lo que vendría después.

En aquel foro de carboneros, y con el fuego chispeante de los troncos que alimentaban el puchero, fui enterándome de cuantas cosas se decían: Nombres por mí desconocidos de los dirigentes de la República y del movimiento obrero internacional: Pasionaria, Negrín, Lenin, Marx, Bakunin, comunismo, comunismo libertario, anarquismo, socialismo, capitalismo, fascismo... eran palabras que se incorporaban revueltas a las tertulias sin que yo supiera a qué concepto correspondía cada una de ellas. El nombre de la Unión Soviética y de Alemania era casi permanente en las charlas; la segunda guerra mundial y la guerra civil española. Los que ayudaron a Franco y a la República. La reforma agraria deseada por millones de campesinos, según decían. Se comentaban las vivencias de cada uno en las cárceles por las que habían pasado. Las palizas recibidas y los fusilamientos que, como espada de Damocles, pendieron durante todo el tiempo sobre muchas de sus cabezas mientras estuvieron encarcelados. Las esperas al amanecer, cuando llegaban con la lista de aquellos a los que les tocaba la fatídica lotería. Y aquellos que al terminar la lectura de la lista y comprobar que no estaban sus nombres, descansaban durante unas horas de aquel martirio, descanso que no duraba más que hasta el día siguiente. Y esta situación en algunos casos duró años. Primero con las "sacas" arbitrarias de los falangistas sin el menor control, y después con las sentencias a muerte de los tribunales militares. Cada día podía ser el último. Hasta que por fin un día les daban la libertad con la condición de presentarse cada equis días ante las autoridades, la guardia civil generalmente.

Mi padre me había "sentenciado", como decía él. Me había dicho en reiteradas ocasiones que todo cuanto oyera en aquellas conversaciones lo guardara y no dijera nada a nadie, y menos quiénes lo habían dicho. A pesar de mi corta edad, ya percibía el peligro que supondría que los civiles supieran lo que decían aquellos hombres. Además, no era simpatía precisamente lo que yo sentía por aquellos impertinentes guardias, "que avanzaban de dos en dos", que nos atemorizaban cada vez que asomaban sus cabezas con los tétricos tricornios, sobre los caballos, y reiteraban las rutinarias preguntas: "De dónde son ustedes; cuántos son, etc."

Todo este cúmulo de experiencias personales y conversaciones reiteradas durante años, vertidas en mis atentos oídos, no podían por menos que dejar huella en la mente del niño, al principio, y del joven, después. Eso hizo configurarme una situación clara, sin demasiados matices. Toda suerte de injusticias cometidas por los que llevaron a España a una guerra. En mi mente dividía quiénes eran "los nuestros", quiénes eran los que estaban contra nosotros, y quiénes no eran de fiar. Las cosas eran muy simples: Los curas, los militares, los guardias civiles y los ricos, eran enemigos, amigos de Franco. El resto, es decir los trabajadores, era amigos. Las cosas estaban muy claras. Así se empezó a perfilar un sentido ideológico de mis opiniones. Y aunque mi padre trataba de no darme demasiadas conversaciones sobre todo aquello cuando estábamos solos, eran demasiados días y horas los que pasábamos juntos. Y siempre acababa explicándome cosas. Aunque sólo fuera por la reiteración de mis preguntas, supe casi todo de él. Y aunque muchas veces el relato se repetía, en mí se despertaba el interés y reiteraba una y otra vez las mismas preguntas, hasta saberme de memoria hechos y nombres acontecidos en su vida. Tanto de su vida privada, desde niño, como de los acontecimientos de la guerra. Muchos de aquellos relatos, algunos referentes a personajes de la historia reciente española, le fueron transmitidos por los presos que convivieron con él, y él a su vez me lo contaba a mí, aunque fuera a retazos.

Como yo no había prácticamente asistido a la escuela más que hasta los nueve años, y a escuelas en que se rezaba más que otra cosa, amén de la tarea de monaguillo, se puede decir que a duras penas conocía las letras, y leía con mucha dificultad. Pero como los niños tienen afición a las aventuras, leía los tebeos de la época. Así logré soltarme en la lectura, hasta comprender prácticamente todo cuanto decían aquellas aventuras del Guerrero del Antifaz, que mataba moros sin parar, personaje de un nacional catolicismo que apestaba. El Puma, justiciero que estaba a favor de los campesinos mejicanos, planteamiento casi calcado a otros héroes de la época, como El Zorro o El Coyote, que yo creo que estaba ubicado en Méjico quizá porque los autores no podían situarlo en la España por la censura. También leía El Jabato, y sobre todo el Capitán Trueno, en quien no sólo veía a un Quijote deshacedor de entuertos, sino la solidaridad con sus compañeros, y también el encanto de Sigrid, que con su curvas, aun censuradas, despertaba el deseo de los reprimidos jóvenes españoles de la época. Los tebeos eran la única lectura que tenía en aquella soledad del bosque, y los leía y releía hasta sabérmelos de memoria.

Cuando ya la lectura me resultaba más fácil, pude prescindir de las historietas dibujadas de los tebeos y empecé a leer las novelas del Oeste que mi padre me enviaba a cambiar a la librería por dos reales cada una. Leí infinidad de estas novelas cuya reiteración temática acabó por aburrirme. Siempre era lo mismo, y siempre con personajes del Oeste americano con nombres de difícil pronunciación. Me preguntaba por qué aquellas novelas no se hacían con nombres españoles, más inteligibles para nosotros. Hasta que mi padre empezó a leer las de El Coyote, de J. Mallorquín, que un poco, como decía, se parecían a la del mejicano Puma de los tebeos. El hecho de desarrollarse en California, territorio robado por los yanquis a los españoles, al decir de mi padre, daba otro cariz a aquellas aventuras que yo casi consideraba desarrolladas en España, e imaginaba una especie de libertador semejante contra los tiranos que mandaban, que oprimían a los españoles. Después de eso vinieron otras lecturas de diverso tipo. Y así empecé las de Hazañas bélicas, que me introducían en un mundo diferente. En estos tebeos, al principio, los héroes era alemanes o japoneses. Pero cuando las cosas empezaron a cambiar de rumbo en la escena internacional, entonces fueron los soldados de Estados Unidos. La ideología naturalmente era el componente principal de aquellos aparentemente inocentes relatos. Y cuando más se manifestó ese fenómeno fue, de forma descarada y burda, durante la guerra de Corea. Los tebeos dedicados a ella era vomitivos, y hasta una inocente mente como la mía, aún sin formar, rechazaba aquel burdo adoctrinamiento anticomunista. Lo cierto es que en aquellos tebeos y novelas, fue donde aprendieron a leer muchísimos españoles que no tuvieron oportunidad de hacerlo en la escuela y en los libros. Un aprendizaje muy deficiente si se quiere, pero que fue útil para muchos que así nos pudimos soltar y leer otras cosas que vendrían después. No todos los tebeos eran militantemente franquistas. Los había que a su modo trataban de mostrar la realidad del país, aunque fuera por caminos indirectos y con sentido del humor, como José Escobar con Carpanta —personificación del pueblo hambriento—, o el mencionado Capitán Trueno, de Víctor Mora. También había algunos que hoy provocarían el rechazo de toda persona con un mínimo de racionalidad, como era El Pequeño Luchador, que se desarrollaba en el Oeste americano, donde de alguna manera trataba de convertir en héroes a los genocidas de aquel tiempo contra los llamados Pieles Rojas. El muchacho en cuestión, que tendría unos quince años, la idea más brillante que exhibía era la de matar indios: "Mientras haya un indio vivo no pararé", decía alguno de sus pasajes, que hasta en mi corta edad provocaba rechazo. No sabía por qué, pero me molestaba. Aunque no se debe olvidar que en la mayoría de las películas del Oeste de la época, la ética brillaba por su ausencia. Años después he llegado a pensar si aquello, por burdo, no estaría hecho por guionistas que en realidad trataban de conseguir lo contrario de lo que aparentemente parecía, burlando de este modo la censura.

Y tanto me hicieron mella aquellas conversaciones nocturnas y en días de lluvia, que empecé a imaginar luchas y aventuras, sintiéndome partícipe en todas cuantas imaginaba, contra las injusticias que percibía, ya fueran éstas cercanas o de otros lugares. A medida que fui creciendo y dejando las frustradas ganas de jugar por falta de hábito, y por habérseme pasado el tiempo para ello, buscaba con quién hablar de los mismos temas, que era lo que me interesaba. Cualquier noticia que tratara de cuestiones de luchas de los pueblos contra sus opresores, cualquier noticia de luchas de los trabajadores era vista por mí con simpatía. Cuando hablaba con los compañeros ocasionales, casi niños como yo, lo que trataba de averiguar en primer lugar era en qué bando de la contienda había estado el padre. Así comprobé que la realidad era que la inmensa mayoría de mis conocidos, no solamente habían estado en el lado de la República, sino que además muchos de aquellos padres también, como el mío, y como aquellos carboneros que me relataron los inicios de su despertar, habían pasado por las cárceles franquistas. Así me di cuenta de que todo un mundo distinto existía paralelo al que yo y los perdedores vivíamos. Y que la sociedad estaba dividida entre los que disfrutaban de las mieles de sus riquezas y quienes las creaban. En definitiva, que la sociedad estaba dividida en clases. Y para eso no fue necesario que me aprendiera ningún manual marxista.

Fueron también los carboneros los que me descubrieron en aquellos años la existencia de Radio España Independiente, la *Pirenaica*. De ella se hablaba profusamente, casi como de un mito creado por los mismos que tenían necesidad de creerse todas aquellas proclamas, fueran o no ciertas, se ajustaran o no a la realidad; eso importaba poco. Lo importante era que en aquel mar de mentiras de la dictadura, en aquel permanente estado de miedo y represión, era como un alivio saber que alguien en algún lugar hablaba contra los que perseguían, encarcelaban y fusilaban. No era fácil lograr una radio en aquella época, y menos portátil. Pero los rumores de cuanto decía sí llegaban de boca en boca, de forma cierta o inventada por las mismas voces que los extendían.

Nuestra dieta era de lo más monótono que imaginar se pueda: Por la mañana, para desayunar y tras haber trabajado unas dos o tres horas, dependiendo de la estación del año, hacíamos —invariablemente— patatas fritas. Para mi padre se acompañaban con un huevo, haciendo cierto el dicho de que "cuando seas padre comerás huevos". Antes de irnos al tajo tenía yo la obligación de preparar la olla de judías que la noche anterior había puesto en remojo. A la misma le ponía un trozo de tocino añejo y algunas veces un trozo de careta de cerdo. Este era el "puchero". Por la noche comíamos algo de embutido o tocino blanco o panceta con pan. Pan, un kilo de 900 gramos, invento del régimen como se sabe, que nos duraba toda la semana. Cierto que aquel pan, según se dice, era pan. Esta era, sin cambiar un solo ingrediente lo que comimos prácticamente durante todos los años que estuve en el bosque. La fruta y verdura era algo desconocido en nuestra dieta. Alguna vez mi padre sembraba en una "farga" (lugares donde hacíamos el carbón) unos cuantos ajos, pero nada más. Así que debe ser cierto que las legumbres, si van acompañadas de pan, contienen todo lo que se necesita para vivir. De no ser así no sé qué habría sido de la mayoría de los españoles en aquellos años.

Mientras tanto el auge del carbón empezaba a aflojar, con la cada vez mayor presencia del petróleo, primero, y el butano después, en las ciudades, lo que era un cambio realmente extraordinario para las cocinas, sobre todo en rapidez y limpieza. Empezaron a sobrar carboneros, aunque aún el carbón tenía salida y no había que preocuparse de forma inmediata, pero era obvio que las cosas estaban cambiando. Así que mi padre decidió probar suerte en la ciudad y encontró trabajo en la construcción, ramo que había adquirido una gran importancia, auspiciado por la nueva orientación económica del régimen en lo que se llamaría el desarrollismo. Así que dejamos el bosque, lo que yo consideré como la culminación de mis deseos, lo que tantas veces había ansiado.

Las cosas habían empezado a cambiar de alguna forma. La fisonomía de España iba camino de arrinconar a cientos de carboneros, como a los trabajadores de otros oficios que iban quedando obsoletos, o con limitada salida. Los más jóvenes se integraron en la industria, clareando el panorama y permitiendo que los que quedaban pudieran seguir viviendo del carbón.

Mi padre comenzó a trabajar en la construcción de unas viviendas, en las que hoy conocemos con el nombre de Egara, en la carretera de Castellar, con un constructor, o promotor, que se llamaba Massana. Yo, aún sin edad legal para trabajar, que era a los catorce años, inicié un periplo por varios trabajos, todos miserablemente pagados. Trabajé en una fábrica de medias, muy en boga en la época, situada en la zona conocida como *La Rambleta*, al final de la Rambla; y trabajé en varias pastelerías llevando una barca llena de productos sobre la cabeza durante muchas horas. La primera de las pastelerías era de un tal Baró, situada en la calle de la Rutlla. Ganaba cincuenta pesetas semanales; la cambié por otra de la calle de San Antonio, esquina con la de la Cruz, que después se llamó Victoria, hoy desaparecida, donde ganaba algo más, pero donde el trabajo era agotador. Al final acabé en el Horno del Progreso, en la plaza del mismo nombre y calle Galileo. En aquella casa, aunque el trabajo era duro, también existía el paternalismo, que no le impedía "contratar" a niños de diez o menos años, cuando llegaban las campañas de Navidad en que había que colocar en cajas los dulces, en particular el "carquinyoli", una especie de galletas con almendras muy apreciadas. Lo cierto es que en una de las navidades, y como en mi casa nos hubiera sido imposible comprar dulces, me permitieron que viniera mi hermana y creo que algunos amigos más que no recuerdo, a ayudarme a elaborar los mantecados, que yo había aprendido a hacer. Esas cosas pasaban. Por un lado explotaban a los niños, sin sueldo, sólo con la promesa de las propinas para aquellos que se dedicaban a llevar los dulces o el pan a las casas; y por el otro consentían que pudieras hacerte alguna cosa para ti.

La mayoría del personal no estaba asegurado. Los adultos por supuesto, de los otros qué decir. Y eso quedó en evidencia cuando uno de los pasteleros se quemó en el brazo al volcarse una bandeja de azúcar líquida. No sabían qué hacer. Estuvieron discutiendo a qué lugar lo tenían que llevar para curarlo. Mientras, el pobre hombre aguantando el dolor. Al final decidieron llevarlo a un médico que le curó las heridas, aunque le duraron mucho tiempo. Eso no fue óbice para que el pastelero viniera al día siguiente a trabajar, yendo a curarse cada vez que era necesario, generalmente cuando terminaba su jornada. Creo recordar que dicho pastelero se llamaba Blas, al que años después, al final del franquismo, vi en alguna manifestación sin que él me reconociera.

Allí conocí a un panadero que me hablaba de cosas que a mí me interesaban. Era la primera vez que hablaba con alguien fuera del ámbito conocido del reducido círculo de la gente del bosque. Él, como tanta gente de la época, hacía poco que había salido de la cárcel. Me dio los primeros "papeles" para que los leyera, que hablaban de huelgas y protestas reales o imaginarias que encendían mi interés. Aquella época fue bastante prolífera en conocer gentes que pensaban como yo. No puedo recordar si era o no comunista. Pero sí que estaba muy comprometido, por lo que hablaba. Supongo que tampoco se fiaría mucho de un chaval tan joven como yo por el peligro que podría representar.

Ya empecé a acostumbrarme con cierta libertad a estar entre la gente de la ciudad. Aunque tenía que madrugar para ir a la pastelería y trabajaba diez o doce horas, mis relaciones se ensancharon. Y recuerdo que me planteé ir a la escuela, con un total desconocimiento de la realidad. Primero porque tenía que pagarlo y eso era imposible. Pero llegué incluso a preguntar a una academia que estaba en la Avenida Jacquard, cerca de la escuela industrial. Me dijeron lo que me costaba, que no lo recuerdo, pero que tendría que ir mi padre. Ni se me ocurrió decírselo. Además hubiera sido imposible que yo entrara en aquella academia, dada mi escasa preparación. Donde debía haber ido era a una escuela primaria donde me enseñaran lo básico.

XVI

Regreso al monte

Pero las cosas se estropearon para mí. No había pasado mucho tiempo cuando mi padre decidió volver a su oficio de carbonero. El trabajo que realizaba era menos penoso que el del bosque, aun siendo muy duro en aquellos tiempos; estaba cada día en su casa a dormir, pero eso lo encorsetaba. Acostumbrado a no parar en ella y a ser asiduo de la taberna sólo cuando bajaba a la ciudad, ahora, esto se había convertido en un hábito diario. Cuando salía del trabajo su meta no era llegar a casa, lavarse y tratar de hacer algo productivo para él, sus hijos y su mujer; no, era la taberna con los amigos. Si el sueldo ya de por sí era menor que lo que lograba de carbonero, a ello se unía el descontrol, el no entender que debía modificar los hábitos porque también las cosas habían cambiado; una cosa era que cuando bajábamos del bosque el fin de semana se fuera al bar, ya en sí incomprensible, y otra que cada día fuera parada obligada, pues no era precisamente entrar y salir. Supongo que llegó al convencimiento, por tener la certeza de que aquello no funcionaba para él, de que necesitaba algo que le contrarrestara aquella facilidad que su permanencia en la ciudad le brindaba para acudir al bar. Por otro lado, la llegada a la ciudad para trabajar en algo que desconocía, como era la construcción, lo había convertido en un simple peón, un trabajador sin cualificar, cuando él en su oficio era un experto. Eso debió de hacer mella en él a la hora de tomar la decisión de volver al bosque, al carbón y a la vida que para él era la que había conocido desde niño con sus padres. Quizá cueste comprender aquella situación, pero creo que tal vez tampoco disfrutaba de sus muchas horas en la taberna, precisamente por ser rutinario; cuando estaba en su pueblo y se iba al rancho, podían pasar meses sin ir al pueblo; estando en Cataluña por lo menos tardaba una semana, lo que hacía que aquello lo considerara algo así como un desahogo ganado a pulso, sin sentir frustración por la sensación de estar haciendo algo que no era lógico, pero a lo que no podía sustraerse. Así que en lugar de adaptarse a la nueva situación, optó por lo que consideró más factible: Volver al rancho, al carbón, a su oficio, que por otra parte ya era algo menos penoso, pues las condiciones habían mejorado, y, hasta se ganaba mejor la vida, porque aunque ya no era el carbón el principal combustible, se había clareado el panorama de muchos carboneros que tuvieron que dejarlo, y los pocos que se dedicaban lograban rentabilizarlo mejor.

Pero no se fue solo. Me llevó a mí de nuevo. Y, si anteriormente fue fatal para mi formación, cuando era el momento de ir a la escuela, ahora ya era un muchacho con criterio, con otras miras. Había vivido, aunque fuera poco tiempo, con otras gentes y con otras formas de vida. En definitiva había visto por un agujero algo diferente del mundo y pudo despertar en mí otras aspiraciones. Fue un mazazo. Pero no tuve otra alternativa. Él era quien mandaba, él era quien decidía. Desde aquel momento las relaciones con mi padre dejaron de ser tan buenas como quizá lo habían sido en el periodo anterior, cuando yo todo lo veía con provisionalidad, pues tenía claro que aquella situación no podía durar, aunque se fuera prolongando cada vez más. Ahora las cosas se perfilaban como algo fatal que no tendría solución hasta que yo tuviera poder de decisión. E incluso así, pensaba con fatalismo, al final no tendría más remedio que adaptarme a lo que la vida me había reservado. Trabajaba sin ganas y siempre en silencio. Estaba pensando más en lo que deseaba encontrar en la ciudad cuando bajara que en lo poco que podía encontrar entre los bosques, solo con mi padre y sin poder intercambiar opiniones que no reiteraran lo ya sabido. Si antes me parecía todo cuanto decía mi padre muy interesante, ahora lo daba por sabido, y buscaba algo más sólido, algo más actual que me enseñara la realidad del momento. Que me aclarara el sinfín de dudas que bullían en mi cabeza. Y eso mi padre no podía hacerlo por su escaso interés. Porque también él había entrado en un terreno en que todo le daba igual. Trabajaba como un animal, pero su única meta era lograr mantener a la familia en lo básico; y cuando bajaba a la ciudad meterse en el bar y pasar allí el fin de semana como había hecho en la etapa anterior, justificando el hecho por haber trabajado duro y necesitar algo de expansión. A eso se limitaban las aspiraciones de un hombre que se sentía derrotado, prematuramente envejecido y sin otras miras que alimentar a su familia en lo más primario. Lo que no fuera eso carecía de importancia. No tenía en cuenta el hecho de que sus hijos debían aprender, ir a la escuela, intentar mejorar en lo posible como otros, como miles, lo intentaban cada día, paso a paso, sin metas demasiado ambiciosas, pero sí con el firme deseo de lograrlo. Tanto mi hermana como yo, debíamos trabajar en trabajos que no correspondían por nuestra edad. Yo echaba en falta esa inquietud que veía en otros padres por avivar los deseos de estudiar algo, o al menos aprender un oficio, que era, según mi intuición me decía, lo que podría lograr, porque lo de estudiar en mí no pasaba de querer ir a la escuela "normal" como todo el mundo, para aprender a leer y escribir. Mientras la mayor parte de la gente hacía grandes esfuerzos por mejorar su casa, que en definitiva no era más que una barraca sin la más mínima comodidad, él se conformaba en dejarla como estaba. Ya teníamos techo. Lo demás era secundario. Parecía que mi padre había regresado a los tiempos en que era niño, con su padre, y no tenía más meta para los hijos que el repetir su propia historia. La mejora de nuestra casa nunca fue su desvelo. Cuando ya estábamos en Can Palet, un barrio del sur de Tarrasa, el carbón que hacíamos lo vendía mi madre, convirtiéndose nuestra casa en todo menos en un lugar agradable para estar. Era cierto que tuvimos que hacer aquello para vender el producto, que de otra forma quizá tenía dificultades para venderse, pero eso no debió ser obstáculo para que nos planteáramos mejorar nuestra vivienda, como hacía todo el mundo. Todos los que llegamos en aquellos años partimos más o menos de la misma situación económica. Pero mientras el resto de las casas iban mejorando lentamente por el esfuerzo lógico, la nuestra permanecía en la misma situación en que estaba cuando decidimos meternos con la intención, se suponía, de irla mejorando con los años. Pero mi padre seguía teniendo como templo de sus plegarias el bar más cercano, con sus amigos. A veces pienso cómo es posible que ninguno de los hermanos hayamos salido bebedores. Aunque lo cierto es que a mí no me faltó ocasión. Cuando iba con él, en el bar, los compañeros o asiduos del mismo, me solían incitar a que bebiera "como un hombre" una copa de coñac o "barrecha". Y yo en más de una ocasión lo hacía mostrando mi supuesta hombría, a pesar de tener diez, doce, catorce o menos años. Lo curioso es que a la mayoría de aquellos hombres de la época, eso les parecía bien. Así eran las cosas.

Estando en el Obach, que fue la finca a la que fuimos esta vez, tuve la oportunidad de relacionarme con el hijo de "masovero", cuando iba a buscar la garrafa de vino. Era la única expansión que tenía fuera de mi padre, y además con alguien de mi misma edad, pero eso pasaba un rato, una media hora cada semana. Por lo demás, ahora en el bosque ni tan siquiera tenía el aliciente de aquellos carboneros de antaño en La Mata, con los que yo iba adquiriendo algunos conocimientos por escasos y monótonos que fueran. Salvo un señor mayor que mi padre, de Tabernas, Almería, del que ya he hecho mención, que solía venir a trabajar cuando se le antojaba, o cuando se quedaba sin dinero, no había nadie. Este hombre era toda una curiosidad, por lo que había sido su vida. En cierta ocasión pude presenciar cómo mi padre le presentaba a su propio hijo —que vino a Tarrasa para hacer el servicio militar como recluta en el campamento que había en los terrenos cercanos, donde se construirían los bloques de San Lorenzo— porque él no lo conocía. Hacía años que había salido de su pueblo, se vino a Tarrasa y no llegó a tener relación más con su mujer y sus hijos —varón y hembra— sin que se le ocurriera volver a verlos. Se decía que no se llevaba bien con la mujer por culpa de la suegra; pero el resultado fue el bochornoso espectáculo de que el hijo tratara de localizar a su padre y diera antes con nosotros que con él. El muchacho buscaba a un carbonero y alguien le dijo que el carbonero que conocían era Miguel el carbonero; y mi padre le pidió referencias sobre la persona a quien buscaba; y supo así que se trataba de su compañero del bosque, Rafael Sierra, al que había conocido años atrás cuando se encontraron en un rancho por Andalucía. Padre e hijo se dieron un abrazo frío y sin nervio, cuando mi padre le dijo a Rafael: "Te presento a tu hijo". Siempre me he acordado de este cuadro, esperpéntico donde los haya. Dudo que se volvieran a encontrar, a pesar de que estuvo algunos meses en el campamento. Es de suponer que el hijo prefirió olvidarlo ante el poco interés que mostró su padre por él y su familia.

Este hombre, Rafael, trabajaba lo justo para poder ir comiendo. Para él las semanas difícilmente alcanzaban más de dos o tres días laborables. Lo que es eso que ya desde la Antigüedad se conoce como acumulación de bienes para el invierno, lo desconocía. Él era mucho más cigarra que hormiga. Y se pasaba todo el tiempo dando sablazos a todo el que se le ponía delante. Cierto que cuando ya le resultaba imposible seguir en ese estado de contemplación y viéndolas venir, entonces arrimaba el hombro durante un tiempo, hacía un boliche y con el dinero que sacaba pagaba los sablazos, y a volver a empezar. Siempre acababa encontrando quien le diera algo para salir del paso, porque a la larga siempre o casi siempre lo devolvía. Era todo un personaje digno de Valle-Inclán, por lo menos.

Recuerdo una anécdota, algo que fue el hazmerreír de todos los que tuvimos ocasión de escucharlo de su boca. El hombre estaba tan aquejado de callos en los pies que de vez en cuando le molestaban. Así que decidió ir al callista para que le aliviara las molestias quitándole las duricias. Pues bien, cuando estuvo ante él y le hubo revisado el pie que le molestaba, el callista le dijo que se descalzara del otro pie para echarle un vistazo para ver cómo lo tenía y si ahora o en el futuro necesitaría de alguna intervención. Rafael se negó diciendo que no, que el pie que le hacía daño ya lo había "trasteado" y que no era necesario. El facultativo, creyendo que no quería que le mirara el otro pie por si le costaba más caro, cosa comprensible en aquella época de escasos medios, porque se pagaba, según decían "por callo", le dijo que no se preocupara, que le iba a cobrar lo mismo, que aquello no era más que una simple revisión ocular preventiva para que él supiera en qué condiciones tenía ambos pies para solucionarlo si fuera el caso, antes de que sintiera dolor. Rafael seguía negándose, pero tanto lo acorraló que no tuvo más remedio que confesarle la verdadera razón por la que se negaba a descalzarse del otro pie:

—Es que, verá, como sólo tenía el callo en un pie, no me he lavado más que ése. El otro no pensé que me lo fuera a mirar.

Ante tan aplastante razonamiento el callista no insistió más y lo dejó ir, no sabemos si tronchado de risa, o algo más. Lo curioso es que fue el mismo Rafael Sierra quien lo explicó a los amigos del bar —y lo repitió después— sin el menor problema y con todo lujo de detalles y razonándolo de la manera más convincente. Lo tenía claro, si sólo le revisaban un pie. ¿A razón de qué iba a lavarse los dos? ¡Qué despilfarro! debió de pensar.

En esta nueva etapa en el bosque, cuando bajaba a la ciudad buscaba a aquellas personas con las que había tenido alguna relación que me interesara, generalmente mucho mayores que yo. Ya no perdí la relación con alguna gente que había conocido en el periodo en que estuve en la ciudad. Tampoco la perdí con los amigos de mi padre, entre ellos un vecino anarquista que, no obstante, estaba desvinculado de su organización, y que era más conocido por mi padre por su relación de taberna que por otra cosa, aunque, qué duda cabía que la amistad venía dada por sus afinidades contrarias al régimen, aunque fueran puramente morales ya que mi padre no se vinculó a organización alguna tras acabar la guerra y salir de la cárcel. Su pensamiento estuvo más en asegurar la supervivencia, en la familia.

Segunda Parte

I

José López Neiro
Relación con el PCE-PSUC

En la segunda mitad de los años cincuenta, en los barrios de barracas de las ciudades, sus habitantes iban tomando conciencia de la situación precaria en que vivían. Los bajos salarios y las jornadas interminables que éstos provocaban eran motivos más que suficientes como para que mucha gente se aprestara a buscar soluciones que paliaran de alguna forma la situación. Y claro, ésta, aunque fuera de forma tímida, sólo podía llegar con la protesta, con la organización y la lucha, por limitada que fuera, que pocas personas en aquellas condiciones, cuando la represión estaba muy presente, se atrevían a afrontar. La mayoría de la gente que había llegado en los últimos años, como habíamos llegado nosotros, seguía teniendo el miedo en el cuerpo. Todo lo que rodeaba a la gente hacía que así se percibiera. Pero como suele suceder, incluso en las condiciones más adversas, o quizás debido a tales circunstancias, siempre hay quien, con ideas más avanzadas o por instinto de supervivencia, se arriesga a rebelarse contra las injusticias y trata de hacer algo para organizar la protesta, la lucha, la resistencia, para mejorar las condiciones de la población, consciente de que para que tenga un mínimo de posibilidad debe ser un empeño colectivo. Así, ante las deplorables condiciones de vida y de trabajo, en los barrios y obras empezaron a aparecer las primeras tímidas protestas, no sólo de militantes políticos, mejor organizados, pero a menudo aislados de la realidad, sino también de trabajadores no organizados políticamente. Era una misma lucha para todos. Se trataba de pequeñas acciones que se llevaban a cabo en los barrios de inmigrantes como San Lorenzo o Montserrat, de reciente construcción, así como en los barrios de Can Anglada, Torrente de la Maurina, Las Arenas, San Pedro, Pueblo Nuevo, Can Palet, etc. Eran barrios que carecían de lo más elemental, sobre todo estos últimos, pues habían sido construidos de forma anárquica por los propios vecinos, y se seguía construyendo sin control, sin que se hubieran asegurado previamente servicios imprescindibles como la electricidad, el abastecimiento de agua, desagües o cloacas. Estas últimas a veces desembocaban a la calle o a algún torrente próximo, si lo había, y en ocasiones los vecinos, los encauzaban hacia pozos negros que periódicamente habría que vaciar. Se decía que por algún payés, para abono.

Cualquier acción, por pequeña que fuera, mantenía encendida la mente de los trabajadores, generalmente por cuestiones reivindicativas estrictamente laborales o vecinales, éstas todavía muy incipientes. Había tenido lugar la manifestación de las bicicletas del 16 de enero del 1956 como protesta por el abuso del precio del impuesto de circulación, que en aquellos años era muy importante, ya que era el medio de trasporte más utilizado por los trabajadores, logrando que por primera vez se visualizara algo no visto desde antes de la guerra. La manifestación, que constituyó un acontecimiento insólito en aquella época, no pasó desapercibida para las fuerzas represivas que, como era habitual, pusieron su punto de mira en los comunistas. Al cabo de un tiempo, por denuncia del dueño de la "bóbila" (del tejar) donde trabajaba, fue detenido Cipriano García, así como otros cargos sindicales, pasando todos ellos un mes y medio en la cárcel Modelo de Barcelona.

Un año después hubo una caída en Barcelona, lo que provocó la detención de algunos comunistas, entre los que estaba Cipriano, Juan Martínez, Salvador Guerrero, Antonio Casas, entre otros. Ocurrió en las cercanías del primero de mayo, cuando preparaban dicha jornada de lucha, siendo procesados en Consejo de Guerra más de un año después, en el mes de junio.

Todos estos acontecimientos eran motivo de viva conversación entre la gente que conocía mi padre, con opiniones de todo tipo, que a mí me mantenían la llama encendida. Porque el tema duraba mucho tiempo en el candelero. No solamente las detenciones y los acontecimientos sobre las mismas, sino las noticias que llegaban de forma más o menos distorsionadas, sobre el trato que habían recibido los detenidos, siendo la tortura lo que más se comentaba, así como que no era cierto que el Partido Comunista hubiera sido desmantelado, algo en lo que las autoridades insistían en las pocas publicaciones que hacían referencia al hecho, y naturalmente con absoluta parcialidad; aunque el desmentido por parte de mi padre y sus amigos careciera de la menor base informativa, ya que era puro deseo y un intento de alimentar el mito de que los comunistas estaban en todas partes, o que, como el ave Fénix, siempre renacía cuando era necesario, manteniendo la organización. Había en aquellos hombres con los que hablaba mi padre en aquellas charlas de taberna y a las que yo a veces asistía callado en un rincón haciéndome el remolón cuando me decía que me fuera para casa, seguramente la necesidad de creerse sus propias palabras alimentando la ilusión de que alguien seguía peleando; yo asistía ocasionalmente como testigo mudo. Tenían una especie de fe, más que en los hombres propiamente, en lo que ellos llamaban "el nervio del partido" —que nunca supe en qué consistía— sobre todo porque ninguno de ellos era miembro del mismo, e incluso la mayoría nunca había conocido nada de él más que de oídas o por lo que habían visto durante la guerra: "Podrán hacerles perrerías, pero el Partido Comunista tiene forma de estar presente siempre y no lo podrán liquidar así como así". Era una fe más cercana a la esperanza de que las cosas cambiaran de forma radical —la vuelta de la tortilla, se decía— que a considerar la realidad. Creo que era lo que deseaban creer aquellos hombres combatientes en la dura batalla diaria para poder salir adelante en aquellos años difíciles.

Ciertamente, como pude saber tiempo después, los torturadores se comportaron como asesinos que perdían hasta las más mínimas formas, ya de por sí degradadas en lo humano por sus habituales comportamientos, por la euforia que manifestaban ante el hecho de considerar que la organización del partido había sido desmantelada en Tarrasa, y poder presentarlo como un éxito ante sus superiores. Incluso como un éxito personal, intentando no compartirlo con el resto de los verdugos el final de una confesión arrancada por el policía que lo había logrado tras largas horas o días de tortura, que condujera a otras detenciones. Así que detuvieron a militantes, como Juan Martínez a quien fueron a buscar a la fábrica donde trabajaba, siendo torturado salvajemente, incluso maltratado y golpeado desde el mismo momento de la detención en la propia fábrica.

Por boca de Manuel Ortí, un contertulio habitual de la taberna a la que iba mi padre, se enteraron los amigos de que había sido detenido en la fábrica AEG José López Neiro. *Manelet* Ortí, que era como lo llamaban sus amigos, hablaba de él con un sentimiento muy profundo. Decía que era un hombre íntegro en todas las facetas de la vida y que estaba seguro que no diría una palabra. Confiaba en López Neiro más que en él mismo, decía, por su entereza de luchador. "Es un hombre de base, sin grandes conocimientos, pero de una calidad humana y de luchador que pocos hombres como él he conocido". Así fue como supe por primera vez de este comunista ejemplar antes de conocerlo personalmente.

Aquellas luchas, por muy necesarias que fueran, no se emprendían porque sí. Es difícil que la gente las lleve a cabo sin que previamente se hayan movido las aguas de la toma de conciencia, según la situación en que se está, y del por qué de la misma. Para que los deseos de lucha se sustentaran sobre algo sólido había que empezar a darle cuerpo a un mínimo de organización, sin la cual todo intento estaba llamado a fracasar antes de nacer. Y el hecho de que hubiera alguien dispuesto a emprender tan ardua y peligrosa tarea en aquellos años negros del franquismo, fundamentalmente obedecía a que durante los últimos años muchos de los inmigrantes que decidieron venir a Cataluña en general, —porque ese fenómeno se dio en todas partes—, y a Tarrasa en concreto, que es lo que nos ocupa, habían sido militantes o dirigentes del Partido Comunista de España en sus tierras de origen, que a medida que habían ido saliendo de las cárceles, eligieron esta ciudad para tratar de salir adelante con sus familias, tan castigadas en los años que estuvieron presos, y tratar de rehacer sus vidas. Aquellos militantes, mantuvieran o no relación con el partido, la mayoría nunca dejaron de tener claro que allí donde fueran debían organizarlo, organizar la lucha con las posibilidades que tuvieran y donde estuvieran, con contacto o sin él, con la organización del partido, lo que muchas veces pasaba, por haberse perdido el vínculo orgánico al marchar de sus pueblos, o por las caídas, los golpes de la policía y la desorganización temporal del partido en algunas zonas, sobre todo en el mundo agrario. Allí era aún más difícil, por la dura clandestinidad, llevar a cabo las tareas de partido, la más mínima organización que éste requería.

Todo militante del partido consciente de la necesidad de luchar, lo primero que se planteaba era que allí donde hubiera un militante, aunque fuera uno sólo, estaba el partido, y había que organizarlo. Y organizar al mismo tiempo la solidaridad, la ayuda a los presos, tarea principal en aquellos años con miles de presos políticos que llenaban todavía las cárceles de España, que se incrementaban o renovaban porque los tribunales militares no paraban, y toda acción de huelga o protesta era considerada rebelión militar. Así que eran los miembros del Partido Comunista, junto con otros de otras organizaciones, pero fundamentalmente los comunistas, y sobre todo y casi en su totalidad, inmigrantes llegados con la ola masiva de los años 40, 50 y seguirían en los 60, los que encabezaban aquellas luchas, tratando de darle cuerpo a la más pequeña de las protestas que permitieran ir mejorando algo la situación de penuria y de extrema explotación, arrancándole a la patronal, o a los jerarcas de los Ayuntamientos —encabezado el de Tarrasa en aquellos años por José Clapés, como alcalde, y claro, jefe Local del Movimiento,— mejoras por pequeñas que fueran.

En unas condiciones como aquellas, toda lucha, por poco importante que pudiera parecer hoy, era mucho si se lograba avanzar. Incluso si se fracasaba servía de acicate para continuar y aprovechar las experiencias, aunque a veces a un alto precio, pagado en despidos, torturas y cárcel. Jamás el partido, y de alguna forma el movimiento obrero en general —porque entonces lo político era inseparable de lo demás, era indivisible, fuera la lucha en los barrios o en las fábricas—, se quedó inactivo aunque las caídas y los golpes de la Brigada Político Social (BPS) fueran desastrosos; los militantes que hubiera disponibles tras una caída, con los conocimientos y posibilidades que tuvieran a su alcance, los que habían quedado sin ser detenidos, hacían acto de presencia lo antes posible, aunque sólo fuera con alguna octavilla, con alguna pintada en los muros de la ciudad, exigiendo la libertad de los detenidos y la amnistía, mejores condiciones de vida, reivindicación ésta que se incluía siempre, ya que las detenciones eran inherentes a las condiciones de vida de los trabajadores y a la falta de libertad. A veces con escritos plagados de faltas de ortografía, escuetos y hechos a mano con letras mayúsculas, donde si otra cosa no, sí quedaba claro que la organización seguía viva, que no habían podido liquidarla como la prensa del Movimiento— y la que pasaba por no serlo, pues toda obedecía la misma orientación— pregonaba, incluso alardeando de ello, a veces con editoriales descalificando a los autores, tratándolos de delincuentes.

Toda lucha, toda protesta o contestación la dictadura siempre la consideraba política, y de hecho lo era por la falta de otros cauces, imposibles de otorgar por el régimen dictatorial, porque se luchaba reivindicando lo que debía haberse considerado normal, laborales o cívicas. Pero contra la dictadura eran extraordinarias, pues temía que cualquier protesta, cierta, justificada o no, se le escapara de las manos si no la cortaba a tiempo, naturalmente con la represión, que descargaba brutalmente sobre aquellos que consideraba eran los responsables de organizarla. Sobre cualquier atisbo de organización asentaban los mayores golpes buscando cualquier hilo que los llevara al Partido Comunista o a algunas otras organizaciones que intentaran organizar la protesta, con el doble objetivo de reprimir a los que osaban desafiar al régimen, y de aterrorizar a la gente y que desistiera de semejante riesgo cierto al que se exponía.

Si toda reivindicación se politizaba al máximo, así mismo poner en cuestión los bajos salarios, determinados por el gobierno, o criticar las desastrosas condiciones de las viviendas, constituía una acción política, palabra maldita cuando no era utilizada para halagar al régimen y sus jerarcas. Las viviendas eran construidas por los propios trabajadores, como medio de meterse cuanto antes en ellas, "como fuera", sin otras vigilancias de profesionales que la obligación de pedir permiso, y no siempre, y pagar las correspondientes tasas.

Así proliferaron albañiles de última hora que quedaban con otros para el trabajo. Eso, si en la fábrica u obra no les habían dicho que se quedaran a hacer horas aquel fin de semana. Así que se podía considerar que durante mucho tiempo aquellos trabajadores, que ya iban cansados todas las noches a sus casas por jornadas agotadoras, las prolongaban también el único día que hubieran podido descansar, para hacerse un agujero donde meter a la familias y salir lo antes posible de las precarias y muy pequeñas barracas donde vivían hacinados en una habitación cuatro, seis o más personas. Cuando se estaban haciendo la casa la situación se agravaba, porque de los escasos recursos que lograban debían dedicar una parte a comprar cemento, o ladrillos, amén de tener que pagar la mensualidad o los intereses al dueño del terreno. Los terrenos eran por lo general viñas o almendrales que fueron arrancados para poner los terrenos a la venta, ante la demanda y necesidad que había de viviendas, haciendo muchos de los dueños de los terrenos negocios de la situación de miseria de mucha gente, sin que las autoridades tuvieran el más mínimo problema, si no es que también se daba el caso de que alguno de los gerifaltes o autoridades fueran propietarios de los mismos.

El panorama en la ciudad, aunque pareciera que no pasaba nada a nivel de movilización o protesta, era ya de cierta efervescencia de lucha reivindicativa, soterrada, sorda algunas veces. Se aprovechaba el menor resquicio para iniciarla, si había algún trabajador dispuesto a llevarla a cabo, como lo venían haciendo los miembros del partido, entre los que se encontraban López Neiro, Antonio Casas, Salvador Guerrero, Juan Martínez, así como Cipriano García, entre otros. Algunas cosas ya habían empezado a cambiar, pues la política emprendida tras el fracaso de la autarquía, aflojó los controles del gobierno y se emprendió el camino del desarrollismo y los corsés para los empresarios y sus tomas de decisión en cuanto a la producción se relajaron. También el desarrollo de los países de Europa ocasionó una emigración masiva hacia esos países, que aflojó la presión de paro, al tiempo que le proporcionaba al régimen cuantiosas divisas por el dinero enviado por las remesas de los emigrantes, que fue en gran medida lo que hizo posible el desarrollo. Por primera vez en mucho tiempo la mano de obra, a pesar de los muchos trabajadores llegados de toda España, era ocupada, aunque hubo momentos de altibajos y de crisis en algunos sectores, lo que favorecía la lucha por mejorar los salarios, a pesar del control férreo que mantenía el régimen a través del sindicato vertical.

Las condiciones para el capital extranjero, que empezó a entrar en España, así como para la propia burguesía catalana, tan complaciente con la dictadura entonces por favorecer sus intereses, eran inmejorables. Poder explotar a los trabajadores con sueldos de miseria era algo que la dictadura les aseguraba, desposeída la clase obrera del más mínimo derecho sindical que le permitiera la defensa de sus intereses. Era una situación que sin duda agradecían al dictador, deshaciéndose en elogios y convirtiéndolo en alcalde honorífico allí donde fuera, como es sabido.

La misma burguesía que regresó a Cataluña tras marcharse en los primeros momentos del levantamiento a la España de Burgos, y tras el fracaso del golpe de Estado en Cataluña, si no antes, por estar al tanto de la preparación del mismo, a darle su apoyo, regresarían bajo la protección de las fuerzas de los vencedores. Tendrían su recompensa por haber traicionado la legalidad democrática, sin que pusieran la más mínima objeción a la salvaje explotación de los trabajadores y a que se prohibiera, al menos en los primeros años, el catalán en la enseñanza, y en sus casas como norma hablaran castellano para congraciarse con el dictador, que era lo que se consideraba correcto. La burguesía, siempre tan pragmática en sus intereses, como lo sigue haciendo de sus cuentas corrientes; se sabía protegida por el franquismo, sin ignorar ni importarle en ningún momento con qué métodos lo hacía. Jamás tuvo más significado en boca del capital catalán aquel dicho de "la pela es la pela". Ante semejante argumento no cabían debilidades. Ya habría tiempo para los juegos de artificio democráticos cuando conviniera. De momento, lo más eficaz para sus intereses era cumplir con sus obligaciones, ya fuera en los puestos de los consejos de administración amasando fortunas sin el menor control en lo que respecta a la especulación, exprimiendo las necesidades de la población, ya fuera en los cargos políticos que ostentaban defendiendo contra viento y marea como falangistas, *salistas* o lo que conviniera para sostener la dictadura, su dictadura. La que defendió tan bien, porque era suya, de la burguesía catalana apoyándose en ella y en sus leyes represivas. La misma burguesía que años después no tendría empacho en renunciar de forma oportunista, como siempre, a todo lo que representaba sus vidas anteriores, pasándose con "armas y bagaje ideológico", al bando de los demócratas de toda la vida, con cambios mínimos de fachada y simbología aparente, renunciando y negando haber servido y servirse de la dictadura durante cerca de cuarenta años. Hasta tendrían el cinismo de apuntarse a la fábula de *territori ocupat*, como extendieron con sus inventadas y revisadas historias. Les fue muy fácil, sólo era cuestión también en este caso, de "la pela". Aunque en honor a la verdad contaron con ayudas de fuera de su clase, que nunca imaginarían les llegaran. O al menos nunca pensaron que aunque desde hacía mucho tiempo que iban colocando sus huevos en distintas cestas en forma de relaciones con ciertos dirigentes políticos u obreros de la clandestinidad, lograrían con creces aquellas inversiones ideológicas para ser considerados, cuando llegase el día, luchadores por la democracia y la libertad, y hasta antifranquistas. Ni en noches locas de delirios pensaron que les costaría tan barato, si lo comparamos con el precio que tuvieron que pagar los trabajadores, en el terreno de la explotación, muchas veces de forma directa por los *amos demócratas*. O en represión durante la dictadura, y en la marginación del poder de decisión, salvo que alguien considere que unos burócratas sindicales o algún cargo político bien remunerado de un antiguo antifranquista representan algo de poder para los trabajadores. ¡Cuántas veces pudimos oír en las cercanías del fin del dictador, lo importante que era para los trabajadores que hubiera grandes empresarios, demócratas y aliados, que rompían con la dictadura! Cuyos nombres se decían, pero no debían comentarse. Naturalmente, la cercanía del fin biológico del dictador les hacía maquillarse para la representación de la obra que convenía representar.

El anarquista Manuel Ortí Querol había pertenecido a un grupo libertario que fue detenido a final del año 1956 a raíz también de la detención de varias decenas de anarcosindicalistas en la provincia de Barcelona. Acusados por la policía de estar reorganizando la CNT para dar apoyo a los guerrilleros anarcosindicalistas que operaban por Cataluña, como Francisco Sabaté Llopart (Quico Sabaté) y otros, que entre otras actividades atracaban a empresas, "para mantener la resistencia"; los detenidos de Tarrasa fueron encausados y puestos ante un Consejo de Guerra en un ambiente enrarecido. No hay que perder de vista que durante aquellos días en Barcelona se convocaban jornadas de lucha contra la carestía de la vida, lo que agudizaría el celo de los represores contra los detenidos que a su vez eran acusados de "bandidaje y terrorismo". Manuel Ortí, *Manelet,* como lo llamaban, y el resto de los amigos de la tertulia por ser valenciano, había estado en la cárcel, y de vez en cuando la policía lo iba a buscar como "prevención", algo muy habitual entonces si había algún acontecimiento en que la policía considerara aconsejable quitarlo de en medio durante unos días sin el menor motivo, lo que no necesitaban aquellos servidores de la dictadura. Esto le pasaba en aquel tiempo a otros muchos fichados por la policía, cuando algún acontecimiento iba a tener lugar en la ciudad, sobre todo en Barcelona, si algún gerifalte del régimen la visitaba; la policía franquista en su paranoia lo consideraba peligroso, cuando era un hombre de lo más noble y pacífico, dedicado a su trabajo de carpintero y a mantener a su familia.

Manelet me decía que la organización, el grupo al que había pertenecido, consideró contraproducente que siguiera vinculado a ellos. No sé si decía la verdad, pero me pareció que había cierta incoherencia en sus palabras, aun sin comprender del todo el significado. Lo que sí entendí fue la necesidad de la unidad, una proclama muy recurrente en la izquierda, pero pocas veces se seguía. "Yo no estoy muy de acuerdo en hacer la guerra por nuestra cuenta, creo mejor que nos unamos todos —me dijo— creo que sería lo correcto en estas circunstancias y así lo he hecho saber". No sé si esto sería así o lo interpreté correctamente, pero concuerda con el hecho de que fuera él, anarquista, precisamente quien me facilitara el acercamiento al Partido Comunista —al PSUC—.

Lo cierto es que como el grupo fue desmantelado, y unos en la cárcel, sobre todo José Prat Closa, el organizador, condenado a muchos años de prisión, otros bastante castigados y condicionados por la familia, como me consta lo estaba *Manelet*, éste dejó, a su decir, de militar. Tampoco buscó, que se supiera entonces, otras alternativas dentro o fuera de los grupos anarquistas. De hecho estaba ya muy quemado y la presión de la familia, que en definitiva sufría la represión a la par que los que luchaban en aquellas condiciones, lo frenaba. Pero como era un hombre inquieto y conocía a otros luchadores, de otras organizaciones, se vinculaba con ellos, aunque sin pertenecer a ningún partido, porque él "seguía siendo anarquista, pero ayudaría en lo que pudiera a los que lucharan, donde fuera". Así fue cómo mantenía contacto, más de amistad que otra cosa, con los miembros de la célula del partido, lo que tendría consecuencias para mí con los años. Además, durante bastante tiempo recogió dinero para los presos y lo entregaba al partido, no sé si a alguna otra organización también, pero por lo menos gran parte de él. Seguramente lo hacía por la amistad que mantenía con algunos miembros del partido y porque pertenecían a él la mayor parte de los presos que había, tanto entonces como durante todo el periodo de la lucha antifranquista.

II

La muerte de Domingo Ribas

Cuando mi padre me dijo que dejara el trabajo que tenía, que era de pastelero en el Horno del Progreso, en la plaza del mismo nombre, como ya he dicho, para ir al Obach, la nueva finca donde iríamos a trabajar, mi madre intentó que yo me quedara en Tarrasa, cuestión que mi padre cortó con la autoridad que imponían los padres de familia, con razón o sin ella, en aquellos tiempos. Mi madre carecía de opinión y sólo intentó tímidamente hacerle comprender que debía permanecer en Tarrasa y aprender un oficio. El argumento para que lo acompañara de nuevo al monte era el mismo que arguyó cuando toda la familia bajó a Tarrasa y yo me tuve que quedar en el monte con él cuando tenía nueve años: "para que me haga compañía", sin atender a otras necesidades que él debería haber tenido en cuenta, y yo ya había empezado a saborear en el poco tiempo que estuve en la ciudad, como eran las relaciones con otras personas, que hablaban de muchas cosas que yo en mi aislamiento en el monte desconocía. Tampoco atendió a las razones que algunos amigos y familiares quisieron hacerle ver, de lo equivocado que estaba con su decisión. Intuyo que sabía que tenían razón y por eso se negaba en redondo ni siquiera a hablar de ello, cortando la conversación de forma agria, cosa que raramente hacía, pues tenía un carácter bastante abierto en la mayoría de las cosas.

Yo ya era un mozo algo más espigado y trabajaba a la par que mi padre, al tiempo que me cuidaba de lo que llamaríamos la *intendencia*, lo que por otra parte ya había hecho en la etapa anterior. A la finca del Obach se llega por la carretera de Rellinás. Nosotros, en principio, estuvimos a la altura del kilómetro 6, cerca de lo que llaman "Los Caos" ("Els Caus"), un alivio del agua, que cuando llueve mucho se desborda el que dicen es un lago subterráneo. No sé si esto será cierto, pero sí que un cuerpo de agua con cierta intensidad suele brotar de la montaña cuando llueve copiosamente durante cierto tiempo, que suele durar una o dos semanas con brío, languideciendo poco a poco hasta quedar en un mero reguero sin importancia, y si tarda mucho en volver a llover, se extingue. Como tan cosa sucedía muy de tarde en tarde, era todo un acontecimiento que reunía a mucha gente el siguiente fin de semana para verlo. Una especie de *Gran Carnaval*, con gentes llegadas de muchos lugares, Barcelona principalmente incluida. Es de suponer que aparte de los curiosos también se acercaran por allí algunos estudiosos de lo que parecía un "manantial surgido de las profundidades de la tierra", como se oía por allí. Supongo que algo de leyenda sí había en aquellas solitarias montañas, necesitados sus habitantes de algo que rompiera la rutina, como el caso que explicaban, que en una ocasión haciendo picón unos carboneros durante la noche cerca de la montaña del macizo de la Mola, donde está la iglesia románica de San Lorenzo, parece que se divisó el resplandor del fuego desde Barcelona y al día siguiente había un montón de gente que creía que había erupcionado un volcán. Esto también lo contaban los carboneros y otros que deambulaban por allí y quedó en mi memoria, pero nunca después nadie me hizo referencia al tal volcán, ni siquiera al hecho de la alarma que generó, según los que lo referían.

En la nueva etapa en el monte, cuando bajaba a la ciudad buscaba a aquellas personas con las que había tenido alguna relación que me interesara, generalmente mucho mayores que yo, que eran las que hablaban de todo lo que me había despertado la curiosidad. Ya no perdí la relación con alguna gente que había conocido en el periodo en que estuve en la ciudad.

Cuando conozco a Manuel Ortí Querol, *Manelet*, es el verano de 1960 —yo tenía 15 años—, en que no sé por qué razón estuvimos una semana sin ir al bosque. Y como mi madre me enviaba a decirle a mi padre que fuera a comer —cosa que él desoía, continuando con la partida de *subastao*— posibilitó que yo hablara alguna vez con aquel hombre simpático, pelirrojo y charlatán, y algo alegre producto de la *barreja*, que hablaba de cosas parecidas a las que yo había oído en el bosque hacía tiempo.

Por entonces también conocí, aunque hablé con él pocas veces, a Juan Hernández, un hombre que parecía tener mayor nivel cultural que la mayoría de aquellos que yo había conocido hasta entonces, y me llamó la atención por sus conocimientos de historia y matemáticas, o que a mí me pareció muy interesante, supongo que por mi desconocimiento. Las pocas veces que lo vi, siempre en el bar, vestía camisa azul, de manga larga aunque fuera verano, abotonada hasta el cuello. Era militante del partido desde hacía mucho tiempo, aunque yo entonces eso no lo sabía. Había estado unos tres años en la cárcel. Reemprendió la militancia con un grupo de compañeros que yo acabaría conociendo tiempo después, algunos de ellos volverían a pasar por las manos de la policía franquista, y con largas condenas de cárcel. La indumentaria azul se debía a que en aquellos tiempos era la ropa de los trabajadores de casi todos los oficios, y como tampoco había demasiadas ocasiones de cambiarse de ropa, muchos iban con la misma del trabajo; y lo menciono porque quedó en mí grabada esa imagen de él. Creo que trabajaba en Tintes Soler, fábrica del textil, a la sazón muy importante, de la calle San Quirico; era ayudante de chofer. No supe gran cosa de él hasta tiempo después, cuando los camaradas lo mencionaban como "un militante muy preparado". Desconozco los pormenores de las causas por las que estuvo internado en el manicomio de San Baudilio o Sant Boi. Murió en 1964. Sí recuerdo, porque me lo contaron días después, que fue un entierro multitudinario, teniendo en cuenta la época y la vigilancia que había sobre el partido y los comunistas conocidos por la policía por haber estado en la cárcel. No pude asistir, no recuerdo por qué, posiblemente porque estaría en el monte. Este hombre pasó por mi vida de forma fugaz, como una sombra, pero lo tendría presente durante mucho tiempo porque años después frecuentaría su casa, y andando el tiempo me casaría con una de sus hijas, Asunción. Su retrato y las referencias a él, eran omnipresentes en la casa. Allí posaba en una fotografía junto a sus padres, envueltos ambos en una nube como se solía hacer entonces para unir dos personas en la misma fotografía, hecha de dos fotografías independientes en tiempos diferentes. Aquella casa, "de la viuda" la llamaban los militantes del partido, fue lugar de referencia para muchos militantes durante bastante tiempo, y para mí obviamente, también. La casa nos servía a todos como punto de encuentro. Íbamos allí porque tenía tres hijas todavía muy jóvenes, y se suponía que era una forma de amistad o solidaridad con la viuda y las hijas del compañero fallecido; la realidad es que durante mucho tiempo se hicieron muchas reuniones, encuentros, escritos y resoluciones o llamamientos elaborados o hilvanados allí, lo que le valió cierta aureola de militante comunista a la viuda, aunque ella en aquellos menesteres no participaba, como tampoco lo hacía su hija mayor, Celia, ni la menor, Consuelo porque era muy joven todavía. Sí participaba Asunción, quien cuando yo empecé a ir, poco después de la muerte de su padre, tenía unos 14 años y me ayudaba a escribir los clichés y las octavillas porque trabajaba en una oficina y sabía escribir a máquina.

Y debo hacer referencia aquí a otro militante, dirigente y muy castigado por la represión. Aunque lo vi un par de veces no lo conocí apenas, y no supe que era del partido hasta tiempo después. Me refiero a Domingo Ribas, que vivía en la calle Mozart en la Cogullada, quien también había sido un dirigente muy sólido de la lucha, y que estuvo en Burgos junto a Pedro Ardiaca, Cipriano García y Antonio Gutiérrez Díaz, el que años después sería el secretario general del partido en Cataluña, y uno de los artífices de la liquidación del mismo por sus posiciones políticas tendentes al nacionalismo, en la última etapa.

Recuerdo que cuando murió Domingo Ribas, en el velatorio (que entonces era en la casa del difunto) al que acudí porque alguien me lo diría, me hallé con que desconocía a la mayor parte de los presentes. Se trataba de militantes veteranos que no frecuentaban los lugares donde yo militaba, en el Comité Local. Supongo que la mayoría de los presentes pensarían que yo era algún vecino. En el velatorio estaba la policía "la social", con Aníbal Martínez, no sé si ya como jefe del cuerpo represivo o enviado; y recuerdo sobre todo que Cipriano les dijo a los familiares de Domingo, levantando la voz, cosa que raramente hacía, para que lo oyeran los policías: "pero qué hacen estos tíos aquí, en un velatorio que pertenece al dolor y a la intimidad de la familia y de sus compañeros; echadlos a la calle vosotros que sois la familia y podéis; es intolerable que tengamos que soportar una presencia que no es grata, en unos momentos como estos".

No fue necesario echarlos, papeleta un tanto enojosa para la familia de Domingo Ribas, tratándose de la todopoderosa policía franquista; discretamente se marcharon ellos solos, aunque seguramente no muy lejos, pero ya su miserable labor la habían cumplido, que no era otra que la de ver quiénes estaban aquella noche en el velatorio. Supondrían muy acertadamente que la mayoría serían miembros del Partido Comunista o muy cercanos a él, aunque la mayoría eran comunistas ya "legalizados", conocidos por todos por haber estado en la cárcel, lo que de facto los hacía visibles, conocidos como comunistas. Cipriano, como algún otro conocido de los policías, podía comportarse así porque él había purgado largos años de prisión y había pasado por sus manos. Y había sido torturado por ellos. Y ya algo habían cambiado algunas cosas, al menos en apariencia. Ahora les era más incómodo, que no difícil, llevárselo sin más a Comisaría, como sin duda hubieran deseado y hecho no mucho tiempo atrás, sin que por lo menos se creará una situación indeseada. Allí vi por primera vez a Antonio Gutiérrez, "El Guti".

Los años de cárcel también lograron modificar la situación y las arbitrariedades que se cometían, pero ya tenían que guardar ciertas formas, no demasiadas, pero sí algunas que no pudieran soslayar. La muerte de Domingo Ribas, prematura, qué duda cabe, que fue a consecuencia de los muchos sufrimientos soportados por las detenciones y los años en penales como el de Burgos. Muchos hombres y mujeres antifranquistas de la época envejecieron prematuramente, debido a los padecimientos en las cárceles y la represión.

III

El voluntarismo de Carrillo y la H.N.P

Alguna vez, supongo, *Manelet* me oyó opinar, a pesar de que mi padre en más de una ocasión me hacía callar si esto ocurría, con esa autoridad tan propia y a veces incomprensible de aquel tiempo. Un día, cuando mi padre no estaba presente, me dijo que quería hablar conmigo. Hablamos, sobre todo él, de muchas cosas que yo no entendía, pero que me interesaron, a las que yo respondía sin ton ni son, sólo por lo que había oído, y me acordé del panadero del Horno del Progreso que había conocido tiempo atrás. De alguna manera coincidían en sus opiniones, o a mí así me lo parecía, y con los carboneros compañeros de mi padre, ya tan lejanos para mí. A los pocos días *Manelet* me entregó para que lo leyera un ejemplar de *Mundo Obrero*, el órgano del Comité Central del Partido Comunista —del Partido Comunista de España, no del PSUC, que era como andando el tiempo supe que se llamaba el partido en Cataluña.

Aquel periódico pequeño, de hojas finísimas —papel Biblia lo llamaban— lo leí y releí sin entender gran cosa y conservé como una especie de joya totémica; me fascinó el emblema tan llamativo con la hoz y el martillo. Era algo que por el hecho de estar prohibido, de no tener la oportunidad de tenerlo con normalidad, adquiría la categoría de único para mí, digno de conservar como punto de referencia de todas aquellas conversaciones que durante algunos años había oído a los amigos de mi padre y los mayores que hablaban de las cosas de hacía mucho tiempo.

Una o dos semanas después, *Manelet* se hizo el encontradizo conmigo y me preguntó qué tal me había parecido "aquello", refiriéndose al periódico, a lo que respondí que me parecía muy bien, aunque no supe darle demasiadas explicaciones y menos opinión clara de lo que había leído. En realidad él no sabía que yo tenía muchas dificultades con la lectura, pero me cuidé mucho de decírselo. No sé por qué, pero entonces me pareció que con quince años debía haber sabido leer y escribir mucho mejor. Y como yo hablaba y hablaba hasta por los codos, como suelen hablar muchas veces los que todo lo ignoran, daba la impresión de que sabía más de lo que sabía en realidad. Fue cuando me entregó los Estatutos del V Congreso del Partido Comunista de España, un Congreso que hacía ya varios años que había tenido lugar, en 1952, aunque ya se había celebrado el VI, hacía unos meses, en enero de aquel año de 1960; y algunos "papeles" más que no recuerdo, supongo que algún manifiesto, llamamiento u octavilla de elaboración local. Me fui con ellos hacia una fuente y balsa que había en Can Jofresa (*Can Chofresa* lo llamábamos) donde solíamos ir los chavales a bañarnos en el buen tiempo, y me pasé un par de horas bajo un almendro tratando de entender aquello que leía, que ciertamente creo que no fue mucho. O quizá no entendí nada. Ni siquiera sabía qué quería decir eso de "estatutos". Pero también lo conservé durante muchos años, y si no hubiera sido por los muchos avatares que se cruzaron en mi vida privada, seguramente los seguiría teniendo, así como toda una colección de octavillas y otras hojas que confeccionábamos durante tiempo, que yo guardaba a buen recaudo, amén de las notas de las reuniones recogidas en agendas durante años, que desgraciadamente se perdieron, paradójicamente después de haberlas recuperado una vez llegada la libertad, y que hubiera sido una fuente importante de recordatorio, de memoria viva para mí.

Tras algunas conversaciones y encuentros que yo consideraba casuales, el carpintero *Manelet* me dijo si quería conocer a un amigo suyo, muy buena persona, y que éste me podría hablar mejor que él de todas aquellas cuestiones que había leído. Así que fue por este hombre por el que supe algo de López Neiro por sus referencias de cuando cayó, etc. Fue *Manelet* quien me lo presentó, ahora en persona. José López Neiro era miembro del Partido Comunista, un andaluz nacido en Albuñol, provincia de Granada, pero que procedía de La Carolina, Jaén, ex-minero que entonces trabajaba en la empresa alemana AEG, foco de luchas obreras importantes en aquellos años y muchos después en la ciudad, por ser una concentración proletaria considerable.

López Neiro era uno de los militantes que desde hacía años, finales de los 40, y principios de los 50, trabajaba para organizar el partido y uno de los que mejor representaban a la militancia comunista, trabajadores dispuestos a luchar. Hacía pocos meses que había salido de la cárcel, por una redada que la policía llevó a cabo por varios sectores obreros de Cataluña, como Barcelona, las minas de Berga, Sabadell y Tarrasa. Fue, según supe después, por el llamamiento por la jornada de Huelga Nacional Pacífica (HNP) del verano de 1959, que siguió a la Jornada de Reconciliación Nacional convocada por el PCE, que fue un rotundo fracaso, a pesar de que la prensa del partido y todos sus medios de propaganda dijeran lo contrario, comprensible por las circunstancias. "Fue una caída muy numerosa", me diría José tiempo después. A él lo fueron a detener a la fábrica, la AEG, o Electra Industrial, como se llamaba entonces. Fue torturado con aquella "delicadeza" que los sicarios de la dictadura utilizaban con todos, especialmente con los comunistas. Este hombre, con su sola imponente presencia y sus palabras sencillas, daba confianza y seguridad en que lo que decía lo creía realmente, sin la menor sombra de duda. A él como a tantos otros camaradas le tocó sufrir las consecuencias de aquel llamamiento a la HNP.

El voluntarismo que en más de una ocasión movía a la Dirección del partido, creyendo que había condiciones para acciones de gran envergadura, desconociendo la realidad del interior, a pesar de que algunos dirigentes lo advertían, ocasionaba caídas inútiles y muy dolorosas, y hacía difícil la recuperación del partido. Fue un desastre la convocatoria de la Huelga Nacional Pacífica (HNP), que Carrillo se empeñó en que se llevara a cabo a pesar de que algunos dirigentes muy cualificados, como Simón Sánchez Montero o Lucio Lobato, que estaban a pie de obra como se suele decir, que conocían de primera mano la situación de España, manifestaran lo absurdo de aquella convocatoria, que llevó a la cárcel a lo más veterano y preparado del grueso del partido en el interior. El máximo dirigente, ante aquella oposición, hizo que dichos camaradas se desplazaran a París, con lo que eso significaba entonces de preparación del viaje y del peligro que entrañaba, para discutirlo. Y se discutió. Al principio los camaradas, Simón sobre todo, le manifestaron su absoluta oposición a semejante aventura, por la falta de condiciones. Pero lo que decía Carrillo pesaba mucho más que los argumentos de los camaradas del interior. Y aunque todavía no era el Secretario General ya ejercía de tal. Y con una especie de fuga hacia delante —"endiosamiento" han dicho algunos— se impuso, y todos aceptaron el llamamiento como realizable, por lo menos de cara al Secretario General, ya indiscutible para todos los miembros del Comité Central, porque sabido era que ante la ausencia de Dolores Ibárruri, ejercía de tal con el visto bueno de ésta, que vivía en Moscú tras la ilegalización del PCE en Francia.

Habría, tal vez, que recurrir a la psicología para entender aquel cambio de posición de aquellos dirigentes del interior, conscientes en todo momento de lo equivocado que estaba Carrillo, aun otorgándole buena voluntad en sus análisis a distancia, fruto del deseo, para comprender aquella súbita conversión a los criterios del Secretario General, a los pocos minutos de hablar con él. Parece imposible, desde la óptica de hoy, que hombres experimentados en la lucha clandestina, conocedores de la represión, las torturas y la cárcel, mucha cárcel, y la fortaleza de la dictadura en aquellos años, se dejaran convencer de buen grado sin oponerse de forma absoluta y rotunda a aquel, sin ninguna duda desastre, planificado desde el voluntarismo y el desconocimiento de la realidad. Una cosa era la necesaria propaganda para mantener la ilusión entre militantes y los trabajadores en la lucha contra la dictadura, y otra muy diferente algo tan serio como la convocatoria de una huelga general que paralizara la actividad en toda España desde la clandestinidad y por gente, por más que se quisiera negarlo, aislada y sin la menor capacidad de incidencia en el mundo del trabajo, más que por las voces de la *Pirenaica* y las pocas hojas que se podían confeccionar en multicopistas clandestinas por algunos grupos organizados del partido, ya fuera en algunas fábricas, en las ciudades o en las universidades, donde también empezaban a organizarse algunos sectores, ya fuera en el partido o en otras organizaciones.

Hay quien ha atribuido este voluntarismo al deseo y ambición personal del dirigente, que necesitaba fortalecer su posición en la estructura del partido "creando" él las condiciones que no existían. Aunque conociendo a Carrillo como lo conocí años después, no lo creo. Ya estaba sólidamente establecido en el cargo, que nadie le disputaba con posibilidades. Y era incompresible, por irracional, que dirigentes tan experimentados como Simón Sánchez Montero o Lucio Lobato fueran conscientemente hacia la pira del sacrificio sabiendo de antemano que así sería, sin otras posibilidades. Parece extraño a la luz de hoy, que estuvieran dispuestos a ceder a los deseos de Carrillo a sabiendas de que sin ninguna duda acabarían muchos de los camaradas en las manos de los asesinos de la BPS: de Yagüe o Conesa, en Madrid o los Creix, Pedro Polo o Quintela, en Barcelona, o sus correspondientes sicarios de otros lugares de España, como efectivamente sucedió. Y mucho más que lo hicieran sin que aquello desatara una fuerte discusión sobre la fuerza del partido, su influencia real y las posibilidades o condiciones objetivas para una movilización de aquellas características. Nada menos que paralizar el país con una huelga general simplemente porque el partido lo decidiese desde la *Pirenaica*, el clandestino Mundo Obrero y las correspondientes hojas u octavillas y panfletos de cada lugar donde el partido pudiera llevarlas a cabo, lo decidiera. Sólo en una situación prerrevolucionaria sería posible tal hecho, que evidentemente estaba muy lejos de darse en la España franquista de finales de los cincuenta, con el recuerdo todavía vivo de la guerra civil, y el posterior racionamiento. Aunque éste ya se había levantado, la realidad era que todavía había hambre en muchos sectores de nuestro país y pobreza en casi toda España.

Aquello sucedía porque a pesar de la condena del culto a la personalidad tras la muerte de Stalin, aunque se proclamara una y otra vez dicha condena, seguía vigente de forma natural, sin forzar nada en los militantes, y seguramente hasta más en los dirigentes que venían de otros tiempos. Debía haber habido una discusión sobre las condiciones reales, y no sólo deseadas, de la lucha en tan extremas situaciones, en lugar de dejar la cuestión en manos del "gran dirigente", al que seguía toda la Dirección, convirtiendo lo que debía ser una organización marxista en una especie de secta religiosa en la que el líder era capaz de dar solución a todos los problemas de forma satisfactoria. "Los comunistas nos podemos equivocar, el partido no", no significaba nada pero sonaba en los oídos del militante como un agarradero que daba seguridad en aquella desolada situación como una verdad absoluta que no dejaba de dar ánimos a los militantes deseosos de éxitos, pero que conducía muchas veces al absolutismo personal, irreflexivo y prepotente. Estas situaciones creaban cierta incomodidad en el resto de los dirigentes, que evitaban enfrentarse y, aunque en su fuero interno supieran que aquello era un error, preferían no crear tensiones. Lo que de hecho invalidaba en la práctica al propio "intelectual colectivo", esto es, el que estaba llamado a examinar la situación.

Así que cuando aquellos dirigentes del interior se entrevistaron en París con la Dirección del partido y ante las iniciales manifestaciones y negativas de que hubiera condiciones para una acción tan importante como la HNP, Carrillo les dijo que en realidad eran ellos, los del interior, los que estaban equivocados en sus apreciaciones. Que la dictadura había llegado a su fin por las divisiones internas del régimen, que había perdido apoyos entre sus partidarios porque ya sus intereses colisionaban con la propia dictadura y que ésta estaba tambaleándose. Y que a los que negaban las posibilidades de que hubiera condiciones para la gran jornada de HNP, "la cercanía de la luz los había cegado y no eran capaces de percatarse de que las condiciones, en aquellos momentos, eran inmejorables para la HNP". Lo que equivalía a tumbar la dictadura o poco menos, y que él, Carrillo, tenía mucha más información que ellos aunque vinieran del interior, información "de las alturas" y conocía muy bien la situación real del régimen. Dejando caer lo de "las alturas" de forma insinuante y con palabras crípticas, con doble sentido, que tanto podían decir una cosa como la contraria, de forma un tanto misteriosa, muy propio de algunos dirigentes de la época, que debieron aprenderlo forzados por la propia clandestinidad. Utilizaban esas fórmulas o parecidas, de darle misterio a lo que no era verificable, por esa razón de clandestinidad en que se movía el partido.

Así que el pobre Simón o cualquier otro que llegaba del interior y de la realidad porque la vivía cada día en España, se quedaba con la única opción que era la aceptación y obediencia, aunque convencido en su fuero interno del desastre que se avecinaba, pero sin poder impedirlo, so pena de ser tildado de obstruccionista o de no hacer todo lo que de él se esperaba —lo esperaba *El Partido*, convirtiéndose en ese momento lo de *Partido*, en un ente abstracto que revoloteaba por encima de su cabeza, y que todo militante de entonces comprendía— "en momentos tan decisivos".

Posiblemente algunos de aquellos hombres, que sacrificaron sus vidas y las de sus familias en la lucha contra el régimen, albergaban la idea de la fe, de creerse lo que de verdad querían creer, como una necesidad para seguir viviendo, cuando la Dirección les afirmaba que las cosas estaban maduras. Sabían que no era cierto porque ellos estaban en primera línea y vivían la realidad, pero ¿y si Carrillo tenía razón, porque como decía, tenía otras informaciones que no podía desvelar por razones obvias y había otros sectores de la misma dictadura, los monárquicos de Don Juan, por ejemplo, con influencia en el Ejército, y habían decidido colaborar para poner fin al régimen personal del general Franco y abrir la vía de un régimen democrático dando su apoyo a la monarquía parlamentaria? No lo creían, nadie lo creía, pero ¿y si Carrillo con sus contactos "por las alturas" de verdad estaba mejor informado, y de lo que se trataba era de mostrar un cierto peso o presencia, aunque fuera menor, de la clase obrera en momentos decisivos, para que una vez derrocado Franco por los militares adictos a Don Juan, el partido estuviera presente en la forja de un régimen democrático? Eran dudas más cercanas del deseo que de la realidad empírica.

Nadie seriamente podía pensar esto, pero la fe, siempre la fe, hacía que aquellos dirigentes que habían demostrado su firmeza frente a la tortura sin vacilar, sin soltar un solo dato que pudiera ayudar a los sicarios de la policía política, fueran adelante con tan pobres argumentos y se emborracharan de ilusiones por tener quizá la necesidad de vislumbrar alguna luz y pensaran que por fin se acababa aquella situación. Y a su vez lo trasmitían con mayor fervor si cabía al resto de sus camaradas que también luchaban en el interior, en las fábricas, universidades o allí donde estuvieran, y que por recibir las orientaciones de quien las recibían, las creían a pie juntillas.

Lo de "la ceguera por la cercanía de la luz" era evidente que obedecía al escudo que se colocaba Carrillo y otros dirigentes del exilio para no sentirse acusados de lo que nadie los acusaba, que era que ellos estuvieran en lugar seguro mientras otros se jugaban la libertad y hasta la vida. Porque no cabía otra posibilidad para mantener la organización a salvo de la represión que mantenerla en el exilio. Así que son injustas las críticas que a este respecto han hecho algunos nada imparciales. Pero cuando hay un exilio tan largo, algunas cuestiones pueden prestarse a distintas interpretaciones. Las miserias humanas tienen a veces estas consecuencias. En Tarrasa, como en tantos lugares de España, la convocatoria a la Huelga General Pacífica tuvo como consecuencia la detención de varios obreros comunistas que trataron de llevarla a cabo con bastantes dosis de ingenuidad, infantilismo y de disciplina militante. López Neiro y otros comunistas lo sufrieron directamente

IV

La burguesía "progre"

Tras la llamada Política de Reconciliación Nacional, el partido que orientaba a tomar contacto con toda una serie de "sectores" viendo la posibilidad de cierto grado de unidad de acción. La mayoría de las veces eran ficticios tras pomposas siglas que no contenían nada, o casi nada detrás de las mismas. A veces estas siglas correspondían a las mismas personas, e incluso a una sola. Vete tú a saber por qué, a alguien se le había ocurrido que sin experiencia alguna en esas cuestiones, fuéramos a ver a alguno de ellos y tomáramos contacto "de partido a partido", porque —se argumentaba— en otra época, hacía muchos años, había participado en la lucha política. Naturalmente se referirían a antes de la guerra. En alguna ocasión, algún presunto luchador se llevó no pequeña sorpresa al oír quiénes éramos, que éramos comunistas, que pretendíamos entablar conversaciones para la lucha en común.

Seguramente nuestra propia inexperiencia hizo que no fuera la diplomacia lo que exhibiéramos con nuestras palabras. Enseguida se despertaba en aquellos sujetos el miedo y acababan despotricando y diciendo que ellos no querían saber nada, que hacía muchos años que no se metían en política. Al principio, cargándonos de paciencia, con cautela y comprensión, lo atribuíamos a una forma de protección, porque podían pensar que éramos unos provocadores de la policía, término bastante corriente entonces, que ciertamente los había; pero también era utilizado para eludir los compromisos sin reconocer que en realidad lo que los paralizaba era el miedo, por otra parte comprensible. Pero cuando habían tenido tiempo de asegurarse de quiénes verdaderamente éramos, no cambiaban nada las cosas. Después, pensaba yo, que qué puñetas le iba a interesar a la policía provocar a quien no movía un dedo para nada. Se podrían recordar algunos que otros hombres que años después hasta aparecieron en alguna formación con una biografía de "luchador antifranquista", muy bien prefabricada; pero hubo tantos a quienes nadie los conoció en aquellos tiempos, y que después aparecieron por todas partes, que la lista sería interminable. Y eso sólo limitándonos al campo de la teórica izquierda, a veces convertida al nacionalismo, cosa impensable de haber intervenido la razón y no el *trepismo* acomodaticio. Algo parecido sucedió en el resto de las formaciones, como muy bien sabemos, por estar ahí las hemerotecas, aunque traten de no airearlas demasiado.

Lo que en realidad unificaba a todos estos clandestinos hasta para sí mismos, era su anticomunismo, que les servía de escudo para ocultar su miedo al compromiso, a luchar. Que hubiera sido compresible, humano, si lo hubieran dicho llanamente como lo confesaron algunos de modo confidencial. Incluso antiguos luchadores que habían estado en el partido, pero que manifestaron su deseo de mantenerse al margen por haber sufrido mucho en las cárceles, o por estar condicionados por la familia, lo dijeron con honestidad. El partido mantendría con ellos una relación de respeto y les daba, si así lo querían, la prensa del partido. Con el tiempo algunos empezaron a militar de nuevo, casi sin darse cuenta, por la propia dinámica de las cosas. Pero aquella grandeza y sinceridad no iba aparejada con la mayoría de los que supuestamente estaban organizados en algún grupúsculo, y no me refiero a los grupos comunistas de la tendencia que fuera, sino a los que, según decían, habían militado en los partidos clásicos de la burguesía.

En todo caso, siempre eran contactos difíciles de mantener y costaba consolidar algo con utilidad. Si se lograba un mínimo de relación verbal, siempre sacaban a colación algunos problemas que para nosotros eran ajenos, porque no teníamos nada que ver con ellos, como las prácticas dictatoriales de los estalinistas durante la guerra, los hechos de mayo, etc., muchos de los cuales desconocíamos, al menos en sus detalles, aunque a bien decir si los hubiéramos conocido entonces es seguro que los habríamos justificado, como hacían aquellos que sí los conocían. En nosotros también estaba asentado el sectarismo que nos hacía ver como enemigo de la clase obrera todo lo que desde el terreno comunista criticara a la Unión Soviética.

Como ya había pasado el famoso XX Congreso del Partido Comunista de la Unión Soviética (PCUS) nos ateníamos a lo que emanaba de la Dirección y asegurábamos que el partido había condenado aquella situación, aunque sin estar convencidos de que aquello fuera condenable. Pero daba igual. Para algunos era la excusa perfecta para mantenerse al margen porque nuestro contacto con ellos podía ser peligroso. Y no porque los comunistas fueran débiles en los interrogatorios de la policía, eso lo sabían muy bien; pero donde estaban los comunistas se luchaba, aunque fuera en los lugares más difíciles, y eso era lo peligroso. No llevábamos a cabo luchas de salón en conmemoraciones de aniversarios determinados, aunque también lo hacíamos, con el único objetivo que colocar una bandera en un lugar señalado un día memorable, aunque desconocido para la población.

Con algunos, que tampoco tenían relación con la lucha, al menos con la lucha diaria en los sectores más castigados, intentamos tener alguna reunión porque decían que eran de ERC —lo decían algunos de la Dirección del partido, no ellos, que nos rehuían como de la peste—. El miedo que tenían metido en el cuerpo hacía imposible la más mínima colaboración. Sólo se logró mucho tiempo después consolidar algo que tuviera base orgánica. Pero eran tantas las reservas y precauciones que tomaban, que hacían estéril todo lo que se pretendía. Eso sí, lo justificaban con las excusas más peregrinas para evitar hacer nada, comprometerse en algo que tuviera algún riesgo. Eso cuando no lo justificaban afirmando que nos sabían vigilados por la policía, además de con el consabido anticomunismo primario, sino que afirmaban saber que la policía los vigilaba a ellos; era el escudo que los alejaba de los que realmente luchaban. Tampoco nos extrañaba, porque esa era la tónica general de la mayoría de aquellos grupúsculos. Eran muy luchadores en su fuero interno. Eran clandestinos hasta para ellos mismos. Algunos de ellos o sus herederos, fueron rabiosos e intransigentes luchadores sin renunciar a la más mínima meta política por inapropiada que fuera... en cuanto llegó la libertad. Entonces, como bien sabemos, fueron más valientes y dedicados que nunca a montarse en el carguito. Pero eso ya es otra historia sobradamente conocida.

Fue cuando, lo recuerdo muy bien, empezaron a aparecer algunos personajes hasta entonces desconocidos para muchos de nosotros, sobre todo para mí, que modificaban los esquemas del comunista conocido que tenía hasta entonces. Y fue cuando me empecé a dar cuenta por primera vez, aunque no supe analizarlo en profundidad en su momento, de que en realidad no existía un partido, el partido que yo me había forjado en la cabeza, ideal, el partido de los trabajadores por excelencia, sin que cayera en el obrerismo absurdo que siempre consideré negativo: había más de uno, y posiblemente algunos más, que andando el tiempo se irían clarificando y sobre todo adquiriendo cuerpo para todo lo que sucedería en el futuro.

Ateniéndonos a la nueva Política de Reconciliación Nacional, se fraguaron toda suerte de contactos, como sabemos, y tuvimos que aprender a desbrozar un camino desconocido hasta entonces, a adquirir unas responsabilidades para las que psicológicamente quizá no estábamos preparados algunos. Y por decisión de la Dirección —no sé a qué nivel— tuve que tomar contacto con alguna otra gente. Me comunicaron que debía asistir a algunas de aquellas reuniones, en las que no tenía ni idea de lo que me encontraría. Sólo me dijeron que eran "camaradas pertenecientes a la intelectualidad", un cajón de sastre grandilocuente en el que cabía todo un abanico de personajes de dudoso calificativo social.

En un primer momento me preocupé, porque estaba seguro de no estar a la altura de aquella gente; eran intelectuales, lo que quería decir que "sabrían mucho más que yo", por lo que pensé, que qué iba a decirles, cómo me expresaría ante aquella gente, yo un obrero iletrado y con poca experiencia. Después, con el transcurrir de tiempo, vería que ¡menos lobos!, que no era para tanto. Por lo menos si de lo que se trataba era de discutir sobre movilizaciones y organizar la lucha. Y que precisamente los que de verdad eran gente de vasta cultura, eran más accesibles al trato que todos los otros, con los que acabaría enfrentándome con el tiempo, ya sin complejos, en el desastre. Su debilidad ideológica y su oportunismo eran el único bagaje que exhibirían. Muchos eran pura fachada y hasta verdaderos ignorantes, al menos en cuanto al conocimiento del mundo obrero y de la lucha en general, sin faltar el esnobismo. En una ocasión en que fui en compañía de Cipriano a una reunión en un barrio elegante, encontré varios de los conspiradores de lo que luego sería el meollo de la derecha catalana. Estaban planteando la necesidad de crear un órgano de expresión en el que colaboraran todos ellos. Hasta aquí todo perfecto. El problema surgió cuando había que decidir cómo se llevaba a cabo de una forma práctica, y sobre todo su distribución. Exigieron tantos filtros y controles —hasta cuatro filtros— para que no se pudiera llegar a ellos, que al final no salió nada. Todo quedó en una reunión estéril. Y eso que ellos, o la mayoría, contaban con resortes que los comunistas —entiéndase, los obreros— ni podíamos soñar.

Aquella nueva andadura era para algunos de nosotros como salir de un lugar conocido y familiar y pasar a otro completamente ajeno. Porque las primeras reuniones de este tipo fueron "con una célula de intelectuales del partido", no precisamente con adversarios, aunque ahora tenga muy claro que en realidad era ése precisamente el nombre que debía habérseles adjudicado. Aquellas otras reuniones "con adversarios de fuera" también vendrían después. Así que eran reuniones con militantes del partido para así "ampliar los escenarios de lucha y conocimiento mutuo", que fue como nos lo plantearon. Hasta entonces no había tenido ocasión ni experiencia de todo aquello, una responsabilidad que me caía encima "por tu experiencia y capacidad", me dijeron. Casi nada. Expuse mis dudas ante la posible inseguridad, a lo que me contestó quien había hecho el contacto, que era todo muy de fiar "porque eran camaradas sin sombra de duda".

Con esa confianza en el partido me dispuse a acudir a algunas de aquellas reuniones, por primera vez en un lugar, Barcelona, que alguien calificó de "terreno enemigo", sin pensarlo demasiado, solo, como analizaría mucho después, por instinto de clase. Y cuando se decía Barcelona nos referíamos a donde la ciudad se parecía efectivamente a una ciudad, nada que ver con los barrios donde vivíamos los comunistas que yo conocía, en las periferias, ya fuera el Carmelo, la Verneda, Casa Antúnez, o en las de las ciudades de Sabadell, Tarrasa, Santa Coloma, Hospitalet, San Vicenç del Horts, Gavá, Rubí..., zonas que durante mucho tiempo pateamos organizando, recuperando a militantes que se habían quedado "descolgados", ya fueran venidos de otros lugares de España, por haber salido de la cárcel, o por ambas cosas a la vez. Y a veces porque algún camarada lo conocía y eso facilitaba su incorporación. Nos teníamos que relacionar con miembros del partido muy distintos a gente como nosotros. Eso me lo advirtieron, pero quitándole hierro al asunto. Así que fui a algunas reuniones del partido o en nombre del partido, a lugares desconocidos y sorprendentes, nada que ver con las casas de los obreros inmigrantes. Incluso de los obreros, que entonces no eran muchos, que tuvieran la casa "terminada". Porque como bien sabemos, la mayoría de los inmigrantes, andaluces mayormente, vivían en barracas o se estaban haciendo la casa cuando podían, que no dejaba de ser lo mismo.

En una ocasión se preparó la cita, de forma que años después me haría sonreír, por el sistema nada imaginativo, pero que utilizaría muchas veces con camaradas desconocidos. Quien preparaba el contacto cortaba por la mitad un paquete de tabaco o cerillas o cualquier otro objeto, dándole cada una de las mitades a los camaradas que debían acudir a la cita. Fui a barrios elegantes por los que nunca había pasado a pesar de llevar varios años en Cataluña. Había quedado con el "contacto" en un lugar que me pareció sumamente peligroso por ser un barrio poco concurrido o bullicioso. Siempre éste más propicio al disimulo o al escape si las cosas iban mal dadas. Y además de ricos, como Pedralbes o la Bonanova, por ejemplo. En aquella esquina cercana a la estación del metro, que esperaba con cara de preocupado y haciendo cábalas de lo que debería decir si me detenía la policía, al no poder justificar ni poco ni mucho mi presencia. Tampoco la indumentaria ayudaba. Seguramente nadie se fijaría en mí, pero yo lo pensaba. Porque cualquier militante tenía muchas posibilidades de ser reconocido por la policía, o de levantar sospechas por algunas acciones de las que se llevaban a cabo.

Cuando por fin el camarada llegó y nos dimos a conocer mediante la contraseña y el recorte del paquete de cigarrillos, me tranquilicé. Seguí al camarada con cierto recelo hasta la casa, no muy lejos de allí, en la parte alta de la Diagonal, donde debía tener lugar la reunión. Para mí era un problema, porque no me fiaba de llevar encima papeles que pudieran comprometerme o comprometer a la organización en caso de dificultades, lo que constituía el esfuerzo de llevar memorizado lo que debía exponer, y a mi vez recoger lo que se dijera en la reunión para trasladarlo a la organización; hasta que pasado el tiempo aprendí a disimularlo con escritos hasta en libritos de papel de fumar, que a veces me costaba trabajo entenderlos a mí mismo. La primera vez que tuve una de estas reuniones, que califiqué de interclasista aunque se tratara de miembros del partido, estuve receloso y preocupado. No notaba en aquel camarada que me recogió una especial preocupación por lo que llamábamos "medidas de seguridad", lo que por decirlo llanamente, me mosqueaba. Y cuando llegamos a la casa donde se debía celebrar la reunión, nos abrió la puerta una criada con su uniforme, cofia incluida, y que llamaba "señor" al que se suponía era mi camarada, de un partido comunista, de la clase obrera. Hay que tener la mentalidad de un obrero de entonces para comprender mi anonadamiento ante cuanto veía. Lo que después fue tan "natural" del codeo de algunos dirigentes con sectores de la burguesía (que nos llevó al desastre), no era digerible para un militante obrero como yo.

La primera vez me puse en guardia, temiendo lo peor, sin saber muy bien por qué. Entré en un salón grandioso lleno de pinturas y muebles que por pura intuición, sin otras consideraciones artísticas, pensé que debían ser muy caros, y para mis adentros, alelado por el impacto que me causó, me dije que con lo que debía costar una sola silla de aquellas, cualquier cosa de cuanto había en aquella casa, bastaría para pagar el sueldo de varios meses de muchos trabajadores. Aquello me tuvo bastante tiempo desconcertado. Y ni siquiera se lo comenté a los camaradas del comité, por no tener claro cómo debía hacerlo, sin que se desatara algún huracán entre ellos que después no pudieran controlar ante camaradas de la Dirección con explicaciones satisfactorias. Pequé de no querer aparecer como si estuviera fuera de tiempo, por la insistencia por parte de la Dirección en lo de la Política de Reconciliación Nacional. Pero aquellas reuniones con tan atípicos comunistas, nunca las olvidaría, y menos digerirlas. Todo lo contrario, me mantuvieron preocupado mucho tiempo, acrecentándose dicha preocupación a cada reunión similar a la que acudía. Aproveché la ocasión en una reunión con presencia de un camarada del Comité Central, de mucha responsabilidad, pero que yo desconocía entonces y que ya había venido en otras ocasiones, y en un aparte le pregunté cómo era posible que un rico fuera militante del partido. Porque vista la casa en la que vivía no tenía duda de que el dueño debía ser millonario, porque estamos hablando de unos años en que el sueldo apenas llegaba a las doscientas o trescientas pesetas semanales, y eso no daba para mucho. Y supe separar lo de "intelectual" y lo que para mí era aquello, lo de millonario. Sin inmutarse, el camarada de la Dirección, con cara casi jesuítica, como tendría ocasión de comprobar muchas veces durante mucho tiempo en adelante, con tono suave y casi pretendiendo ser didáctico, me dijo que gracias a la política de apertura del último Congreso al partido estaban llegando gentes de muy diversas procedencias, incluso, apostilló, gentes que habían sido del régimen, sobre todo sus hijos. Ante mi estupor por semejante afirmación, me dijo que eso era muy bueno para el partido y la clase obrera, ya que así éste se vería arropado, más protegido ante la represión. Me callé mis dudas por no saber muy bien qué responder, y por cierta reverencia que merecía o se le otorgaba a aquel dirigente, y quedé sumergido en una especie de oscuridad que no se aclararía hasta mucho tiempo después. Entonces pensé que quizá fuera posible cuanto decía el camarada, por qué dudarlo; pero lo cierto era que los que cada dos por tres iban a parar a las manos asesinas de los Creix o los Polo en la comisaría de la Vía Layetana, a las comisarías de las ciudades de Cataluña, la Cataluña de los barrios de inmigrantes, seguían siendo los mismos desgraciados trabajadores comunistas que se las veían y deseaban para dar de comer a sus hijos. Aquellos comunistas que en su mayoría se habían hecho tales después de emigrar de sus pueblos y ejercían de *charnegos*, en contraposición a aquellos otros nuevos comunistas que habían sido ellos o sus padres, parte de la dictadura. No era fácil de digerir, aunque tragamos aun con las dudas en nuestras cabezas.

Para la mente de un obrero como yo y para mis camaradas del Comité, moldeada por jornadas interminables de trabajo, seguidas de las de militancia y escasas horas de sueño y problemas sin fin, que se hubieran solucionado posiblemente con lo que costaba el capricho de un jarrón de aquellos salones, no cabía entender aquella explicación. Pero de aquellas reuniones, con miembros del partido o no, tendría ocasión de aprender mucho, más por lo que ocultaban que por lo que se decía en ellas. Algunos de los que más tarde enarbolarían la bandera del socialismo —del partido socialista que no existió durante toda la dictadura— eran moradores de aquellas casas de millonarios. Algunos, de supuesta filiación comunista, serían muy conocidos en cuanto llegaron las libertades políticas. Pero todos aquéllos, como bien se sabe, aunque algunos no deseen recordarlo, eran los "libertadores" que en años duros elaboraban tácticas y estrategias en torno a mesas muy bien surtidas, y de abundancias en aquellos barrios elegantes, protegidos por guardias o porteros, con alta seguridad en sus viviendas, a las que de ninguna manera se hubiera atrevido a entrar un inoportuno intruso. Aquello tenía una explicación que se correspondía con toda la trayectoria política de la derecha nacionalista catalana.

Lo cierto es que los camaradas que estuvimos en algunas de aquellas reuniones, al menos es mi caso, nos sentíamos extraños. En cambio, alguno de la Dirección, como es el caso del "Guti", más bien era todo lo contrario, que hacía valer la fuerza del partido de obreros, capaz de movilizarlos, para jugar sus cartas con aquellos triunfos como salvoconducto para futuras prestaciones mutuas, como un juego de toma y daca en el que unos validaban con su historia de luchadores, la procedencia de "demócratas de toda la vida", como "cristianos viejos, de sangre pura" de otros tiempos. Eran una serie de personajes ausentes en la lucha, aunque algunos no tanto en la colaboración con la dictadura. Muchos militantes fueron expulsados del "paraíso" por sus discrepancias y negativa a validar lo que con tanto afán e interés hicieron algunos dirigentes en vergonzosos pactos. Porque hubiera sido tanto como echar por los sumideros de la conciencia toda su vida. Un suicidio moral, y negar todo lo que habían sido, poco o mucho en la vida. A los que sólo le quedaba el recuerdo y una vida de luchadores, se preguntaban de cuántos de aquellos nuevos "demócratas antifranquistas", y hasta "socialistas de toda la vida", de última hora, no hubiera sido aleccionador que alguien investigara en los archivos de la represión, en los centros de tortura, o en los locales de Falange, las verdaderas acciones de tanto nuevo "antifascista" nacido a la par que la flebitis del dictador lo preparaba para el viaje hacia el infierno.

Pero era una tarea imposible porque también fue una condición del pacto de cloacas hecho para repartirse el lago de las tranquilas aguas en que, como consecuencia del mismo, navegaría la política nacionalista catalana a la que todos sin excepción se adherirían como nueva religión de la derecha. Política que no hubiera podido llevarla a cabo sin el concurso de los dirigentes de la única izquierda que había, el PCE, y si se quiere, para no romper la ilusión de los actores, del PSUC, al que a la postre, primero arrinconarían desposeyéndolo de ideología, y después asesinarían porque ya había cumplido su cometido. Era el momento para la defensa de los intereses de una derecha que ni tan siquiera alcanzaba la categoría de sí misma como fuerza productiva y de avance en una etapa de la sociedad, sino que recurría a actitudes fuera ya del tiempo. Y se afianzaba en la nueva religión caduca del nacionalismo en la Europa sin fronteras. Una derecha *meapilas* y de campanario, sin la fuerza creadora de la derecha europea de su tiempo y sin visión global del mundo; una derecha autosatisfecha con destacar las diferencias para —como todo fascismo— decirle a todo el mundo que son diferentes, porque sin duda se creen mejores. Y basándolo todo en la permanente búsqueda de enemigos allende el Ebro, en la Meseta y en cualquier lugar que se llamara España, que preferían no mencionar utilizando el eufemismo de "Estado español", falseando la historia hasta la náusea.

Por lo tanto, el militante recodará, si no lo ataca la amnesia voluntaria o interesada, cómo la derecha nacionalista supo hacer lo que los dirigentes de la izquierda le permitieron. Y valoró la necesidad de aparecer diferenciada para copar todo el abanico social, pues ya se las arreglaría para convencer a todo el mundo de las bondades del inexistente y mítico *seny* catalán. Así que una parte de la tribu, no sin alguna discrepancia, pero no determinante a la hora de la gran decisión, cocida en los cenáculos nacionalistas con dinero de todos, decidió que unos adoptarían el nombre tan confuso y tan gaseoso de Convergència, lo que vendieron como muy catalán por lo del *seny* y presunta capacidad para el acuerdo, añadiendo lo de Democrática para mantener el engaño de unas clases sociales que habían hecho sus fortunas a la sombra del dictador, acudiendo a El Pardo tanto como menester fue, y éste se lo permitía como favor, observando el protocolo de las genuflexiones ante la esperpéntica *Collares*, y la sonrisa ensangrentada y beatífica del dictador, al que cubrían con el palio pertinente.

El potaje del futuro partido socialista, —el *Partit Socialista de Catalunya* (PSC)— tuvo un parto mucho más laborioso. La derecha catalana, cocinera de tan indecente plato, pasó por un sin fin de nombres y posiciones que iban desde la derecha pura y dura que le disputaba el terreno al chiringuito que preparaban sus hermanos de clase con Pujol, Trias, el oscuro y siniestro Serra, don Narciso, y toda una serie de ilustres ricos, e incluso millonarios a la cabeza, hasta los que de verdad querían un partido socialista o socialdemócrata, e incluso con ribetes izquierdistas. Estos últimos, como es obvio, fueron anulados y desechados de inmediato y, si persistían en su error de no reconocer al dios verdadero de la religión verdadera, serían expulsados del "paraíso nacionalista" aún nonato, pero que ya se hallaba en ciernes bastante avanzado.

A la derecha se le puede atribuir poca moral a la hora de defender sus carteras, pero ninguna estupidez. Ni aunque abreve en los pesebres más reaccionarios del nacionalismo. Así que se dio cuenta de que aunque en Cataluña —como en toda España, pero en Cataluña menos— no existía el PSOE, por razones históricas iba a ser el partido socialista por excelencia el que creciera en cuanto llegaran las libertades. Una vez que los chicos de Sevilla "del clan de la tortilla", esto es, un grupo de señoritos andaluces, con algún conocido admirador de Franco, y con el despiste monumental de otros que sí habían luchado, pero que renunciaron a encabezar el golpe dado a los ancianos que vegetaban en Toulouse. Haciendo creíble para el desinformado ciudadano un proyecto de la derecha, como de izquierdas y hasta socialista. Así que lo más rentable para aquella facción de la derecha nacionalista catalana, para que cuajara el engaño, era llamar a los pocos que se apresuraban a reinventarse el PSOE, de "vacaciones durante cuarenta años", y proponerle su adhesión o federación, porque eso haría que muchos inmigrantes lo votaran creyéndose el engaño. Para eso bastaba que algunos de los que de verdad habían estado en la brecha se adhirieran también, y que tuvieran apellidos *charnegos*, que serían agasajados, y que con un lavado y peinado y puesta en escena cumplirían. No hay mejor aliado que el converso. Pero eso sí, la cúpula del invento sería la derecha nacionalista, a la que únicamente dejarían escalar a aquellos que fueran capaces de renunciar a su ideario, si es que lo tenían y abrazaran a la nueva religión nacionalista. Luego sería bendecida por González, y un PSOE ya atemperado y domesticado. Alejado de aventuras de izquierda.

Para que el PSC cubriera el expediente, primero añadieron, como era propio de todos los lugares de España, una vez sancionada la España de las Taifas, que junto al nombre regional se añadiera lo de "PSOE", generalmente menos destacado que el nombre regional. Eso fue una táctica de los prebostes del nacionalismo del partido, que decidieron por esta vía. No tardarían mucho, como bien se comprobó años después, en lograr que ese partido se despojara de cualquier cosa que tuviera que ver con el PSOE, para ellos molesto, nombre con referencia a lo español, por ser un estigma impresentable en sociedad, la sociedad nacionalista. Eliminaron el nombre del logotipo y se proclamaron un partido independiente y entraba de lleno en su ideario original, antes de la gran mentira de derecha nacionalista. Lo más alejado no ya del socialismo sino de la democracia y sin duda del sentido común. Eso sí, siempre que había elecciones pedían la ayuda del antes confederado partido español, a sabiendas que con el mensaje solo de la derecha nacionalista no era suficiente para engatusar el voto obrero. No se sentía éste identificado con el discurso de los jefes nacionalistas de la cúpula que dirigía el PSC, calcado en todo al de Convergència Democràtica de Catalunya (CDC), de sus hermanos de clase del "banquero" Pujol. Incomprensiblemente, los dirigentes del PSOE permitían tal aberración. Cuando, si se hubieran presentado como partido socialista, despojados de la derecha nacionalista a la que representaban los dirigentes del PSC, hubieran tenido los mismos apoyos, o posiblemente se reduciría la abstención en las elecciones regionales, pudiendo haber ganado el PSOE, lo que como PSC nunca lograron, por sentirse sus votantes ajenos a los nacionalistas que encabezaban el partido. Ni siquiera trayendo a los dirigentes del PSOE como reclamo. La gente, los trabajadores inmigrantes, sabían que el "PSC era otra cosa". Por eso no iban a votar en las elecciones regionales, por considerarlas "cosa de los catalanes". No se puede negar que fue una obra maestra de arquitectura política del engaño, pero mucho menos que no hubiera sido posible semejante timo a la ciudadanía, sobre todo a los trabajadores, sin el concurso inmigrante y militante, sin la preciosa colaboración y traición, por qué no decirlo, de los dirigentes nacionalistas del PSUC, que como se vio jugó el papel que algunos le designaron cuando fue creado: Ser un partido nacionalista, o propiciar el nacionalismo aunque fuera a costa de su defunción o asesinato, como al final resultó, para convertirlo en un partido nacionalista más, e incluso independentista, con pequeños matices.

Sin duda, la propia creación del PSUC, arranca con la clara intención de división del movimiento obrero y comunista, situándose al margen del partido de España, el PCE, aunque se convenciera a mucha gente de que se trataba de un paso hacia la unidad. Pero al haber el levantamiento militar fascista, el partido interclasista que se pretendía con fuertes tintes nacionalistas, al acabar la guerra ya no era operativo para la función pensada por sus originales ideólogos, Comorera entre ellos, pero no el único; en la férrea clandestinidad sólo podía mantenerse con una ideología comunista y con estructuras leninistas. De no haber seguido tales normas habría desaparecido durante el franquismo, como hicieron el resto de los partidos de la burguesía. Y también habría desaparecido de no haber sido por la fuerte inmigración, que fue quien lo nutrió, y por su integración de hecho en el PCE.

Porque es posible que hubiera permanecido más o menos visible por los esfuerzos de muchos dirigentes que regresaron al poco de acabar la guerra, como es el caso de José Serradell (Román), pero hubiera sido una labor todavía más difícil. Lo que lo hizo mantenerse fue la avalancha de inmigrantes a finales de los cincuenta, los sesenta y principio de los setenta, que nada tenían que ver con los desvaríos nacionalistas, ya que lo suyo era la lucha por la vida, y como clase sin derechos; fueron quienes cuajaron un partido fuerte y digno de llamarse comunista, nada que ver con las pretensiones de cierta cúpula. Podría decirse que el partido como tal, el partido todavía comunista y con mayoría de obreros, terminó a finales de los años sesenta, o muy a principio de los setenta. Sí, creció desmesuradamente por una política errónea del "todos caben", fruto de las ansias de algunos dirigentes de convertirlo en partido de masas, logrando que fuera un partido, no sólo masificado, como algunos dijeron para explicar las deficiencias, sino un partido carente de la ideología de que había hecho bandera durante los últimos cuarenta años. Como bien se sabe, no es que se opusieran muchos a que el partido creciera y se convirtiera en un partido de masas, como tantas veces se había acusado; todo lo contrario. A lo que algunos se oponían era a que el partido se desnaturalizara por la cantidad de nuevos militantes que habían entrado con la euforia del momento, y de la mano de aquellos que ya tenían un proyecto, el nacionalista. Toda la elaboración política que se hacía estaba marcada por esa orientación. Y los choques que había en los comités estaban motivados por ello. Porque era ya un auténtico golpe de Estado dentro del partido. La derecha nacionalista que había ido ocupando todos los cargos de dirección con el apoyo valiosísimo de algunos dirigentes obreros, para darle la autenticidad que no tenía, contó con los medios de comunicación de forma aplastante, denigrando a los dirigentes y militantes con la simplicidad de llamarlos "pro soviéticos", los malos, y ensalzando a los "euros", como democráticos. Se llegaba hasta a acusar a algún dirigente, sin la menor prueba, de ser agentes del KGB soviético, cuando algunos de éstos eran los más críticos con la realidad la URSS, aunque la bandera, de cara a la galería y ya en la última etapa, la izara Carrillo y sus comparsas catalanes cuando les convenía, sin rechazar la ayuda que el sanguinario Ceaucescu le prestaba y sin que se desprendiera la menor crítica contra semejante indeseable.

Los tiempos en que la Política de Reconciliación Nacional estaba en su apogeo y era la piedra de toque de todos los corrillos, de aquellos nuevos opositores con los que nos reuníamos para avanzar hacia el "derrumbamiento de la dictadura", cosa que como todos pudieron ver, no ocurrió, entre otras muchas razones porque tampoco lo deseaban los que decían estar por la labor, la derecha a la que Carrillo hacía referencia como opositora y deseosa del cambio. Lo que hacía era jugar a sacar todos los beneficios posibles del privilegio de ser del régimen y al mismo tiempo labrarse un futuro que sin duda, y por razones biológicas, llegaría. Por eso los podíamos ver en aquellas reuniones en las que yo, como militante obediente y disciplinado comunista, acudía a mantener estériles discusiones, como luego se demostraría, estériles para nosotros y para la mayoría de las clases trabajadoras, naturalmente, no para ellos que sí lograron lo que se proponían.

Nunca sabremos del todo cuántos de aquéllos decidieron entrar en el partido durante los últimos años del franquismo como caballos de Troya, muy valorados por Carrillo y la cúpula del PCE, para reventarlo desde dentro; o los que pensaron que era un instrumento válido de lucha contra la dictadura, aunque no fueran ni comunistas ni tan siquiera de izquierdas, y los que en realidad entraron con la decisión de luchar por una sociedad más avanzada y democrática. Seguramente, de todo el abanico de militantes de todas las épocas, si analizáramos uno a uno, llegaríamos a completar una nómina muy considerable, pero en modo alguno completa del todo. Entre otras cosas porque en aquellos años el terreno era muy deslizante para aquellos que deseaban un sitio al sol, con seguridades que no habían tenido antes, o que jamás soñaron. Aparte de los que tuvieran ese horizonte como meta, que de éstos conocimos a todo un ramillete, aparentemente fiables, aunque sospechosamente radicales en el discurso, capaces de dar lecciones de todo "lo obrero y de su partido". Con frases vacías como repetir constantemente aquello de "todo el poder para los obreros", imitando el consabido "todo el poder para los *soviets*", sin haber conocido más obreros que aquéllos que conocían en las fábricas de sus padres, o el personal del servicio de sus casas.

V

Los equipos de propaganda clandestinos

Hubo algunos militantes que se pasaron mucho tiempo del franquismo sin que los conociera casi nadie de la organización clandestina. Es más, sin que nadie, excepto algún dirigente determinado, supiera que eran militantes del partido, porque según se analizó en su momento en el comité correspondiente, reunían las condiciones para ser, o la estafeta de recepción de la propaganda cuando ésta necesariamente llegaba del exterior, o de algún otro lugar seguro. O bien era uno mismo el que tenía la ciclostil en su casa, como me sucedía a mí, a pesar de que mantenía una militancia activa. O la "vietnamita" si las condiciones eran precarias, y uno era quien tenía que asegurar la impresión de todo cuanto había que elaborar, ya fueran octavillas, cuando había algún "conflicto laboral", los rudimentarios periódicos que a veces consistían en una o dos hojas en las que se recogían aquellas cuestiones que la organización local consideraba más urgentes. Si además uno era algo más "preparado", como se decía entonces, en saber escribir algo más que los demás, porque la mayoría eran analfabetos o casi, entonces la tarea se le multiplicaba y se hacía el trabajo bastante duro, porque las más de las veces lo tenía que hacer a deshoras; además de cumplir con su jornada laboral en la obra o fábrica donde trabajara para mantener a la familia, horas extras incluidas. Algunas veces llegaban los escritos a mano, elaborados desde "arriba", con lo que el trabajo era meramente mecánico, aunque para nosotros no era sencillo, ya que jamás habíamos tenido ocasión de aprender cómo se manejaba una máquina de escribir para trasladarlos a los clichés y pasarlos luego a la ciclostil para reproducirlos.

Y es que tampoco nadie nos había podido enseñar cómo se manejaba aquella máquina a la que había que darle vueltas con una manivela horas y horas, hasta completar la tirada. A veces era la tinta la que fallaba, a veces se rompía el original, con lo que habría que volver a empezar. Y a eso se sumaba nuestros escasos conocimientos para saber si una palabra se escribía de una u otra forma, porque una cosa es que uno supiera más que los demás y otra muy diferente que estuviera capacitado para corregir cualesquier escrito, que no solían ser precisamente modélicos. Porque a veces, incluso los que llegaban sólo para pasarlos a máquina, estaban escritos con un montón de faltas que había que corregir, si no en todas, sí en aquellas que dañaban los ojos. Para eso tuve que rascarme el bolsillo y comprarme un diccionario que me ayudara a corregir "lo gordo". Ciertamente, en aquellos tiempos de clandestinidad y debido a la composición de la organización del partido, esas cuestiones tenían una importancia relativa, por no decir ninguna, para la mayoría de los militantes. Todos, casi sin excepción, eran obreros inmigrantes que a duras penas podían entender un escrito, mucho menos saber si estaba bien o no. Pero además, si se hubiera planteado el problema, al menos en los primeros años, pocos hubieran apostado por la necesidad de mejorar nada, ya que de todas formas el público destinatario de aquellos escritos estaba a la misma altura. Pero, sin duda, más de uno que leyera aquellos panfletos o arengas criticaría los escasos conocimientos de los que realmente se enfrentaban a la dictadura con más corazón que formación. El militante clandestino dentro del propio partido que era el que hacía la propaganda, hacía su trabajo con enormes sacrificios, con la sola ayuda de su mujer, si es que estaba casado, o en solitario en su casa, tratando de hacer el menor ruido posible para que no se notara. A veces tenía que irse al trabajo sin haber dormido nada porque al día siguiente debía entregar algún paquete de propaganda elaborada por él, pero que se había retrasado por algún problema. Y lo tenía que resolver sin la ayuda de nadie, por lo menos de inmediato.

El trabajo en la clandestinidad era muy penoso, pero el clandestino, dentro de la clandestinidad —especialmente el que pertenecía al "aparto de propaganda", como pomposamente le llamábamos—, no sólo era ingrato, porque la relación militante era casi nula y carecía del contacto humano que proporciona la lucha, sino que vivía aislado completamente. Mientras otros militantes podían decir que eran comunistas aunque fuera a sus camaradas, el de la propaganda debía de tragarse todas las ganas de mostrarse tal cual era. E incluso apartarse de cualquier conflicto que se diera en el trabajo, no fuera que por alguna razón llegara a oídos de la policía su verdadera identidad o lo sospecharan, haciéndole una visita. Algunas veces, las normas de seguridad no se habían seguido escrupulosamente y había sido un verdadero desastre. Y el problema era mayúsculo, porque una detención podía significar que se podía desmantelar el aparato de propaganda, objetivo principal de los de la BPS.

El militante clandestino que formaba parte del aparato de propaganda, alguna vez habían quedado como poco solidario ante una acción de cualquier tipo, cuando eludía como podía, con excusas poco convincentes, ante sus compañeros de trabajo, su participación protagonista, quedando ante todos como poco de fiar o en entredicho. Aquellas situaciones resultaban muy duras. Y aquel militante casi necesitaba una especie de terapia para convencerse de que su trabajo era más importante para el partido que darse a conocer y echarlo todo a perder. Pero quien se tenía que enfrentar con la realidad de cada día en el trabajo era el camarada en cuestión. Esta situación, para muchos militantes, como se sabe, duró muchos años; algunos pasaron por el partido como verdaderos desconocidos. Cuando se pudo abrir la posibilidad de sustituirle, entonces parecía como si de verdad hubiera salido de la clandestinidad, y, aunque no era cierto, a partir de entonces su militancia estaba exenta de sus anteriores limitaciones. Esa nueva situación le daba aire y tranquilidad. El trabajo en solitario del responsable del aparato de propaganda "quemaba" mucho. Si se daba la circunstancia de que el camarada que era su contacto le podía echar una mano, aunque sólo fuera a la hora de hacer una tirada de hojas e intercambiar opiniones sobre algún problema surgido, se aliviaba mucho, porque era algo compartido que no debía asumir él solo. Pero, la mayoría de las veces, el problema era suyo y sólo suyo. Y no siempre había la comprensión suficiente del responsable a la hora de entender sus explicaciones ante un resultado negativo. Y lo tenía que resolver, no en una discusión con un grupo de militantes que estuvieran en sus mismas circunstancias, sino ante un responsable que a veces no comprendía esas, para él, minucias.

VI

Miguel Núñez y Los Creix, en Vía Layetana

Como yo aún era muy joven, la comunicación con aquel hombre que me había presentado el valenciano *Manelet* era bastante atípica por la disparidad de edad, así como por mi ausencia de Tarrasa durante toda la semana en los primeros tiempos. Además, la situación de clandestinidad debía aconsejarles prudencia a personas como él, bregadas en luchas difíciles que les habían llevado a la cárcel o que les podían llevar de nuevo, si descuidaban lo que en el argot de la organización llamaban "vigilancia revolucionaria". Habían tenido lugar caídas en los últimos tiempos por exceso de confianza, desmantelándose gran parte de la organización, sobre todo en Barcelona, y obligando al partido a mantener una actividad escasa, cuando eso sucedía, aunque nunca se interrumpió totalmente, como se sabe.

Durante algunos meses, de vez en cuando, tal como habíamos quedado con José López Neiro, y como yo estaba en el bosque y sólo bajaba a la ciudad una vez por semana, iba a su casa en la calle de Santa Lucía, en el barrio de Can Anglada a charlar. Era muy bien recibido por su mujer, Lola, y sus tres hijos, todos varones, uno de los cuales, José, al que no sé por qué razón llamaban Josechu, con el tiempo sería un activista de la Juventud Comunista y de Comisiones Obreras (CCOO). Tiempo después, hacia el año 63, tuvieron otro hijo al que pusieron Julián, en memoria de Julián Grimau, asesinado por la dictadura ese año, como sabemos. Siempre tuvieron muy buen trato conmigo. Lola era una mujer estupenda que colaboraba con su marido en todo, y por ende con el partido, de una manera total, conociendo muy bien los riesgos a que se exponían, porque ya los habían padecido. Yo entraba en aquella casa como uno más de la familia.

En estas visitas a José López Neiro también conocí a un vecino suyo, trabajador a su vez durante un tiempo de la empresa AEG, Antonio Núñez, de Almería, y que alardeaba de tener una preparación teórica, según pude saber a cabo de tiempo, muy considerable; incluso creo recordar que en su casa daba clase a chavales, una forma de ganarse algo mejor la vida, sobre todo por su inestabilidad laboral, ya que era continuamente represaliado en los trabajos. Tenía muchos conocimientos, había leído mucho según se desprendía de sus declaraciones, generalmente polémicas, a las que pude asistir algunas veces como testigo mudo; pero era un sectario insoportable que hasta en aquel tiempo cuando el sectarismo estaba a la orden del día de todo militante comunista, era considerado excesivo por su intolerancia y por ser incapaz de bajar un poco a la altura de los demás para tratar de convencerlos con la lógica del diálogo. Además, gritaba como un energúmeno cuando argumentaba sus puntos de vista, apabullando al interlocutor que se atrevía a entrar en polémica con él. Seguramente, otros que lo conocieron más tiempo que yo, como el propio López Neiro, que era vecino colindante en la calle de Santa Lucía, o Antonio Abad que lo conoció mejor y durante muchos años, pudieran ratificar en su día, o modificar esta opinión, que no deja de ser subjetiva, porque me resultaba desagradable y aunque como casi siempre suele pasar, la juventud se pasa de radicalismo, sin embargo nunca me pareció que su comportamiento ayudara a que otros trabajadores aceptaran, no sus ideas, sino su forma de querer imponerlas.

Lo cierto es que cuando yo conocí a López Neiro él no estaba en el partido. Cuando yo ingresé nunca me lo encontré en reunión alguna y después supe que no militaba por discrepancias que, aunque algo se me explicó, no llegué a comprender totalmente. Muchos años después, cuando hubo la escisión a raíz de la invasión de Checoslovaquia por parte de las tropas del Pacto de Varsovia, este hombre parece que se unió a los que la defendieron en el partido, Eduardo García, Agustín Gómez y Luis Balaguer, éste último un burócrata del partido que vivía en Moscú y del que hablaré más adelante; pero no creo que cuajara su militancia, porque tampoco cuajó el supuesto partido que organizaron con la ayuda de un sector del PCUS.

Después de aquella escisión vino otra encabezada por Enrique Líster, el que sin embargo estuvo de acuerdo en un principio con la Dirección del partido en condenar lo de Checoslovaquia, utilizando también como excusa la oposición del partido ante la actitud soviética en ese país en 1968. Entonces sí me consta que Antonio Núñez formó parte del partido que el antiguo general creó, el Partido Comunista Obrero Español, retrocediendo a los orígenes de la creación del partido del mismo nombre del año 21, y no sólo en las fechas, sino en las propias ideas, ya desfasadas, de entonces. Parece que Antonio Núñez se sentía cómodo en algo tan fuera de la realidad como el grupo de Líster. Al decir de algunos, al menos en Tarrasa, al entrar en aquel local que estaba en el barrio de Las Arenas, daba más la impresión de estar en un templo que en la sede de un partido, por toda la iconografía puesta en escena. Como se sabe, no mucho tiempo después, cuando Carrillo ya no estaba en el PCE y éste hacía aguas por todas partes, por tantas y tantas razones, Enrique Líster volvería al redil del partido, como suelen hacer los religiosos díscolos que, en el ocaso de sus vidas, buscan acabar sus días junto a su Iglesia que, naturalmente, les perdona los pecados al tiempo que ésta se reafirma en su legitimidad y razón. Desconozco si Antonio Núñez siguió sus pasos.

Todavía los contactos entre José López Neiro y yo eran simplemente de amistad, en los cuales él hablaba de muchas cosas, experiencias propias u oídas de boca de otros o quizá leídas en algún sitio, y llegué en cierta forma a mitificarlo por su claridad y sencillez de ideas, a pesar de sus limitaciones; porque, aunque poco preparado culturalmente, tenía una cultura natural y una conciencia de clase que llevaba hasta las últimas consecuencias en su compromiso político, social y hasta personal, lo que no siempre han hecho muchos militantes. Era un hombre de lo que se suele decir "de partido", de los más íntegros que yo he conocido en mi vida en la organización, capaz de ayudar a todo el mundo y dispuesto a la lucha desde el lugar que le correspondió.

Algunas de las veces que iba a su casa, "por casualidad" había algunos otros amigos o compañeros suyos, con los que charlábamos y nos llegamos a conocer. Allí ellos hablaban en mi presencia de muchas cosas que yo desconocía, pero que despertaban mi curiosidad; comentaban cuestiones que la mayoría de la gente ignoraba, o a mí me lo parecía. Hablaban de cómo algunos comunistas habían sido detenidos hacía un tiempo, militantes que yo desconocía, no sólo por mi edad, sino porque entonces mucha gente no se enteraba de las detenciones más que por lo que habían comentado personas de su entorno, o por alguna hoja que aparecía en los lavabos de las fábricas denunciándolo. Corrían de boca en boca, casi como un murmullo por los barrios y fábricas, algunos de los acontecimientos que tenían lugar entre aquellas sombras de miedo que, si bien atemorizaban a mucha gente, tenía la contrapartida de ser una especie de mensaje a la ciudadanía, callada y reprimida, de que alguien seguía haciendo resistencia a las injusticias, convirtiendo aquel silencio del régimen respecto a las detenciones en algo mucho más importante. Se trataba, según decían cuando nos reuníamos, de la detención, entre otros que se mencionaban, de un tal Emiliano Fábregas y de Miguel Núñez, a los que habían torturado salvajemente los hermanos Creix, Eduardo Quintela o Pedro Polo, conocidos asesinos de la BPS. Había ocurrido hacía uno o dos años, pero debían ser dirigentes muy significados, ya que constantemente se hacía alusión a ellos, y sobre todo, al comportamiento ante sus torturadores del madrileño Miguel Núñez, más conocido por los de Tarrasa. Pero también se mencionaban otras detenciones y torturas que tenían lugar constantemente en diversos lugares de Cataluña, y sobre todo en Barcelona y el resto de su provincia.

Miguel Núñez, según contaban, cuando fue detenido aquella vez en Barcelona estaba parando en una pensión, pero no se lo dijo a sus torturadores, por lo que le dieron palos y lo torturaron hasta ser irreconocible, para que dijera dónde vivía, pensando los Creix y los demás torturadores que sería el camino de otras detenciones. Hasta que al cabo de unos días la dueña de la pensión, que desconocía absolutamente las actividades de su inquilino, denunció la desaparición del huésped "por si le había pasado algo". Cuando lo supo Creix, le dijo a Núñez: "¡Pero hombre, Miguel, por qué no lo dijiste y te hubieras ahorrado problemas!". "No te lo dije —le respondió Núñez— porque conociendo la clase de bestias que sois, seguro que hubierais molestado a esa mujer, que no sabe nada de quién soy y de mis actividades antifranquistas, con vuestras delicadezas, y cuando hubierais estado convencidos de que era ajena a mí, ya la habrías machacado, y quién sabe si hubiera sobrevivido a vuestras caricias."

Esto, José López Neiro me lo contaba una y otra vez, lo que dice de la admiración que sentía por Miguel Núñez, por su comportamiento frente a la policía que lo torturaba, comportamiento que por otro lado también tuvo él mismo cuando fue detenido. Lo que no me dijo, no sé si porque no lo sabía o porque prefirió callárselo, es que Emiliano Fábregas habló hasta por los codos de todo cuanto sabía ante la policía, cosa que aprovechó el torturador Creix, tratando de minar la moral de Miguel Núñez, entregándole la declaración demoledora de Fábregas. Y no debía de saberlo López Neiro porque también hacía referencias a él, con el que al parecer compartió prisión y llegó a conocer cuando estuvo en la Modelo de Barcelona y hablaba muy bien del mismo.

En aquellos encuentros, esporádicos, que duraron unos cuantos meses, nunca aparecía en mi presencia el nombre del partido Comunista como propio, sino que se hablaba del partido como algo que estaba ahí, siempre presente, sin ser ajeno a ellos, pero tampoco propio; como queriéndome decir a mí "que nosotros no tenemos nada que ver, cuando salimos de la cárcel dejamos la organización por estar muy vigilados", en el supuesto de que alguno dijera que había sido militante, o manifestando sólo la solidaridad con los detenidos. Al principio me pareció hasta normal, pero con el tiempo comencé a notar algo raro en aquellos hombres. Sobre todo el hecho de que apareciera uno de forma inesperada, alguien al que se le notaba que no era de Tarrasa y que hablaba con más conocimiento de cosas que los otros desconocían, que estaba bien informado. Yo, según me contaron años después, solía hacer muchas preguntas que eludían como podían, sin desairarme.

"Ante tu insistencia en preguntar cosas que no se podían decir entonces —me comentaba López Neiro años después— por no tener claro si era prudente o no, nos reunimos un día sin tu presencia para hablar sobre qué camino tomábamos contigo, si era prudente instarte al ingreso en el partido o todavía no". Por lo tanto, empezaron a plantearse qué tipo de relación debían mantener con aquel muchacho inquieto, pero en el fondo un peligro, que veían como savia nueva en una situación en que la mayoría de los militantes empezaban ya a ser mayores; así los veía yo entonces aunque seguramente algunos no pasarían de los 35 ó 40 y tal vez algunos 50 años, aunque otros sí superaban esa edad; pero entonces la percepción que había de la gente los hacía muy mayores. Así que decidieron mantener conmigo todavía cierto tipo de contactos, de momento sólo de amistad y con subterfugios, aunque se hablara de todo. Las reuniones no eran un dechado de virtudes en vigilancia, haciendo que yo me sintiera cómodo entre ellos, pero sin hablar de la organización propiamente dicha, lo que al parecer era lo peligroso. Se hablaba de política y de todos los problemas de los que eran capaces de abordar, casi siempre los mismos, y recurriendo más al pasado vivido por ellos que a cuestiones del momento, a veces de forma atropellada. Cada uno tenía su historia y tenía necesidad de explicarla.

Lo cierto es que era bastante burda la forma de considerar mi presencia, y hasta yo me daba cuenta de lo infantil de los argumentos que empleaban: "Yo simpatizo con el partido, pero no tengo relación alguna con él —me decía José cautamente—; algunas veces en la fábrica se encuentran algunos materiales del partido, y los leo, pero yo estoy totalmente desvinculado desde que me detuvieron la última vez". El parapeto que José López Neiro se colocaba para ir viendo la evolución que yo hacía en el curso de las conversaciones en las reuniones que celebrábamos en su casa, generalmente y dándoles un trato un tanto informal, al principio me parecía lógico, porque no alcanzaba a comprender que pudiera ser de otra manera; entendía que si había ido a la cárcel, una vez libre tuviera prudencia, y, como así me explicaban, que no estuviera dentro del partido por seguridad para él y para los demás; pero pronto empecé a darme cuenta de la coincidencia de las reuniones con cierto hecho, aparentemente casual, como era la aparición de algunas publicaciones demasiado impecables para haber sido "recogidas en los lavabos de la fábrica", según me decían. José me convocaba para vernos de forma que no pareciera que fuera para nada en concreto, como quitándole importancia al asunto: "Lola —su mujer— dice que si quieres venir tal día para pasar el rato, charlar y tomar algo".

Poco a poco me fui dando cuenta de que aquellas reuniones no tenían de informales más que la apariencia, pues en ellas había incluso quien tomaba notas. Todas las precauciones eran pocas. El enemigo estaba al acecho, por parte BPS y la Guardia Civil y descubrir cualquier atisbo de organización de alguna célula, era su mayor celo.

Yo iba, mal que bien, leyendo todos aquellos "materiales" que me entregaban, que cada vez con mayor asiduidad "se encontraban en el retrete de la fábrica" o en cualquier otro sitio; nunca se los había dado nadie identificable. De todas formas, ya fuera por mis ansias de conocer, ya fuera por mi mentalidad exenta de los prejuicios que a ellos lógicamente los condicionaba, me parecía, una vez había pasado algún tiempo, que el celo era excesivo. Por ese camino era difícil contactar con nadie que pensara como ellos, creía yo. ¿Si yo conocía a algún amigo que coincidiera conmigo en la misma idea, ¿qué tenía que hacer?, ¿hablarle de lo que se hablaba allí, o no era prudente todavía? Debieron consultarlo con alguien "de arriba", que ese era el término que se utilizaba, con cierto aire misterioso. Después sabría que fue la Dirección quien tomó la decisión de que me dieran el ingreso de una vez sin más dilación, dejando en sus manos cómo, pero, les dijeron que aquello no tenía sentido: "con toda la precaución que creáis conveniente, pero ya".

Con la impaciencia que suele caracterizas a los jóvenes más en aquella época, y tiempo después mucho más, en el aspecto político, que casi siempre consideran que se va demasiado lento a la hora de tomar decisiones que conlleven acciones—, me fui a ver al valenciano, a Manuel Ortí, mi "introductor" en el partido, y le dije que aquello me parecía bien, pero que yo me aburría porque se hablaba mucho y se hacía poco; que aparte de no enterarme demasiado por hablar lenguajes distintos, extraños para mí, tenía la impresión de que sólo era eso, hablar sin hacer nada positivo, que para mí era organizar algo gordo, sin saber muy bien a qué me refería y qué podía entenderse por "algo gordo". Y, le dije, "me parece que esta gente no son de nada, quizá lo fueron hace tiempo, pero ahora parece que no, quizá deje de ir". No recuerdo si aquello lo hice con alguna intención, aunque creo que no, que era sincero y no se trataba de una estratagema, que es a lo que se prestaba tanto secretismo conmigo; pero creo que no era tan avispado como para eso. Pero sí creo que aquella conversación con *Manelet* pudo surtir efecto poco tiempo después.

Antonio, hermano de mi madre

José (hermano de mi madre).
Asesinado por los nazis.

Mi padre con su hermano Agustín

Yo en Terrasa, 1965

Mi hermana María

Mi madre en Can Palet, 1960

La familia en Pueblo Nuevo (Tarrasa) 1955

Mis padres en Can Palet (Tarrasa), 1960

Mi padre en la mili en Cádiz, 1932

Yo en Guadix, 1952

Con mis hermanas en Guadix, 1952

Sobre un pequeño horno de carbón en el Obach, 1962

Agustín, José, exiliado en Francia, su hija, mi padre y Antonio, en Andorra

En El Obach. Comida campestre, 1962

Yo en Moscú,1966

Mi madre en el Molinillo (Granada)

Mi madre, María y Miguel, 1943

Mi padre en Guadix, 1954

En La Peza, mi hermana y mis abuelos

La familia en Can Palet, 1957

Cipriano García

José Serradell (Román)

Cipriano, de la foto de un mural del Museu d'Història de Catalunya

Manuel Linares en 2012

VII

Ingreso en el Partido

Ante aquella situación, a López Neiro se le ocurrió, no supe muy bien por qué, presentarse ante mí, ya al cabo de un tiempo de conocernos, como antiguo militante de la CNT —quizá para que yo creyera que él estaba en la misma situación que *Manelet*—, pero que ya hacía mucho tiempo que había dejado de militar, "desde que dejé las minas de la Carolina y vine a Tarrasa", obviando que no hacía mucho que había salido de la cárcel por ser miembro del partido, y que aquellos encuentros —eludió, bien lo recuerdo, el término reuniones— sólo se debían a la amistad que los unía, a unos desde hacía mucho tiempo, a otros por ser compañeros de trabajo. Me dijo, de forma tímida, que lo único que mantenía era unos esporádicos contactos con algunos de los militantes del antiguo sindicato anarquista con los que había compartido militancia hacía tiempo. "Sólo son reuniones para hablar de las cosas que pasan, pero sin organizar nada, no están las cosas como para arriesgarse en las condiciones que hay". A mí me extrañó mucho aquella salida, porque si bien yo desconocía todo de lo que era una organización, sí me daba cuenta de que en las reuniones o encuentros en los que yo estaba, no se hablaba nunca de anarquismo, nunca me dieron una hoja, manifiesto o periódico anarquista. Pero de todas formas yo, como el llanero solitario, y sin saber lo que decía, le dije a López Neiro: "Yo no me considero anarquista, ni sé lo que es más allá de lo que he oído a algunos hombres que eran compañeros de trabajo de mi padre. No sé si le dije, "yo soy comunista, o yo quiero ser comunista, y por lo tanto a estas reuniones no tiene sentido que yo vaya si no es para hacer algo". Creo que se lo dije convencido. No es que yo hubiera tomado una decisión ideológica, pero la mayoría de los recuerdos de las conversaciones, que yo mentalmente enlazaba con lo que había oído de mi padre y de los carboneros, casi siempre coincidían en que "el anarquismo carecía de sentido". Yo no era capaz de saber qué era una cosa y la otra, pero si mi padre lo decía.... Supongo que hice caso al recuerdo en aquel momento. Y también pudo tener algo que ver que mi hermano había hecho una radio con onda corta y cada noche oía la *Pirenaica*. Y López Neiro, que era, como se ha dicho, un hombre honesto donde los haya, incapaz de mentir a un amigo, no tuvo más que confesarme que aquello lo había ideado no sabía muy bien por qué, pero que él era miembro del PCE, —dijo PCE, no PSUC—, y que si quería me invitaba a ingresar en el mismo en ese momento. Supongo que pasara lo que pasara tenía el visto bueno de la Dirección y eso le daba argumentos para hacerlo sin dudar.

Me volvió a dar los estatutos del partido, esta vez sí del VI Congreso celebrado hacía unos meses, y otros materiales. Los volví a leer con resultados parecidos a los anteriores, y alguien me hizo ver que al estar en Cataluña todos los comunistas éramos miembros del PSUC. La verdad es que este detalle parecía tener entonces poca importancia, ya que en todo y por todos se trataba del PCE, el Partido Comunista de España, el partido de José Díaz y de Dolores, la Pasionaria, y claro estaba, de Carrillo. Era lo que en realidad sentían y consideraban aquellos hombres, bregados en luchas y cárceles en sus tierras de origen, sin que lo de PSUC fuera más allá que una anécdota en aquellos tiempos, apenas un par de párrafos en los estatutos, por más que muchos años después algunos quisieran modificar aquella realidad de entonces, tan evidente en las organizaciones del partido: la total y absoluta ausencia de catalanes en las organizaciones del partido en los centros industriales. No se trata de crítica, sino de constatar una realidad que sabía cualquier comunista de la época, e incluso, cualquier obrero que luchara en aquellos tiempos en las fábricas. Decir hoy como se ha dicho durante tanto tiempo —y se sigue insistiendo— que los "los militantes de PSUC", etc., hacían esto o aquello por aproximar a los trabajadores catalanes con los de la inmigración en aquellos años, es una afirmación interesada para réditos posteriores. Otra cosa sería mucho después, cuando avanzando en la lucha hubo otras incorporaciones que tal vez justificaran esa opinión. Los trabajadores, con toda la carga de injusticia que pueda acarrear semejante afirmación, lo cierto es que asociaban "lo catalán" al dueño de la fábrica, o en su defecto al encargado, que era quien directamente trataba con él, le daba órdenes y hasta lo sancionaba, si se daba el caso. Durante todo aquel tiempo, al igual que un trabajador que vivía en un barrio se sentía excluido, (cuando se desplazaba al centro solía decir, "voy a Tarrasa", considerando que su barrio en realidad era otra cosa), cuando hablaba de "los catalanes" no se incluía entre éstos, como hubiera sido lógico, porque había una exclusión social de hecho. Y no se incluía porque era consciente de que él era diferente a esos catalanes porque vivía peor porque se le consideraba "de fuera" entre los catalanes, e incluso entre los que llevaban mucho tiempo. Claro que los había que pensaban diferente. Pero la percepción que el inmigrante tenía, mayoritariamente, incluso sin necesidad de reflexiones, era esa.

VIII

José Serradell (Román)

La noche de fin de año de 1960-61, como otras veces, fui invitado a su casa a pasar un rato, esta vez con su familia. Curiosamente, tiempo después José me dijo que esa estrategia de hacerse pasar por sindicalista de la CNT la había usado también con Cipriano García, que fue quien primero lo conoció, en la barbería que estaba en su misma calle, a la que iban ambos. Creo que Cipriano todavía había sido más contundente que yo, según me contó. Quizá porque ya era un hombre y vino a Cataluña con alguna experiencia de lucha en las minas de Puerto Llano, en las que había trabajado y, rebelde él desde muy joven, en alguna ocasión siendo casi niño "la guardia civil me había calentado los morros", me contaría el mismo Cipriano tiempo después. Además su padre estuvo en la cárcel después de la guerra, por comunista. Cipriano le dijo entonces a José López Neiro que le parecía muy bien que él y sus amigos fueran anarquistas o lo que quisieran, pero que como el enemigo era Franco, podían seguir colaborando, erigirse en una especie de Comité unitario o lo que fuera, que ellos representaran a sus respectivas organizaciones, si existían o lo deseaban, "pero yo seré en el mismo el representante del partido Comunista hasta que encuentre a la organización y me pueda incorporar a ella como miembro efectivo". Evidentemente duró poco el equívoco y José le diría casi enseguida la verdad.

En realidad, José, aunque mostrándose abierto, no se comprometió conmigo más de lo que había hecho durante el medio año que hacía de nuestro encuentro. Aunque tampoco colara demasiado, me dijo que en realidad el único militante del partido era él, que todos los demás amigos que venían sólo eran eso, amigos que eran antifranquistas pero no estaban organizados, aunque pensaran como nosotros y hubiera más de uno que lo había sido. Por eso me pidió que no dijera nada sobre mi ingreso en el partido, por seguridad, aseguró, porque hacía poco tiempo que había salido de la cárcel. Y así estuvimos durante unos meses, como antes, pero con la firme idea de que yo estaba militando, de una forma muy extraña, pero que a mí no me parecía nada rara porque desconocía todo respecto a la organización. Se podría decir que estaba en el *congelador* hasta ver cómo respondía, a medida que me fuera habituando.

Durante aquel tiempo, que más o menos duró un año, alguna vez cuando yo llegaba a casa de José y Lola, había otra persona que yo desconocía. Me lo presentaban como un amigo, sin otras referencias. Pero, qué casualidad, cuando estaba este amigo casi siempre estaba solo, esto es sin que ninguno de los otros estuvieran presentes. Con él las cosas transcurrían de forma muy diferente a como solían transcurrir con los otros, todos opinando de mil cosas, atropelladamente, explicando sus vivencias, sus batallitas o sus apreciaciones de lo que pasaba o había pasado, con sus escasos conocimientos. El nuevo, en cambio, tenía mucho más interés en que fuera yo quien diera mi opinión, sin echarme la bronca por los deslices, disparates o desvaríos que yo pudiera decir. Venía raras veces y aunque José me decía con mucho sigilo y sin mostrar excesivo interés que fuera tal día a su casa, con una u otra excusa, lo cierto es que me resultaba muy agradable encontrármelo allí o, mejor dicho, que llegara cuando hacía un rato que yo ya estaba, supongo, como pude comprender tiempo después, como medida de seguridad. El personaje, antes de llegar a la casa de José, iba a la de algún otro camarada que yo desconocía, y esperaba. Si todo estaba "limpio", Lola salía como si fuera a un "mandao", como decía ella, y le avisaba de que podía ir. Estas entrevistas eran espaciadas en el tiempo; y por parte suya, por razones de su mucha responsabilidad clandestina, que yo desconocí duraron años. Después comprendería los motivos: era un hombre muy ocupado, y sobre todo muy buscado por la policía, y seguramente era el más eficaz de todos los que yo conocí en todo el tiempo de clandestinidad, todavía dura, de aquellos primeros tiempos de mi militancia. Las medidas de precaución se irían relajando poco a poco para la mayoría, por la misma necesidad de la lucha en los centros de trabajo, y por el aumento del número de militantes que iban ingresando al partido, paralelo al desarrollo de la industria, aunque Román nunca las relajó. Siempre, hasta el último momento, siguió estrictamente las normas de seguridad.

Seguramente esa fue la razón por la que la policía nunca lo pudo detener a pesar del empeño en lograrlo. Con el transcurrir del tiempo sabría que aquel hombre era uno de los máximos responsables de la organización del partido en Cataluña, o el responsable de organización del partido propiamente dicho. Pues estamos hablando de Miró, que fue con el nombre de guerra con el que me lo presentaron, una vez quedó claro para mí que era un miembro de la Dirección del partido, las pocas veces que pude hablar con él en aquel tiempo. Al cabo de los años sabría que su nombre era Román. Por lo menos eso es lo que yo estuve creyendo, y supongo que la mayoría de la organización, hasta la muerte de Franco, o poco antes, en que ya muchos recuperaron su condición legal y supimos que en realidad se llamaba José Serradell Pérez, al que en todos los escritos referentes a él se solía añadir entre paréntesis (Román), por ser éste el nombre por todos conocido. Todas estas medidas, que para alguno puede parecer de excesivo secretismo, sin embargo fueron las que hicieron posible que muchas organizaciones, y sobre todo sus aparatos de dirección y de propaganda, se mantuvieran a pesar de los golpes que continuamente daba la policía.

Mis relaciones con Román fueron muy discretas y escasas al principio, y algo más fluidas en los años en que ya las cosas habían avanzado y solía acudir en nombre del Comité Ejecutivo al Comité Local de Tarrasa. Era un hombre tan cauto que pocas veces se dejaba llevar por acercamientos personales que entorpecieran su cometido; sin embargo, cuando el peligro para el partido pasó, se mostró como un hombre muy afable y sin los dogmatismos que muchos enemigos le atribuyeron desde dentro del partido y desde fuera, con una campaña ignominiosa y descalificatoria —haciendo tándem con Linares metido en el mismo paquete— contra él desde la prensa, que contaba sin embargo con el beneplácito, si no eran los mismos miembros del partido y de la Dirección los interesados en desacreditarlos. Demostró en todo momento su entereza y sus principios para con el partido y sus militantes de base, siempre firme en la defensa de sus ideas y tomando partido en los difíciles acontecimientos de ruptura que tuvimos que vivir los comunistas españoles, antes que ningunos, los catalanes. Ya anciano, lo visité varias veces en la "Residencia Can Boada", de Mataró donde vivió hasta su muerte. Asistí a su entierro con Manuel Linares, el que recientemente también ha fallecido. No cabe duda de que fue uno de los hombres que más huella dejaron en mí, y creo que en muchos militantes obreros de la época, por su seriedad y disciplinada entrega a la causa de los trabajadores de forma abnegada, silenciosa y sin las plumas de algún otro que ha pasado por ser el gran hombre del partido, del que Román en sus últimos días me dijo "es que el trabajo lo hacíamos otros, él iba de *aparador*" (escaparate). Era muy enérgico a la hora de defender las cuestiones ideológicas y sobre todo de organización y disciplina, pero nada sectario, aunque como digo, esto se le atribuyó años más tarde por aquellos que empujaron para la liquidación del partido. En realidad era un obstáculo para esos objetivos.

Así fue cómo aquel primero de enero de 1961, el primer día que yo, dieciséis días antes de cumplir los 16 años, me consideré miembro del Partido Comunista de España, aunque ya llevaba meses considerándome militante, no del PSUC —como ya he dicho antes y seguramente diré en más de una ocasión— porque para la mayoría de los militantes con los que yo me encontré, ya lo habían sido del PCE en su tierra de origen y como tal se consideraban, hasta que poco a poco fue calando que en realidad éramos de "un partido hermano", con el que así se había acordado: los comunistas del PCE que venían de fuera de Cataluña, se integraban al PSUC, y al revés, los que fueran de Cataluña al resto de España, harían lo propio. Esto, que no se acababa de entender por la mayoría de aquellos comunistas, obreros en su totalidad, viejos militantes muchos de ellos, no tenía importancia entonces para mí; me parecía poco trascendente; con el transcurrir de los años tendría un calado mucho más hondo de lo que entonces podíamos imaginar en cuanto a la división de los trabajadores. Entre otras razones porque a cualquiera que se le preguntara en las reuniones siempre diría partido comunista sin diferenciar. El propio José López Neiro me decía que él era del PCE, pero que eso no tenía importancia entre comunistas, que eran cosas que imponía la clandestinidad, que los camaradas de la Dirección ya sabrían el porqué de aquella diferencia. Como José era un hombre de una absoluta fe en el partido, para él cualquier explicación razonable era aceptada sin mayor dificultad. Y lo cierto es que aquello a nadie le preocupaba. A nadie que no tuviera en su orientación y meta la esencia nacionalista del partido, claro. No había problemas porque eso no estaba en las urgencias de los que luchaban entonces, absolutamente al margen de semejante sutileza. Y los comunistas obreros, en su lucha diaria, se dijera lo que se dijera después, sobre el interés de la clase obrera "en la defensa de la identidad nacional de Cataluña". Es una versión interesada de los que quieren justificar sus derivas hacia el nacionalismo, manipulando la realidad, y haciendo cómplice a la clase obrera de la entrega de ésta a la derecha nacionalista. Tampoco a los trabajadores comprometidos de alguna forma como simpatizantes les preocupaba, que también se ha querido vender que así era, pero eso vino mucho más tarde, porque la inmensa mayoría por no decir la totalidad, eran de otras tierras, eran inmigrantes, eran *charnegos*, como despectivamente se solía decir.

Como se sabe, hubo un tiempo en que se planteó la necesidad de la fusión de ambos partidos en el PCE. Incluso Rafael Vidiella, dirigente del partido, así lo consideró en su día. Sin embargo la parte de la dirección más reacia a esa unión hizo que lo que hubiera sido en realidad la corrección histórica de una división absurda de los comunistas en un solo Estado, se aplazara, recurriendo a que aquello no era urgente, y ciertamente no lo era porque la mayoría de los comunistas ni lo tenían en cuenta ni les preocupaba lo más mínimo; había otras preocupaciones mucho más realistas. Años después, los interesados han considerado muy positiva la división y el hecho de que el PSUC no aceptara la unificación orgánica, los mismos que se apresuraron a asesinarlo, porque por más que tuviera esa parte nacionalista, los cierto era que la mayoría de los militantes y organizaciones obreras que lo componían, lo veían como el partido de los comunistas catalanes, como durante tanto tiempo enarbolaron, mientras les interesó que así apareciera ante la opinión pública por el prestigio que eso conllevaba. Y eso parece que era demasiado para los liquidacionistas.

No dudo que ante la nueva situación de legalidad, debían haberse hecho profundos cambios en su estructura y forma de actuar, renovando la organización tras la legalización y adaptándola a los nuevos tiempos para que siguiera siendo el gran instrumento de lucha en defensa de los intereses de los trabajadores; y de hecho hacía tiempo que se estaba haciendo. Pero precisamente eso era lo que molestaba a los que, por más que se llenaran la boca de "partido nacional, pero no nacionalistas" y reivindicaran la historia del PSUC diferenciándolo del PCE, en realidad lo que les molestaba era que de verdad pudiera seguir siendo, e incluso se potenciara, un instrumento de lucha y de defensa de los más débiles y no de pasteleo al servicio de los burócratas, como necesitaba el sector de la burguesía nacionalista que se hizo con el control, los que lo liquidaron, más rodando en el carro que ha propiciado que en realidad en Cataluña no haya diferencias más que de matiz interesado, entre todos los partidos.

IX

Jordi Pujol y detenciones de comunistas

Durante mucho tiempo —y lo menciono porque ocupó muchas de nuestras reuniones— se hacía mención a unos hechos que habían tenido lugar hacía pocos meses, y el partido mantenía a sus militantes movilizados en solidaridad con un joven de la burguesía catalana, que de alguna manera rompió la tranquilidad del estanque del franquismo, con el que colaboraba aquella burguesía como es sabido. Aunque se haya dicho después lo contrario y basta remitirse a los hechos. En aquellos momentos estaba en plena efervescencia la detención de Jordi Pujol, y en el partido no se hablaba de otra cosa. En realidad por lo que yo conocía, no se hacían otras tareas más que solidarizarse con el detenido. Tanto fue así que hubo muchos detenidos entre los comunistas, entre ellos Cipriano García a quien yo no conocía entonces, pero del que oía hablar mucho. Además fue condenado y estuvo en la cárcel mucho más tiempo que el propio Pujol que, sin ninguna duda, contó —como no podía ser de otra manera por ser un hijo de la burguesía, colaboradora con la dictadura, no se olvide este matiz— con el apoyo más o menos directo de los poderes, que considerarían que aquello no era más que una travesura irreverente de uno de sus hijos.

Analizando los hechos tras el tiempo trascurrido, sin ninguna duda, el partido debía solidarizarse con Jordi Pujol, y con cualquier otro que hubiera hecho algo contra el régimen, por intrascendente que fuera, porque todo cuanto escarbara los cimientos de la dictadura había que apoyarlo, aunque sólo fuera por paliar la soledad en la lucha de los trabajadores y sobre todo de los comunistas, principal punto de mira de la represión. Pero una cosa era movilizar a los comunistas y apoyar a todo el que luchara a favor de la democracia, y otra muy distinta considerar a los nacionalistas de derechas, inmaculados y aliados, más allá de la común oposición a la dictadura. Una vez acabó el proceso, y aunque fue condenado a siete años de cárcel que no cumpliría ni de lejos —estuvo en la cárcel unos meses—, Pujol se dedicó, como es sabido, a hacer dinero, lo que camuflaron con el eufemismo de "fer país" (hacer país). Estaba poniendo las bases para que, con todos los resortes de la burguesía, cuando conviniera —que tampoco es que ésta tuviera prisa, porque el dictador todavía estaba en su mejor momento y les garantizaba estabilidad en el mundo laboral y ausencia de derechos para los trabajadores que permitían sus ganancias—, lanzarse a la conquista del poder, utilizando el victimismo de haber estado en la cárcel contra la dictadura, tan manido por el nacionalismo, además de declarar que había sido torturado en la cárcel, cosa posible, pero poco probable, ya que los que eran torturados eran los trabajadores en las comisarías, y cuando pasaban a la cárcel, ya era, como se sabe, una espacie de liberación porque las torturas habían cesado. En todo caso, si fue torturado lo sería en Comisaría. Pero bueno, como se sabe, el nacionalismo —todo nacionalismo, Franco también lo hizo— ha sido siempre maestro en amoldar la historia a su favor, y si no era posible casar los datos, pues se inventaban y santas pascuas como se ha venido haciendo hasta hoy tergiversando la Historia sin el menor pudor para que se ciñera a sus intereses.

Lo más grave de la posición del partido con respecto a la detención de Pujol, es que se hizo una campaña de propaganda muy favorable y gravosa para la organización, por la consecuencia que tuvo de forma inmediata, por la cantidad de detenciones que hubo, cebándose la represión sobre los comunistas de forma implacable; y con el transcurrir del tiempo, convirtiéndolo en un mártir de la lucha, cuando entre nuestras filas y entre otras organizaciones obreras, había miles de ellos que no recibían ni de lejos la misma solidaridad de los estamentos de la Iglesia, que sí intercedieron por el joven Pujol; al menos hasta muchos años después, cuando la burguesía empezó a intuir el futuro y a planificarlo.

Uno de los empeños que con el transcurrir del tiempo a uno le viene a la memoria, es que la Dirección del partido, que era tanto como decir Santiago Carrillo, trataba de airear, —cuando no de totalizar y mitificar como si fuera la gran trasformación de la burguesía a la democracia, como si ésta se hubiera hecho antifranquista de la noche a la mañana— cualquier acontecimiento o suceso por intranscendente que fuera. *La Pirenaica* no paraba de mencionarlo y casi considerarlo un gran movimiento de la burguesía catalana, que eran los grandes pilares del franquismo junto con la vasca, considerando que empezaban a romper con Franco porque ya la dictadura no les era rentable para sus intereses. Evidentemente la burguesía siguió a lo suyo, Jordi Pujol incluido, y los trabajadores siguieron siendo represaliados, sin derechos, lo que era utilizado muy patrióticamente para incrementar sus ganancias, sin tener en cuenta lo que, según Carrillo, era una especie de ola contra la dictadura por los que le habían rendido pleitesía y que ahora habían decidido romper con ella, naturalmente en defensa de sus intereses, "que en algunos momentos pueden coincidir con los de los trabajadores". No es menor el hecho de que gran parte del poder político, y sobre todo popular, que adquirió Pujol y la derecha catalana, una vez había muerto Franco —pues antes no les fue necesario, a pesar de que mucho después esgrimieran el "derecho nacional" olvidado durante cuarenta años, salvo por grupos minoritarios y sin peso— se lo dieron los comunistas validando sus creencias democráticas, no exhibidas hasta entonces, salvo, como es lógico, en honrosísimas excepciones individuales. El no haber tenido en cuenta que una vez la dictadura diera paso a un régimen de libertades políticas —no a la democracia, que eso es otro cantar—, y que no es algo que a la derecha interese más allá de lo necesario para que sus negocios funcionen, ha sido entre otras muchas la causa de que la clase obrera fuera marginada del proceso, y la derecha nacionalista se alzara con la victoria.

La afición y malabarismo de Carrillo en aquella época para hacer ver lo blanco negro ha sido una constante. Ya a principio de los sesenta aseguraba al resto de los dirigentes del partido que había un movimiento organizado, o tomando conciencia —término tan equívoco como falso, pero utilizado por

Carrillo y por todos nosotros en la clandestinidad, imposible de verificar— en el Ejército, dispuesto a acabar con Franco. Como a considerar que Juan de Borbón era un aliado, cuando a la vista estaba por dónde iban los tiros y cuáles eran sus intereses y por ende sus prioridades que no eran otros que salvar la Corona. Además de no querer enterarse de que Juan Borbón hubiera hecho lo indecible si el dictador hubiera cedido en algo a su favor, no precisamente restaurar la democracia.

X

El PSUC, error histórico

Poco a poco nos fue llegando la historia a los que no hacíamos demasiado caso de ese asunto, de por qué la denominación de PSUC en lugar de PCE, por la unificación —decían— de cuatro partidos obreros catalanes, y atendiendo a "las características singulares" de Cataluña —entonces se cuidaban muy mucho de decir *Nació*, aunque sí quedaba enmascarado en un ininteligible "partido nacional pero no nacionalista", como se sabe, algo que mucho más tarde vería como puro surrealismo de la confusión—. El PSUC fue la marca de los comunistas que estaban en Cataluña, muchas veces sin siquiera saberlo la mayoría de sus militantes de base en los años duros. Así que aquellos militantes y los trabajadores, estaban remando en una dirección que con el tiempo traería nefastas consecuencias para los derechos de aquellos que entonces casi en solitario se jugaban la libertad y hasta la vida, porque estaban haciendo avanzar la barca del nacionalismo, con un pretendido derecho de autodeterminación, contra una opresión nacional, como si los oprimidos por la dictadura no fuéramos todos los españoles, en primer lugar los trabajadores, fueran de donde fueran. Y los que levantaron la bandera de humillados y ofendidos después, la gran burguesía catalana, eran parte de la dictadura, no sus víctimas. El nacionalismo, idea reaccionaria donde las haya, incluso más reaccionaria que la propia derecha "normal", por ir acompañado de efluvios cuasi religiosos medievales e identitarios, fue el gran triunfador que usufructuó la lucha de tantos obreros, comunistas o no, que fueron convencidos de su bondad por ser precisamente los trabajadores inmigrantes, inducidos por la Dirección del partido, cada vez más apegada a él a medida que mejoraban los tiempos y la represión cedía algo en su dureza, y se fue incorporando toda una serie de nuevas generaciones, generalmente hijos de la burguesía, que tomaron en sus manos "el partido de la clase obrera", lo desfiguraron primero y asesinarían después. O, como también se decía: "el partido de los comunistas catalanes", asumiendo de boquilla una fe revolucionaria tan acusada en lo teórico que dejaba a los obreros comunistas como meros instrumentos de la burguesía, como "revisionistas y faltos de coraje marxista" y ser poco revolucionarios, con una verborrea revolucionaria sin precedentes, propia del infantilismo burgués.

Más de uno recordará, lo que puede parecer imposible a la luz de hoy, cómo el que después sería alcalde de Barcelona y Presidente de la *Generalitat* de Cataluña, el nacionalista inicialmente camuflado con las siglas del partido socialista —otro invento del nacionalismo catalán—, Pasqual Maragall, iba a darles lecciones de marxismo a los obreros, a los contadísimos obreros que había en las filas del *Front Obrer de Catalunya* (FOC). Y esta pose de izquierdista la exhibieron muchos miembros de la derecha catalana que comprendieron que había que desarmar a un partido compuesto en un noventa por ciento de obreros, que podría dar al traste con sus intenciones de representantes de la derecha, una derecha alicorta y nacionalista, la que recogía lo peor de una clase social. La parte de la Dirección del partido más cercana a la idea nacionalista, hasta entonces callada —emboscada habría que decir— ya había hecho su labor y logró que amplios sectores de los militantes obreros aceptaran aquel sinsentido de la burguesía, y los que no lo aceptaron tuvieron que desistir y quedar como rompedores de la organización a la que habían contribuido más que nadie, a hacer un partido grande y con influencia entre los trabajadores. El sector nacionalista de la Dirección, con el apoyo del secretario General, Antonio Gutiérrez, "El Guti", converso al nacionalismo por sus posibles complejos, de *charnego* utilizaría toda clase de métodos, desde los sibilinos, con pase de manos por los lomos de los que se sentían halagados, hasta el sistema expeditivo de la expulsión, como se hizo con un tercio del Comité Central —26 de sus miembros—, incluido al presidente del partido, Pedro Ardiaca, fundador e historia viva del mismo, Román, Juan Ramos, Manuel Linares, Francisco Trives, entre otros, lo que demostraba lo poco que les importaba el partido tal como había funcionado hasta entonces, ya que su meta era su liquidación y eliminar cualquier connotación realmente de izquierda que chocara con los deseos del sector de la burguesía que se había alzado con el timón. Todo ello le acarreó a más de un "liberado" quedar en la indigencia, tras muchos años dedicados al partido.

A la luz de los acontecimientos, hay que pensar que, en realidad, la cuestión estaba viciada de origen porque no tenía sentido, si no era para favorecer a un sector de la pequeña burguesía, la existencia de otro partido comunista; porque precisamente cuando nace el PSUC en 1936, la Internacional Comunista no admite, con muy buen criterio, la existencia de más de un partido comunista en un mismo Estado. Y su fundación estuvo condicionada por la situación convulsa en que vivía el mundo en aquellos años, con el fascismo dominando gran parte de Europa y con una amenaza de guerra, por cuya razón los frentes populares proliferaron por todas partes, favoreciendo la unidad de todos los partidos antifascistas, principalmente entre los partidos socialistas y comunistas, pero no sólo entre éstos, sino también con otros republicanos de la derecha democrática, tan alejados desde la Primera Guerra Mundial, al ser los socialistas los que favorecieron la entrada de sus pueblos en aquella guerra, votando los presupuestos militares, como se sabe. La división total entre socialistas y comunistas obedecía en gran parte al sectarismo por parte de los partidos comunistas, dependientes de la Dirección de la IIIª Internacional, que era tanto como decir de PCUS o Stalin.

El PSUC, que como se sabe debía hacer un congreso constituyente por aquellos días, se vio abocado a darlo por hecho, ante el golpe de Estado y el inicio de la guerra civil, que pudo unir en su seno a fuerzas heterogéneas en la lucha antifascista e hizo fracasar el golpe en Barcelona. El PSUC, ante el crecimiento que experimentaba el PCE en la nueva situación, también adquirió un auge importante, y la cohesión durante la guerra, incluso con el PCE y las fuerzas republicanas, lo que le valió sin ninguna diferencia con el resto de los comunistas españoles, el calificativo de partido comunista marxista-leninista, término equívoco pero muy en boga que nadie discutía. Por ese mismo sectarismo pero en dirección opuesta, no pudieron participar en esa unidad los comunistas del POUM, que pasaron a ser enemigos encarnizados, lo que no ayudó mucho a la causa obrera. Pero qué duda cabía de que en el seno del nuevo partido existían otras fuerzas que no podían aflorar por la guerra y la cada vez más grave situación, ante la evidencia de la derrota.

Siempre se ha dicho, para justificar la existencia de dos partidos comunistas en España, que el PSUC se adhirió con pleno derecho a la III Internacional, lo que no es cierto; se planteó la posibilidad de su adhesión a la misma, y sólo fue en el año 49 cuando, ya en el exilio, el todopoderoso Stalin le otorgó ese estatus a Comorera, a sabiendas de lo intrascendente del asunto, ya que si el PCE no era nada por las circunstancias que atravesaba en el exilio, el PSUC mucho menos, y sobreviviría gracias a la unidad de ambos, aunque en más de una ocasión surgieran diferencias, larvadas durante años, con algunos brotes de un cierto nacionalismo ocultado por las condiciones nada favorables en que se desenvolvían.

A pesar de la situación de derrota y la dura clandestinidad, empezaron a aparecer las discrepancias en el seno del PSUC y de éste con la Dirección del PCE, con lo que las bases para ir por derroteros distintos a los del PCE, ya anidaban entonces. Y si no afloraron con mucho más ímpetu fue por la desastrosa situación por la que atravesaba nuestro país; sin embargo, hubo fuertes acusaciones de unos y otros llamándose traidores, y escisiones que llevaron a Comorera, casi en solitario, a plantarse en Barcelona, con sesenta años ya, tratando de organizar el partido, al tiempo que con otra facción del mismo se llamaban traidores y confidentes de la policía. Comorera, como se sabe, al final fue detenido y acabó muriendo en la cárcel.

Todo esto era una discusión un tanto bizantina, innecesaria para el momento de lucha en que estábamos, en el momento en que yo ingreso en el partido. Era algo tan innecesario que ni siquiera suscitaba la más pequeña discusión. Para nosotros todo era unidad. Pero ¿quién podía prever lo que sucedería unos años después, una vez normalizada la situación en nuestro país, en una España democrática, ya con un partido fuerte y con una avanzadilla sólida hacia el socialismo, del que no dudábamos llegaría a no tardar? A esta pregunta es a la que solía responder Carrillo desde el *Delfos* de París, como si de un oráculo se tratara: "Será todo tan transparente como un vaso de agua".

A partir del auge de la inmigración, incrementada a principio de los sesenta, la mayoría de los comunistas del partido, sin ninguna duda, la componían los obreros llegados de otras tierras de España, y evidentemente no procedía plantear el problema de la división en dos partidos; todos los comunistas se consideraban igual, sin hacer la menor referencia al PSUC en ese sentido, y si se mencionaba era de pasada, sin que tuviera eso importancia alguna. La lucha era muy dura y empezaba a ser de masas y no cabían semejantes discusiones. Lo que no quiere decir que en más de una ocasión no se suscitara la discusión, dependiendo de quién fuera el personaje de la dirección que acudiera al Comité. E incluso algún dirigente nada nacionalista, obrero y luchador como Cipriano, instaban a que los militantes no sólo comprendiéramos, sino que apoyáramos dicha política, con lo que la sombra de segundas intenciones quedaba diluido, ya que un prestigioso dirigente obrero así lo consideraba. Y claro, todos los demás que teníamos algún predicamento en el partido, hacíamos lo mismo aceptándolo como algo necesario, más porque así lo decía la Dirección: "para que la burguesía el día de mañana no se apropie de la lucha y divida a la clase obrera, etc." No, no la dividió, se apropió de ella.

Con los años, y viendo adónde hemos llegado en esta cuestión, consecuencia de otras, me he convencido de que si en lugar de haber habido una guerra, todo se hubiera solventado con un pronunciamiento, y éste hubiera fracasado, la parte nacionalista de los fundadores del PSUC, desde muy temprano hubieran planteado a la menor ocasión lo tan recurrente por el nacionalismo, eso de los hechos diferenciales, en lugar de hacer hincapié en la unidad de los trabajadores. Los argumentos estaban ahí, pero no procedía sacarlos hasta que llegara la democracia tras la muerte de Franco, incluso un poco antes para ir preparando la parva para la trilla; ya se barruntaban por comportamientos diversos en muchas estancias de la Dirección. Se empezaron a ahondar las diferencias, que culminaron con el *asesinato* del "partido de los comunistas catalanes", como se ha dicho, y se apresuraron a darle sepultura de tinte nacionalista a la organización que salió de la ruptura con los que quedaron. Pero eso no fue porque sí, sino que durante bastante tiempo sucedieron muchas cosas en el seno del partido y en su dirección, para hacer posible semejante asesinato y enterramiento de las ideas de izquierda. La liquidación del PSUC, el partido que en los últimos tiempos habían hecho suyo como comunista muchos obreros, tampoco era ya útil, precisamente por sus connotaciones demasiado visiblemente obreras. Así que lo que correspondía era liquidarlo, y así lo hicieron. Pero todo esto tuvo sus antecedentes en los últimos tiempos de la dictadura, el IV Congreso del PSUC y sobre todo en el V, donde toda la burguesía, de dentro y de fuera del partido, con los poderosos medios de comunicación a su lado, denigrando a dirigentes que no se prestaban a liquidarlo, pusieron toda la carne en el asador. Para semejante liquidación contaron con la colaboración hasta del flamante secretario general, Paco Frutos, que se prestó a tan vergonzosa maniobra, propiciando la expulsión de los 26 miembros del Comité Central, incluido el presidente del partido, Pedro Ardiaca, como se ha dicho, a quién poco antes habían destituido como tal. En el V Congreso se manifestó la lucha de clases en toda su crudeza. La burguesía, junto con los liquidacionistas y no pocos acomodaticios que vieron en la nueva situación su propia estabilidad personal, apoyaron, muchas veces sin darse real cuenta de lo que hacían y de los resultados de aquel suicidio político, las propuestas de los que se habían encaramado en los últimos tiempos a la dirección.

A Paco Frutos poco le valió el servicio prestado a la derecha ya instalada y acabó siendo víctima de las mismas maniobras, teniendo al final que marcharse a Madrid y ocupando el cargo de secretario general de un PCE sin nervio y sin proyecto. Quiero creer que Paco se arrepintió porque es un hombre honrado, un obrero fraguado en la lucha. Los liquidadores del partido, los que se adueñaron de lo que quedó, no lo consideraron nunca de los suyos; su procedencia obrera era demasiado evidente para los proyectos nacionalistas de los amos del nuevo invento que, para que no lo pudieran tildar de nada rechazable, lo titularon *Iniciativa per Catalunya*, esto es, desclasado absolutamente. Lo importante para ellos era una Cataluña que lo mismo sea la de la alta burguesía de Pedralbes o la Bonanova, por ejemplo, que la de Santa Coloma, Tarrasa o Sabadell de obreros inmigrantes y sin recursos. La idea nacionalista, es decir un partido de derechas, despojado ya de todo cuanto pudiera recordar a un partido de izquierdas, comunista o socialista y de clase, había triunfado y era necesario que se camuflara en esa idea reaccionaria que de algún modo se había ido construyendo sibilinamente en lo de "partido nacional, pero no nacionalista". Hacía hincapié, como hacía el resto de los partidos nacionalistas, en el equívoco término de "nación", en lugar de responder a los intereses de clase de un partido que defendiera los populares. Se lograba la cuadratura del círculo al tener controlados a los trabajadores. Llamar al nuevo invento *Iniciativa per Catalunya* no era algo banal, respondía a un claro deseo de considerar antes la idea reaccionaria de nación, con lo que tenía de integración de los trabajadores en los intereses de la derecha, que de defensa de los intereses de las clases trabajadoras, como corresponde a todo partido de izquierda, llámese socialista o comunista o republicano, que responde a esos intereses de clase.

XI

Sectarismo y machismo, miserias humanas

Como ya he apuntado los "papeles" que yo recibía durante los primeros meses antes de mi entrada en el partido formalmente, aparte de las publicaciones periódicas de Mundo Obrero, eran los que fueron elaborados en el V Congreso del PCE, que se celebró en el año 1954. Y aunque ya hacía casi un año que se había celebrado el VI Congreso —enero de 1960—, ni yo ni creo que la mayoría de la organización de Tarrasa lo conocimos hasta mucho tiempo después en todos sus pormenores. Las conclusiones se irían conociendo a medida que iban llegando materiales; por motivos de seguridad no se decía de forma abierta que había tenido lugar tal evento. Lo más relevante de lo que como información me llegaba era la llamada Política de Reconciliación Nacional (PRN) que el partido empezó a lanzar a toda la sociedad española a partir de 1956. Y, aunque parezca mentira, y haya quienes no lo recuerden ahora, al menos en donde yo me movía, cuando aquella política tomó cuerpo y se empezó a discutir, se suscitó una fuerte discusión, creo que más por desconocimiento de lo que se planteaba que por otras razones. La PRN significaba, entre otras cosas la de "reconciliarse con los fascistas", al decir de muchos de aquellos militantes, que con mucho corazón pero poco cerebro y de análisis mantenían un dogmatismo cerrado en cuestiones que consideraban de principios. No era nada fácil para aquellos hombres que venían de mil batallas y cerradas ideas, aceptar así, casi de golpe —porque entonces la transmisión de consignas más que de ideas razonadas, era muy lenta—, que todo era diferente a lo que durante años habían tenido claro: A un lado estaban los que habían ganado la guerra, los fascistas, al otro los que la habían perdido, así, sin matices. No era fácil cambiar de mentalidad a unos hombres que eran luchadores por la libertad, y aunque la dictadura estaba en pleno apogeo, algunas cosas habían cambiado o empezaban a cambiar en la sociedad española que, a pasos firmes, dejaba atrás muchas de las penurias, a pesar de las muchas calamidades existentes todavía. Lo más fácil para mí, para el joven de quince o dieciséis años, contaminado por los que se relacionaban conmigo más a menudo, era el radicalismo y alinearme con los que se mantenían, paradójicamente, anclados en el pasado; los más veteranos. "Con los fascistas nada de nada", se decía. Y era cierto, pero no se trataba ya de los fascistas, como solían decirnos Miró y otros camaradas cuando manifestábamos nuestro escepticismo a la reconciliación, sino de una gran parte del pueblo español, sobre todo de su juventud, que no había vivido la guerra, que era de otra generación, y necesariamente debían tener otros puntos de vista, visión de futuro. El movimiento obrero, debido al desarrollismo que en aquellos años se había emprendido, permitía alcanzar nuevas formas organizativas. No se podían mantener ya aquellas ficciones, ya que en la lucha por las mejoras salariales, de las condiciones de vida de los trabajadores, objetivamente estaban interesados todos, hubieran sido sus padres del lado *rojo* o *nacional*. He de decir que yo, ya entrado en la mentalidad disciplinada, aceptaba aquello al principio sin demasiado entusiasmo, sobre todo cuando había caídas; pero gracias a la paciencia de algún camarada de la dirección y algún otro dirigente fui asumiéndolo como la inmensa mayoría, sobre todo cuando la realidad demostraba que en las luchas obreras no había distinción, aunque sí algunas veces cierto sectarismo, no sólo por parte de los militantes comunistas, sino incluso por los obreros sin filiación, reticentes a que en una comisión o comité se incluyera a algún trabajador "por ser hijo de un falangista". Naturalmente, la orientación del partido era precisamente la de no hacer distinciones en ese terreno.

Cuando se habla de sectarismo no hay que circunscribirlo solamente a la cuestión política o a la militancia; era mucho más profundo, pues abarcaba a toda la vida del militante, ya fuera en el partido o en su vida privada. Una cosa era que un comunista estuviera dispuesto a dejarse la piel, pasar por las manos de los esbirros de la dictadura en comisaría en defensa de los valores más necesarios y civilizados como son la libertad y los derechos de los ciudadanos, y otra muy diferente que esa predisposición para la libertad y la tolerancia traspasara las puertas de los hogares de muchos militantes y la consideraran normal en sus mujeres y sus hijas. ¡Hasta ahí podíamos llegar! No es que eso fuera de forma uniforme en todos, pero era muy difícil convencer a algunos militantes de que la militancia no era cosa de hombres, sino de todos. Muchas mujeres querían participar en la lucha, creo que en principio más como medio de liberarse un tanto de la opresión interior de la casa que por verdadera conciencia, que algunas ponían en duda, visto el comportamiento dictatorial que sus maridos, "tan comunistas ellos", ejercían en sus casas.

La mujer del camarada, que a regañadientes aceptaba que ésta fuera a reuniones, se sentía libre por unas horas. La necesidad de luchar iría llegando poco a poco. Si eran amas de casa lo tenían difícil porque dependían totalmente del marido, aunque habían demostrado cuando había alguna caída que eran capaces de organizar la solidaridad con sus maridos y con todos los presos políticos de forma a veces hasta heroica. Pero eso lo hacían porque su maridos estaban en la cárcel y ellos no podían decidir, así que lo hacían sus mujeres con una valentía y decisión que demostraba cuán injusto se era con ellas, y absurdo porque se demostraba su capacidad al par que la de los hombres, si es que no los superaban. Alguna vez algún camarada hubo de ser llamado al orden, con todas las limitaciones que el tema, por delicado, requería, para que permitiera a su mujer y sus hijas —los hijos eran otra cosa— participar si lo deseaban de alguna forma. Alguno, en el fondo, veía en aquella excesiva permisividad una especie de hueco por donde podía ser vulnerado el reino particular de su casa. Hubo quien, aunque después volvería a incorporarse a la lucha, abandonó temporalmente la militancia por no aceptar aquella sugerencia y por su incapacidad para argumentar su posición, más allá de porque "yo soy el que manda". Y es que la sociedad era la que era y los comunistas no estaban exentos de los prejuicios de la misma. En el fondo no era más que el traspaso de una especie de ideal religioso por el que también estaban condicionados los comunistas. Muchos que luchaban por la libertad mantenían una férrea dictadura en sus casas, tanto con sus mujeres como con sus hijos. Parecía que los comunistas debían ser casi monjes, según se desprendía de los comportamientos de ciertos camaradas.

Haré referencia sólo de pasada a la actitud de unos militantes, por otro lado entregados a la causa de la lucha durante toda su vida y en los peores años de represión, que no sólo se comportaban así en sus casas, sino que llegaron a crear un verdadero problema en el partido ante el comportamiento, según ellos, de algún camarada que no era digno de militar en las filas comunistas por mantener relaciones con una militante, "nada correctas". Una Iglesia, vamos, en el sentido teórico, claro, parecía que debía ser el partido a su criterio, que naturalmente ya no era ni de lejos mayoritario en el partido en Tarrasa. Así se comportó Matías, de San Pedro Norte, albañil, que mantenía a todos los hijos en un puño; Pepillo, vecino suyo, que supongo se comportaba como el anterior por seguidismo, por no tener valor para oponerse a semejante actitud de su camarada y a la vez vecino, al que se sentía muy ligado y por su falta de criterio; y también Jesús Moreno, hombre que había pasado largos años en la cárcel y que pasado el tiempo sería uno de los pilares del Sindicato de la Construcción del sindicato vertical, llegando a ser presidente del mismo, cuando el partido dio la orientación de entrar en él para aprovechar las condiciones legales, como es sabido.

Con los tres —no sé si en esas mismas posiciones estaban otros camaradas— hubo una serie de reuniones en las que yo participaría, que pedían la expulsión de Cipriano, miembro de la Dirección del partido, por su "indigno comportamiento", utilizando el insulto más soez y un lenguaje que prefiero no reproducir; sin lugar a posible flexibilización de tan radicales e impropias posiciones, que eran personales, pero que ellos trasformaban en políticas, por creer que un comunista había de tener un comportamiento inmaculado en todo, incluso en el ámbito personal de lo que ellos consideraban el comportamiento moral, entre un hombre y una mujer comunistas. Tal como ellos entendían debían ser esos comportamientos, debían atenerse a unos cánones, que ellos establecían, sacados no se sabe muy bien de dónde.

Como eran de la vieja escuela, los tres camaradas mencionados que después tildaríamos de estalinistas, la vida privada no existía para ellos; la vida de los demás, que no la suya, de la que sin lugar a dudas se podría hablar largamente, (como pasando el tiempo se supo, tampoco es que fuera inmaculada, si nos atenemos a sus propios criterios sobre moral entre hombre mujer). "Un camarada no podía comportarse como lo habían hecho aquéllos". Los tres camaradas mencionados pedían la expulsión del partido de Cipriano y "su barragana"; y si bien era cierto que fue una relación un tanto convulsa por ser el marido engañado un camarada que estaba en la cárcel, lo cierto es que el asunto se circunscribía a su estricto espacio personal. En todo caso, lo razonable era que se hubieran roto aquellas relaciones antes de emprender otras, sobre todo por el caso concreto del camarada encarcelado; pero ya sabemos que las relaciones humanas y sus miserias o virtudes, no son fáciles de controlar, y tampoco hay por qué hacerlo si uno no quiere, como más adelante se demostraría de nuevo en este caso por parte del anteriormente engañado, cuya actuación no fue precisamente modélica en casa de un camarada que lo acogió cuando tuvo que exiliarse en Francia. Y es que tratar de esos asuntos íntimos es un verdadero dolor de cabeza si se sacan de su exclusivo ámbito personal.

Y es que las miserias humanas están en todas partes y los comunistas de ninguna manera estaban vacunados o fuera de la sociedad. De haber sido así tampoco hubieran sido comunistas y luchadores contra la tiranía porque no hubieran sido parte integrante y natural de la sociedad en la que vivían, y de una clase obrera explotada, siendo ellos los que primero tomaban conciencia de la necesidad de luchar, aunque no entendieran todavía otras situaciones de libertad personal en la que nadie tiene derecho a inmiscuirse. Pretender que por el mero hecho de que una persona al tomar la decisión de luchar ya era otro, es absurdo. Todos los que llegaban al partido lo hacían con la mejor voluntad, pero también con sus vicios y equivocaciones, cargados de prejuicios, como todo el mundo en todas las facetas de la vida.

Se convocó una reunión para tratar el tema que tanto les preocupaba a los tres camaradas mencionados, para mí, como para el resto del Comité Local, intrascendente por no afectar al partido orgánicamente, aunque sí a su funcionamiento porque aquello paralizaba la actividad, al no haber reunión en la que no saliera el tema y mal que bien se llevaba un rato hasta que se lograba reconducir la reunión. Recuerdo que fue muy duro, más por el enrarecido ambiente y lo irracional de las posiciones personales que por tratarse de una discusión con discrepancias, porque tuviera el tema algo sólido de verdad. El lenguaje insultante era de tal bajeza que se hacía muy difícil razonar.

Planteaban que aquellos camaradas, Cipriano y Lola, él de la Dirección, debían ser expulsados de forma inmediata, sin ni siquiera atenerse a los mecanismos del partido, que seguro no desconocían. Como no se les aceptó semejante disparate, dejaron el partido, aunque después, pasado el visceral cabreo, se reincorporarían. Tiempo después, el tal Matías tuvo un accidente y murió. Y tanto había manipulado las mentes de sus hijos —que además eran del partido, aunque nunca fueron como su padre como militantes, más bien todo lo contrario—, que se negaron a que asistiera al entierro Cipriano, el dirigente al que su padre había rechazado. Un sectarismo personal llevado hasta situaciones límite de irracionalidad, compartido con un odio impropio de personas civilizadas, sobre todo si tenemos en cuenta que el camarada en cuestión, ni a Matías ni mucho menos a sus hijos, que apenas conocía, ni les había hecho nada, que todo fue porque aquél había considerado que el comportamiento de Cipriano, como el de Lola, era merecedor de un calificativo que es preferible omitir. Seguramente el tema Cipriano-Lola estuvo presente en aquella casa de muchos hijos, del que él, Matías, era jefe absoluto, durante mucho tiempo y de forma intensa y continuada, hasta el punto de que todos los hijos aceptaron como buena la opinión del padre sin que a ninguno se le pasara por la cabeza contradecir la opinión del patriarca. Seguramente porque a fuer de oír aquel discurso lo hicieron suyo sin que nunca, que se sepa, pensaran ni por un momento si su padre no exageraba un poco, aunque sólo hubiera sido para liberase a sí mismos y tener opinión propia.

XII

La práctica soledad de los comunistas en la lucha

Yo seguía con la misma rutina de cada lunes, ir al bosque a trabajar, por lo que mi militancia durante ese tiempo era poco activa; por esa razón estaba toda la semana con la firme idea puesta en el sábado siguiente en que tendría nuevas experiencias políticas, por las que cada vez estaba más interesado. Me sabía a poco y tenía que hacer un gran esfuerzo para poder leer los documentos —la propaganda— por mi escasa instrucción y porque tenía que hacerlo a la luz de un candil, lo que me hacía tener que esforzarme para comprender, al tiempo que aprendía a leer con algo de soltura, y a escribir cuando tenía que hacer alguna hoja de propaganda.

La mayoría de los miembros del partido que había en aquellos momentos en Tarrasa eran casi todos poco instruidos, o con pocas letras, y daban por descontado que por el hecho de ser yo muy joven, tendría mejor preparación, desconociendo la realidad de que estaba en iguales o peores condiciones que la mayoría de ellos. En aquella época, no sé si porque la dictadura quería apuntarse tantos o porque así fuera como norma, la realidad era que consideraba alfabetizada a una persona "que supiera firmar". Así que la mayoría de aquellos militantes del partido, como muchísimos otros de la población, se consideraba "no analfabetos", pero en realidad lo eran, como yo. Los camaradas eran militantes capaces de jugarse la libertad en cualquier acción, prestos a cualquier sacrificio, menos al de hacer cualquier esfuerzo para superarse culturalmente. Nunca llegué a comprender que aquellos hombres fueran sin embargo incapaces del menor esfuerzo por mejorar sus conocimientos culturales en una organización a la que, al menos en teoría, de todas partes llegaba la instrucción de que todos debían esforzarse en aprender. Sí, es posible que se explique por las largas jornadas de trabajo y porque el tiempo que dedicaban a la lucha no era la mejor situación para dedicar tiempo a aprender, pero se ha demostrado, como alguno de ellos confesaba, que habían aprendido las pocas letras que sabían en el frente y con un fusil en la mano. En cualquier caso aquellas pésimas condiciones no justificaban totalmente tanto desinterés por la cultura. Hombres que, aunque a mi lado fueran mayores, eran todavía jóvenes, ya daban por descontado que ellos no estaban en edad de aprender y, si decían lo contrario, no eran consecuentes; los libros se les caían de las manos, y sin embargo encontraban tiempo para pasarlo en el bar, quizá porque era la única distracción que podían permitirse.

Sin que se pueda atribuir en exclusividad a esa situación el seguidismo que vendría después, lo cierto es que estoy convencido de que si los militantes de los años sesenta y anteriores, hubieran puesto empeño en tener una noción global de la lucha y de la situación real de las condiciones en que se movía el partido, hubieran tenido algo más de seso y no habría disminuido su ánimo en la lucha. No hubiera sido posible que la avalancha de trepas y "revolucionarios" de última hora, o aquellos "compañeros de viaje" que entraron en el partido con miras a hacer carrera, hubieran contado con la pasividad de muchos que se sintieron confortados con la presencia de aquellos que, "siendo hijos de la burguesía, habían venido a ayudar en la lucha de los trabajadores".

Esto puede parecer hoy extraño, pero un hombre con treinta y cinco o cuarenta años se consideraba "con otras obligaciones, no para perder el tiempo". Claro que no todos pensaban así, y aunque las necesidades materiales apremiaban más que la cultura, los había que sí leían, pero la letra impresa no era la debilidad de la mayoría, a pesar de lo mucho que se hacía para que llegaran libros prohibidos. Siempre consideré que eso ha sido durante muchos años, hasta que hubo un cambio de generación, un problema endémico en el partido, y en gran parte de la sociedad. El hecho de que la mayoría de aquellos hombres poco o nada hubieran ido a la escuela, de que su rebeldía se fundamentara en la clase a la que se pertenecía, y más en la miseria que en la reflexión, hizo que tras la derrota de la guerra muchos ni se plantearan la necesidad de elevar sus conocimientos, sin duda porque las urgencias eran otras. Pero eso no lo puede justificar del todo.

La mayoría de los camaradas con los que me reunía en los primeros tiempos, eran luchadores en sus lugares de trabajo, lucha que no era nada fácil. Muchas veces había mejores intenciones que seso y organización a la hora de llevar a cabo una acción. Pero era lo que había entre los trabajadores, y el partido era el reflejo de aquello. Nunca el partido comunista ha estado mejor representado en la clase obrera como lo estuvo entonces por aquellos hombres sin haber tenido que filosofar demasiado. Eran luchadores en estado puro, con conciencia de clase y sabiendo quiénes eran sus enemigos porque los habían padecido desde la infancia. Muchos habían pasado por las cárceles y, a pesar de todo, cuando se trasladaron de sus pueblos en busca de una vida mejor, no perdieron la idea de incorporarse al partido, de luchar, sabiendo lo que les esperaba si eran detenidos. Eso a la mayoría no los frenaba, aunque los hubo que, condicionados por mil problemas, familiares sobre todo, tardarían un tiempo en reincorporarse. Pero incluso éstos conectaban con el partido, le daban el apoyo que podían, hasta que decidían incorporarse definitivamente pasado un tiempo y calmados los temores —muy fundamentados— de los familiares. Sabiendo a las tensiones que estaban sometidos muchos que habían sido militantes años antes, la dirección del partido orientaba a la militancia a tratarlos con respeto para que aportaran a la lucha aquello que buenamente pudieran, sin presiones, sin sectarismos. Porque era inevitable que de alguna manera éstos existieran por parte de algunos que, porque ellos se lanzaron de forma absoluta, criticaban a los que no lo hacían sin pararse a analizar qué motivaba la acción de cada cual. Esta fue otra de las sabias aportaciones de Román, que supo hacer un trabajo que permitiera recuperar poco a poco a muchos militantes que de otra forma no se hubiera hecho. Con la crítica, incluso personal, lo que se lograba era empujar a aquellos hombres, leales al partido sin ninguna duda, fuera de él.

Es difícil recordar los nombres de la mayoría de aquellos que primero conocí, en el primer Comité Local al que pertenecí, sobre todo porque eran nombres de guerra los que se usaban. Eran unos militantes variopintos en sus maneras de entender las cosas, quizá por sus orígenes, que eran un calco de la inmigración que iba llegando o ya hacía tiempo que estaba en Tarrasa. Mayoritariamente andaluces, pero recuerdo que había en las primeras reuniones un gallego posiblemente de los de más edad, Miguel Molina, que vivía en los pisos del barrio de San Lorenzo, con aficiones literarias, que escribía poemas que él intentaba se publicaran en alguna de las hojas que imprimíamos, en "el periodiquillo", decía él, lo que suscitaba entre los demás una especie de envidia y rechazo al mismo tiempo. Lo cierto es que nunca, que yo sepa, se le dio el gusto y la verdad es que siempre me he acordado de aquello y de alguna forma creo que debí hacer algo, apoyarlo para satisfacer sus deseos. No se hubiera perdido nada y sí lograr mejor relación y satisfacción del camarada. Trajo un día a la reunión un poema que leyó con énfasis y los demás lo rechazaron, creo que más por venir de él que porque fuera o no oportuna su inclusión en el "periodiquillo" de pocas hojas que más mal que bien tratábamos de hacer. Debido a su antiamericanismo, el poema en realidad, en sus intención de atacar a los Estados Unidos, al imperialismo, ensalzaba el colonialismo español sin siquiera darse cuenta. Cuando algunos se lo hicimos ver, cayó en la cuenta, pero se aferró a su idea de considerarlo aceptable, y se rechazó. Algo personal me pareció que había entre alguno de los camaradas y él, y el asunto se quedó ahí. Pasados los años, sería ilustrativo poder leer aquellos poemas que en sus sueños e ilusiones muchos me consta que escribían, plagados de faltas de ortografía, pero siempre con un sentido de clase en defensa de los más débiles. Quizá como una necesidad de decir como podían lo que pensaban en sus horas de añoranzas o recuerdos de sus luchas y sufrimientos. Es seguro que otros escribirían poemas como aquellos o semejantes, y que no se atrevieron a mostrarlos a los demás por temor a que fueran tachados de tonterías. Y tal vez algunos de los que rechazaban los versos del camarada Molina, tuvieran en algún cajón de la cómoda o arca de su casa, algunos ripios semejantes.

La mayoría de las primeras reuniones a las que asistí tuvieron lugar en la casa de José López Neiro de la calle de Santa Lucía; otras las hacíamos en el margen izquierdo de la riera que hoy es la Avenida del Vallés, por debajo del puente de la carretera de Montcada, donde hoy existe un polígono industrial, que entonces era campo. Allí había algunos árboles que nos permitían camuflarnos más o menos, y simulábamos estar pasando un rato de campo. En los primeros tiempos consideraba, fantaseando, que nosotros éramos una pequeña parte de la organización en Tarrasa que debía ser mucho más grande; miles pensaba yo; que dependíamos de otros en la ciudad mejor situados, emboscados en todo lugar esperando el gran momento del asalto para acabar con la dictadura, así era mi fantasía, más novelesca que real. Después supe que en realidad nosotros éramos el Comité Local, es decir la máxima responsabilidad del partido en Tarrasa. Y sin embargo desperté de golpe y comprendí que sobre aquel grupo de trabajadores tan poco preparados —pero dispuestos a jugarse la libertad y mucho más si las cosas iban peor, que mal ya lo iban: militantes capaces de discusiones inacabables en torno a un tema determinado— recaía la máxima responsabilidad de la organización comunista en Tarrasa, como sucedía en otras ciudades. Puede sonar hoy a utópico que un pequeño grupo de personas se arriesgara a jugarse la libertad y hasta la vida, con la pretensión de acabar con la dictadura. Pero es que eso siempre ha sido así, siempre los que luchan en las peores circunstancias son una minoría y no precisamente de los mejor situados en la sociedad —que éstos pueden esperar, como así pasaría— sino los que tienen un alma generosa y utópica, al tiempo que sueñan con ver algún día su ideal de justicia e igualdad conquistado.

Fue entonces cuando me di cuenta de la soledad en que nos movíamos aquellos que nos reuníamos en la riera de Las Arenas, cuando, a pesar de todo, empecé a tomar conciencia de que las cosas eran menos románticas de lo que yo pensaba, de lo que yo me había fabricado en mi cabeza para mi propia ilusión. Lo que se desprendía de esa realidad es que se suponía que éramos los más preparados, o los más dispuestos, lo cual no suele coincidir. ¡Casi nada! Y, ciertamente, en el terreno ideológico y de entrega lo eran —ahí me excluyo porque yo estaba en una especie de nube y no me enteraba demasiado de cuanto se decía—. La mayoría tenían tendencia a la "pureza revolucionaria", seguida de discursos estereotipados, frases hechas y recurrencia a lo que hubieran oído que había dicho cualquier dirigente, incluso muchos años atrás, aunque ese dirigente lo hubiera dicho en un contexto muy diferente, como era evidente. Pero eso no mermaba ni un ápice los deseos de lucha. Y, aunque hoy pueda llevarnos a una sonrisa fácil, sí, aquellos hombres sin formación sostenían la organización del partido en Tarrasa, por difícil que fuera; y no hubiéramos los comunistas llegado a tener la influencia que tuvimos años más tarde sin todos y cada uno de aquellos hombres y mujeres participantes. La "Tarrasa la Roja", como fue bautizada años más tarde, no hubiera sido posible sin todos aquellos trabajadores que en las horas libres que no tenían, se dedicaran a organizar y a extender la influencia del partido por todas parte, por los tajos de las obras, entre los tornos de los talleres, entre los ensordecedores latigazos de los telares. Y sobre todo en los barrios que nacían como setas con todas las necesidades presentes, para cuyas soluciones habría que organizarse.

XIII

Comisiones obreras, militantes de la HOAC y de la JOC

Como entonces estaba reciente la revolución cubana, casi siempre era motivo de conversación la llegada de algunas noticias sobre los éxitos o dificultades que tenía, mitificando la revolución incluso antes de que ésta se mostrara como una *revolución socialista*, tras los intentos de los ricos huidos, con el apoyo de los Estados Unidos, principales dueños de todo lo que se movía en la isla que diera dinero. Seguíamos todos los acontecimientos que se sucedían contra los barbudos. Lo de Playa Girón y todos los intentos del gobierno de Estados Unidos por liquidar aquel germen revolucionario en la isla de Cuba. Nosotros la veíamos como algo nuestro, no sólo por lo que de solidaridad conllevaba, sino porque lo considerábamos una revolución en nuestro territorio, en España. Al fin y al cabo sólo hacía poco más de medio siglo que era una provincia española, así lo veíamos nosotros, de forma entusiasta. Tanto era así que muchas reuniones se nos iban de forma interminable, hablando de "lo cubano". Supongo que para la mayoría de militantes veteranos era una especie de satisfacción, en contraste con lo que vivían aquí. Era la primera revolución hecha en un lugar de habla española, tan cercana, que no era poco para nosotros, para insuflar ánimo a los militantes comunistas españoles.

Ya hacía bastante tiempo que el partido había decidido la participación de los comunistas en las elecciones sindicales para aprovechar las posibilidades legales e ilegales en la lucha de los trabajadores. Y sus frutos se empezaron a cosechar muy pronto, aunque lentos, cuando eso se empezó a aplicar ya que el sindicato vertical controlaba muy firmemente a los trabajadores. Había sectores de la industria en los que los comunistas y otros trabajadores conscientes intentaban lograr mejoras en sus puestos de trabajo, utilizando el cargo de enlace sindical, no siempre bien visto por muchos trabajadores, que durante mucho tiempo vieron al enlace como un hombre de la empresa cuando no "un falangista o un chivato". La decisión de participar en las elecciones sindicales, como había dicho la Dirección, también costó en su día que los camaradas "puros" lo comprendieran. Y de hecho, a pesar de que algunos eran remisos a entrar en esa batalla, aquellos militantes que tenían relación directa en las fábricas importantes del Textil, Metal o Construcción, que eran los ramos donde la concentración obrera lo hacía factible, ya lo hacían por iniciativa propia. Incluso por ciertas actitudes cerradas y a veces no exentas de personalismos, algunos quedaron al margen del partido por su decisión de llevar a cabo una actividad que en realidad era la que la Dirección había orientado a desarrollar desde hacía tiempo. Hombres como los hermanos José y Salvador Guerrero, o Buendía, que supieron organizar en sus fábricas a los trabajadores, ser elegidos; que llegaron a alcanzar dentro del sindicato cierta relevancia e influencia entre sus compañeros de trabajo, e incluso en todo el ramo textil al que pertenecían.

Aquella influencia, aunque limitada, les daba cierta facilidad de movimiento y alguna libertad para hablar de cosas vedadas hasta entonces, despertando algunas reticencias entre algunos militantes, compañeros suyos, quienes trataron de desprestigiarlos con la recurrente acusación de que se habían vendido a la patronal. Aquellas incomprensiones, fruto más de la ignorancia que de otra cosa, colocaron a aquellos camaradas al margen de la organización, por lo menos orgánicamente, aunque como se ha dicho ellos sí seguían las orientaciones del partido, aplicando lo de aprovechar las condiciones legales, presentándose a las elecciones sindicales y siendo elegidos por sus compañeros constantemente, de forma más o menos democrática, y abriendo una brecha en el sindicato vertical que se agrandaría cada vez más. Como no podía ser de otra manera, al final caló la idea de que la forma de luchar dentro del sindicato era la mejor porque estando dentro los militantes del partido estaban mejor arropados por los trabajadores, al ser los representantes elegidos por sus compañeros; y además, que era lo más importante, porque desde aquella plataforma se lograba movilizar mejor a los trabajadores.

La pretensión de algunos de mantener aquella inoperante Oposición Sindical Obrera (OSO) carecía de sentido ante las nuevas condiciones que se daban, que el partido había sabido ver. La OSO fue mantenida por el partido hasta entonces, como algo que nominalmente se oponía al verticalismo del régimen, pero de imposible desarrollo en aquellas condiciones. Muchos de los líderes sindicales que después serían los que levantarían Comisiones Obreras militaban en ella, si es que en aquellos tiempos se podía diferenciar una militancia sindical de la militancia política, de partido. En realidad los primeros comunistas que entraron en el sindicato franquista para luchar desde dentro, tras la decisión del partido de modificar en este terreno su política, lo hicieron desde esa plataforma, aunque enseguida se vio que carecía de sentido mantenerla; y como bien había decidido la Dirección, dejó de existir para los comunistas por innecesaria y por caduca y no acoplarse a las necesidades de lucha del momento, aunque otros la mantuvieron durante años.

Aquella decisión de entrar en los sindicatos también provocó otra de las múltiples escisiones sufridas por el partido, porque algunos consideraban que eso era colaborar con los sindicatos falangistas, colaborar en su mantenimiento, cuando precisamente se luchaba por algo para acabar con aquella organización sindical y establecer un sindicato de clase. Pero qué lejos entonces visto desde la perspectiva de hoy, se estaba de la realidad. Y la OSO pasó a ser defendida por un minoritario partido llamado *prochino*, denominado Partido Comunista de España (marxista-leninista), que fue apoyado por el P.C. Chino, que tomaría cuerpo hacia 1964, cuando se consumó la escisión.

Pero a nosotros en Tarrasa poco nos afectó, aunque algunos, como sucede siempre, toman partido, cada cual con sus razones a cuestas, llamando revisionista al partido, palabra maldita en aquellos años que era la antesala de la acusación de herejía. Hasta que algunos de ellos, en sus cenáculos de análisis y profundizando en la "pureza" revolucionaria, consideraron que los chinos también eran revisionistas, y se apoyaron en la muy "pura, auténtica, verdadera sociedad socialista" de la Albania dirigida por aquel desquiciado Henver Hoxha, que como sabemos era el no va más de "la libertad y progreso" para los trabajadores albaneses. Aunque tampoco es que supiéramos nosotros, obreros comunistas de Tarrasa, los pormenores del resto de los países del llamado campo socialista, pero de Albania se sabía mucho menos. Algunos de estos "purísimos revolucionarios" acabarían formando el Frente Revolucionario Antifascista y Patriota (FRAP), y más adelante parirían, no se sabe muy bien cómo y apoyados por quién, el oscuro Grupo de Resistencia Antifascista Primero de Octubre (GRAPO), que durante muchos años seguiría dando golpes de mano, de triste memoria, y que a su vez pariría un pseudo historiador panfletario reconvertido, revisor del franquismo como el iluminado, hoy mimado por la extrema derecha, Pío Moa.

La experiencia de los trabajadores en la lucha algunas veces invalidaba las actuaciones de los sindicatos verticales, rechazados por los propios trabajadores. Así que cuando se suscitaba un conflicto era difícil acabarlo. Durante mucho tiempo la solución que tenía el régimen era la represión más brutal. Pero en la nueva situación de finales del 59 y principios de los 60, esos métodos, aunque los seguirían utilizando hasta el final del franquismo, ya no eran tan eficaces para la dictadura, que pretendía abrirse económicamente, aunque políticamente mantenía la cerrazón sin ceder lo más mínimo, salvo donde no tenía más remedio y en dosis muy controladas.

El volumen de trabajadores había aumentado considerablemente, y no bastaba con enviar a la guardia civil para resolver todos los conflictos como antaño, y sólo con amenazas y represión. Los trabajadores en sus empresas, cuando tenían una reivindicación de cualquier índole la exigían sin tener en cuenta al sindicato, que sabían no les iba a resolver nada; en todo caso lo que se hacía, si eran cargos sindicales los cabezas visibles del conflicto, era tratar de implicar a los jerarcas que a sí mismos se las daban de "sociales", para de alguna forma sentirse protegidos, al tiempo que trataban de lograr alguna de las reivindicaciones en liza, pero sin tener en cuenta sus decisiones más allá de lo posible. También para algunos sectores de la patronal, la situación era difícil, pues aunque en los primeros momentos trataran de apoyarse en los sindicatos verticales, cuando los trabajadores decidían ir a la huelga ellos apenas podían intervenir.

Así que la patronal, para acabar con la huelga a veces aceptaba negociar con los trabajadores directamente, al margen del sindicato, si era posible; y si no, tratando de que de alguna forma lo aceptara éste como algo salido de su seno y propiciada la negociación por su jerarquía. Para tal fin era necesario la creación de una comisión que tuviera el apoyo de gran parte de los trabajadores. Dicha comisión negociaba y cuando se llegaba a un acuerdo tras tiras y aflojas —con no pocas visitas de los *sociales* de la BPS a altas horas de la madrugada a casa de algunos dirigentes para intimidarlos— si la negociación resolvía el fin del "conflicto laboral", lo que tenía que hacer la burocracia sindical era sancionarlo para que tuviera rango legal, aunque su participación había sido nula. Incluso llevándose a cabo las negociaciones dentro del propio sindicato como era lógico, ya que no había otro lugar más idóneo. Una vez resuelto el conflicto que los había llevado a crear dicha comisión obrera, ésta no tenía objeto y se deshacía sin más. Esta fue una práctica muy normal durante bastante tiempo.

Como el salto que el movimiento obrero había dado en España era considerable, los conflictos se iban multiplicando, y vuelta a empezar, en cada uno de ellos se repetía la historia de que había que negociar para solucionar el problema presentado. Y así era en todas partes, también en Tarrasa. A veces era cuestión de una sola fábrica, pero otras era problema de todo un sector, un ramo, lo que hacía que las relaciones entre los trabajadores elegidos como Jurados o Enlaces sindicales se intensificaran. Y los trabajadores volvían a elegir entre sus compañeros a aquellos que consideraban en mejores condiciones de negociar, en este caso de distintas fábricas e incluso de distintas ciudades, para lograr un convenio aceptable. Así que el partido, su Comité Central, con aquellos dirigentes que estaban desarrollando el nuevo Nuevo Movimiento Obrero, llegaron a la conclusión de que lo que había que hacer era mantener la organización de aquellas comisiones creadas para un conflicto dado, y darle entidad permanente. Crear órganos que permitieran la acumulación de experiencias para estar en mejores condiciones, no sólo de defender los intereses de los trabajadores, sino de mostrarse mejor organizados, con mejor disposición y eficacia a la hora de la solidaridad, cuando la represión se cebara con los trabajadores en lucha y sus representantes.

Como se sabe, la primera experiencia de comisión permanente se dio en Asturias, en la mina de La Camocha (Gijón). Pero a partir de entonces se extendieron por todas partes, como el germen de un sindicato que entonces llamaríamos "de nuevo tipo" y como movimiento sociopolítico. Tarrasa no fue una excepción y se fueron creando las condiciones con las experiencias de mucha gente. Porque, aunque la decisión de crear aquellas comisiones obreras permanentes fue del partido, en las mismas participaba todo trabajador y podía ser elegido fuera de la tendencia que fuera, si así lo decidían sus compañeros. Y así participaron muchos provenientes de las filas de la Iglesia, que al amparo de los nuevos tiempos del Concilio Vaticano II se habían organizado en la Hermandad Obrera de Acción Católica (HOAC), dependientes de los Episcopados. Muchos obreros comunistas y de otras tendencias ingresaron en la HOAC —como también lo harían los de la JOC Juventud Obrera Católica (JOC) en las Juventudes Comunistas— para, bajo el manto de la Iglesia, que se presentaba con cierto halo de renovación y de progresismo en los sectores de base, defender reivindicaciones obreras. Muchos de aquellos dirigentes que entonces no eran del partido, años después entrarían en él. En algunos casos positivamente, no en otros, pues fueron la palanca del principio de su liquidación ideológica y orgánica, aunque entonces los que debieron haber visto el boquete que se le hacía al partido, fueron los principales animadores para que se produjera.

Con esta nueva situación de avance en la lucha y en la organización de los trabajadores estaba cantado que la decisión de tomar parte en las elecciones sindicales había sido un gran acierto revolucionario. El panorama del movimiento obrero cambió, convirtiendo lo que hubieran sido meras acciones de resistencia, muchas veces testimoniales o de imperiosa necesidad, en un movimiento de masas cada vez más creciente.

XIV

Regreso a la ciudad definitivamente

Mi estancia en el bosque llegaba a su fin porque mi padre consideró que ya era imposible retenerme allí. Así que acabé quedándome en Tarrasa, y a través de mi hermano, que era electricista, entré a trabajar de aprendiz en un taller, y de ahí me enviaron a *Modertín*, una fábrica nueva en la calle de Prior Tapias, que ya no existe, cerca de lo que entonces se llamaba el Cementerio Viejo, y después a la AEG, fábrica de la que era encargado uno de los dueños del taller. En la fábrica alemana bullían las discusiones sobre conflictos laborales y la gente, a pesar de que aquello era un nido de gente de la Guardia de Franco y chivatos, hablaba cada vez con mayor soltura. Por primera vez oía a los trabajadores a la hora del bocadillo hablar de lucha y de política. Era evidente que en aquella fábrica todo estaba mucho más avanzado de lo que se veía en otros lugares y por supuesto de lo que yo había visto hasta entonces, y la conciencia de los trabajadores estaba muy por encima de lo que se apreciaba en otros lugares. Había franquistas y chivatos porque la fábrica alemana fue el refugio de muchos de ellos, pero eran conocidos por todos y sabían eludirlos o callar cuando se acercaban, al principio, e ignorándolos después. Muchos de los peores elementos falangistas, chivatos o de la Guardia de Franco, ocupaban cargos en el tinglado sindical de la empresa, cuyo objetivo era evitar cualquier reivindicación de los trabajadores, lo que les funcionó mientras el movimiento obrero no estuvo suficientemente desarrollado. Después ni siquiera se atrevían a aparecer por las asambleas, más o menos numerosas y que con cierto descaro se celebraban en los talleres o secciones. Y aunque algunos oportunistas del sindicato vertical intentaron congraciarse con los trabajadores, fueron rechazados y denunciados como "perros de la empresa", término muy en boga entonces en la fábrica. Era un término dirigido hacia ellos, pero del que se abusó hasta convertirlo en un insulto para todo aquél que a uno no le cayera bien o con el que discrepara.

Mi nueva situación me introdujo de lleno en la militancia de forma total, me daba muchas más posibilidades de conocer gente y de reunirme con otros militantes, acudir a las reuniones, que eran interminables, tal vez porque "nos faltaba método", como más de uno decía. Así que entré de lleno al mundo laboral asalariado y a la par en la lucha política y sindical, perfectamente imbricada entonces la una con la otra sin posibilidad de separar ambas actividades, si se era un obrero comunista. De alguna manera, y precisamente por aquella nueva situación de participación de los comunistas en los sindicatos, las cosas mejoraron, eran menos cerradas, ya no era aquella clandestinidad de secretismo lo que predominaba. Entonces, precisamente por la necesidad de organizarse para la lucha sindical, hacía que todos los comunistas en primer lugar y paradójicamente aquellos que ya eran conocidos como miembros del partido por haber estado en la cárcel, y ser enlaces sindicales elegidos por sus compañeros, salieran a la luz de forma total, sin necesidad de esconder su condición de comunistas, por haber pagado ya por ello. Sí, ciertamente había que mantener la organización del partido a buen recaudo para que no cayera en manos de la policía, y porque en definitiva era lo que podía garantizar la organización obrera, su consolidación y avance. Ya era evidente que las cosas habían cambiado a partir de entonces. Los comunistas disponían ya de cierta protección por el hecho de ser cargos sindicales, pues aunque a la dictadura no le interesara que los obreros fueran por libre, tenía cierta necesidad de reconocimiento internacional, lo que no lograba con la anterior situación de absoluto desprestigio del sindicato oficial, al que con un cierto falso populismo de los jerarcas, quisieron lavarle la cara e intentaron apoyarse en algunos dirigentes, de los que ellos consideraron que podían avenirse a sus planes.

Hubo discusión en algunos sectores del partido, en la misma línea que algunos años antes, con la dictadura mucho más fuerte si cabía. Una parte de la CNT, sus jefes, alejados de toda realidad y en todo caso con poca visión, aceptó su integración en las estructuras del sindicato, de forma lacayuna y sin otro proyecto que el de ocupar cargos, que los jerarcas verticales aceptaron de mil amores porque creyeron que les daría una pátina de verdadero sindicalismo, limpiándolos del desprestigio fascista; y por parte de los de la CNT, es posible que creyeran algunos de buena fe que podían cambiar el carácter del sindicato, craso error en un Estado fascista; pero lo más plausible es que aquello no fuera más que una campaña de propaganda a la que se prestaron, más que las bases —exiguas por otra parte por las condiciones de represión—, altos dirigentes, más aquejados de anticomunismo que de antifranquismo y con deseos de notoriedad en las responsabilidades que se les ofrecía a ellos, cuando las cárceles seguían estando llenas de trabajadores.

Sea ésa u otra la razón que los llevara a semejante desvarío, lo cierto es que en algunos sectores se vendió el producto como el mecanismo más eficaz para ir cambiando el carácter de una organización sindical que no lo era, para democratizarla, aunque nunca usaran de esta expresión. En su ideario, siempre opuesto a todo poder político, parece que olvidaban que es imposible modificar nada sin la intervención del mismo. Era un contrasentido lograr un verdadero sindicalismo desde dentro, siendo el sindicato vertical uno de los principales pilares de la dictadura, junto al Ejército y la Iglesia, las fuerzas policiales, y claro, la oligarquía y el capital financiero, integrado como es obvio principalmente por vascos y catalanes como principales fuerzas económicas del régimen.

Así que el debate que en algunos sectores del partido en Tarrasa se suscitó durante bastante tiempo, en los que yo pude participar, más como oyente que como conocedor del tema, sin saber muy bien a qué carta jugar por mi inexperiencia, era que si entrábamos en el sindicato —cuando en realidad ya lo habíamos hecho hacía mucho tiempo—, los comunistas nos desprestigiaríamos y sería un fiasco, como lo fue anteriormente para los cenetistas que lo intentaron. Pero a mi parecer se fue abriendo paso la orientación del partido, venció la razón al decidirse participar masivamente en las elecciones previstas, porque se habían logrado avances considerables desde las otras anteriores, a pesar de todas las dudas de parte de la militancia y de los trabajadores en general. Porque —se afirmaba— entre una y otra forma de entrar en el sindicato vertical mediaba un abismo: la CNT —los dirigentes que se prestaron a ello— quiso cambiar el sindicato, en el mejor de los supuestos, y aceptando la buena fe, que es mucho suponer de aquellos que lo decidieron, desde dentro, pero amoldándose al sistema porque en realidad había sido fruto de una negociación entre los jerarcas —el gobierno franquista— y aquellos dirigentes de CNT que así lo decidieron, que no fueron la mayoría por más que al régimen le interesara presentarlo como tal. En cambio la idea que la Dirección del partido había planteado hacía ya tiempo, orientada por dirigentes obreros que formaban parte de ella, era que se trataba simplemente de aprovechar las posibilidades legales para hacer sindicalismo utilizándolas en función de los intereses de los trabajadores, una lucha desde abajo, sin ningún tipo de pretensión de mejorar o prestigiar al sindicato franquista. No para salvar o transformar el sindicalismo vertical, cosa imposible sin libertad. Sin duda lo que era posible hacer entonces, años antes hubiera sido imposible porque las estructuras del sindicalismo vertical, como todo en la dictadura, eran herméticas y cualquier intento de hacer algo hubiera tenido consecuencias graves, y hubiera fracasado, bien por la vía de la represión, ya que aquello no sería más que formar una especie de célula clandestina dentro del sindicato; o bien por la vía de la integración, sin efectos reales para los intereses de los trabajadores.

Pero la situación había cambiado respecto a 1950, cuando se celebraron las primeras elecciones, aquel simulacro de elecciones sindicales, cuando nadie o casi nadie quería ser elegido, pues no servía para nada que no fuera apuntalar al sindicato; o les servía a la burocracia vertical y a la patronal, que por otra parte también ocupaba los cargos "económicos" en el verticalismo, y muchas veces los trabajadores que eran "elegidos" no ejercían, porque todo era un paripé, o se arriesgaban, enfrentando al verticalismo con sus propias contradicciones de tener un supuesto discurso falangista "social", mientras todo evidenciaba lo contrario.

Muchos que se presentaban como candidatos lo hacían por presiones del patrón, y eran aquellos que la propia patronal decidía. Incluso el candidato propuesto, si era una persona honrada, pero incapaz de sustraerse a la decisión y presiones del patrón o jefes, no era raro que les dijera a sus compañeros sin ningún tipo de sombra de duda: "haced lo que queráis, pero a mí no me exijáis nada si me elegís, que yo no voy a hacer nada". Para tomar una decisión de defensa de los trabajadores en aquellas circunstancias había que ser un luchador muy consciente, con una conciencia social avanzada y una predisposición a prueba de toda presión y dispuesto a lo peor. Y a pesar de esto surgieron trabajadores como Cipriano García en la *bóbila* o tejería, Juan Martínez, Agustín Romero, Antonio Casas o Bartolomé Baños, entre otros muchos, acabando, todos, como sabemos represaliados, despedidos, y con el tiempo siendo dirigentes con diversas responsabilidades en el partido, con detenciones y torturas, y pasando muchos años en la cárcel. Sin duda los militantes del partido, aun en esas condiciones tan adversas, trataban de luchar con las armas que tenían en cada obra o fábrica. Aunque no hubiera convocatoria de elecciones, en aquellos lugares donde algunos de los camaradas veían condiciones de lucha, trataban de que se celebraran y de formar una candidatura, lo que hizo posible que muchos comunistas en sus empresas utilizaran esta arma de lucha, incluso antes de que hubiera hecho huella en la militancia la orientación de participar, a raíz de la política de Reconciliación Nacional que preconizaba el partido.

En 1960 se habían celebrado nuevas elecciones que se aprovechó para intentar que el mayor número posible de trabajadores conscientes y dispuestos a luchar se presentaran, con lo que se dio un paso muy importante. Porque ya en los primeros años sesenta la situación era diferente, las cosas habían cambiado sustancialmente. Los nuevos cargos sindicales no iban a aplaudir a los jerarcas, a rendirle pleitesía al dictador en aquellas "Demostraciones Sindicales del día de San José Obrero"— que era como el franquismo denominaba, de acuerdo con su Iglesia, al Día Internacional de los

Trabajadores, el Primero de Mayo—, sino a plantear sus reivindicaciones. Ya la lucha alcanzaba cotas muy importantes. Había movimientos huelguísticos por muchos sectores tratando de mejorar las condiciones de los trabajadores, contra la carestía de la vida, ya que la única forma de lograr una subida salarial era mediante la presión, a veces heroica, de los obreros, lo que inmediatamente ponía en alerta al régimen. Aunque la represión se cebó en ellos de forma criminal, los mineros asturianos marcaron el camino de la lucha organizada de los trabajadores y de cómo había que avanzar para la consolidación de un Nuevo Movimiento Obrero, que nada tenía que ver con todo lo anterior. La antorcha encendida por lo mineros asturianos, sirvió de guía para todos los españoles. También en Tarrasa, como no podía ser menos, tuvieron repercusiones.

La *Pirenaica*, que era el medio más rápido y cercano que muchos teníamos para saber lo que pasaba, con toda la carga de propaganda que se quiera, pero cumpliendo un papel extraordinario de cohesión de la militancia, y de denuncia de las torturas y detenciones, informaba del alcance de las huelgas de Asturias, todavía bastante incipientes, y animaba a participar en la lucha y en la solidaridad con los mineros. El régimen ponía todo su empeño en obstaculizar sus emisiones, con todos los medios técnicos a su alcance, y más a partir del tratado con los Estados Unidos y su emisora de la Central Intelligence Agency (CIA) en Pals, Gerona, Radio Liberty, desde el 23 de marzo de 1959. Lo cierto era que muchísima gente la sintonizaba a pesar del martirio que suponía mantener la señal audible, por los ataques continuos que recibía, y por el temor que suscitaba el que en una subida de voz alguien no deseado pudiera oír que en aquella casa se escuchaba Radio España Independiente, Estación *Pirenaica*, (REI), "la única emisora española sin censura de Franco", como declaraba el periodista Pedro Aldámiz (Ramón Mendezona), locutor que cautivaba con su voz cálida, armoniosa y penetrante a muchos antifranquistas.

XV

Cipriano, "El Guti" y Manuel Linares

José López Neiro me llamó un día para que pasara por su casa el sábado siguiente, pues tenía que hablarme. Al cabo de un rato de estar allí llegó un personaje al que yo ya conocía por las muchas veces en las que se había hablado de él en mi presencia, pero que nunca había visto porque estaba en la cárcel. Era Cipriano García. Acababa de salir en libertad y López Neiro le habló de mí y debió de querer conocerme. Cipriano me pareció una persona de una austeridad en el lenguaje sorprendente, pero muy incisivo y afinado, que parecía que cuando hablaba estaba pensando en otra cosa, pero iba recogiendo todas y cada una de las frases que yo decía, porque después, cuando lo consideraba oportuno, hablaba de ello, rebatía o afirmaba. Con naturalidad, creo que haciéndose cargo de que estaba ante un joven que carecía de la más mínima experiencia de partido y pocos conocimientos. Era un dirigente del partido, un obrero sin ninguna duda, que acababa de salir de la cárcel de Burgos, que vivía también en Can Anglada —creo que en la calle del Carmen, cerca de la riera, un poco más abajo de la casa de José López Neiro, perpendicular con la calle de Santa Lucía—, con su mujer, Lucía, y con sus cinco hijos, dos de ellos gemelos. Hablamos entre vaso y vaso, que servía José o Lola. Él bebía más que yo, que no era capaz de pasar de un par de tragos, y ya era mucho, hasta altas horas de la noche de múltiples cuestiones, tanto relacionadas con el partido, como con la cárcel, la historia, el movimiento obrero, de Cuba entonces tan en el candelero. No cabía duda de que Cipriano caló en mí como no podía ser de otra manera, llegando incluso hasta a mitificarlo, que como se sabe es la peor manera de valorar a un dirigente, y a cualquiera que cree opinión, porque es muy fácil que en algunas cuestiones el tiempo derribe al mito, al dirigente. No hubo mitificación, sin embargo, en cuanto a su valor y capacidad como dirigente obrero, como dirigente comunista y entregado a la causa en la que creía, ni en cuanto a su capacidad para sufrir las mayores torturas de los sicarios de la policía franquista, que eso ya está seguro para la historia, salvo para algunos que quieran valorar las cosas, como se ha hecho por métodos nada honestos, mezclándolas en un *totum revolutum* que nos haga olvidar que todo dirigente, que todo *general*, toda persona, por importante y alta que sea, *no es más que un hombre.* Y que de las miserias humanas no se desprende nadie. Su vida como militante comunista fue ejemplar durante muchos años, pero como padre y compañero de Lucía, su sacrificada mujer, dejó mucho que desear, como sabe todo el que lo conoció. Tampoco en la última etapa, cuando despertamos del sueño, tras la muerte del dictador, y volvimos a la realidad, su comportamiento fue muy ejemplar, a mi modesto entender, quizá porque le es más fácil al mito o seudo mito vivir en la adversidad que bajar al ágora, a la plaza pública, a la discusión libre y sin los arcanos que la clandestinidad impone con sus penumbras, no siempre justificadas.

Hubo momentos en que, el que fuera capaz de soportar torturas sin límite de la policía, soportaba todo tipo de humillaciones de aquel déspota ambicioso que fue Antonio Gutiérrez, "El Guti", a la sazón secretario general del PSUC. Sin el menor respeto por el que le podía dar lecciones de comportamiento ante la policía a la mayoría de dirigentes y también a Gutiérrez —al menos por las circunstancias en que se encontraron uno y otro—, en alguna ocasión lo trató con desprecio en la propia reunión del Comité Ejecutivo, diciéndole que no era nada y que si había sido diputado en la primera legislatura, lo que le valió poderse jubilar con una pensión decente, se lo debía a él. En aquel momento Cipriano ya no era ni sombra de lo que fue y soportaba todos los desplantes del engreído burgués nacionalista "Guti", despreciado por las bases tanto como él despreciaba a éstas.

Con tal de mantener su estatus y sabiendo que su tiempo pertenecía al pasado, Cipriano García soportó muchos insultos del secretario general, que otros como Manolo Linares o Román jamás aceptaron, como en aquella reunión del Comité Ejecutivo en que Linares se puso en pie como respuesta a un insulto de Gutiérrez y de no ser por la intervención de Gregorio, "le muerdo la yugular", como me explicaba Linares después.

Así son algunas de las miserias de los hombres que tuvieron el arrojo de dedicar sus vidas a la lucha. Pero esto no deja de ser una opinión, una forma de ver la realidad tras la llegada de las libertades políticas, que no la democracia (insisto en esto, cada vez más evidente el engaño que resultó de la llamada transición). Por otra parte, esta actitud fue seguida por otros, menos cualificados y con muchísima menos entrega que Cipriano García. A muchos les faltó tiempo para trepar, quizá porque llegaron para eso o simplemente se acomodaron a la nueva realidad con absoluta amnesia, voluntaria o impuesta por las circunstancias. En mi recuerdo, vaya por delante antes de avanzar en esta historia, queda mucho más consistente en el balance final —porque desgraciadamente murió, y de la forma más tonta al caerse de una escalera al colgar una pancarta en un proceso electoral de Iniciativa per Catalunya (IC)—, lo mucho que de positivo aportó a la lucha antifranquista, independientemente del resultado final y de los trepas u oportunistas que sí se supieron acomodar a la nueva religión. Y en el plano personal, mi absoluto reconocimiento porque supo inyectarme valores ideológicos y humanos, que si más no, quizá me sirvieron para unos comportamientos éticos, para andar por la vida, reitero, aunque él en muchas cuestiones no los tuviera en cuenta para sí, al final, cuando hubo que tomar partido en los momentos más trascendentales de la organización, que como se sabe, determinó su liquidación por explosión desde el interior.

De todas formas, vistos otros comportamientos de la llamada izquierda, ya nos hubiéramos dado con un canto en los dientes con que todo hubiera sido lo que algunos puritanos le atribuyeron en su momento. Cipriano actuó en la cuestión privada muy mal, pero nadie que no sea su propia familia puede quejarse, más allá de discrepancias políticas y del personalismo y navajeo que, se quiera o no reconocer, siempre existe. A pesar de todo, su comportamiento fue muy distinto al de los amigos del pelotazo que tanto daño hicieron a la recién inventada izquierda socialista pero que acabaron arrastrando también al partido, o a muchos de sus dirigentes, más que militantes. Y no digo esto a título de réquiem, porque ya Cipriano no esté entre nosotros, sino porque jamás se aprovechó de su cargo para tener una vida mejor, más allá de lograr una jubilación decente, que por otra parte todos los diputados, como muchos con menos méritos de lucha que él —algunos sin ninguna y muchos enemigos de la libertad durante muchos años— la tuvieron y la siguen disfrutando, con muchas más prebendas.

Cuando me planteé escribir esta historia, llamé a Cipriano por teléfono con la intención de tener una charla distendida, ya sin las tensiones que en alguna ocasión en los últimos tiempos de mi militancia en el partido tuvimos, en el V Congreso y sobre todo tras la ruptura. Lo noté contento de hablar conmigo, porque quizá le sorprendió mi llamada, o porque tal vez pensó, con algún rinconcito de sus recuerdos, en algo de nuestra relación y que en cierta manera yo era un producto ideológico algo suyo. Le dije mi propósito de escribir mi versión sobre algunas de las cosas que habían pasado, y si no tendría inconveniente en echarme una mano, para el recuerdo. Se mostró dispuesto a colaborar conmigo en todo, cuantas veces fuera necesario, y añadió: "y me gustaría que pudiéramos vernos por cualquier otra razón, para charlar y bebernos, como antaño, una botella tranquilamente, sin prisas, como dos viejos camaradas; pero déjame un par de semanas, que acaben las elecciones —creo que estaban próximas, elecciones regionales al parlamento catalán— y te llamaré".

Nunca me llamaría. A los pocos días, de la manera más tonta, alzado en una escalera, al colocar una pancarta a pocos centímetros del suelo, moría tras vanos intentos de los médicos por salvarlo, a causa del golpe recibido en la cabeza. No sé por qué razón de asociación de ideas, y sin motivo aparente, pero vino a mi memoria lo que se dice que le sucedió a Lenin cuando atravesaba caminando por el mar helado cerca de San Petersburgo y el hielo cedió bajo sus pies: "¡Vaya manera más tonta de morir". Pero Lenin no murió. Y el manchego luchador comunista, sí. Cipriano había sorteado muchos peligros siendo torturado por los esbirros del franquismo, y fue a morir colocando una pancarta en una campaña electoral para unas elecciones, para algo que nada tenía que ver ya con su lucha, en una tarea de poco calado a la que se prestó como forma de ser útil, cuando ya otros que usufructuaron sus desvelos no lo tenían en cuenta más que cuando les interesaba. Así de miserable suele ser la vida en general, y la vida política todavía más. Con respecto a las relaciones mías con Cipriano García, y todo lo que conlleva, esta historia desgraciadamente no será completa, por lo menos no será todo lo completa que hubiera podido ser de contar con su opinión, ya sin la visceralidad y apasionamiento tan propios de los análisis en caliente. Sobre todo porque durante un tiempo, cuando él decidió un camino diferente en la nueva formación llamada IC, en la que yo nunca estuve, nos distanciamos más en el silencio que en la discusión. Nunca me sentí suficientemente autorizado para echarle en cara lo que yo consideraba era lo razonable. Su historial me lo impedía. Y si bien es verdad que por mi parte hubo más apasionamiento que por la suya, lo cierto es que el distanciamiento se debió más a que él reorganizó su vida en Hospitalet y yo seguí en Tarrasa; y ya sin el partido de por medio, no era fácil encontrarse para discutir, acordes o discrepantes, como dos camaradas de otros tiempos, ya curados de pasiones estériles.

Me hubiera gustado preguntarle tantas cosas que entonces no pude porque se consideraba impropio por la clandestinidad. Y sobre las razones que lo llevaron a tener ciertos comportamientos que por lo menos una muy ñoña parte de la militancia consideraba poco menos que herejía. Y me hubiera gustado que me desvelara algunas de las cuestiones, personales y políticas, que se fraguaron en algunos de los cenáculos de la Dirección que sin duda conocía, de las que se me hace muy difícil creer que él las aceptara *motu proprio* sin que se le removieran las bases de lo que había sido toda su vida de comunista. Y, por supuesto, preguntarle cómo era posible que no le "pateara los hígados" en palabras de Linares, al déspota que lo menospreció. Quizá la respuesta esté en lo que se ha dicho anteriormente: los mitos, y por qué no decirlo, los hombres extraordinarios, necesitan de ciertas sombras para seguir sosteniéndose en pie y en el recuerdo de los demás. Una vez la luz les llega de pleno, les ciega los ojos por las oportunidades que la vida nunca les dio, y entonces, por miserable que pueda parecer, quieren tener un cierto descanso, merecido sin duda, pero a un precio bastante caro. Hay quien se bebe la cicuta para que quede intacta su figura, su modo de entender la vida, su ética; y hay quien piensa que eso no sirve para nada y que es mejor recibir lo que cree merecer cuanto antes, si la ocasión lo permite, no necesariamente de forma artera. Aquiles viviría en el anonimato más absoluto, o moría como héroe, no cabía otra alternativa. Él, Cipriano, como tantos, vivió como héroe para muchos que lo conocimos, pero su talón de Aquiles no fue perforado por la flecha del Paris —la dictadura franquista, a la que supo combatir con valor y decisión—, sino que fueron las aguas cómodas de la Tesalia otorgada por los que se apropiaron del partido, y le otorgaron la comodidad y reconocimiento más como apropiación y usufructo de su lucha de obrero entregado, de comunista que nunca se dobló ante sus enemigos. Los avispados nuevos jefes pensaron en lo muy beneficioso que para ellos resultaba que un luchador, obrero en el ya desierto y ocupado salón, les permitiera seguir diciendo que eran de izquierdas sin el menor sonrojo. Desgraciadamente los héroes, los grandes, para que su memoria no pueda ser utilizada, aunque sí violada su tumba, deben morir jóvenes. Deben morir antes, mucho antes de la victoria, si es que ésta se produce. De no ser así el barro de sus pies los hará caer.

XVI

El trato a "los imprescindibles"

Recordar ahora a muchos de aquellos hombres, la mayoría con los que compartí aquellos años, es tarea ardua. Sí tengo en la memoria como fotografías mentales los de la primera etapa, aparte de los mencionados ya, como López Neiro. Los miembros del Comité Local, o los que estaban relacionados con él por su trabajo, como es el caso de Miguel "el de Las Fuentes" (Les Fonts), que llegó a Tarrasa a mediados de los cuarenta y desde el principio, por las características de su vivienda, alejada de Tarrasa, y ser una casa con algunas particularidades que permitían ocultar paquetes, fue estafeta del partido durante muchos años, casi hasta el final de la dictadura. Un hombre que se mantuvo en el anonimato en cuanto a la función que ejercía, pero que sin embargo era conocido por muchos. Este hombre, que ya venía de luchas muy anteriores, se mantuvo a las órdenes del partido en aquello que entonces se consideró más necesario, en los momentos más difíciles: La propaganda. Muchos de estos hombres, cuando se terminó la dictadura apenas vieron reconocido su trabajo clandestino, fundamental para el partido. La mayoría de la gente casi no los conocía y no valoraban en su exacto contenido el trabajo necesario que aportaron a la lucha. Y es que el partido, y sobre todo si se llega a la desintegración ideológica y orgánica, como le sucedió al PCE-PSUC en los primeros años de la llamada democracia, es poco llamado al reconocimiento de sus más abnegados militantes anónimos, que seguramente son muchos miles. Cuando eso sucede, todos los dirigentes, los que han alcanzado notoriedad pública, ya están en otra cosa, y nadie se acuerda de aquellos que perdieron su juventud recibiendo los paquetes de propaganda o haciéndola ellos mismos. Entonces ya no son necesarios y por lo tanto casi se convierten en algo molesto, en un obstáculo, no saben cómo deshacerse de ellos, si es posible elegantemente, aunque en algún momento echaran cuentas de que seguían ahí y puntualmente les rindieran un homenaje, más de auto-reconocimiento de algún dirigente, y para salir en la foto con ellos; los que ya deciden porque tienen en sus manos la llave del cajón del pan, si es que el camarada en cuestión es un liberado dependiente del dirigente. Y el burócrata de turno lo sabe, y si lo necesita lo utiliza. Cualquier militante veterano del partido tendrá en su memoria a alguno o algunos de estos militantes como Miguel "el de Las Fuentes", porque conocerían a más de uno en tantos años en que se imponía el relevo. Muchos camaradas que anónimamente consumieron sus vidas, sus profesiones y sus ilusiones en las ciudades, pueblos grandes y pequeños y hasta en cortijadas de España. Que pasaron, a los ojos de sus conocidos, como personas al margen de lo que ocurría a su alrededor para preservar el aparato de propaganda. De los que nadie se acordó cuando no fueron necesarios, a pesar de que en su día se consideraban, como solía decir Carrillo de Domingo Malagón: "El único imprescindible". Porque nada de gran parte de la actividad clandestina hubiera sido posible sin este artista que dedicó su vida al partido. Malagón frustró sin duda una carrera artística brillante, elaborando toda la documentación falsa que los dirigentes del partido y otros militantes necesitaban para poder entrar y salir o vivir en España en la clandestinidad, o para vivir en Francia, donde el partido era ilegal. Un hombre cuyas falsificaciones eran tan exactas que resultaba muy difícil reconocerlas. Por eso lo llamaban *El Gran Falsificador*. Así lo reconocían hasta sus propios enemigos. Cuando por fin pudo entrar en España, tras la muerte del dictador, este hombre tuvo más frustraciones que satisfacciones, al verse relegado a hacer fichas sobre cuestiones innecesarias, quedando claro que lo habían puesto a hacer un trabajo con la sola intención de tenerlo ocupado, de quitárselo de encima y que no acaparara protagonismo alguno y no incordiara, si es que se le había pasado por la cabeza tal decisión. Con esa mentalidad de personajes subidos al pedestal que podía derribarlos con un soplo, y con el temor de que alguien les pudiera quitar un trocito de espacio, que saben lo merece más que ellos por su abnegada vida, y nunca mejor dicha la palabra, dedicada a la causa. Malagón, y otros en los diversos niveles de la organización, conocía todos los entresijos del partido en los años difíciles y eso no siempre es cómodo para el dirigente que se siente molesto por lo que representa de memoria viva; y aunque guarde silencio por disciplina militante, sabe que le puede recordar miserias del pasado que ha cubierto con un velo de voluntaria amnesia, ante la euforia de lo que piensa se avecina, y no quiere que realidades lejanas le turben la gloria del momento. Y tratan de evitar hasta un cruce de miradas con ellos, por el sonrojo que podría producirles.

Malagón, en silencio como siempre, no se quejó, no dijo nada, todo lo contrario, quizá pensó que aquel era otro de los muchos sacrificios que debía hacer por el partido, aunque intuyo que su sabiduría tuvo que llevarlo a tragar la bilis del desengaño y la decepción, no por la causa, sino por los nuevos aires, y sin protesta alguna se aprestó a hacer aquel "trabajo del partido" lo mejor que supo, y por sus características de artista sabía mucho, seguramente sin que ignorara en ningún momento lo innecesario del mismo. Tuvo problemas para que le fuera reconocida una pensión digna que le permitiera vivir, en una España donde estaban —están— a la orden del día los escándalos económicos y que jamás pagan los culpables en esta dictadura disfrazada de democracia. Al final la obtuvo: "suficiente porque yo estoy acostumbrado a la austeridad", diría después a sus amigos. Y hasta a la miseria, añadiría yo, lo que describe la "generosidad" de los que se la otorgaron, seguramente como un favor, no como el derecho de un hombre que había sido un callado luchador por la libertad durante toda su vida, al tiempo que muchos de nuestros recientes reconvertidos en demócratas sin mácula, derrochaban sin límite en la ola del lujo, unos haciendo honor al lujo de su origen, otros recién acostumbrados al mismo. A este hombre sencillo y honesto le debían, sin saberlo, su seguridad y su anonimato la mayoría de los comunistas que durante la larga dictadura tuvieron que moverse por España o el extranjero. Yo mismo tuve que usar de su inteligencia y bien hacer, pues elaboró mi pasaporte para, desde París, desplazarme a los países del Este.

Pero, además, es que a otros niveles ha sido igual. Sobre todo cuando algunos, por discrepancias ideológicas surgidas a raíz de los congresos, quedaron "colgados", sin trabajo y sin ningún futuro, ya a una edad avanzada, habiendo dedicado toda su juventud al partido. Manuel Linares, militante que estuvo muchos años junto a Román en la Dirección del partido, como el principal apoyo para el superclandestino dirigente, tuvo que recurrir a Gregorio López Raimundo, ya en la debacle, para que le arreglaran los papeles a los que tenía derecho, para que por lo menos cobrara alguna cosa que le permitiera vivir, ya que había abandonado su oficio a favor del partido en los años de juventud cuando ya era un notorio profesional. Aun así la pensión que le quedó no le permitía vivir con un mínimo de desahogo, ni siquiera de jubilado, y con más de 70 años se veía obligado a hacer chapuzas para sobrellevarlo. Otro tanto le sucedió a Bartolomé Baños, que había dedicado toda su vida al partido, y parece reiterativo, pero es la realidad, y en los últimos años a Comisiones Obreras. Cuando le quedaban dos años para la jubilación, se quedó sin nada, y tuvo suerte porque los socialistas en Tarrasa lo emplearon en cuestiones informáticas, que él conocía, y así pudo tener algo de pensión. Bartolomé Baños en los últimos tiempos fue perdiendo la noción de la realidad, alejado de todo y de todos, hasta que fue encontrado en su casa muerto. Después habría quien hablaría de "homenajes al luchador antifranquista". Y el propio Manuel Azcárate, un hombre que siempre fue del "aparato", cercano a Carrillo, al final de sus días se encontró despedido por sus discrepancias políticas con el grupo dirigente del momento, y eso que Azcárate era uno de los casos de cambio radical en el sentido que los liquidacionistas deseaban; era de los suyos, por así decirlo, ya que se enfrentó a los que se oponían a la liquidación del partido, pero algo no debió gustar de él, lo consideraron molesto y lo expulsaron del PCE. En este caso, como era un hombre capacitado culturalmente por su origen y su cuna, pudo salir adelante hasta su muerte escribiendo artículos en El País, que seguramente fue el puente de plata que le pusieron para que huyera sin otros problemas. Pero es otro ejemplo, aunque en este caso fuera él mismo responsable de la deriva que había tomado el partido en su conversión y a la postre destrucción, de la prisa que muchos se dieron en tratar de liquidar todo aquello que recordara la clandestinidad y tiempos pasados, que a muchos no les parecía políticamente correctos en aquellos momentos, aunque no mucho tiempo después tratarían, con buen criterio, de recuperar la memoria histórica. El caso de Azcárate es de una evidencia aplastante de que cayó en su propia trampa: Los que debían defenderlo lo expulsaron, y los que él combatió ya no estaban en condiciones de defenderlo porque él había contribuido a su expulsión. Lo recuerdo en una ocasión en que en una de las fiestas del partido en Barcelona, estando yo en el chiringuito que poníamos en representación del Comité Comarcal del Partido los del el Vallés Occidental, alguien estaba haciendo proclamas comunistas a través de los altavoces que ya empezaban a no ser del gusto de la Dirección. Y aunque él había llegado de Madrid, seguramente como una especie de inspector enviado por Carrillo, se acercó a donde oyó aquellas *herejías* y con cara desencajada me recriminó a mí, que era el que estaba en esos momentos, que se hicieran semejantes proclamas, las mismas que desde hacía mucho tiempo veníamos haciendo sin que nadie lo considerara mal. Me lo quedé mirando, y aunque yo sabía muy bien quién era él, le pregunté que quién le había dado vela en aquel entierro. Se dio cuenta de que había metido la zanca hasta el garrón y se retiró. Años después probaría la misma medicina que había contribuido con tanto esmero a fabricar. Pero de todas formas esto no era motivo para que, discusiones aparte, el partido le asegurara un estabilidad que se había ganado en toda una vida de militancia.

A distintos niveles y responsabilidades, en grandes ciudades o en pequeños pueblos, cientos de militantes se dejaban su tiempo, su vida, en aquel trabajo, también "imprescindible" para la organización local, y cuando salieron a la luz, y por los avatares de las luchas intestinas por los que atravesamos cuando ya el partido estaba minado —por ese cáncer que la izquierda en general y la comunista en particular siempre ha tenido en su seno—, quedaron ensombrecidos por la ola de nuevos militantes que accedieron sin demasiados exámenes o "vigilancias revolucionarias" y que en poco tiempo alcanzarían la categoría de dirigentes. A estos nuevos militantes les iba poco el sacrificio y la entrega que caracterizaban a tantos comunistas veteranos, quienes muchas veces preferían olvidarse, para que nadie los tildara de desfasados, de mirar al pasado, algunas veces incómodo para muchos que habían entrado recientemente en el partido, alcanzando su liderazgo, para acceder a las instituciones casi a un tiempo. Muchos de ellos, —si no ellos mismos, por la edad, sí sus progenitores—, habían hecho lo propio con la dictadura en las instituciones franquistas. Nombres a raudales se podrían dar, y seguramente serían tildados de sectarios quienes los desvelaran. Cierto que muchos de ellos cuando vieron que el partido no devenía hegemónico, no tardarían en reconocer su error y pasarse sin apuro alguno al partido que consideraron mejor situado. Y algunos de aquellos hasta deshicieron el camino andado y regresaron a casa con la derecha pura y dura. No es muy difícil identificar a algunos prohombres de la actual derecha que pasaron por la militancia en el partido. Basta tener un poco de interés y buscar en las hemerotecas. Pero hasta esto ha sido dejado de lado por los que debieran airearlo, aunque fuera como defensa, ante acusaciones por parte de los que ya sin tapujos, consideran que la dictadura "no fue tan mala".

Sería muy aleccionador que los archivos de todos y cada uno de los centros locales, el Frente de Juventudes y otras entidades del régimen hubieran salido a la luz. Muchos de aquellos nombres de la burguesía se repetirían en muchas de las formaciones que devinieron en democráticas y antifranquistas poco después. La amnesia generalizada no la forjaron solos, fueron ayudados por muchos otros que vieron una oportunidad para medrar y lograr ciertas consideraciones y jaboneo, naturalmente acompañados de algún "reconocimiento", no siempre ganado con la rectitud que debieran.

Poco a poco, nuevas generaciones de militantes iban engrosando las filas del partido, todavía de obreros, fundamentalmente por la gran cantidad de inmigrantes que iban llegando de todas partes de España, principalmente de los pueblos de Andalucía, la mayoría gente joven que habían abandonado el campo ante la nueva situación creada de demanda de mano de obra. En

Tarrasa y en toda Cataluña, como se venía haciendo desde años anteriores —como le pasó a mi padre y tantos otros— llegaba uno de la familia y cuando se había medio situado, tenía trabajo y una barraca donde meterse, hacía venir al resto de la familia. Muchos de ellos no habían tenido otra experiencia laboral que el campo, pero ya era una generación que había nacido después de la guerra y se planteaba la necesidad de mejorar sus condiciones de vida, máxime cuando en los lugares de trabajo encontraban a personas como ellos que trataban de organizar la lucha para reivindicar mejoras, a veces hasta de puros incumplimientos de lo tratado que algunos empresarios, sobre todo de la construcción, no respetaban, especialmente en los acuerdos de los destajos. Aquellos jóvenes que vivían las más de las veces amontonados en una barraca, eran muy receptivos a todo planteamiento del militante del partido, ante la necesidad de mejorar sus condiciones de trabajo, primero, como organizadores de la lucha después, paso inmediato y cuasi natural a la militancia política. Hasta tal punto que muchas veces algunos de aquellos jóvenes se mostraban más dispuestos al ingreso en el partido de lo que algunos viejos militantes consideraban prudente, demostrando con su actitud los avances que la sociedad ya alumbraba. Muchísimos de aquellos trabajadores con el transcurrir del tiempo se convirtieron en verdaderos organizadores del movimiento obrero y del partido. Muchos de ellos en realidad eran herederos de las luchas de sus padres, pues de alguna manera habían oído hablar a sus mayores en sus casas, calladamente durante muchos años del partido; y habrían visto a sus padres en algún rincón de sus casas oyendo la *Pirenaica* sin saber muy bien de qué se trataba, pero intuyendo el peligro y por tanto guardando silencio de aquello a pesar de su corta edad.

Al partido en Tarrasa en aquellos momentos, a pesar de que iba engrosando sus filas con nuevos militantes cada vez más jóvenes, era evidente que le faltaba nervio y le sobraba sectarismo. Algunos consideramos que Cipriano podría ser una buena ayuda para la organización local sin tener en cuenta que él tendría tareas de mayor responsabilidad. Lógicamente fue descartado por la Dirección, porque enseguida fue evidente que tras un periodo de descanso al salir de la cárcel tendría otras tareas. De todas formas durante un tiempo se mantuvo en contacto con la organización local, aunque sin participar de forma orgánica, y porque él mismo tenía en cuenta las medidas de seguridad. Su relación era más bien a nivel individual al determinados camaradas.

Desde hacía tiempo estaba en la orientación del partido el ir creando núcleos de jóvenes que fueran diferenciándose de lo que era el partido orgánicamente, para facilitar su incorporación de forma natural y no encorsetados entre gente mucho mayor que ellos, muy sectaria, y con la que incluso era difícil la convivencia, por el rechazo que ocasionaban ciertos "purismos" y por la oposición a que los jóvenes se divirtieran como a ellos les pareciera, sin que eso ocasionara rechazo. Aunque hoy pueda parecer extraño, eso pasaba. Recuerdo que algunos tenían verdadera fobia al fútbol, y en una ocasión en que tuve que entrevistarme con un camarada, su estrechez de miras era tal, que se negó incluso a pasar por delante de un campo de fútbol de barrio, ya que consideraba aquello una degradación de la juventud. Yo no lo entendía, pero así era la mentalidad de algunos camaradas.

Hasta los primeros años sesenta al partido no le había sido posible la creación de una juventud organizada, aparte de algunos camaradas aislados y quizá voluntariosos, como era mi caso, ubicados en las respectivas organizaciones, donde en lugar de vivir como joven, lo hacía adquiriendo los mismos vicios y dogmas que aquellos militantes veteranos tenían. Si hasta entonces fue así, con la llegada de savia nueva, las cosas no había que replanteárselas, que ya lo estaban, sino acelerarlas. Así que poco a poco empezaron a cambiar. De una forma u otra, en los diversos sectores del partido, entre los hijos de los camaradas, o de forma individual, en muchos lugares íbamos encontrándonos con jóvenes, incluso con algunos hijos de los comunistas, a los que debíamos ser nosotros, al margen de sus padres, los que los "tocáramos", los abordáramos y les planteáramos la necesidad de la lucha, siendo en general receptivos a nuestros mensajes, a nuestras a veces encendidas palabras, con frases hechas y estereotipadas. Nosotros les explicábamos lo que sabíamos, que no era mucho, aunque creíamos que sí, de la lucha política. Algunas veces, al principio, esto se hizo en contra de los deseos de sus padres, que de alguna forma querían mantener a sus hijos al margen de lo que era o había sido su militancia o participación política en el partido. Pero también otros eran muy reticentes a dar el paso adelante de forma clara, muchas veces por nuestro heredado sectarismo y nuestra pretensión de que un joven, que en su casa había estado al margen de todo, se mostrara como nosotros considerábamos que había que hacerlo, con entrega total y sin la menor vacilación, poniendo por encima de todo la militancia. Quizá sus padres, militantes, no querían que sus retoños sufrieran las consecuencias que ellos habían sufrido. Y era comprensible, aunque a nosotros entonces nos pareciera poco comunista tal actitud.

Así nos encontramos de una forma u otra relacionados con los camaradas que individualmente mantenían contacto con una docena de jóvenes, obreros casi en su totalidad, que estaban desligados de forma real de la organización porque sólo recibían información desde fuera. Tampoco era algo demasiado atractivo para la mayoría, reunirse con camaradas mucho mayores que ellos, que aunque no se dieran cuenta, eran de otra generación y ya pensaban muy diferente. Las reservas y prejuicios que aquellos tenían, a estos no les afectaban. La militancia de los jóvenes tenía que ser diferente a la de los demás en aquellos momentos, y no a palo seco como sucedía entre algunos otros camaradas.

La Dirección del partido ya había tomado la decisión de empezar a crear lo que en otro tiempo había sido la Juventud Comunista, o las Juventudes Socialistas Unificadas (JSU) tras la unificación de jóvenes socialistas y comunistas. En algunos sectores donde el partido empezó a tener organizaciones importantes ya empezaron a aflorar dichas organizaciones, siempre alimentadas desde el partido y por camaradas mayores, pero con la intención de que se fueran creando los núcleos y las condiciones para que fueran los propios jóvenes los que echaran a andar por su cuenta, de forma autónoma y desarrollaran su militancia y su lucha en lugares acordes con sus inquietudes.

En Tarrasa esa misión se la encomendaron al principio a Bartolomé Baños, seguramente uno de los militante más disciplinados y responsables del partido, que tuvo que sufrir más de un sinsabor por parte de Cipriano, quien nunca lo valoró justamente en el partido. Baños tuvo incluso que sufrir el aislamiento de los camaradas en Burgos a pesar de que su comportamiento ante la policía fue ejemplar, porque así lo decidió el Comité en la cárcel por orientación —según me decía él— de Cipriano. Nunca lo entendí, y me hubiera gustado saberlo por boca de éste.

Le encargaron esa tarea a pesar de que él no comprendía su razón, la necesidad de ir reclutando a algunos jóvenes para formar una nueva Juventud Comunista (JC). Todo ello, además, ya se le habría pasado la edad y le era difícil, por lo que no funcionó. De la misma manera que después le encargarían que fuera el responsable de organizar las llamadas Mujeres Democráticas, de forma tan incoherente y artificial como fue lo de los jóvenes, en un intento de organizar un grupo de mujeres, que no pasó de ser unas reuniones sin pies ni cabeza, compuestas en su inmensa mayoría, por no decir la totalidad, por mujeres de camaradas, que acabó convirtiéndose en un verdadero dolor de cabeza para el bueno de Baños, que tenía que soportar toda suerte de críticas de unas a las otras y envidias no se sabe muy bien por qué. Reuniones de Mujeres Democráticas a las que de vez en cuando alguna intelectual, o tenida por tal, les daba algunas charlas sobre los derechos de la mujer que las escandalizaban, y sobre todo escandalizaban a los maridos cuando ellas les explicaban lo que se había dicho en aquellas reuniones, lo que hizo que más de una dejara de asistir, supongo que por expresa decisión del marido.

Baños se encontraba ante aquella situación como el frontón donde iban a parar todas las críticas de aquellos, más que militantes, maridos. Y es que el camino no era fácil y hay que situarse en el momento para entenderlo. Muchas de aquellas mujeres en realidad encontraban justificación en aquellas salidas a reuniones, más sociales que políticas, por más que Baños se esforzara en lo contrario, pues eso les permitía liberarse por unas horas de las tareas de la casa y tener un rato de asueto, que de otra forma no tenían. Eso sí, las tareas de la casa quedaban aplazadas para después, nadie se las hacía.

Poco después se volvió a intentar organizar algo sobre la J.C. y le fue encomendado a Cayetano Giménez, que mantuvo la situación en los mismos términos, prácticamente sin moverse. Tampoco por su edad y relaciones podía ser el que organizara a la Juventud, que requería una dedicación y relaciones determinadas con jóvenes. La cuestión estaba en que por un lado Bartolomé Baños era ya un hombre que para la juventud era demasiado mayor, aunque estuviera soltero, y le era difícil conectar con los jóvenes, porque se trataba de jóvenes, entre 15 y 20 años. Baños, muy disciplinado él, decidió hacerse socio del Coro Viejo, situado en la calle de la Rutlla, lugar donde se hacía baile y otras actividades, como sardana, teatro y no sé cuántas más. En realidad todas esas actividades eran para un círculo reducido que no conectaba con la mayoría de los que iban el domingo por la tarde al baile. Éstos eran de otra especie y el baile creo que lo mantenían más por la rentabilidad que por otra cosa. Aquellas actividades estaban encerradas y dominadas por un sector cultural en el que se evidenciaba, si no rechazo a la asistencia de gente por así decirlo "de fuera", no catalana, sí cierto desinterés por facilitar su entrada, con una cerrazón sutil que me atrevería de considerar como un "no al charnego", aunque naturalmente eso no se dijera, e incluso se hubiera rechazado el término, pero existía.

Yo también lo intentaría, por indicación del partido. Me hice socio y fui varias veces a algún *aplec* de sardanas, en el que me encontré totalmente desplazado, sin que nadie me diera conversación, evidentemente por mi procedencia, aunque yo entendía ya el catalán e intentaba hablarlo, era evidente mi origen. Y, o se me veía el plumero, cosa que no creo, porque allí poca ocasión tuve de enseñarlo, o simplemente veían que yo no tenía nada en común con ellos, y tendrían razón. Se ha dicho muchas veces que cuando un catalán oye hablar, aunque sea mal su lengua, en seguida tiende al buen trato con el que hace el esfuerzo. Y tengo que decir que en mi experiencia es verdad hasta cierto punto. Si el catalán era un trabajador, que estaba contigo en el tajo, generalmente no había el menor problema, e incluso daba poca importancia al hecho, aunque en su corazoncito se sintiera gratamente satisfecho por el esfuerzo que hacías; pero entre la gente del Coro, eso no lo percibí igual, todo lo contrario, a pesar del esfuerzo que hacía por mostrarme cercano, por la propia educación que de alguna forma percibí de mi padre, de respeto a todo cuanto representaban las costumbres catalanas. Y un toque de cierto racismo todos de alguna manera hemos recibido, aunque ahora algunos se empeñen en decir lo contrario por considerarlo poco correcto ante los nuevos amos del tinglado. No me refiero al baile, pues allí la mayoría éramos charnegos; era en las otras actividades, más "suyas ".

Cayetano Giménez, aunque evidentemente era joven, estaba casado y sus ocupaciones estaban muy lejos de relacionarse con los jóvenes y de ir donde éstos para poder hacer proselitismo y organizar algo que tuviera proyección de lucha. Estaba más preocupado por la rentabilidad del huerto que tenía, al que en más de una ocasión algunos camaradas fuimos a ayudar a sacar patatas, sin que luego tuviera el detalle de repartir algo. Agustí Daura, "el Cura de Can Anglada", del que hablaré en su momento, tiempo después al hacer referencia a Cayetano, me diría con cierto enojo: "mucho huerto, mucho ayudadme a sacar las patatas, pero ni un detalle". Cayetano, como era previsible, cuando las discusiones en el partido se agudizaron, se puso al lado de los que lo liquidaron, los más nacionalistas, no porque entendiera verdaderamente dónde estaba y hacia adónde iba el partido ideológicamente, más bien por mimetismo del militante, o quizá porque le era más cómodo, y se pegó a los que tenía más cerca, por la mal entendida fidelidad al partido, que ya no existía, porque éstos supieron hacerlo de los suyos. Porque, de eso no cabía duda, era un hombre honrado y luchador en su ámbito. Les pasó a muchos, que sin embargo eran militantes honestos, y sin análisis político para discernir y tener opinión propia, más allá de lo presente.

Cuando se planteó que de la Juventud debía ser yo el que me encargara, y él estuvo encantado de dejar la responsabilidad que nunca ejerció de intentar organizarla, con el aplastante argumento de "es que yo ya tengo 28 años", como dijo cuando con satisfacción se desprendió de aquello que sin duda le venía grande, por imposible de llevar a cabo. Y como yo era más joven, estaba cantado para la Dirección del partido quién debía ser.

Ya hacía tiempo que había llegado "parachutado" a Tarrasa desde París un hombre joven, pero ya con militancia en el PCE, en Francia, Manuel Linares, natural de Jaén. Venía con su mujer, Mercedes, de una entereza y discreción absoluta como su compañera, conocedora de su peligrosa actividad; y creo que entonces ya tenían una o dos hijas, a pesar de que apenas tendría 25 ó 26 años, pero es que entonces la gente se casaba muy joven. Manolo Linares fue un camarada con el que mantuve estrechos vínculos como comunista, pero también de amistad personal, por la facilidad que tenía para comunicarse, de andaluz abierto y sin prejuicios de ningún tipo, llano y natural con todos. De escasa instrucción entonces, como la mayoría de nosotros, pero con una conciencia de clase a toda prueba, era aficionado a la pintura y tenía las paredes de su pequeño piso del barrio de San Lorenzo repleto de cuadros suyos, que pintaba para relajarse en momentos de tensión, según me decía. Era fontanero, un buen profesional, de los que se "rifaban" los empresarios como Galí, que tenía el taller en la calle Torrella, pues entonces, debido al auge de la construcción, el de fontanero era un oficio muy solicitado, como el de instalador eléctrico, oficio del que Linares también tocaba algo. Por esa razón se ganaba bien la vida, comparado con el resto de los trabajadores. —Por cierto que el taller de la calle Torrella estaba a escasos metros de la esquina donde Marín, el policía que estrelló un cenicero de cristal de ladrillo en la cabeza de Baños, tenía una agencia de transportes—.

Linares estuvo trabajando hasta que "por necesidades del partido" lo dejó y se liberó con un sueldo de miseria. Lo hizo como muchos otros, "por la causa" y sin el menor resquemor. Mercedes cosía "para fuera", trataba de salir adelante lo mejor posible, aunque con las sabidas estrecheces. Como ya he hecho referencia anteriormente, al cabo de los años, cuando el partido ya no era ni el reflejo de lo que fue, tras la ruptura y liquidación, se quedaría con una mísera pensión que no le permitía vivir si no hacía alguna chapuza, y visiblemente decaído y enfermo, hasta que murió la noche de fin de año de 2012.

Entre Linares —Alberto, como nombre de guerra— y Cipriano se entabló una especie de competencia, nada sana para la organización, que hoy los nuevos gerifaltes de las taifas calificarían como de "duplicidad de competencias". Lo cierto es que Cipriano, como estaba en el Comité Ejecutivo se enteraba de todo lo que éste decidía antes de que Linares lo conociera y lo trasmitiera al Comité Local, del que era responsable político. Linares se enfadaba, y con razón, pero era difícil evitar que en una reunión de amistad con ciertos camaradas vecinos, Cipriano soltara algo que debía saber antes el responsable político y el Comité a través de éste; pero es que ya las cosas se habían relajado un poco y eran posibles estas fugas, que de todas formas pudieron costarnos algún disgusto. Por otro lado, también aparecía ya cierta tendencia a hacer camarillas de ciertos incondicionales y algunos dirigentes trataban de ganarse las simpatías de los militantes con cuestiones que aquéllos podían saber, pero que eran difícilmente verificables —aparte de que fuera innecesario hacerlo—. Se trataba de asuntos más o menos "confidenciales", pero que después el "informado" iba comunicando a otros, lo cual producía cierto malestar.

Era un juego en que algunas veces se entraba sin necesidad, pero que podía satisfacer a algunos militantes, que podían tener conocimientos de lo que el mismo responsable del Comité Local desconocía. No puedo asegurar que este sea el caso de Cipriano, pero en la práctica lo parecía. En una reunión de la Dirección del partido Linares lo planteó de forma muy dura, y esta práctica se acabó, al menos en apariencia. Pero la manifiesta antipatía recíproca era evidente, por poco que se profundizara, en uno u otro. Yo mismo fui víctima de esa situación. En una ocasión Cipriano me preguntó si estaría dispuesto a ir un par de semanas a París para hacer una especie de cursillo y tener ciertas relaciones con camaradas de la Juventud Comunista de Francia, en tanto que responsable de la J.C. en Tarrasa. Para mí aquello era algo desconocido y me pareció estupendo poder hacer aquel viaje. Me saqué el pasaporte —con aquella retahíla de países a los que no podíamos viajar—, que me costó lo indecible, porque entonces había que presentar un montón de papeles, partida de nacimiento y de penales incluidos, y cuando llegaron las vacaciones, con el escaso dinero que había cobrado me dispuse a ir a París. Cipriano me dijo que él ya había preparado todos los contactos para el viaje, que no tenía que preocuparme de nada, que los camaradas de Francia se encargarían de todo y que en la estación (de Austerlitz) de París ya estarían esperándome. Muy ingenuamente yo entendí que así sería. No me esperaba nadie y tras esperar más de una hora, y no sabiendo qué hacer, me acordé de que Cipriano me había dicho que si tenía algún problema sólo tenía que tomar un taxi y dirigirme a la sede del periódico del Partido Comunista Francés (PCF), L ´ Humanité, del Bulevar Poissoniere, 8. Así lo hice, y como un pulpo en una ferretería, con mi maleta a cuadros en ristre, tomé el taxi y yo muy precavido le dije al taxista que me llevara al Bulevar mencionado, pero al 6, por aquello de que no supieran adónde iba, lo que demuestra mi inocencia. Quizá es que nos habíamos despistado y por alguna razón no me habían encontrado, pensaba yo. De hecho era difícil encontrarse en esa enorme estación, sin otros datos del que llegaba y del que iba a recogerte. Pero yo eso no lo sabía y era evidente que Cipriano tampoco. Entré en aquella enorme recepción del periódico donde todo el mundo se saludaba estrechándose las manos efusivamente. Me dirigí al que parecía estar a cargo de aquello, que seguramente era un conserje o algo parecido, y le dije que era español y que me estaban esperando, que venía de parte de Antonio. No me entendió o hizo ver que no me entendía. Como no me movía de allí, al cabo de rato salió otro que por el aspecto ya antes de que hablara supe que era español. Me dijo que no sabía nada, que nadie me esperaba y que lo sentía mucho pero que me marchara. Le dije que era un comunista español, de Barcelona y que tenía una cita, concertada por la Dirección de mi partido con los camaradas jóvenes comunistas españoles en Francia. Negó rotundamente saber nada. Ante esta situación le dije que si podía dejar la maleta allí hasta que pudiera situarme, me dijo que no. Y ahí quedó todo.

Las gestiones para que yo fuera a París aquellas vacaciones las había hecho Cipriano con no sé quién de la Dirección, y a Linares, responsable político del partido en Tarrasa, sólo le informó del hecho en sí, sin más detalles. Éste antes de marcharme me había dado la dirección de su madre, que vivía en París, "porque nunca se sabe, aunque no comprendo cómo se ha organizado el viaje", me dijo. Cuando salí del local del periódico me acordé de Linares y pensé que su madre era mi única esperanza. Tomé otro taxi y me planté en aquella casa donde una señora, la portera, muy amable, bastante mayor, cuando pregunté por la madre de Linares, me dijo algo que no entendí. A un hombre que bajaba le preguntó la señora algo y éste, hablándome en francés, no sé qué me dijo. Peroraba sin que yo entendiera nada. Al cabo de un rato de desesperación por mi parte, se me puso a hablar en un perfecto español, porque sin ninguna duda lo era. Me dijo entonces, "en qué puedo ayudarle". Al darle el nombre que llevaba apuntado en una libretita me dijo que la señora se había ausentado de París y que no sabía cuándo regresaría. Tomé otro taxi hasta la estación, saqué un billete de vuelta, que haría a las diez de la noche, y regresé a España lleno de frustraciones y sin comprender qué podía haber pasado. Había hecho un viaje en balde, me había gastado en el billete el dinero que había cobrado en las vacaciones y estaba de regreso a las treinta y tantas horas de emprender tan ilusionante viaje. Al llegar de nuevo a Tarrasa no sirvieron de nada mis protestas y más bien pareció que lo que había pasado no tenía importancia. E incluso la clandestinidad, como en tantas otras ocasiones, lo justificaba todo. Cipriano echó la culpa a los camaradas de París, que según él no habían tenido en cuenta las informaciones e instrucciones que les había enviado para que me fueran a recoger. Todos dijeron que aquella no era manera de organizar un viaje, pero no pasó de ahí. El que realmente se cabreó fue Linares, porque a él sólo lo informaron de mi marcha sin otros detalles. "Es una irresponsabilidad que te hayan enviado a París sin tenerlo todo muy controlado, lo que demuestra que aquí en el interior los camaradas, incluso de la Dirección desconocen la realidad de Francia; el partido allí es clandestino y no puede ir cualquiera, presentándose así por la buenas, diciendo que viene de España y que todo se resuelva salvando el equívoco. Lo raro es que no tuvieras algún percance, e incluso pudiste ser retenido por las autoridades francesas. Quizá tu juventud te salvó". Linares sacó el tema en el Comité Central, pero ya digo, la clandestinidad hacía que fuera difícil dilucidar las cosas. Menos mal que todo se saldó sin mayores consecuencias para el partido. Así que las razones por las que no era lógico saltar por encima de los órganos naturales del partido, no eran porque sí. Su inobservancia podían acarrear consecuencias. Si todo se hubiera preparado con el conocimiento de Linares, que conocía muy bien la organización de París, sin duda las cosas habrían ido mejor, o desaconsejado aquel viaje. Creo que Cipriano quiso, quizá con buena voluntad, que fuera a París sin conocer ni remotamente las condiciones, quiso pasar por encima de Linares más por su enfrentamiento personal que por otra cosa. Y estoy seguro de que tampoco las conocían el resto de la Dirección del partido en Barcelona. En realidad estas cosas quedan en manos subalternas, pero que son las que preparan toda la *intendencia* y saben los problemas de cada momento.

Con Linares vino la "orientación" del partido, como se decía entonces, de que fuera yo, con poco más de 17 años, quien me cuidara de crear la Juventud Comunista en Tarrasa, como ya he dicho. Se trataba de crearla efectivamente, y no sólo en la teoría, como había sucedido con Baños, quien apenas logró contactar con algunos jóvenes —y no tan jóvenes— que luego me presentó a mí. Tenía que relacionarme con aquellos jóvenes en los lugares en que éstos iban a trabajar y a divertirse —entonces pocos o ninguno de aquellos jóvenes estudiaban, por lo que quedaban descartados los centros de estudio— con un lenguaje diferente al habitual de los camaradas y con menos sectarismo. Yo, en mi ignorancia, estaba seguro de que la J.C. estaba extendida y funcionando en todas partes menos en Tarrasa, error que comprobé muy pronto, ya que la cruda realidad era que no había casi nada en ninguna parte en ese sentido, salvo algunos desperdigados jóvenes desconectados de todo y que por alguna relación, ya fuera familiar o de amistad, mantenían inquietudes antifranquistas como las hubieran mantenido contra cualquier otro orden impuesto, y que eran alimentados por algún panfleto y mucha dosis de imaginación, sobre la ineludible e inmediata caída de la dictadura; pero nada que se pudiera considerar organización juvenil. Y sobre todo lo comprobé cuando al cabo del tiempo tuve que ir en representación de la Juventud Comunista de Cataluña a un Congreso de la

Federación Mundial de la Juventud Democrática (FMJD) celebrada en Sofía, Bulgaria, del que hablaré en su momento.

Mantuve contactos de forma individual, pero con una solemnidad que a mí me desconcertaba, porque no me presentaban a un muchacho, un amigo, un conocido para que trabáramos amistad como dos jóvenes y tratara de incorporarlo de forma natural a la organización juvenil que estaba pergeñando, no; me lo traspasaban, por así decirlo, para que desde ese momento estuviera bajo mi responsabilidad, solemnemente. Algunos se quedaban sorprendidos por mis palabras, lo que confirmaba que no les habían hablado de nada, por lo menos de nada de lo que en realidad se trataba. Yo la tarea encomendada la consideraba un poco como un ingreso efectivo, con lo que conllevaba de responsabilidad personal para el muchacho, que no ayudaba mucho a que nuestras relaciones fueran fluidas y no con el encorsetamiento que suponía la relación entre un "responsable" y un camarada de base. Esto, evidentemente desapareció cuando las filas de la J.C. se fueron incrementando por la dinámica de la lucha.

Como ya he dicho, inicié mis actividades para la formación de la J.C. con algunos jóvenes que me presentó Baños. En el Coro Viejo intentamos de alguna forma extender cierto malestar, que de hecho ya existía por la rigidez de las normas, que después supe eran impuestas por las autoridades. Incluso se organizó algún conato de protesta por algunas irregularidades que veíamos, o que nos lo parecía a nosotros, predispuestos a la misma. La organización de la entidad la dirigía mucha gente que no tenía nada que ver con la juventud, es decir la directiva, que imponía ciertas reglas que a veces molestaban a algunos, como la obligación de llevar corbata e ir bien vestido para tener acceso al baile. Lo cierto es que todos íbamos, mal que bien, encorbatados, porque "vestir bien" entonces, entre otras cosas, significaba ir con corbata y con traje, era lo normal. Pero ocurría que algunas veces alguno se presentaba con una corbata o lazo que al responsable de interpretar las normas le parecía que no era una corbata y que iba mal vestido, con lo que se armaba una discusión y un barullo en la puerta, al que se sumaba mucha gente a favor del descorbatado. Curiosamente, si uno era de fuera de Tarrasa e iba acompañado por un socio entraba gratis, con lo que como es lógico se desarrolló una picaresca, ya porque muchos de los socios tenían la documentación —pocos tenían DNI— de fuera por haber llegado recientemente a Tarrasa.

Se creó una buena relación con muchos de aquellos jóvenes, pero comprobé que a la mayoría le era muy difícil mantener una relación fluida y no cuajó nada para lo que eran nuestros objetivos militantes, y hoy estoy convencido que fue así por la actitud rígida de los pocos que estábamos organizados. Quisimos llevar las cosas demasiado lejos para las condiciones que había. Debíamos haber ido con la intención de divertirnos y conocer a otros muchachos, hablar con ellos sin intenciones inmediatas. Los pocos camaradas que íbamos al Coro, íbamos a hacer proselitismo, los jóvenes iban a bailar y "a buscar plan", que en general no pasaba de que conocieran a alguna chica, generalmente acompañada de "carabina", que la sacaran del "escaparate" en que estaba sentada, y que cuando la sacaran a bailar le pareciera bien a ella y a la "carabina", logrando la mínima relación que se podía conseguir durante dos piezas de baile consecutivas, que era lo normal —sin que se supiera quién había establecido dicha norma— y pudieran quedar para otro día. Porque no era muy decente que digamos que una chica, salvo que ya hubiera un cierto compromiso, bailara más de las dos piezas continuadas con la misma persona; lo que a veces sucedía era que dejaban un par de bailes de intervalo, y si se insistía, podían volver a bailar de nuevo, lo que significaba que algo se gustaban. Había algunas chicas que iban solas, pero que eran tildadas de chicas fáciles y eran acosadas por los chicos para que bailaran con ellos, y se sentían felices si eran vistos por sus amigos "dándose el filete", que consistía en que habían podido bailar algo más "arrimaos", pero nada más. La casta represión que el franquismo y su siempre vigilante moral de la Iglesia imponía, llevaban a que los jóvenes de aquella época hiciéramos chiribitas con los ojos con sólo alguna insinuación, voluntaria o no, de alguna chica.

XVII

La incipiente Juventud Comunista

López Neiro me habló de Manuel Martínez, mecánico que trabajaba con él en AEG, al que creo me presentó Baños en el mismo Coro. Dotado de cierta labia y de más conocimientos que el resto, pues él había podido ir a la escuela porque había nacido en Tarrasa por ser sus padres inmigrantes de años anteriores, y estaba aprendiendo un oficio —considerado entonces lo máximo a que el hijo de un obrero podía aspirar—, de maestro industrial. Manuel Martínez era bastante quisquilloso, pero consciente de su carácter, trataba de corregirlo ante los demás jóvenes que poco a poco iban incorporándose al embrión de lo que con el tiempo sería la mayor organización juvenil comunista de Cataluña. Acabó arrastrando el mote de "El Pecas" por algún lunar que tenía en la cara, mote que le endilgaron las chicas, quizá como repuesta a su irascible carácter. Se hacía algo antipático para algunas, porque solía ir de listo y daba lecciones de todo sin que nadie le preguntara. Se daba cuenta y rectificaba, pero volvía a caer de nuevo. Era muy amigo de los protagonismos ante la gente, aunque mostró a lo largo del tiempo que estuvo en la J.C. primero, y en el partido después, poca consistencia ideológica, y menos disciplina de partido, pero jugó buenos papeles en el tiempo que estuvo en la fábrica como cargo sindical, para el que por cierto fue elegido mientas estuvo en el servicio militar, candidatura propuesta por los camaradas y apoyada por la mayoría de trabajadores de taller. Cierta paranoia le hacía ver policías por todas partes, lo cual invalidaba muchas de sus posibles actividades. Cuando llegó la situación de ruptura no vaciló en ponerse al lado de los sectores más derechistas del partido que ya habían copado la Dirección, aunque él poco servicio les prestó después, y estoy seguro de que lo hizo por puro exhibicionismo y por su apego a aparecer junto a los notables o conocidos, como eran entonces los *Banderas (del grupo Bandera Roja)*, encabezados por Jordi Solé Tura, Jordi Borja y otros menos conocidos, que montarían el pollo a las puertas del palacio de Congresos porque las votaciones de sus propuestas fueron derrotadas. Tampoco les serviría de gran cosa porque desaparecería de la escena política en la práctica para, pasado el tiempo, dedicarse a sus negocios.

Serafín y Manuel López, dos hermanos que me fueron presentados, fue posiblemente con los que en un principio pudimos establecer ya de forma sólida la organización, el arranque de lo que fue posible organizar más tarde. Manuel, el más joven, aunque sólo se llevaban un año, llegó a tener ciertas responsabilidades, incluso fue en representación de la organización a alguna reunión de la Dirección celebrada en el extranjero. Era un hombre con una honradez indiscutible. No pude saber las razones, pero al cabo de un tiempo de haber regresado de aquella reunión renunció a la militancia. Algo no debió de gustarle o quizá comprendió que él no estaba hecho para aquella vida de partido y sacrificios; el caso es que dejó la organización. Mucho después supe que no digirió muy bien la detención, que junto a Manuel Linares fue objeto durante una huelga de AEG en 1970. Sólo recuerdo que en una reunión de Comité manifestó que estaba harto de reuniones. Y lo dejó. Román, cuando lo supo, sólo dijo que era un buen camarada, buena persona y que había que respetar su decisión sin más. Aunque a partir de entonces prácticamente no nos volveríamos a ver, salvo en esporádicos encuentros casuales, al margen de la organización, en mi memoria siempre quedaría como una de esas personas con las que vale la pena mantener la amistad por su calidad humana. Lástima que los avatares por los que pasamos, y por qué no decirlo, las incomprensiones, no lo hicieran posible. Siempre lo lamenté.

Su hermano Serafín fue un hombre comprometido, incluso entró a trabajar en la fábrica del metal, muy importante, de San Cugat, AISCONDEL, en la que fue cargo sindical. Estuvo en todas las luchas hasta el final. Y éste para él fue trágico: De la noche a la mañana murió en pocas horas debido a una enfermedad súbita cuyo origen nunca supe. Fue un dirigente de Comisiones Obreras entregado a resolver los problemas de los trabajadores. Era tornero de madera y lo dejó todo para ser más efectivo en la lucha en la importante empresa citada, donde la acción sindical era más efectiva.

En el taller de electricidad donde yo trabajaba entró un muchacho, que colocaron de aprendiz junto a mí, con el que al cabo de un tiempo entablé una verdadera relación de amistad y a quien ofrecí unirse a la J.C. Era el único catalán que durante mucho tiempo hubo, aunque su madre era de Almería. Se llamaba Joaquín Gracià Monedero, al que llamábamos *"El Roset"* por ser muy rubio, nombre también colocado por las chicas. Él iba todos los días a la escuela industrial para aprender mejor el oficio de electricista, pues naturalmente en un taller de poca monta, como era el nuestro, poco podía aprender. Todo cuanto se ventilaba no pasaba de reparaciones poco importantes, domésticas, y de instalación de pisos. Pocas veces algo importante o industrial, que era a lo que aspirábamos.

Antonio Urbano, era un muchacho que vivía en las Arenas, y que me fue presentado por Juan Martínez, que vivía en el mismo barrio y tenía alguna relación con la JOC. A Antonio Urbano le puse yo el nombre de guerra de *Wenceslao*, un nombre, desconocido para mí y que se me ocurrió al verlo escrito en la furgoneta de un tendero. Todos lo conocerían con tal nombre durante muchos años, incluso sirviéndole para despistar a la policía. Y a su hermana Dolores, recién separada entonces, algo mayor, que también se unió al grupo; al relacionarla con el hermano la llamábamos *Wenceslá*. Esta muchacha se convirtió en una adicta a todo lo que le sonaba a ruso, pues no hallaba diferencia entre ruso y comunista, al parecer. Tiempo después establecería relaciones con un camarada, Juan Rodríguez, al que por llevar un gorro de astracán pusieron el apelativo de *el Cosaco*. Hasta tal punto se fanatizó que en un momento dado decidió hacerse llamar Natacha, nombre que a sus oídos debía sonar como muy ruso y por supuesto muy comunista. Para ella, y supongo que para muchos de nosotros de una forma u otra, todo lo que venía de la URSS era comunista, indiscutible y puro. Hasta ahí llegaba nuestra ignorancia, que nadie trató de corregir.

Tiempo después, este Juan Rodríguez se convirtió en Joan, y *Wenceslá* (Natacha) en Alba. Pepe Gutiérrez escribió el libro "Elogio de la militancia. La historia de Joan Rodríguez, comunista del PSUC". El Viejo topo (2004). Mucho tiempo después cuando tanto ella como su compañero Juan —a quien conoció en el partido donde debió saltar la chispa entre ambos—, estaban ya instalados en el abrevadero del nacionalismo, Manuel Linares, ya de vuelta de muchas tonterías de otra época, en el tono sarcástico que utilizaba, le dijo: "¿Pero tú sabes, Dolores, que Natacha quiere decir navidad en ruso?" Según me contaba Manolo, hablando de la cantidad de cosas incomprensibles que entonces considerábamos normales sin darnos cuenta del ridículo en el que caíamos, la *Wenceslá* de otros tiempos se quedó de piedra, ya que aunque la URSS se había desmoronado hacía ya muchos años, ella al parecer seguía creyendo en las esencias imaginadas de la patria del socialismo y de la URSS. Natacha era un nombre de juguete totémico para ella —como otros nombres lo fueron para muchos de nosotros, que creía que por ser ruso debía ser comunista. Como el que adopté yo de *Chispa*, en recuerdo del *Iskra*, el periódico comunista ruso. No sé si el cambio de nombre después a Alba tendrá en ella un significado, pero de lo que sí estoy seguro es de que algún fastidio moral debió de ocasionarle semejante descubrimiento de Linares, cosa que por otra parte tampoco es que fuera difícil de averiguar. Vivian en Vilanova y la Geltrú, y Juan, su compañero, como ella, también respiraba por los mismos aires. Se seguía haciendo llamar el *Cosaco*, porque como a su compañera, debió de parecerle también muy propio de un revolucionario; un apelativo que alguien le endilgó en alguna ocasión al verlo, como digo, tocado con un gorro de piel ruso, y que adoptó porque le debió de parecer llamativo el nombre de aquellos nómadas aventureros existentes en las estepas de Rusia y Ucrania, en la Edad Media. Por cierto que los cosacos, independientemente de sus orígenes, fueron de las principales fuerzas de resistencia anticomunistas contra los bolcheviques en la guerra civil junto a los ejércitos extranjeros de intervención, evidentemente, a favor de los zares y su retorno. Incluso hoy, existen organizaciones de cosacos que suspiran por el regreso del zar, constituyendo en realidad grupos de extrema derecha que más se parecen a los grupos fascistas que a otra cosa. Pero es que para saber eso había que haberse quitado muchas telarañas que muchos manteníamos, metámonos todos, pero de las que algunos no se han desprendido todavía. Hasta me atrevería a asegurar que algunos las han aumentado, ahora con nuevos bríos, por la nueva religión totalizadora imperante y "políticamente correcta".

Bartolomé Baños fue el que me citó un día para decirme que me tenía que presentar a las hijas de la viuda de Juan Hernández, Celia García: Celia, la mayor; Asunción, de unos trece años; y Consuelo, ésta última una niña todavía de once o doce. Con ellas empezamos a darle cuerpo a lo que se pretendía que fuera la creación de la J.C. Organizamos algunas reuniones y empezamos a consolidar aquel embrión de jóvenes comunistas. Supongo que las reuniones resultarían bastante plomizas para la mayoría de los presentes y sobre todo de las chicas que tendrían las ideas en otro sitio en lugar de en mis plomizas explicaciones. Como la viuda y sus hijas tenían cierta relación con Juan Ribas por los antecedentes de su padre, Juan Hernández, ellas invitaron al sobrino de aquél, Domingo, a asistir a aquellas reuniones o excursiones. También invitamos a otros jóvenes, a través de sus padres, y así pudimos formar un grupo considerable en el que había gente bastante variopinta, desde aquellos a los que todo les importaba un comino, que iban a divertirse, hasta a algún místico que parecía extasiado cuando estaba pensando, como uno al que llamábamos Paco el Largo al que perdimos de vista al poco tiempo y del que algunos decían que estaba algo sonado. Entre los hijos de los militantes estaba Luisa, hija de Antonio Casas y Mercedes, hija de Matías, ya mencionado. Algún hijo de Matías asistió sin mucha continuidad, posiblemente como carabina de su hermana, para mantener incólume la moral de la muchacha, tan bien cuidada por Matías, como se sabe. Asistieron algunas chicas más, traídas por el grupo femenino inicial. También estuvo desde el primer momento el hijo de Jesús Moreno, del mismo nombre, que con el tiempo acabaría casándose con Mercedes, a la que todos llamábamos Merche. Y otros que seguramente vinieron durante un tiempo pero que por las razones que fueren dejaron de asistir.

Formado aquel primer grupo decidimos hacer algunas excursiones para irnos conociendo y ver por dónde debíamos llevar aquello. Aunque yo era el responsable ante el partido, no tenía muy claro cómo llevarlo adelante, y en cierta forma copiaba lo que veía hacer en el partido a los camaradas mayores, con toda la carga de sectarismo que uno pueda imaginar. Íbamos de excursión a lugares cercanos de Tarrasa —pues teníamos que ir a pie—: La Mata, a Matadepera, a can Gonteras, Vacarisas o Torrebonica. Para ello salíamos aprovechar algunos días de fiesta señalados, como el viernes santo, en que de forma muy irreverente asábamos carne como una forma de protesta. Y en rebeldía, porque como es sabido eran días de cuaresma y no se podía comer carne.

En aquellas salidas al campo seguramente que la estrella era Marcos Ana, poeta encarcelado en Burgos; y un compañero que se sabía de memoria el poema "A los católicos", muy en boga entonces, por la aparición del sector católico que luchaba por las libertades y que el partido trataba de acercar a nuestras posiciones. Lo recitaba casi sin pausa, pero a nosotros nos parecía extraordinario. Solíamos leer algún documento del partido o de algún pensador marxista que indudablemente consideramos inmejorable, pero que no entendíamos, dijéramos lo que dijéramos los que nos las dábamos de más preparados o listillos. Y aunque la idea de crear la J.C. era la meta, aquello debería haber tenido un cariz menos estricto, siguiendo la verdadera orientación del partido. En vez de pretender crear la J.C. de forma automática, primero deberíamos haber creado un grupo de jóvenes dispuestos a relacionarse de otra manera, un movimiento juvenil, y dentro de él los que estábamos organizados tratar de llevar el agua a nuestro molino, sin demasiadas presiones. Además no deberíamos haber pretendido que ingresaran todos en el partido, sino aquellos que conscientemente lo consideraran. Es lo que se debió hacer. Pero no. Corríamos demasiado, teníamos prisa porque las condiciones eran inmejorables; según oíamos la dictadura estaba en las últimas. Durante muchos años estuvo en las últimas. Pero es que debieron de haberme dado una especie de *cursillo acelerado* en el que me dijeran la forma de actuar en esos casos, pero nadie lo hizo y creyeron que era lo mejor. Aunque a la larga, por lo atropellado de los acontecimientos y la incorporación de muchos jóvenes, así fue. De entrada ya dimos por supuesto que todos o la mayoría eran miembros de la Juventud, o muy cercanos a nosotros, cosa que al parecer parecían aceptar de buen grado, aunque lo cierto es que nosotros imponíamos, no con mucha convicción, nuestra ideología, especialmente sobre aquéllos que no tenían nada que ver con el partido, a los que había llevado alguno por ser amigo o compañero de trabajo diciéndoles que se hacían ciertas actividades, pero sin especificar.

Éramos todos jóvenes, chavales de apenas veinte años, y algunos bastante más jóvenes. Tanto es así que cuando al cabo de poco tiempo López Neiro me presentó a Antonio Abad, cuando ya las cosas empezaban a consolidarse, al menos como grupo que se relacionaba de forma continua; un joven de Canjáyar, Almería que acababa de llegar de su pueblo —vivía solo y trabajaba en AEG—, lo consideramos mayor, cuando apenas tenía veinticinco años. Era, sin duda, el mayor de todos. Creo que fueron las chicas, como siempre, quienes le pusieron el mote de "El viejo".

Por aquellos tiempos emprendimos una tarea frenética: Tomar contacto con todo aquel joven con el que pudiéramos relacionarnos para explicarle nuestros deseos revolucionarios. Uno de aquellos jóvenes fue el hijo de Miguel Molina, el gallego poeta al que he hecho referencia. Se llamaba Juan, era dicharachero y con un afán de notoriedad excesivamente desarrollado. Era un pico de oro en las asambleas o reuniones amplias, pero todo se quedaba en eso, vacío sin mayor proyección ni en la organización ni en las organizaciones que se iban consolidando, ya fueran del movimiento obrero, de vecinos o de cualquier otro tipo. Acabaría casándose con una hija de Juan Martínez, yendo las cosas bastante mal para ambos, lo que con el tiempo nos daría más de un dolor de cabeza. Poco a poco se fue deslizando hacia una forma de vida nada recomendable, impropia de un trabajador normal, y acabando como se suele decir, tanto él como ella, en el fango, utilizando el término entonces en uso.

Para darle una continuidad a aquellos encuentros, como entonces los jóvenes, sobre todo los obreros como nosotros, no teníamos muchos sitios adonde ir, decidimos formar una especie de club. Los padres de Domingo Martínez tenían un piso encima de su vivienda, y éste, que tendría entonces poco más de quince años, por sugerencia mía al comentármelo, le pidió a su padre que nos dejara el piso —cuatro paredes de ladrillo pelado—, o no se lo pidió y simplemente lo ocupamos, para celebrar baile los domingos por la tarde. Y así fue. Todos los domingos que no habíamos decidido ir al campo nos reuníamos, no sólo para divertirnos como jóvenes, bailando, y para todo aquello propio de nuestra edad, sino para hablar de política y que escucharan todos aquellos jóvenes, a muchos de los cuales les venía totalmente de nuevo. Allí les dábamos la paliza sobre cosas que ni siquiera nosotros mismos entendíamos, aunque poníamos mucha voluntad. Nos dábamos mucho pisto, unos profesoral, otros como revolucionarios o ambas cosas o lo que fuera. Y allí escuchábamos al reciente cantante catalán Juan Manuel Serrat, haciendo que aburriéramos el famoso disco de *La Tieta* y sobre todo *Ara que tinc vint anys*, que a coro, algunos en su irreverencia —que hoy me causa sonrojo por simplista— cuando llegaba a la estrofa que dice *Ara que encara tinc força i encara puc creure en Deu*, le cambiaban la letra por *em puc cagar en Deu*. La verdad es que llegamos a quedar hastiados de aquellas canciones de tanto repetirlas. No había otros discos más que algunos de baile. Lo que se ha publicado, dicho por Domingo Martínez, sobre que también en el club escuchábamos entonces a Raimón, Pi de la Serra y Xavier Ribalta, Ovidi Montllor o María del Mar Bonet, debe de ser un lapsus de memoria o es una forma como otra de congraciarse con estos autores y sobre todo con el mundo nacionalista, que entonces todos nosotros desconocíamos, y alguno ni siquiera había aparecido de forma pública, más que en círculos restringidos. Pocos de nosotros, por no decir ninguno, sabía de su existencia y nadie había podido poner un disco de ellos porque no los teníamos. Del único del que sí habíamos oído hablar, pero del que no teníamos tampoco un solo disco era Paco Ibáñez. En cuanto a Ovidi Montllor tuvo que pasar bastante tiempo para saber de él, y desde luego no en el club. Y tampoco es que fuera un cantante que levantara pasiones más allá de sus círculos, que evidentemente no eran los nuestros, de jóvenes trabajadores, mayoritariamente de los barrios inmigrantes de Tarrasa. Allí sólo sonaba como cantante más o menos de protesta Juan Manuel Serrat, y reitero, prácticamente con un par de canciones; todos los demás son añadidos *pos eventus*, cosa que queda muy bien para poder meter a la mayor parte de la canción catalana, que si bien pudo jugar un papel en la lucha cultural, nosotros no teníamos ni idea de quiénes eran sus integrantes, entre otras razones porque vivíamos en mundos distintos, alejados entre sí, como seguramente recordará Domingo, así como los que lo rodeaban, mayormente sus padres y el resto de familiares. Queda muy políticamente correcto recordarlos ahora como iconos de una lucha en la que si participaron, algunos lo hicieron desde cómodas estancias y no eran conocidos por el gran público trabajador e inmigrante. Tampoco por nosotros. Quizá toda esa "memoria" de Domingo, hoy travestido en Domènech, se deba, como en tantas cosas, a la adaptación de la realidad a los deseos, en poner la historia al gusto de algunos, como es moneda corriente hoy día.

Al poco tiempo de estar en el club se planteó que había que ponerle un nombre, y yo propuse, con toda la inconsciencia posible, que se le llamara Club Julián Grimau, en honor del dirigente comunista recientemente asesinado por el franquismo en Madrid. Nadie estuvo, que yo recuerde, en desacuerdo con tan extraordinario nombre, que hacía las delicias de los cuatro más gallitos que siempre hablábamos, porque la verdad es que la mayoría no opinó y, si lo hizo, no se le tuvo en cuenta, ni nadie le dio a tal nombre la importancia que le dimos nosotros. La importancia del personaje y las circunstancias de su muerte constituían sin duda un argumento definitivo, aunque habría bastantes jóvenes que no sabían de quién se trataba, cosa que no tardamos en explicar a todos. Y así, con el nombre de Julián Grimau quedó.

Al cabo de pocos días de dar por inaugurado el club me citó López Neiro en su casa "porque me tenía que decir algo". Al rato de llegar yo a su casa apareció Cipriano García y con aquella voz suave y queda que ponía, me dijo: "Mira —no recuerdo si me llamó *Chispa* o *Salva*, ambos nombres de guerra utilizados por mí indistintamente— está muy bien y se comprende que los jóvenes hayáis pensado en poner el nombre de Julián al Club, pero es que eso no puede ser. Julián ha sido fusilado por comunista y tomarlo como símbolo seguro que la policía no se le escapa. Yo me resistí a aceptar la sugerencia de Cipriano, utilizando mi "autoridad e independencia" de responsable político de la J.C., pero Cipriano, sin tratar de imponerme nada, me dijo que si se insistía en ese nombre el club sería cerrado de inmediato. Y era evidente que así sería, pero mi inconsciencia y ceguera en aquel momento por lo que consideraba un triunfo —el haber logrado reunir a todos aquellos jóvenes en torno a la Juventud Comunista en tan poco tiempo, después de recibir la orientación del partido de empezar a crearla en Tarrasa—, me obnubilaba la razón y me impedía ver la verdadera situación en la que vivíamos. "Y no sólo eso —me dijo—, sino que tendría consecuencias para ti como responsable, primer secretario político de la J.C., y también para la propia organización juvenil que ha arrancado muy bien, y sobre todo para el partido". Y tenía razón. Así que decidí en aquel mismo momento, remoloneando, ponerle el nombre de J.G., es decir las iniciales, a las que nunca le buscamos otro nombre que coincidiera con ellas, pero que de todas formas no engañaban a nadie, aunque nunca lo llamáramos por el nombre completo, sino por la siglas. Así que tampoco es cierto que se hiciera correr que el nombre era esa cosa imposible de imaginar *Tot el que es Jove és Gran,(J.G.)* como también ha declarado Domingo Martínez, en una especie de truculento encaje de bolillos, en su empeño en reinventar las situaciones, entre otras cosas porque de haberse utilizado, que no se hizo, hubiera sido en castellano. Porque nadie, absolutamente nadie allí entonces hablaba catalán, salvo Joaquim Gracià, pero no entre nosotros. Y a nadie se le hubiera ocurrido semejante elucubración, más propia de posteriores conversiones y calenturas de adaptación al terreno político deseado. Así que ese añadido es pura invención, u otro lapsus, también a toro pasado que debe quedar muy bien entre los interlocutores de Domingo y entre los fabricantes de mitos nacionalistas.

El sectarismo y la disciplina absurda persistió hasta el final de aquel local del padre de Dominguín, como lo llamábamos todos, o Dominguito, como lo hacía su padre, antes de que el nacionalismo reconvirtiera los nombres, al parecer mucho menos *charnegos* y por lo tanto más aceptables en ciertos lugares, y empezara a hacer estragos entre los militantes del partido y su memoria, como hemos visto. Pero eso sería años después, aunque ya la semilla estaba creciendo y la estaban abonando precisamente las nuevas incorporaciones de sectores de la burguesía, a la que algunos prestaban oídos interesados.

Parece ser que el padre de Domingo, con acertado criterio, ante lo que se olía que estaba sucediendo en el piso, con aquellas reuniones nada infantiles ni de diversión, o por lo menos no sólo de diversión, y ateniéndonos a que era una familia de comunistas tan relevantes en Tarrasa como Domingo Ribas, decidió que aquello no podía durar y tuvimos que marcharnos del piso, que estaba —estará aún— en el barrio de la Cogullada, en la Calle Mozart. Pero antes de irnos buscamos otro local de un miembro del partido, llamado Víctor que estaba al otro lado de la ciudad, en el margen derecho de la riera de las Arenas, en los bajos de unos pisos que había levantado gracias a que le tocó la lotería. Se dijo entonces que habían sido cinco millones de pesetas el premio, pero aunque fueran el doble era evidente que con ese dinero de entonces pudo levantar varias plantas de pisos, que hoy parecería un sueño. Víctor era un hombre que había estado varios años en la cárcel y su salud no era muy boyante, y aquello le vino muy bien para la seguridad económica de su familia. Nunca tuvo una militancia muy estrecha, al menos en aquel tiempo, pero me consta que colaboraba con el partido, y dejarnos el local por un precio módico para lo que él sabía era la J.C., fue una forma de militancia. Una sobrina suya también militó durante un tiempo en la J.C. y se casaría con Manuel López, "El Serio".

XVIII

CC.OO. en Tarrasa. Los curas obreros

Ya el movimiento obrero iba alcanzando cierto grado de organización y las luchas se iban agudizando y generalizándose los "conflictos laborales", que era como el régimen llamaba a la huelgas, que como es obvio no eran legales. Como los trabajadores no eran obreros ni trabajadores, sino "productores", las huelgas eran "conflictos laborales", en el afán de despolitizar toda lucha, que en sí misma se politizaba necesariamente.

Lo mismo que los miembros del partido, los jóvenes participábamos en la organización de todo tipo de acciones, creando y organizando comisiones en las fábricas y obras que, desembocando en estructuras más o menos permanentes y con variable solidez, propiciaban la elección de algunos compañeros para cargos sindicales y la creación de la comisión obrera, germen de lo que luego serían las Comisiones Obreras, como es sabido.

A través del partido y de otros trabajadores, algunos encuadrados en organizaciones de la Iglesia, como la Juventud Obrera Católica (JOC) de los jóvenes y la Hermandad Obrera de Acción Católica (HOAC) de los mayores, íbamos creando la base para la unidad, no sólo a nivel de una fábrica u obra, sino de todos los centros de trabajo donde teníamos gente y era posible, en Tarrasa. En general la gente de la HOAC y de la JOC era muy valiosa y hoy tengo que decir que seguramente por estar exentos del sectarismo que a nosotros nos atenazaba, algunas veces eran mucho más abiertos a la colaboración y a la acción conjunta que muchos de nosotros. Y hay que decir que la Dirección del partido (Román, siempre Román) en ese terreno invitaba a abandonar el sectarismo y a tratar de colaborar con todos sin reticencias y sin pretender que ellos hicieran lo que a nosotros nos pareciera bien. Se trataba de llegar a acuerdos conjuntos con la participación de la mayoría de los trabajadores, y sobre todo con aquellos que se ponían al frente de la lucha, sin mirar su filiación. Al margen de que en las filas de la HOAC habían entrado bastantes comunistas, gran parte de aquellos militantes *cristianos* lo eran porque no habían encontrado otro marco óptimo para luchar por la defensa de los derechos obreros, y consideraron que la cobertura que el obispado les daba los protegía de la represión, cosa que no nos sucedía a nosotros, o al resto de los grupos de las organizaciones clandestinas. Muchos de aquellos a no tardar mucho tiempo irían ingresando en el partido, porque en realidad, a pesar de todo, veían en él una plataforma y un lugar mucho más efectivo para combatir a la dictadura. Y el partido tenía, sin ninguna duda, el componente obrero más numeroso y sólido de todo lo que se movía en la lucha. Los obreros de las organizaciones católicas en aquellos momentos combatían a la dictadura y decidieron ingresar en el partido, pero no hay que confundirlos con los trepas que llegaron después dispuestos a hacer carrera. La mayoría, aunque no fueran comunistas, tuvieron buen comportamiento en el partido. Otros abrazaron la ideología marxista con convencimiento.

Todo lo contrario a lo que pasaba en otras organizaciones, que como se ha dicho muchas veces, contaban con generales, pero sin tropa, la mayoría de ellos provenían de la burguesía *redentora*, de eso que se llamó después despectivamente *la progresía* por su deriva hacia la derecha, o quizá habría que decir, por su regreso a su clase, como es el caso de Pasqual Maragall —y no fue el único—, que hasta iba de furibundo teórico marxista, dando lecciones de revolucionario a aquellos obreros que se dejaron engatusar por el futuro alcalde *Olímpico* de Barcelona, presidente de la *Generalitat* y nacionalista extremo defensor de las más estrambóticas y reaccionarias posiciones de una burguesía propia de tiempos ya caducos.

Muchos de aquellos nuevos ingresos, todavía en el primer lustro de los sesenta, tuvieron unos comportamientos muy valiosos para el creciente movimiento obrero, tanto en sus puestos de trabajo como en los barrios donde vivían, colaborando en el movimiento vecinal que se iba desarrollando, y consolidando el partido, sobre todo aquellos que eran trabajadores y se la jugaban cada día en las fábricas. Pero también es cierto que al cabo de unos años se produjo una avalancha de nuevos oportunistas que irían engrosando nuestras filas hasta desfigurar el partido, apoderarse de él y convertirlo en un campo de batalla, donde chocaban las ideas de los que querían un partido más o menos transversal, como se diría mucho después, o un partido que defendiera los intereses populares sin prestarse al *pasteleo* que tan bien conocimos después. El partido, todo el partido en todas las organizaciones, se convirtió en el campo de batalla de la lucha de clases dentro de la organización como ya se ha apuntado.

En las fábricas u obras se iban eligiendo de alguna manera, y todo lo democráticamente posible, a representantes de los trabajadores en Comités, o ni siquiera se les daba nombre, para constituir los núcleos que permitieran hacer avanzar las luchas, coordinarlas y organizar la solidaridad. Ya que estaban a la orden del día las represalias, ya fueran de la policía que detenía a los trabajadores y a los dirigentes, ya fuera por despidos de los promotores, más que dirigentes, o que no lo eran todavía. Pues allí todo el mundo aprendía en la lucha de alguna acción, o como caja de resistencia de los trabajadores que en algunas fábricas estuvieran en conflicto, que ya no se circunscribía sólo a Tarrasa, sino a todos los lugares en que hubiera necesidad, como Sabadell, Rubí o el Bajo Llobregat, donde ya empezaba a crecer el movimiento obrero con variable brío. Y en el resto del cinturón industrial de Barcelona o en las minas de Berga, e incluso en las de potasa de Suria, donde empezaba a cuajar una cierta organización, en cuyo embrión participamos Baños y yo, que nos trasladábamos en una Vespa que él entonces tenía.

Los ya organizados en tanto que trabajadores, y muchos como cargos sindicales que habían sido elegidos a contra pelo de los deseos del verticalismo, trataban de presionar a la jerarquía del sindicato vertical para que les permitiera reunirse en el propio sindicato, como representantes de los trabajadores, para discutir la situación de algún conflicto de los que se sucedían constantemente. Y lo que era más importante, para hacer asambleas con el grueso de los trabajadores a quienes afectara, si así lo deseaban. Sobre todo cuando se estaba negociando un Convenio, lo que irritaba sobremanera a las jerarquías sindicales, que sabían que por esa vía perdían el control de la propia discusión de los Convenios, siendo los trabajadores los verdaderos protagonistas de aquellas asambleas, todo lo contrario de lo que sucedía cuando todo lo solucionaban entre jerarcas en una comida de hermandad, donde aquellos estaban ausentes, salvo los que se prestaban a aquella farsa que evidentemente los hubo.

Semejante situación, nueva para los verticalistas, hizo cambiar las propias estructuras mentales de aquellos jerarcas, de las propias autoridades franquistas en la ciudad, y de algunos que en teoría eran representantes de los trabajadores, pero que respiraban de los beneficios que les brindaba estar bien vistos por la patronal y los gerifaltes. Los que desde hacía años estaban en el sindicato cómodamente, sin molestar, y que cuando empezaron a tomar cuerpo las luchas solían hablar pestes del sistema y de sus jefes del sindicato de cara a la galería, se sintieron atrapados ante las exigencias de los nuevos cargos, nada complacientes con la Jerarquía sino todo lo contrario. Así que fueron desenmascarados, al tener que optar en aquellas reuniones, de cargos sindicales, a veces tumultuosas, por apoyar a los obreros o a la Jerarquía. A la mayoría de ellos tampoco les costó demasiado tomar tal decisión, defendiendo todo cuanto la patronal decidía.

Primero trataron de ganar adeptos para su cómoda causa, al principio con buenas palabras, tachando ciertas decisiones de poco práctica y beneficiosa para los trabajadores, de que la actitud de los sindicalistas tan exigentes y extremistas les iba a hacer perder lo que según ellos se había logrado con buen trato, del que eran protagonistas. Después, cuando aquello no funcionó, de forma descarada, acusando a todos los que les presionaban y denunciándolos de ser del partido comunista, con lo que quedaba claro de qué lado estaban, porque muchos trabajadores que se decidieron a participar en las elecciones con deseo de defender sus intereses, ni eran comunistas ni nada, aunque fuera cierto que en aquella decisión personal de presentarse a las elecciones sindicales hubiera tenido mucho que ver el compañero de trabajo, que sí lo era. Este fue el caso de Salvador Rodríguez, que después sería uno de los que montarían un sindicato, para cuya estructura no sabemos de dónde sacó el dinero, ya que era poco probable que lo obtuviera de sus afines, por la escasa incidencia que tuvo. Salvador Rodríguez incluso llegó a asistir a una reunión en la Riera Gaya, (hoy Gaia) que de alguna forma se puede considerar como el lanzamiento organizado de lo que luego sería Comisiones Obreras en Tarrasa. Allí se planteó la necesidad de crear un sindicato que de verdad fuera de los trabajadores, cosa que Salvador Rodríguez obviamente no negaba, pero trataba de capitalizar su posición como cargo sindical, aunque ya no se correspondía con lo que motivaba aquella reunión extramuros del sindicato. Él planteaba que había ido allí con la intención de que los trabajadores no se dejaran engatusar y que lucharan con las armas legales que daba el sindicato, y que por esas vías se lograría más que con las que se planteaban "con la algaradas que no llevaban a ninguna parte". Fue entonces cuando Cipriano García pidió la palabra para decir lo que realmente nos proponíamos, que era lograr un sindicato que de verdad fuera de los trabajadores, no apuntalar el vertical del franquismo. Lo resumió en pocas palabras: "Lo que queremos es un sindicato sin jerarcas". Evidentemente ante aquellas aplastantes palabras sobre lo que se pretendía, poco sentido tenía la presencia de Rodríguez en aquellas reuniones clandestinas. Aunque quizá no tanto, ya que muy posiblemente fuera conocida por la policía, pero esperando que salvador Rodríguez pudieran reconducirla para el interés del verticalismo, la toleraron.

La presencia de Salvador Rodríguez y algún otro de su cuerda en aquella asamblea se debió a que algunos antiguos militantes del partido, como Buendía o Salvador Guerrero, entre otros, que en los primeros tiempos optaron por la lucha sindical tal como el partido había orientado, mantenían buenas relaciones con él y con otros como él. En cierta forma, todos ellos se habían acomodado e institucionalizado en el sindicato vertical, sin otra meta que las pequeñas mejoras que se podían lograr por la vía de llevarse bien y no crearles demasiados problemas a los jefes del Verticalismo, con inmovilidad, olvidándose de que el Sindicato era un pilar fundamental de la dictadura, objetivo a batir por los trabajadores, y por el partido del que en principio eran militantes.

Invitando a aquel personaje desprestigiado ante los trabajadores, lo que pretendían era justificar su propia actitud, ya muy alejada de la nueva situación de lucha, cada vez más participativa, que les resultaba incómoda y que removía su propia cómoda estancia en el sindicato. Hasta entonces eran conocidos como comunistas por los trabajadores, aunque poco activos más allá de la actividad sindical que permitía el sistema. A partir de entonces se quedaron al margen del partido, en el que, por otra parte habían dejado de militar de forma regular y cuyas actividades criticaban abiertamente, justificando de ese modo su desapego. De hecho se unieron a Salvador Rodríguez y sus incondicionales. Mientras de lo que se trataba era de poder ir logrando algún pequeño beneficio, se lo apuntaban como luchadores, al tiempo que la jerarquía y la patronal sabían de su incapacidad para ir más allá. Pero cuando la propia dinámica de la lucha iba modificando la condiciones, los trabajadores pasaron por encima de ellos. Como las cosas estaban claras: o se estaba con los verticalistas o se apoyaban las reivindicaciones de los trabajadores, que presentaban los cargos sindicales elegidos sin el concurso del sindicato y apoyado por el partido, entonces aparecieron por su parte acusaciones de radicalismo. No era nada nuevo, ni sería algo insólito en la historia del movimiento obrero. Cuando cierto cargos se eternizan, se burocratizan y pierden la función por la que habían llegado allí. Y si los trabajadores le empujan para lograr mejorar en sus derechos, se sienten incómodos y tratan de justificar sus posiciones cómodas y hasta reaccionarias, con las excusas más peregrinas, hasta que son desenmascarados.

Ante la negativa de los jerarcas a que se reunieran los trabajadores en lo que todos consideraban como casa propia y no de los jefes verticales, los locales del sindicato, los cargos elegidos solían convocar, con permiso o sin él, a los trabajadores en la calle Unión, lo que ocasionaba un verdadero caos en el local. Algunas veces se lograba que algún jerarca menor o funcionario, con acuerdo o no de los "altos mandos verticales", y para calmar el lío organizado por varios centenares de trabajadores que lo colapsaban, permitiera que pasaran a la sala de actos del piso superior, donde de forma normal se podía discutir de los problemas. Pero la jerarquía veía aquello, acertadamente, como muy peligroso para ellos y acabó impidiéndolo como antes, solo que entonces tomaba sus precauciones y cuando había un llamamiento para que los trabajadores acudieran al local donde estaba ubicado el sindicato, los funcionarios tenían orden de cerrar sus puertas. Aquellos que habían llegado temprano quedaban dentro y los que habían llegado algo más tarde o cerca de la hora de la convocatoria, se concentraban en la calle, cortando el tráfico y armándola, con lo que era la peor solución, ya que de un problema en el sindicato por lograr una sala para reunirse, se convertía en una concentración ruidosa y de ahí, en un problema de orden público, a poco que intentara intervenir la policía. Que como se sabe suele ser cuando surge el problema, no antes de su intervención.

Porque, como norma, enseguida aparecían los "grise*s*" que solían dar "uno o dos minutos para disolverse, o procederemos", que era el eufemismo utilizado para decir que iban a empezar a dar palos, que es lo que hacían. Como vemos no han cambiado un ápice las cosas, quizá han empeorado porque entonces era una dictadura, y ahora dicen que es una democracia. Con lo que al día siguiente y a pesar de la censura, llegaba a todas parte, de boca en boca, lo que había pasado a las puertas del sindicato, siendo motivo de conversación en todos los rincones de la ciudad y hasta con más bombo del que realmente había tenido, habiendo supuestamente participado en ella mucha más gente de la que realmente había asistido. A veces, mientras se esperaba en la puerta tratando de abrirla, se entablaba polémica con algunos grupos de falangistas de incógnito que trataban de llevar el agua a su molino, intentando que algún exaltado entrara al trapo de sus provocaciones, pero aquello era difícil que cuajara porque en general eran silenciados por el griterío.

Ante la imposibilidad de que los cargos sindicales se pudieran reunir en el sindicato, se optó por ir de forma un tanto alegre, casi todos los domingos por la mañana, con niños y todo a la Fuente de las Cañas, una zona entonces bastante despoblada, donde los diversos responsables o representantes de las empresas informaban al resto, de las luchas o situación en la que estaba cada una de las fábricas u obras y las condiciones que había en ellas, así como la forma de coordinarlas. A veces también acudía algún representante de los estudiantes, cuando ya se pergeñaba el sindicato de estudiantes al margen del SEU. A aquellas asambleas del campo solían acudir un centenar de trabajadores con sus familias, que constituían casi la totalidad de los militantes del partido en Tarrasa. Esto puede parecer que tenía poca incidencia, pero hay que tener en cuenta que incluso dentro de las empresas la participación en las organizaciones siempre ha sido una labor minoritaria, de unos cuantos que estaban dispuestos a asumir los riesgos que conllevaba semejante labor. Porque una cosa era que si se llegaba a un conflicto por un convenio o en solidaridad y se llamaba a la huelga —totalmente ilegal y reprimidas como se sabe—, la mayoría, a veces de forma reticente, aceptara seguir a los dirigentes, y otra la organización, que en sí era minoritaria. Los trabajadores, como es lógico, han de ver una mínima posibilidad de éxito en toda acción, generalmente por mejoras salariales o de otra índole, para decidirse de forma abierta a participar; si se politizaba era porque el régimen, como se ha dicho, así lo propiciaba con la represión, y los trabajadores aunque no fueran miembros de ninguna organización sabían las consecuencias que tenían aquellas luchas ilegales. En definitiva los trabajadores podían en determinadas circunstancias ser bastante conservadores si no veían una salida factible a la lucha propuesta, o si los que la dirigían se alejaban demasiado de las condiciones reales existentes, con un romanticismo infantil o aventurerismo, que de todo se daba. Cierto que las más de las veces los trabajadores deseaban luchar porque sabían que era la única manera de mejorar algo sus salarios, pero se refugiaban en el anonimato de la ola que empujaba hacia el plante, el bajo rendimiento y la protesta, y no digamos la huelga, para no hacerse ver. Muchos querían tener una coartada ante el patrón, sobre todo si era una empresa mediana o pequeña, aunque en éstas siempre ha sido muy difícil la lucha, por ser el patrón uno más que estaba todo el día en la fábrica. Sólo era posible la participación si el conflicto se generalizaba en el ramo, y no siempre. Era entonces cuando los piquetes desempeñaban un gran papel, y si bien es cierto que la coacción existía, no era hacia la mayoría si la huelga había surgido de dentro de la fábrica o ramo, o si era por una mejora del convenio. Es seguro que los piquetes que se organizaron muchos años después en las huelgas convocadas por los sindicatos ya burocratizados, eran peor vistos por los trabajadores que entonces. Aunque no hay que perder de vista la carga propagandista de la patronal y el gobierno "democrático" contra ellos.

Las asambleas de la Fuente de las Cañas se fueron prolongando hasta que al final también allí llegaron los "grises "y acabaron con ellas. En realidad la policía estaba perfectamente informada de cuanto sucedía en las asambleas, ya que siempre teníamos algún indeseable visitante de la BPS, o algún "informador" o chivato, e incluso alguna vez estuvo presente el comisario Aníbal Martínez. En las asambleas se recogía dinero "para ayuda", que lo mismo podía ser para los conflictos de otras fábricas, como para los presos. Tanto era así, que como se daba por descontado la presencia policial, ya se contaba que algunos trabajadores encargados de recoger el dinero serían procesados por ello. Hubo que hacer lo posible para que no se supiera quién se había quedado con el dinero, porque sabíamos que la policía sin duda iría tras él, no sólo por la cuantía, que no era mucha, sino porque lo ligaban con la "organización clandestina", con sus repercusiones represivas que acababan en comisaría, ante los tribunales del tristemente TOP, y en la cárcel.

Ya era evidente que muchas cosas iban a cambiar y quizá una de las que tuvieron mayor impacto a nivel de la dictadura fue el cambio de táctica llevada a cabo por la jerarquía de la Iglesia a raíz del Concilio Vaticano II, y cuyas consecuencias empezaron a verse poco a poco. Sin duda la Iglesia estaba preocupada por el auge que empezaba a tener la lucha del movimiento obrero y necesitaba incidir en él a través de sus fieles, mostrando a los trabajadores con toda claridad que las encíclicas del Papa iban en ésa dirección y que la creación del movimiento obrero católico no tenía nada que ver con los movimientos sindicales reaccionarios de otros tiempos, creados por la Iglesia precisamente para combatir el verdadero sindicalismo y en apoyo de las opciones políticas más reaccionarias. Como era de prever el partido y otras organizaciones antifranquistas se colaron en este movimiento obrero católico. Ya en varios países, principalmente en Francia se había manifestado esta nueva situación, con la aparición de un nuevo y raro fenómeno: El de los curas obreros. Hasta entonces era inconcebible que los curas trabajaran como simples peones de una obra o fábrica, y menos que incitaran a los trabajadores a exigir sus derechos. En España los medios controlados por la dictadura y por los sectores más conservadores de la Iglesia, en principio trataron de desacreditar aquella nueva opción de los jóvenes sacerdotes, como algo propio de los franceses, algo más folclórico que otra cosa y que, a su parecer, no tendría mayor repercusión en España, sabiendo la composición franquista de la jerarquía eclesiástica, y en general del clero español. Esos mismos medios no tardarían en "entender la misión evangelizadora" de los nuevos curas que iban allí donde estaban los fieles, viviendo sus problemas, porque las iglesias ya empezaban a vaciarse.

Y Tarrasa no fue una excepción, a pesar de que "las fuerzas vivas" del régimen en la ciudad trataron de llevar al agua a su molino, primero mostrando su buena cara, la esperanza de que todo fuera, como siempre, una maniobra para recuperar el terreno perdido, hacer un cambio de estrategia; y después tratando de amotinar a los fieles contra el propio párroco diciéndoles que lo que el cura hacía no era otra cosa que política; reventando tumultuosamente algunas de las "homilías" del cura en las que animaba a los presentes a luchar por sus derechos. Los Guerrilleros de Cristo Rey, un grupo fascista muy activo por entonces, solía reventar violentamente las asambleas o misas que no eran de su agrado, como en más de una ocasión sucedería en Can Anglada. También en aquellas concurridas asambleas-misas, casi siempre estaba presente la brigadilla de la guardia civil o la BPS. Ésta acudían porque, en general, cuando terminaba la misa empezaba la asamblea y su objetivo era identificar a aquellos vecinos o trabajadores que intervenían con cierto protagonismo, a los que les harían sin duda una desagradable visita a horas intempestivas, como era su costumbre. En alguna ocasión pude presenciar cómo Agustí Daura, párroco de San Cristóbal, en Can Anglada, puso en la calle con la autoridad que le otorgaba ser el responsable de la iglesia a dos policías de la BPS. Ellos se resistían diciendo que el templo era de todos y no podían echarlos. Que ellos eran cristianos, y que dudaban que él fuera cura. Agustín les replicaba sin vacilar que la misa ya se había acabado y que lo que harían a partir de entonces era privado y no les incumbía. No siempre se conformaban y se marchaban, presionando hasta tener una fuerte discusión y abortar la asamblea; pero otras sí desfilaban hacia la calle con el rabo entre las piernas. Aquella actitud de Agustí Daura en aquellas circunstancias hay que valorarla en sus justos términos, porque era un riesgo muy grande el que corría enfrentándose a aquellos energúmenos, tan católicos ellos, que se veían expulsados del templo por quien no merecía ser cura, según argumentaban durante el tira y afloja que se ocasionaba. No en vano estos curas fueron amenazados de muerte —cosas veredes— por la extrema derecha y hubo algún conato de incendio en alguno de los lugares donde se hacían las reuniones. Esta extrema derecha contaba sin duda con el apoyo de la policía y los sectores más reaccionarios de la Iglesia.

Los jóvenes curas eran mejor recibidos por los vecinos porque en la iglesia ya no se hablaba sólo de cosas espirituales, sino de todos los problemas, que eran muchos. E incluso se acabó el proselitismo nacional católico imperante. No se hacía distinción sobre si alguien era o no católico en aquellas iglesias, algunas veces improvisadas en barracones en barrios que en sí mismos eran un caos urbanístico dejado de la mano de las autoridades. Y como era lógico los comunistas estábamos allí planteando nuestra lucha; de hecho en algunos barrios éramos nosotros el grueso de "fieles" de aquellas misas-asambleas en que animábamos a los vecinos a luchar, no sólo en los centros de trabajo, sino en el propio barrio, aprovechando la posibilidad que nos daba el local del cura, ya fuera la iglesia o cualquier otro que estuviera bajo su manto. Los curas facilitaban toda clase de reuniones sin preguntar quiénes éramos, aunque naturalmente no se les escapaba en absoluto que o se trataba de la Juventud Comunista, del Partido Comunista, o de los trabajadores que los comunistas tratábamos de organizar, o de otras organizaciones obreras o políticas. Algunos de aquellos curas, los más decididos y conscientes de la verdadera lucha contra la dictadura, acabaron militando en el partido, como Agustí Daura, que se convirtió en un referente de lucha para los vecinos no sólo de Can Anglada sino de toda Tarrasa, e incluso de otros lugares de España, donde surgirían otros curas con la misma posición; un referente para los trabajadores en general, presentándose como militante del partido sin tapujos en todas partes, y siendo un dirigente del mismo.

Otros curas no llegaron a dar ese paso, pero siempre colaboraron con nosotros, y con todo aquel que tenía algo positivo que ofrecer, e incluso demostraron a lo largo de los años una honradez sin límites a nivel personal, que algunos pagaron con sus enfrentamientos con el carca del obispo. Y quiero hacer referencia aquí, porque desde que lo conocí siempre ha sido un ejemplo como trabajador y persona, a uno de ellos. Me refiero no sólo a aquellos años de lucha, sino a todo el tiempo trascurrido, en el que tanto arribista ha hecho de cualquier pequeña seña de identidad una plataforma o escalón para medrar; me refiero a Joaquim Garrit, un hombre que no hizo aquello de convertirse en obrero de forma pasajera y esnobista de cara a la galería o circunstancialmente, por la lucha de aquellos años, que también. Él siempre estuvo trabajando hasta que se jubiló, como cualquier trabajador normal, y no precisamente en un lugar cómodo, sino destrozándose las manos y su salud manejando hierros en un almacén, cuando sin desmerecer en nada a su honradez hubiera podido, por sus conocimientos, trabajar en un lugar más cómodo. Y nadie se lo hubiera echado en cara, ni entonces ni después, todo lo contrario. Sigue siendo cura y sigue siendo el mismo. Me lo encontré un día en la sala de espera del Hospital de Terrassa; y no sin cierta amargura se lamentaba de la falta de ética de muchos de los que entonces aparecían como portadores de cambios y como la ética en persona, o como revolucionarios dispuestos a cambiar el mundo. Sobre un destacado militante arribista, ni de tantos otros", me dijo, sin que yo le mencionara ningún nombre, sólo porque salió la conversación del fraude que supusieron muchas actitudes. Y el mencionado dirigente había logrado "colocarse" muy bien, y a él eso le pateaba. Así me lo dijo. Un día Agustí Daura me comentó, a raíz del cambio en el Arzobispado de Barcelona: "A quien tendrían que haber hecho arzobispo es a Joaquim Garrit, y no poner a personajes que se van a vivir a palacetes", haciendo referencia a Ricard Maria Carles.

Otros curas como Joan Rofes, Sánchez Bustamante, Josep Ricard y "el padre Alejandro", que acabaría sus día en Méjico, jugaron un papel en primera fila, aunque no creo que todos ellos fuera plenamente conscientes de la situación; y alguno actuó con cierta ingenuidad. Joan Rofes creo que incluso estuvo organizado en algún grupo que pretendidamente nos pasaba por la izquierda. Lo cierto es que de aquel grupo de curas, algunos, como Daura y Rofes, se secularizaron, se casaron o se "arrejuntaron" y dejaron la Iglesia. Tuvieron un papel muy importante en la ayuda del desarrollo del movimiento vecinal y en todo tipo de luchas que se emprendieron, poniendo al servicio de las organizaciones incipientes, primero, y a las asambleas de trabajadores, ya más o menos organizados después, toda la logística que tenían en sus manos, como locales, o las propias iglesias, logrando un crecimiento en la lucha antifranquista muy considerable.

XIX

Asambleas de vecinos. La riada del 62

En todos los barrios se organizaron asociaciones de vecinos, que se reunían en los locales de la iglesia. Y sucedía igual que con el sindicato antes de irrumpir el nuevo movimiento obrero. Se empezó a ver las posibilidades que brindaba el asociacionismo en los barrios, en los que un grupo de vecinos se animaba a presentar los estatutos para organizar la asociación aprovechando los avances en la lucha, ya sin demasiadas preocupaciones legales. Aunque era importante disponer de Estatutos, por la cobertura legal, la Asociación de Vecinos, con más o menos cautela, se reunía e iba al Ayuntamiento como tal asociación para exponer sus quejas, a veces en comisión, a veces convocando a todos los vecinos del barrio.

A las asambleas acudían todo tipo de vecinos ansiosos de saber qué se decía y qué propuestas había para la solución de los problemas del barrio que les afectaban. Para los sectores menos avanzados, de que hubieran reuniones, inexistentes hasta entonces, y de que se trataran aquellos problemas tabú por los vecinos, animaba a muchos a acudir. Por mi parte, como vivía en Can Palet hicimos lo propio, pidiéndole al párroco de barrio que nos permitiera hacer la asamblea en el local social, lo que hizo sin mayor problema. Colaboraron Bartolomé Baños, que fue el que dio los primeros pasos para organizarlo; Antonio Casas, Asunción Hernández, Luisa Casas, o Julián, así como un grupo de católicos que mantenían una asociación más folclórica y de "castellers" que otra cosa, entre ellos Albert Puntí, y otros vecinos del barrio a los que animamos a asistir. Cuando se convocó la primera reunión, creíamos que en principio no vendrían más que unos cuantos vecinos de los muchos a los que habíamos repartido la citación. La idea era que con los pocos que hubiera empezaríamos a crear la junta o lo que fuera para empezar a andar. Cuando llegamos los camaradas de Can Palet, todo el local estaba abarrotado de gente que esperaba ansiosa asistir a aquella primera experiencia de asociación vecinal en el barrio de forma abierta. Traté de explicarme, con más voluntad que acierto, y creo que hablé casi como si se tratara de una reunión del partido, aunque sí dije de lo que se trataba, e invité a todo el mundo a hacerse socio; pero mezclando unas cosas con otras, la lucha de los trabajadores, la represión y no sé cuántas cosas más. Lo cierto es que la gente se entusiasmó, creo que más por mi juventud que por lo que dijera. Aquel entusiasmo era tal, como digo, por la novedad, y porque realmente los vecinos teníamos problemas que el Ayuntamiento no solucionaba. Todo el mundo quería decir algo, daba su opinión de forma espontánea y hasta se formaron corrillos a la salida, muy animados, donde todos querían decir alguna cosa sobre lo que pasaba en su calle. Alguno hasta preguntó si aquellas reuniones eran autorizadas, con cierto recelo.

Baños y yo decidimos ir, no recuerdo por qué, a hablar con el que entonces se llamaba "alcalde de barrio", que no se qué funciones tenía, pero cuando le pedimos que hiciera algo para alguna cuestión legal o burocrática que dependía de él, nos dijo que hasta entonces el Ayuntamiento había estado muy contento con el barrio porque nunca había líos, nunca le había creado problemas, y que esperaba seguir contando con el agradecimiento del alcalde. Yo, ya inconscientemente muy "echao palante", le dije que no era el Ayuntamiento quien tenía que estar contento con nuestro comportamiento, sino al revés, y que me importaba muy poco que el alcalde se sintiera agradecido o no, que era él quien tenía que estar a nuestro servicio. Creo que en aquel momento aquel pobre hombre, ya entrado en años, se quedó anonadado ante mi irreverencia. Al parecer nunca había visto que nadie se atreviera a criticar al Ayuntamiento y a su alcalde. La sumisión de los vecinos se daba por supuesta. Me dijo muy tímidamente, y con razón, que eran ellos los que mandaban y decidían, y que a él sólo le restaba obedecer. "Pero eso se tiene que acabar —le dije—, son los vecinos los que deben decidir". Cuánta razón tenía. Cuando llegaron los ayuntamientos democráticos y los nuevos amos se asentaron y vieron de verdad cuál era su poder, muchas cosas sólo cambiaron de cara a la galería. Tanto el alcalde como los concejales —como pasaba antes— siguieron considerando en la práctica el poder local como un cortijo particular donde sus prebendas eran lo primero a asegurar. Claro, ahora había que cambiar de estilo, había que buscar otros métodos más sutiles. Y los encontraron y utilizaron, y de qué manera. Supongo que aquel alcalde de barrio explicaría a sus jefes del Ayuntamiento nuestra arrogancia. No sé en qué quedó la gestión que le pedimos de aquel asunto menor, sumiéndolo en el olvido. Los acontecimientos seguro que desbordaron aquella urgencia.

Unos días importantes en la toma de conciencia de la necesidad del asociacionismo en los barrios de Tarrasa fueron los que siguieron a la riada del 25 de septiembre de 1962. Si bien fue a consecuencia de unas avalancha de agua, un desastre natural, sus enormes y desgraciadas consecuencias no fueron del todo naturales. La especulación con los terrenos que estaban en la misma orilla de las rieras, sobre todo en la de Las Arenas donde se estrechó el cauce —pero también Pueblo Nuevo, y no sólo en Tarrasa sino en todo el curso de la riera—, provocó una verdadera catástrofe en pérdida de vidas y dejó sin sus precarias viviendas a muchos trabajadores que habían empleado sus escasos recursos en comprar los cuatro ladrillos con que semana a semana las fueron construyendo. Desde ese momento muchos de los vecinos afectados por la tragedia vieron en seguida que lo sucedido tenía unos responsables políticos. Éstos, sin tener en cuenta las necesidades de los vecinos, pretendían sin más echar abajo muchas de las casa afectadas, pero los vecinos se organizaron y no sólo se negaron a los deseos de los jerarcas del Ayuntamiento, sino que se organizaron para tratar toda una serie de reivindicaciones que hicieran de los barrios, tan castigados y marginados desde el principio, lugares habitables.

En el barrio de Las Arenas, por ser el más castigado, fue donde más cuerpo tomó la necesidad de la organización para hacer posible lograr todas las demanda. La lucha popular en Las Arenas duraría muchos años, con la participación de gran parte del vecindario y siendo un foco de lucha popular muy importante donde participaban personas de diversos credos políticos o sin ninguno. En un principio la lucha se sostuvo con gran empuje, pero luego fueron surgiendo los intereses políticos y muchos trataron de sacar provecho partidista para sus organizaciones políticas, entonces incipientes, o incluso inexistentes. Algunos de los dirigentes vecinales, como Benito Martínez —un socialdemócrata, un hombre honrado de los que crearon el PSC Reagrupament—, estaban más cerca de la derecha nacionalista que de la izquierda, aunque entonces muchos de ellos se llamaban "socialistas". Benito fue un buen "fichaje" para la burguesía catalana, por ser un obrero, inmigrante y luchador para mejorar las condiciones del barrio, una persona de las que los nacionalistas carecían. Ellos necesitaban poder exhibir a alguien así, pues eran conscientes de que los trabajadores eran los únicos que luchaban. Entonces no había a la vista inmediata la posibilidad de medrar en ningún cargo público.

XX

El Referéndum del 66

Una etapa álgida de la lucha política y del despertar a una realidad menos fantasiosa y de propaganda, y también que al menos a mí me dio que pensar, fue la del referéndum franquista de 1966. Ya dos años antes habíamos asistido a una campaña demoledora sobre los llamados "25 años de paz". Pero al menos en mí no tuvo los efectos que el Referéndum del 14 de diciembre de 1966. La campaña de la dictadura sobre el mismo fue terrorífica y sin posibilidad del menor resquicio que permitiera otra cosa que hacer campaña para votar a favor del dictador, que con su cara omnipresente ocupaba todos los espacios, empapelando muros y paredes de toda España. La víspera del referéndum, Franco, el que se sacrificaba por todos, se dirigía a todos los españoles, por radio y por la única televisión existente para, con calculada humildad, pedirnos el pequeño sacrificio de votar favorablemente las leyes orgánicas que presentaba a referéndum, ya que él, caudillo de España, estaba al mando del Estado sin desfallecer, para la tranquilidad de los españoles.

Ni siquiera se permitió actuar a alguna pequeña facción de los monárquicos que se plantearon pedir el voto negativo. Todo el país tenía que respirar los mismos aires que el dictador, ya que, según algunas autoridades defendieron en todo tipo de coloquios, hubiera sido un desaire al Generalísimo pedir lo contrario de lo que él deseaba, él que con tanto sacrificio, renunciando a su libertad, garantizaba la de los españoles. Algún procurador en Cortes había llegado a afirmar que Franco por sí mismo ya representaba a todos los españoles, que no deseaban otra cosa que la que deseara Franco. Y que el refrendo votado positivamente, tal como nos pedía, era una forma de agradecimiento de los españoles a su guía.

Cuando empezó aquella campaña, lo primero que hizo el partido, como era lógico, fue oponerse a la farsa que lo único que pretendía era consolidar la dictadura, "vendiendo" una España ya imparable y cohesionada con el régimen sin fisuras, dejando claro que todo se lo debíamos los españoles a la gran decisión del guía, del irrepetible ostentador del mando y los destinos de España, cuyos desvelos estaban todos dedicados a seguir avanzando por ese camino que él había iniciado, etc.

Los comunistas de Tarrasa, como en todas partes, nos dedicamos por entero a hacer campaña para boicotear lo que sin duda era, según decíamos en nuestra propaganda, "un intento por perpetuarse, ya en su declive". "Cuando las fuerzas democráticas y revolucionarias están en sus mejores momentos, y cada día el régimen va perdiendo más apoyos de muchos de aquellos que participaron en el sostén de la dictadura, que ya no ven sus intereses garantizados por el régimen, pues cada día va siendo más y más un clamor la demanda y deseos de libertad del pueblo español". "Se pretende enmascarar las dificultades de la dictadura, ante los avances de la lucha de la clase obrera y otras capas populares, la cada vez más cohesionada oposición en torno a puntos básicos que permita la recuperación de la democracia".

Con estas o parecidas proclamas los comunistas nos lanzamos a la calle, a las fábricas y tajos, para convencer a la gente de que aquel intento de la dictadura, contrariamente a lo que proclamaba, en realidad no era más que debilidad. Una debilidad que se agudizaba a medida que se iba acercando el día de la puesta en escena del referéndum, cuyo resultado estaba cantado de antemano y, por lo tanto, no había la menor posibilidad de modificarlo. Los camaradas del Comité Local, así como todo el partido, la dirección incluida, analizaron la situación y decidieron que la respuesta que la clase obrera daría el día 14 de diciembre, debía ser el boicot. Evidentemente, tal decisión obedecía más a un deseo que a la realidad. El voluntarismo que derrochamos durante aquellos días, nos impedía ver la realidad. El régimen, con Fraga al frente del goebbeliano Ministerio de Propaganda, llamado de Información y

Turismo, movilizó todas sus fuerzas, que eran muchas, para convencer a la población sobre las bondades de aquella consulta, y por múltiples vías. Desde las puramente, digamos, normales dentro de lo que era la dictadura, hasta las de propagar rumores sobre que aquellos que no pudieran presentar el justificante de haber votado, podrían perder la paga de jubilación o cualquier otra que tuvieran, los beneficios de la Seguridad Social e incluso la propia vivienda, si ésta había sido otorgada por el Ministerio de la Vivienda o la Obra Sindical del Hogar. Los propagandistas del régimen también dejaron caer lo peligroso que podría resultar una negativa, en las urnas. No hacerle aquel "favor" al caudillo podía significar una vuelta al pasado, con la guerra civil como fantasma, asegurando que los militares, de los que Franco era el máximo comandante, no tolerarían un desaire a su general. También que, como era evidente, el que no había ido a votar quedaría en una lista, marcado y fichado, para cuando a la policía le interesara buscar en los archivos. Hasta corrió en algunos lugares el rumor de que tenían incluso medios de saber quiénes habrían votado No, siendo esto tan perjudicial como el no haber ido a votar. La confusión reinaba en un país sin costumbre de acudir a las urnas, donde había hasta quienes pensaban que votar significaba poder echar al gobierno, aunque enseguida los mismos afirmaban: "Si votas que sí es que quieres que se quede (Franco); Si votas que no, es que no quieres que se vaya". Esta frase estaba en boca de mucha gente, al parecer como reflejo del referéndum de 1947. Eran rumores y bulos carentes de la más mínima base, pero que en un país sin libertad, y con el miedo en el cuerpo, sobre todo de las personas ya entradas en años y que habían conocido la guerra o la más dura posguerra, no podían menos que hacerles mella. Sin embargo allí donde íbamos y repartíamos la propaganda, la gente era receptiva. Hablábamos con muchos compañeros de trabajo y de los barrios, los mismos que nos aseguraban que de ninguna manera iban a ir a votar.

El día 14 por la mañana, me dirigí al camarada José Cortés, fontanero, del Torrente de la Maurina, que era en aquellos momentos una estafeta de propaganda, y me dijo: "La gente está votando masivamente". No me lo podía creer. Efectivamente, las colas eran enormes, todo el mundo quería votar por lo que pudiera pasar. Incluso pude ver en alguna cola a algún camarada de esos que solían estar en el partido, aunque con poca actividad. A alguno de ellos les espeté al verlo en la cola del colegio electoral, "¿pero tú qué haces aquí?". A lo que con cara de sorpresa me respondió: "Voy a votar que no, ¿no es eso lo que hay que hacer, no es esa la consigna del partido?

La dirección del partido no podía hacer otra cosa que llamar al boicot y denunciar la falta de libertades y la nula validez de una consulta en aquellas condiciones, sin libertades. Pero pecó de falta de realismo, como tantas veces, en no valorar la situación real en que vivía España. Y que el régimen tenía poder para hacer lo que quisiera. Hubiera sido más realista denunciar la situación de opresión sin pretender hacer una batalla que estaba perdida antes de emprenderla, con el resultado, nada menos que induciendo al boicot. Y tanto fue así que los militantes lo creímos posible. Los comunistas nos esforzamos en una campaña por la abstención, sin medios para enfrentarnos a los que la dictadura tenía. El partido podía haberse adelantado a dar los resultados ya que no había que ser un lince para saberlo de antemano. Y dar por descontado que la gente iría a votar por el miedo que había, no por adhesión al régimen. Y cuando el día del referéndum viéramos las colas ante los colegios electorales, los militantes debiéramos haber estado al cabo de la calle de que eso ocurriría, sin extrañarnos. Y nos hubiéramos ahorrado el precio que tuvimos que pagar en detenciones en toda España durante la campaña. Y también la frustración que sentimos al ver que la gente votaba sin que tuvieran en cuenta nuestras consignas. Una vez más la visión por parte de la Dirección del partido estaba muy alejada de la realidad, que era suplida por el voluntarismo.

Cuando se supieron los resultados, la *Pirenaica*, en un encaje de bolillo verbal, en lugar de hacer hincapié en el boicot, como se había venido haciendo durante semanas, lo hizo recogiendo y desmenuzando los datos de muchas ciudades y pueblos, y significando "el valor de miles de trabajadores y ciudadanos de todas clases, que habían desafiado al régimen y no habían ido a votar". Por nuestra parte pudimos recopilar los datos de más de 7.000 ciudadanos que en Tarrasa no fueron a las urnas. Si no hubiera estado precedido por la campaña y de la casi seguridad de que los ciudadanos responderían en buena parte contestando al régimen, aquella valoración hubiera sido perfecta: "A pesar de la situación de represión, hubo un considerable número de personas que no hicieron caso a las amenazas, y boicotearon la mascarada de un falso referéndum", podría haber sido el titular de la *Pirenaica*.

Hubo algunas discusiones entre los camaradas e intención de reprender a los más cercanos que habían ido a votar, cosa que hubo que cortar, ya que de lo contrario lo único que haríamos sería alejarnos de ellos en lugar de ganarlos para la lucha que evidentemente continuaba. Pero había una gran diferencia entre el estado de ánimo con que fuimos a los centros de trabajo, al día siguiente, donde habíamos tratado de convencer a los trabajadores para que no fueran a votar, en el convencimiento de que sería un éxito, y a haber ido con la seguridad de que nosotros ya lo sabíamos. Pero no asumiendo derrota alguna.

XXI

Los Primeros de Mayo. El 14 de noviembre

Los Primeros de Mayo en aquellos años eran siempre muy señalados para nosotros. Cuando no se podía hacer otra cosa, porque todavía el movimiento obrero no había alcanzado el nivel de desarrollo suficiente, los comunistas y aquellos que fueran amigos o estuvieran en nuestro entorno de alguna forma, organizábamos salidas al campo para hacer una comida colectiva, una excursión que tuviera un cariz especial. Los días previos a la Fiesta Internacional del Trabajo, tratábamos de explicar a los compañeros de trabajo, mal que bien, el origen de aquel día, algo sobre los mártires de Chicago; era inevitable que las paredes de la ciudad aparecieran con pintadas con las clásicas consignas de la fecha o con las que el partido considerara oportunas, según el momento político, o las que por las luchas estuvieran más en el candelero, referentes a los derechos de los trabajadores, aumentos salariales, etc., siempre como es obvio con la presencia de los presos políticos y con la demanda de amnistía para ellos y el retorno de los exiliados. Si las condiciones de la organización lo admitían, se elaboraban cuantas octavillas se podía y se hacía con ellas una "siembra" de la ciudad, a la vez que se llevaban a las fábricas u obras donde llegábamos, junto con un manifiesto o proclama llamando a los trabajadores a manifestar su repudio a la dictadura y a exigir sus derechos y convocar alguna concentración, en función de las posibilidades.

Pero también el Primero de Mayo, sin tregua alguna, estaba marcado cada año por detenciones previas de algunos comunistas conocidos por la policía por detenciones anteriores y por haber pasado por la cárcel; y en no pocas ocasiones estaba marcado por la detención, en los días o noches previos a la señalada fecha, de camaradas en plena acción, esparciendo octavillas o realizando pintadas. A veces los detenía la propia policía municipal, que era quien solía hacer el trabajo y los entregaba después a la guardia civil o a la BPS. En algunas ocasiones, en función del jefe que hubiera al mando en el cuartel de la guardia civil, era preferible que caer en las manos de los de la social, verdaderos torturadores. Alguna vez se creó un tira y afloja entre estos últimos y el comandante del cuartel, que les exigía que les entregara los detenidos para interrogarles, y se había negado alegando que los detenidos estaban bajo su custodia hasta que pasaran a otras instancias, una vez terminadas sus declaraciones. Es lo que sucedió con Agustín Romero y Matías Aguilar, que fueron torturados en el cuartel, pero que según dijeron ellos mismos, fue preferible aquello que caer en manos de la social. Todos querían hacer méritos ensañándose con los detenidos.

Era evidente que la excursión al campo de los comunistas y sus amigos era vigilada por la policía; si todo quedaba en discretos corrillos de amigos y algún que otro cántico no demasiado explícito, la cosa no pasaba ahí. Pero una de las misiones que tenían era comprobar si a la comida de celebración del Día Internacional de los Trabajadores acudía algún pez gordo ansiado por la policía, cosa que evidentemente en aquellos años hubiera sido una irresponsabilidad. De todas formas lo normal era que alguno de los asistentes tomara la palabra y evocara las razones que motivaban la celebración de aquel día, y de forma más o menos sibilina, con las palabras calculadas, señalara la evidencia de lo necesario que era seguir en la lucha hasta conseguir que los derechos de los trabajadores fueran efectivos. A veces se hacía referencia a los derechos conquistados en otros países cercanos a nosotros, "donde los trabajadores tienen sus organizaciones propias".

Aquellas comidas campestres fueron ampliándose y lograron que poco a poco los escenarios de lucha se fueran extendiendo y de alguna manera imponiéndose, sobre todo cuando las condiciones fueron mejorando por la incorporación de muchos trabajadores venidos en la avalancha migratoria. Así que a medida que el movimiento obrero avanzaba, ya las luchas alcanzaban nuevas cotas y también las celebraciones de los Primeros de Mayo. Entonces era un verdadero desafío y se hablaba con claridad de la falta de libertades y de continuar la lucha, lo que no impedía que horas después la policía se presentara en la casa de algunos, si no lo habían podido hacer antes, los detuvieran, torturaran y los procesaran.

Queda en mi memoria tres Primeros de Mayo que tuvieron cierta trascendencia. Uno fue cuando incomprensiblemente pudimos pasar todo el día en la Fuente de las Cañas con todo tipo de cánticos, proclamas y otras referencias a la situación política. Y a eso de las seis de la tarde decidimos marcharnos a casa. Pero decidimos irnos todos a la vez. Empezamos a andar y al llegar a la carretera ocupamos la calzada en manifestación compacta hasta llegar a los pisos de San Lorenzo. No nos podíamos creer que aquello fuera posible. A partir de entonces era evidente que las autoridades franquistas tomaron nota de la situación. Creo recordar que fue al término de esta manifestación cuando le propuse a Domingo Martínez el ingreso en la Juventud Comunista. Se ha publicado que él fue el primer secretario de la misma. El hecho de que después efectivamente fuera el responsable, no quiere decir que él fuera el primero. De hecho ni tan siquiera fue uno de los fundadores, ya que la J.C. hacía tiempo que funcionaba como tal cuando él ingresó por mediación mía. Todos los anteriormente mencionados, Joaquim Gracià, *Roset*, Asunción Hernández, los hermanos Serafín y Manuel López, "el Serio," Antonio Urbano, *Wenceslao*, el "*Pecas*" y algunos otros, ya formaban parte de la J.C. organizada. Yo estaba en el Comité Local del partido en tanto que secretario político de la JC, algunos de ellos en el Comité de la Juventud, pero Domingo todavía, seguramente por su juventud, no había dado el paso, hasta que se lo propuse y sin dudarlo aceptó. Cuando me tocó irme a la mili fue cuando yo mismo, de acuerdo con los camaradas del partido y del propio Comité de la J.C. decidimos que era el más idóneo para hacerse cargo de la organización juvenil. Esto lo digo para dejar constancia de una realidad que podían corroborar quienes estaban entonces en el partido, y sobre todo el que era secretario político del mismo, Manuel Linares, así como muchos de los camaradas que entonces estaban en la Juventud. A veces se publican algunas cosas de forma incomprensiblemente interesada sin fundamento, tratando de evadir algunas discrepancias políticas que crean cierta incomodidad, pero que con el desgaste que imprime el tiempo, carecen de sentido. Pero una cosa es que la memoria falle al cabo de los años en ciertas cuestiones, y otra que de forma intencionada se falseen los hechos, como es evidente en este caso.

Otro Primero de Mayo fue el que tuvo lugar en Las Planas. Había elegido el lugar la Dirección del Partido, creo que con acuerdos con algunos otros grupos. La celebración elevó el tono y todo el día fue muy festivo, siempre acorde con nuestras consignas. Estuvo presente la guardia civil, que a decir verdad lo que parecía es que deseaba que el día pasara lo antes posible. En alguna ocasión intentó hacer callar a María Gallardo Redondo, "la María", la hija de Francisca Redondo, que constantemente estaba dando vivas a la libertad de la forma tan explícita como ella solía, sin importarle lo más mínimo los riesgos. Al llamarle la atención el guardia civil, con el desparpajo que la caracterizaba, le dijo: "Estoy llamando a mi hija que se llama Libertad. ¿Es que a usted no le gusta la libertad?" El guardia se retiró —sólo era una pareja— y creo que dejó por imposible a la temperamental María, una militante comunista, como sus padres, sobre todo su madre, muy activa en aquellos años, con todas las insuficiencias que padecíamos la mayoría. Por cierto que creo recordar que efectivamente había una niña que se llamaba Libertad, pero que no era su hija, pero sí su sobrina. Cuando acabó el día de reuniones, proclamas y cánticos, debíamos tomar el "tren de los catalanes" para regresar a Tarrasa. Decidimos, ante la eventualidad de que la policía estuviese esperándonos en la estación —no recuerdo a quién se le ocurrió— que debíamos bajar en Las Fuentes y hacer el resto del recorrido a pie. Como éramos jóvenes aquello prolongó nuestra euforia militante mientras recorrimos los cuatro kilómetros a pie hasta Tarrasa.

Y otro de los Primeros de Mayo que recuerdo fue también en la Fuente de las Cañas que, que contó con una masiva asistencia, debido al auge ya muy desarrollado de la lucha y la proliferación de muchos grupos. Todo, se desarrolló con cierta normalidad con asambleas y más de una toma de postura. Recuerdo que en aquella ocasión Agustí Daura, al que debía calentársele la boca, en una intervención sobre la situación de la dictadura criticó muy duramente a la jerarquía de la Iglesia, Vaticano incluido, a la que tildó de colaboracionista con la dictadura. Lo importante es que lo dijo un cura en ejercicio y en aquella asamblea de trabajadores en la Fiesta del Trabajo. Cuando eran alrededor de las cinco de la tarde, por sorpresa varios vehículos cargados con una compañía de guardias civiles cargaron contra los asistentes. Ni siquiera hicieron la advertencia de rigor la de "tienen tres minutos para disolverse". La gente, hombres, mujeres y niños trataban de ponerse a salvo ante aquellos salvajes de *benemérito* uniforme, que parecían enloquecidos y que debían de haber recibido órdenes del gobernador para que dieran un escarmiento. Fusil en ristre, sin medir las consecuencias, que pudieron haber sido trágicas, arremetieron contra todos y dispararon, supongo que al aire, aunque ya sabemos que durante muchos años en las manifestaciones, con "tiros al aire" más de un trabajador fue asesinado, se supone que por que volaría. Sin duda, el movimiento antifranquista crecía y las autoridades querían dar un escarmiento, ya que desde ese momento la represión adquirió una dimensión mucho más dura. En aquella manifestación hubo varios detenidos, entre ellos el propio Domingo Martínez, que lo fue por la brigadilla de la guardia civil. Una pareja que durante muchos años nos la podíamos encontrar en los barrios, ya que al menos uno de ellos vivía en los pisos de San Lorenzo o Egara. Era uno que parecía ser el jefe de la pareja, un tipo alto al que llamábamos "el calvo", de una mala leche probada.

Cualquier acción, por pequeña o insignificante que pudiera parecer, era una forma de lucha. Hacer una manifestación era tarea imposible todavía, pero la tarde-noche del 30 de abril se convocaba una manifestación en algún lugar, que siempre estaba ocupado por la policía, y tras cuatro gritos y alguna carrera y desafío a los *grises*, empezaban las carreras, disoluciones y reagrupaciones de los manifestantes en calles adyacentes, manteniendo esta especie de guerrilla urbana, de gritos y consignas sobre la fecha del día siguiente. Cuajar una manifestación era casi imposible porque a pesar de todo la gente tenía miedo y al final no pasaban de, "unos ciento cincuenta jóvenes" como decía la prensa, quitándole importancia, para poderlo publicar. Y era cierto, porque no se trataba de una manifestación, sino de una previsible batalla campal contra la policía, como fue la del 27 de octubre del 67. Así que a aquellas manifestaciones frustradas por la policía se respondía con la repetición en cualquier lugar de la ciudad, lo que se bautizó como manifestaciones *relámpago*, manteniendo en vilo a la policía hasta altas horas de la noche, haciendo lo que quizá aún no se había inventado el vocablo de *guerrilla urbana.*

Pero en algunas de las manifestaciones que se convocaban, como la del 14 de noviembre de 1966, hubo, si no una manifestación compacta, cosa imposible, sí mucha participación, creándose un verdadero caos en la Rambla. Hubo más de veinte detenidos aquella noche. Recuerdo que me intenté refugiar en los Establecimientos —*Glendor* creo que se llamaba— porque los empleados, que tenían las puertas de cristal cerradas, me abrieron para que pudiera eludir la detención. Fue inútil, entraron y me llevaron a comisaría. Aquella noche pude ver a algunos de los que habían sido detenidos, desconocidos para mí, entre ellos un comerciante de electrodomésticos de Can Palet cuyo nombre nunca supe, que negó en todo momento haber estado en la manifestación. Después de aquello lo seguí viendo en alguna concentración o protesta. Creo que era una persona antifranquista, pero que no pertenecía a ningún partido, y simplemente acudía allí adonde hubiera una acción de protesta.

Aquella noche fue larga por la cantidad de detenidos a los que había que interrogar. Aníbal Martínez, el comisario, máquina de escribir en ristre, trataba de acelerar los trámites cuanto podía. De pie frente a él, me fue preguntando sin demasiada convicción sobre el motivo de mi presencia en la manifestación, lo que yo negué, aduciendo que me encontraba en la Rambla porque había ido a buscar a mi novia, y me había encontrado con la manifestación. Aníbal Martínez sabía muy bien que no era cierto, tanto lo que yo decía como lo que decían la veintena larga de detenidos. A mí me había visto muchas veces frente al sindicato. Y supongo que me recordaría del velatorio de Domingo Ribas. Y, sobre todo, me había visto en las asambleas de la Fuente de las Cañas. El resultado fue que escribió las respuestas que yo le di a sus preguntas sin intentar ir más allá. A eso de las dos de la noche me llevaron ante el juez y a la vista de lo que estaba escrito allí me puso en libertad sin cargos. Es de suponer que el comisario, que vivía en el popular barrio de los pisos de San Lorenzo, empezó a soltar lastre no yendo más allá en lo que podía, si era evitable, la represión más salvaje. Al menos trataba de no aparecer directamente como el duro represor que había sido. Quería empezar a mostrar la cara amable ante lo que pudiera para el futuro tan incierto.

XXII

Los Once de Septiembre. EL PULSO

Durante la primera mitad de los años sesenta, cuando llegaba el 11 de septiembre la Dirección del partido daba la consigna de organizar todo tipo de protestas y manifestaciones; la inmensa mayoría del partido desconocía las razones por las que teníamos que manifestarnos por algo que no comprendíamos, y se originaba la discusión entre los camaradas más atentos a los problemas de sus trabajos y en sus barrios que a aquella jornada que según entendían no les afectaba para nada, y se hacían aquellas protestas o lo que se podía únicamente por la disciplina de partido. Si realmente nos hubieran explicado la realidad histórica de tanta falsedad, quizá ya en tan temprana época, hubiéramos visto la manipulación a la que estábamos sometidos, favoreciendo a la derecha. Todo el montaje sobre Rafael de Casanovas, los dirigentes del partido lo mantenían, entonces con mentiras, como siguió siendo después, sin el menor rubor, a sabiendas de que nos estaban engañando.

Y como cualquier motivo de protesta contra el régimen era tomado como algo propio, pues se hacía, pero sobre todo por disciplina. Generalmente cuando se acercaba dicha fecha, tan importante al parecer para Cataluña y, claro "para la clase obrera, que ha de tomar en sus manos la defensa de las libertades nacionales de Cataluña, porque somos un partido nacional, aunque no nacionalista", como solían repetir en esa imposible conjunción, hacían hincapié en que no se nos olvidara, en la importancia de aquella fecha. Pero la realidad estaba muy alejada de los deseos de los trabajadores, de los ciudadanos, y claro, también de los comunistas que, aunque pueda parecer poco ortodoxo, la mayoría repetía una y otra vez lo difícil que resultaba convencer a nadie, aunque después participara en todo cuanto se preparaba. Decían los camaradas, que si era tan importante por qué no había catalanes que defendieran aquello, en lugar de tener que ser los andaluces, muchos de los cuales ni siquiera entendían la lengua. Lo cierto es que durante muchos días nos desgañitábamos tratando de convencer al compañero de trabajo para que participara de alguna manera en la manifestación, y a pesar del interés que poníamos era difícil convencerlo. A pesar de lo que interesadamente se ha dicho después, que el partido tomaba la jornada del 11 de septiembre en sus manos con decisión y convencimiento. Por la Dirección, qué duda cabe, pero las bases obreras, que eran la inmensa mayoría, ni mucho menos. Incluso se podrían recordar las trifulcas que se creaban en las reuniones, en las que alguno, hoy muy convertido a la fe del nacionalismo, se negaba en redondo, no ya a hacer campaña sobre el 11 de septiembre, sino incluso a la propia existencia del PSUC. Naturalmente si a la reunión acudía algún camarada de la Dirección, estaba totalmente de acuerdo con lo que éste dijera, lo que decía muy claro la falta de criterio de dicho camarada.

Huelga decir que con el tiempo se siguió machacando cual gota malaya sobre los militantes con todo el arsenal ideológico de la arquitectura nacionalista, sabiamente utilizada y con lenguaje de izquierdas, para "hacer nuestras las reivindicaciones nacionales de Cataluña y evitar que la burguesía, en un futuro democrático, se aproveche de ello y margine a la clase obrera", etc., etc., etc.

El resultado de todo aquello era que todavía la represión seguía muy fuerte en los primeros años sesenta y a las manifestaciones íbamos cuatro gatos, y no lográbamos que fuera casi nadie que no fuera del partido, y difícilmente pasábamos de un par de docenas, que gritábamos "*visca* Cataluña", en castellano, con algún que otro viva a la clase obrera y al partido Comunista de España, lo cual evidentemente se alejaba del motivo de la manifestación; tirábamos por las calles unas octavillas que para la ocasión nos habían llegado, en catalán, y que casi nadie había leído, pero éramos capaces de distribuirlas sin saber lo que decían. En alguna ocasión la Guardia Civil había detenido a algún camarada al que le habían hecho leer el texto de la octavilla, quedando en evidencia su ignorancia, al par que su fe militante.

La leyenda que tiempo después se ha dado por buena referente a un movimiento de comunistas andaluces defendiendo las libertades de la Cataluña que se plasmó después, de la forma que se presenta es absolutamente falsa. Es cierto que el partido, sus militantes en Tarrasa, entendía que la libertad era indivisible para todos, por muy pocos conocimientos que el militante tuviera, pero pretender como se ha afirmado, en algún libro propiciado por algún sector converso interesadamente al nacionalismo, que los comunistas abanderábamos la lucha por los derechos de Cataluña, siendo cierto, porque nadie más se movía, da la impresión que eso fuera una preocupación fundamental, al par que los derechos de los trabajadores por lograr unos salarios dignos. No. Eso se hacía, además, pero la preocupación de los militantes no iba, ni de lejos, por ahí. Cuando la lucha avanzó y otras fuerzas políticas, sobre todo de la burguesía, se fueron incorporando desde sus salones al doble juego de ser antifranquista y amigos de los comunistas, y seguir viéndolas venir, entonces sí que en el partido se creó a todos los niveles esa necesidad, porque la propia Dirección se había nutrido de nacionalistas y ya era proclive al mismo, como pudimos ver en cuanto las libertades lo permitieron, cuando se convirtió en axioma todo lo que tuviera que ver con la nueva religión de la burguesía que había adoptado el partido de los trabajadores, que sin darse cuenta, en realidad estaban defendiendo los intereses de su adversario de clase.

A este estado de confusión contribuyeron varios factores, entre los que no hay que olvidar el mucho empeño que los miembros de la Dirección ponían en la entrada en el partido de toda una serie de gentes que provenían de la burguesía, pero que tenían una verborrea "izquierdizante", que lograban que muchos camaradas, con toda la buena voluntad y falta de preparación, se creyeran el discurso. Y hay que decir también que muchos de nosotros, los que estábamos en cargos intermedios y con cierto predicamento, también nos dejamos llevar por aquella ola que creíamos normal, aunque a veces chirriaran algunas intervenciones de algunos de los nuevos "fichajes". Y también que algunos de los militantes que habían sido luchadores durante mucho tiempo, llegado ese momento se arrimaron a esa ascua, pretendiendo que asara mejor su sardina, sobre todo si algún interesado, en los momentos críticos de votaciones decisivas, les doró la píldora e hizo que se sintieran halagados y deslumbrados por las posibilidades que se abrían ante sus ojos.

Una de las experiencias que todo comunista de aquellos tiempos seguramente no olvidará, son las largas reuniones, interminables y sin mesura. Seguramente la falta de instrucción de los militantes y la incapacidad para sintetizar o resumir cuanto se quería decir, las reiteraciones una y otra vez de lo ya repetido por enésima intervención, motivaba que una reunión que empezaba como muy pronto a las 8 ó 9 de la noche, y si la cosa iba rodada podía acabar a las dos de la mañana. Eso en situación de discusión normal. Cuando las cosas se exacerbaron y los encontronazos fueron constantes, no era raro, al menos ese era mi caso, que de la reunión me fuera directamente a la fábrica sin haber pegado ojo.

Independientemente de las luchas que se dieron dentro del partido en los últimos tiempos, lo cierto es que los comunistas tendíamos a discutirlo todo, y nos faltaba eso que llaman método, como ya he apuntado. Sí, los que llevaban el control de la reunión planteaban el orden del día con la intención de agilizar la discusión, pero siempre, o casi siempre, había algún tema que era necesario incluir, según el parecer de alguno, pequeños incisos que acababan en perorata, si desataba una discusión nueva, al margen del orden del día.

El aparato de propaganda era un instrumento fundamental en aquellos tiempos como sabemos. Sin los instrumentos para llevar a cabo una labor de agitación el partido hubiera quedado encerrado en sí mismo, sin proyección exterior. Así que necesitábamos en primer lugar la herramienta, esto es, la multicopista que nos permitiera hacer la propaganda, sin la cual el partido no existía porque no podía salir a la luz, salvo con algunas pintadas en las paredes de la ciudad, la imaginación y la voluntad de algunos camaradas —como en alguna ocasión había hecho Baños—, que pacientemente, como podían en sus casas, con letra de molde o con una destartalada máquina de escribir, hacían copias o hacían a mano unas cuantas octavillas con mensajes que por la forma en que se elaboraban no podían ser muy extensos ni muy cuidados en su texto y su presentación. Sin disponer de multicopista estuvimos un tiempo hasta que en el Comité tomamos la decisión —a decir verdad la tomamos Linares y yo por lo delicado del asunto, ya que tratándose de propaganda que tenía que ser clandestina incluso para la mayoría de los militantes del Comité—, de que era necesario hacernos con una multicopista como fuera. Así se lo comunicó Linares —Alberto, como nombre de guerra— a la Dirección del partido, esto es a Román. Y a través de él se acordó que nos facilitarían una multicopista, no sé si del Comité Local de Barcelona o de alguna otra organización. Así que se estableció la cita en Barcelona, justamente en la Plaza Universidad, y el contacto nos facilitaría tan necesario instrumento. Pensando que aquello debía ser pesado para una persona sola, Linares me dijo que debíamos ser dos los que fuéramos a buscarla, ya que tendríamos que venir en tren, con lo peligroso que eso resultaba en aquellos tiempos. Como no era caso de mostrarnos ambos al contacto, yo me quedé rezagado mientras Linares se acercaba a la persona encargada de traer la multicopista, que resultó ser una mujer. Todo se desarrolló en un abrir y cerrar de ojos. Vi a distancia a la camarada y a Linares que intercambiaban unas palabras y que éste gesticulaba. Al cabo de unos instantes se me acercó y me dijo, no sé muy bien si con el cabreo o con la sorna que lo caracterizaba, que habíamos hecho el tonto. Yo le pregunté qué había pasado, que dónde estaba la multicopista. Me mostró un paquete envuelto en papel, no más grande que una revista y del grosor de un libro, diciéndome que lo que nos habían traído no era otra cosa que una *vietnamita*, que como todos los de aquella época sabíamos era un rudimentario instrumento consistente en una lona, incluso de tela de paraguas, clavada en un marco de madera a la que se adhería el cliché con el texto escrito, al que había que presionar con un rodillo para hacer traspasar la tinta. Evidentemente que para aquel viaje pocas alforjas necesitábamos, y cuando Linares se lo dijo a Román no lo podía creer y le dijo que ya hablaría él con el que había sido responsable de tal tontería. Las cosas eran difíciles, pero tratándose de Barcelona, no tanto como para que no pudiera conseguirse algo mejor, aunque fuera de forma leonina. Para montar *vietnamitas* nos bastábamos solos, no en vano la mayoría de los grupos o grupúsculos que empezaban a pulular en aquellos tiempos la utilizaban. Nosotros también, pero de forma un tanto *guerrillera*, y no desde la organización como tal, pues ya entonces había posibilidades de comprarlas, aunque tuviéramos que rascarnos el bolsillo. Lo difícil era encontrar un lugar donde adquirirla y que no nos causara problemas. Así que estuvimos discutiendo la forma de comprar algo decente que nos permitiera abordar las múltiples tareas que cada día aumentaban, a las que había que dar respuesta con escritos —y actos de presencia a través de ellos—, del partido, respuesta que a pesar de la creciente actividad en las fábricas se veía limitada.

Fuimos otro día a Barcelona para sondear los lugares donde habíamos averiguado que las vendían. Eran tiendas de distribución de material de oficina y que servían a industrias, ya que una multicopista era una herramienta muy útil para multiplicar los escritos, en una época en la que no existía la fotocopia, que hasta hacía poco se hacían a máquina con papel carbón; copia que como todos sabemos la calidad, va en proporción a la cantidad de copias que se intentaban hacer de una sola vez. Las máquinas estaban expuestas en el escaparate y aquello nos parecía un sueño. Tener una de aquellas máquinas, moderna, italiana aunque no recuerdo de qué marca, satisfacía las previsiones que nunca hubiéramos podido imaginar. Ahora, una vez que estaba claro dónde las vendían, cuando supimos su precio (porque estaba a la vista de todos) sólo restaba la estrategia para llevárnosla. Reunimos el dinero, que creo estaba en torno a las 16.000 pesetas, que era un dineral para la época, y fuimos Linares y yo, con otro camarada conocido de éste, que tenía una furgoneta. Con una cierta paranoia peliculera le dijimos que esperara en la puerta y al volante y que si veía algo raro que se marchara. Entramos a la tienda Manolo y yo con la pinta de oficinistas que teníamos. Le dijimos al dueño de la tienda que queríamos ver unas multicopistas, tras lo que el hombre muy amablemente nos mostró una que era eléctrica, justamente la que nosotros habíamos visto en nuestras incursiones de tanteo. Constatamos que felizmente lo de la manivela era algo del pasado y nos dimos por satisfechos, aunque el hombre, sin duda un buen profesional, trató de mostrarnos otras de diversos precios y seguramente con otras posibilidades. Ya tuvimos bastante. Dijimos que sí, que aquella nos parecía bien. Pero al insistir en que no hacía falta, desistió. No lo perdíamos de vista, y si en algún momento nos hubiera dicho que esperáramos un instante para hacer cualquier cosa y hubiera desaparecido por la puerta que daba a su despacho, al salir no nos hubiera encontrado.

Concluida la operación, creo que al hombre debió de darse cuenta de que se trataba de una venta algo rara. Y, supongo, para cerciorarse nos dijo que ellos tenían un servicio técnico muy eficiente que en caso de avería nos la podía solucionar, siempre que estuviera en un radio de unos 50 kilómetros. Y que el transporte y la puesta en marcha eran gratuitos.

"Mire usted, le dijimos, nosotros ya nos espabilaremos. Le pagamos la máquina al contado, nos la llevamos y no hablemos más. Si no le parece bien, entonces no hemos hecho nada, nos marchamos y tan amigos". Con aquella declaración era evidente que el comerciante adivinaría que nuestra industria no tenía nada que ver con la de sus habituales clientes. El hombre, como buen comerciante, no puso el menor obstáculo a nuestra propuesta. Le abonamos su precio y sin otra factura que un papel de un bloc sin membrete ni nada, nos entregó la máquina, no sin que antes de marcharnos nos dijera: "Si tienen algún problema no duden en decirlo, y si algún día necesitan recambios aquí los encontrarán". Metimos la máquina en la furgoneta y partimos de regreso, alejándonos de allí lo antes posible. No sé si fueron figuraciones mías, pero el comerciante se mantuvo todo el rato frente al escaparate hasta que nos marchamos. Quizá fuera curiosidad ante tan atípicos compradores de material de oficina, con más pinta de albañiles y fontaneros que otra cosa, o que prefirió no retirarse para no dar la impresión de que podía hacer algo raro como avisar a la policía.

Cuando llegamos a Tarrasa el problema estaba en dónde debíamos alojarla. No era fácil, ya que un trasto como aquel debía estar en lugar seguro y los camaradas de confianza estaban marcados y eran conocidos por la policía. Pero tampoco teníamos mucha elección. Así que decidí llevármela a mi casa —a la casa de mis padres, en la calle 45 E, después Santa Eulalia—, y en el hueco de una escalera y sobre un tablero empezamos a averiguar lo prioritario: Cómo funcionaba aquel artilugio tan moderno. Tuvimos suerte y no nos dio demasiados problemas, y enseguida empezamos a tirar hojas. Allí la tuve durante bastante tiempo. Pero se planteó un nuevo problema, ya que se suponía que quien tenía en sus manos el aparato de propaganda debía estar fuera de la vista de los demás y al margen de todo. Eso me limitaba a mí la actividad como responsable de la Juventud Comunista y mi participación en la Dirección Local del partido. Así que, a pesar de que los camaradas del Comité Local me decían que por seguridad no podía tener la actividad política que ejercía, con bastantes dosis de irresponsabilidad por mi parte —que a veces nubla a la juventud—, pero también de los camaradas tanto del Comité Local como de los de la Dirección del partido que lo sabían, seguí con la máquina en casa sin que hicieran nada para evitarlo. No llegó a pasar nada, pero pudo haber sucedido que el aparato de propaganda que tanto nos costó montar se hubiera ido al traste, con las consecuencias que hubiera conllevado, no sólo sobre la liquidación del aparato de propaganda propiamente dicho, sino y sobre todo por mi condición de miembro del Comité Local y responsable de la Juventud Comunista. En el hueco de la escalera de mi casa estuvo la multicopista durante mucho tiempo, de donde salían todo tipo de escritos, con más voluntad que ciencia, escritos a máquina hechos por mí a pesar de que mis conocimientos de la escritura eran muy limitados. Muchas de aquellas hojas, irritaban a Linares, no tanto porque estuvieran mal escritas, que lo estaban —aunque pocos de nosotros nos percatáramos—, sino porque no era rara la ocasión en que en aquellas páginas llenas muchas veces de borrones y faltas de ortografía, no estuvieran impresas mis propias huellas digitales. De aquel oscuro rincón del hueco de la escalera salieron muchas páginas, que confeccionábamos, a veces yo solo, a veces con la ayuda de Linares, Cayetano e incluso algún camarada de la Juventud como Manuel López. En no pocas ocasiones nos dieron las tantas de la noche, cuando no vimos amanecer, preparando algún panfleto o llamamiento a la huelga o convocatoria para cualquier evento que se avecinara. Y de allí salieron los pocos números de EL PULSO, "órgano del comité local del PSUC", un título que se le ocurrió a Cipriano, en un intento como otros de hacer una publicación local del partido en Tarrasa sin que tuviéramos ni idea de cómo había que hacerlo. La realidad es que todo lo teníamos que aprender sobre la marcha y partiendo de la nada. Ni yo ni nadie sabía cómo funcionaba una multicopista eléctrica como aquella con la que tuvimos que aprender hasta la desesperación, cuando nos encontrábamos que nos urgía entregar la propaganda en un tiempo limitado y aquel trasto no funcionaba, lo más seguro por un uso inadecuado, y nos arremangábamos hasta ponernos impregnados de tinta hasta los ojos.

El primer número de EL PULSO, con unas seis páginas tamaño de folio, contenía un artículo que creo debió de escribir Cipriano, sobre el movimiento obrero, que contenía una crítica a aquellos grupos, por sí mismos considerados a nuestra izquierda, todos ellos más o menos de la burguesía, a los que podríamos poner nombres y apellidos por integrar después formaciones del nacionalismo catalán, que se impuso; grupos que consideraban incomprensiblemente que las condiciones para la revolución estaban dadas o muy avanzadas.

También yo copié un farragoso artículo de "Treball", el órgano del Comité Central de PSUC, que casi nadie leía, ya que estaba escrito en catalán. En él se insistía en la tan manida cuestión del "hecho nacional catalán". Tanta importancia le daban ya algunos sectores de la Dirección del partido a esas cuestiones, que hasta me llegó una felicitación por aquel hecho insignificante, cuando lo único que tuve que hacer fue pasarme un buen rato para tratar de no equivocarme al copiar; pero algunos interesados prebostes del nacionalismo en el partido, todavía agazapados, consideraron que era una buena cosa, que ya la labor empezaba a dar frutos entre trabajadores charnegos. El virus nacionalista original no había desaparecido, y el campo estaba abonado por tantos años de insistencia, y por textos de Stalin sobre las nacionalidades que pocos habían leído, pero que todos aquellos defensores de lo particular defendían, haciendo cabriolas para seguir condenando el estalinismo, al tiempo que defendían "el único aporte positivo" de Stalin, en el que, como se sabe, defiende la idea del derecho a ciertos particularismos— y por lo tanto reaccionaria—, del nacionalismo, en lugar de la idea democrática de la igualdad entre los trabajadores como ciudadanos. Porque no hay que confundir los derechos culturales y la idiosincrasia de los pueblos, con su explotación política y manipulación. (Sólo una sociedad avanzada y sin clases, logrará la igualdad y el respeto cultural, sin que sea manipulados por la derecha para enfrentar a los pueblos). Años después, tratando de indagar sobre aquella pintoresca publicación de EL PULSO, me puse en contacto con el PCE. Y una tal Victoria, *Viki* creo que la llamaban, me dijo que el partido —el PCE— tenía en sus archivos algunos números. Supongo que los tendrían todos o casi, porque no se llegaron a publicar muchos.

En cuanto que las condiciones fueran propicias, esta idea se extendería a amplios sectores de la clase obrera, debieron de pensar. (Es aleccionador comprobar cómo durante la mayor parte de la dictadura, la Dirección del PSUC mantuvo un periódico en catalán que no servía para nada, ya que la inmensa mayoría de los comunistas no lo sabían. Y que leían el Mundo Obrero. Sin embargo lo mantuvieron porque era una vela encendida del carácter nacionalista del origen del partido y las intenciones de avanzar en esa dirección en cuanto fuera posible; con buen criterio, económico, práctico y político, hubiera sido dejarlo, y una vez en libertad, haberlo resucitado. Pero eso hubiera sido un sacrilegio para los nacionalistas, que decían, que aseguraban, que era tan importante para la clase obrera). Lo curioso es que ya no existe, más que porque una escisión del partido, al que dijeron darle vida al PSUC, tras su “asesinato”, decidió recuperar el nombre.

XXIII

Preparando el viaje a Bulgaria

A principios de 1966, fui convocado a una reunión donde estaban Cipriano, Linares y algunos otros camaradas; me propusieron hacer un viaje para asistir como delegado de la Juventud Comunista de Cataluña, en tanto que responsable político de la misma en Tarrasa, lo que dejaba claro que nuestra organización era la mayor y la mejor organizada formación juvenil comunista en toda Cataluña. Debía asistir a una asamblea que tendría lugar "en algún lugar de Europa" que no me dijeron, lo cual me pareció algo muy misterioso y clandestino. Debía hacer lo posible para tener los papeles en regla, ya que entonces empezaba a ser posible viajar con cierta normalidad, aunque naturalmente en el pasaporte decía "Todos los países del mundo" y a continuación había una retahíla de países a los que estaba vedado: "Excepto: Albania, Bulgaria, Checoslovaquia, Hungría, Mongolia Exterior, Polonia, Rep. Popular China, Rumania, URSS, Yugoslavia, Rep. Dem. Alemana, Rep. Popular de Corea, Rep. Dem. Vietnam". Ya no figuraba lo de "la URSS y sus satélites" como antes en los pasaportes que expedía la Dirección General de Seguridad (DGS). Pero ya nos permitían llegar a Francia de forma legal, como meses antes ya lo había hecho en el frustrado viaje a París. Así que no tenía problema porque tenía el pasaporte en regla.

Poco después me dirían que de lo que se trataba era de asistir a una importante conferencia internacional en algún país del Este a la que asistirían delegados de otros países. Aparte de aquella reunión puramente informativa y para que me preparara para el viaje, a nadie se le ocurrió informarme sobre lo que era o podía ser aquella conferencia, ni darme alguna instrucción para que pudiera afrontar algo que era absolutamente ajeno a lo que yo había hecho hasta entonces como militante comunista. Para mí era una responsabilidad muy grande aquel nuevo cometido, muy distinto a cómo organizar la juventud en Tarrasa. Intuía que eran palabras mayores. Una cosa era discutir con gente como tú, e incluso con algunos que se presentaban como "camaradas de la célula de intelectuales", que asimilé pronto, y otra muy distinta hablar en nombre de una organización juvenil cuya importancia, extensión y capacidad desconocía, salvo a lo que se refería a la organización de Tarrasa o Cataluña. Supuse que no debía tratarse de una organización internacional demasiado importante, ya que de lo contrario sin duda no habría sido yo el propuesto por el partido. Como era una cuestión reservada, ya que poca gente debía saber que yo desaparecería durante unas semanas, no podía plantearlo en el Comité. Así que hablé con Cipriano de lo que me preocupaba, pues me sentía bastante agobiado pensando en lo que me encontraría.

Una vez más, insistí en que alguien que tuviera experiencia en estas cuestiones me explicara algunos de los pormenores con los que me encontraría, para no ir desprevenido. También manifesté mis dudas sobre si era yo la persona más idónea, a lo que me contestaron que lo era sin ninguna duda. Querían que fuera un representante de la clase obrera en lugar de un universitario, que era lo habitual. No lo creí, pero visto el panorama de lo que realmente había en el partido, si se trataba de que fuera un obrero, quizá tuvieran razón. Con el tiempo siempre consideré que me había tocado a mí porque no hubo otro dispuesto en aquellos momentos. Y una vez más Cipriano demostró su absoluto desconocimiento de esas cuestiones, ya que de forma rotunda, sin que cupiera la menor duda, me aseguró que no tenía que preocuparme de nada, que los camaradas de Francia se ocuparían de todo, que en París me encontraría con los camaradas de la Dirección y que ellos me darían toda clase de instrucciones. Que, como tendría que estar unos días en París antes de emprender el viaje hacia los países socialistas, entonces sería cuando no sólo me pondrían al corriente sobre aquella conferencia, sino que conocería al resto de los jóvenes que me acompañarían. No quedé muy convencido, ya que aquellas palabras me sonaban un poco a lo mismo que las de meses antes. Pero las di por buenas aunque en mi fuero interno no desapareció mi preocupación. Hablé con Linares y me dijo que en este caso no eran los camaradas españoles o de París los que tenían la responsabilidad, sino la Dirección del PCE, que era quien por motivos de seguridad organizaba directamente el viaje.

Para mí fue un acontecimiento de primera magnitud. Por un lado consideraba que el partido había ido demasiado lejos al sobrevalorar mi capacidad. Pero por otro, lo cierto era que me sentía halagado por la confianza que depositaban en mí y por darme la oportunidad de viajar a los países socialistas, y sin duda de conocer a algunas de las personas de las que yo había tenido referencias, y sobre todo por poder reunirme con comunistas de todo el mundo. Porque lo que yo creí en un principio era que se trataba de una reunión internacional de jóvenes comunistas. Después sabría que se trataba de una conferencia internacional de la Federación Mundial de la Juventud Democrática (FMJD).

Por esos meses había una efervescencia de luchas por todas partes, por todos los sectores, con mayor o menor intensidad. Se creaban toda clase de "organismos unitarios" que muchas veces correspondían a las mismas personas, que en unos lugares representaban a los trabajadores de una industria o sector de la industria, a las asociaciones de vecinos, o a cualquier cosa que se considerara que podía dar cuerpo a unas siglas, dándose el caso de tener una reunión en alguno de aquellos "organismos democráticos" y al cabo de unas horas encontrarnos casi los mismos en otro "organismo democrático", con características diferentes. Las huelgas y conflictos se extendían por todos los sectores al tiempo que la represión, con detenciones de obreros y estudiantes. En la universidad hacía tiempo que se luchaba contra el SEU y se imponía de facto el Sindicato Democrático de Estudiantes de la Universidad de Barcelona (SDEB). Quim Boix Lluch, miembro del partido, era salvajemente torturado en la comisaría de la Vía Layetana. El día 11 de mayo tuvo lugar una insólita manifestación de unos 80 sacerdotes con sotana que protestaban por aquellas torturas, que evidentemente no sentó muy bien al arzobispo franquista, Modrego. Unos días después, yo tomaba el tren en la estación de Francia con dirección a París, no sin cierta preocupación por la experiencia vivida en el primer viaje a la capital francesa. No tenía motivos para pensar que aquella vez las cosas se hubieran hecho mejor que la anterior, salvo que parecía que al estar en ello Linares y algún otro camarada, saldrían bien.

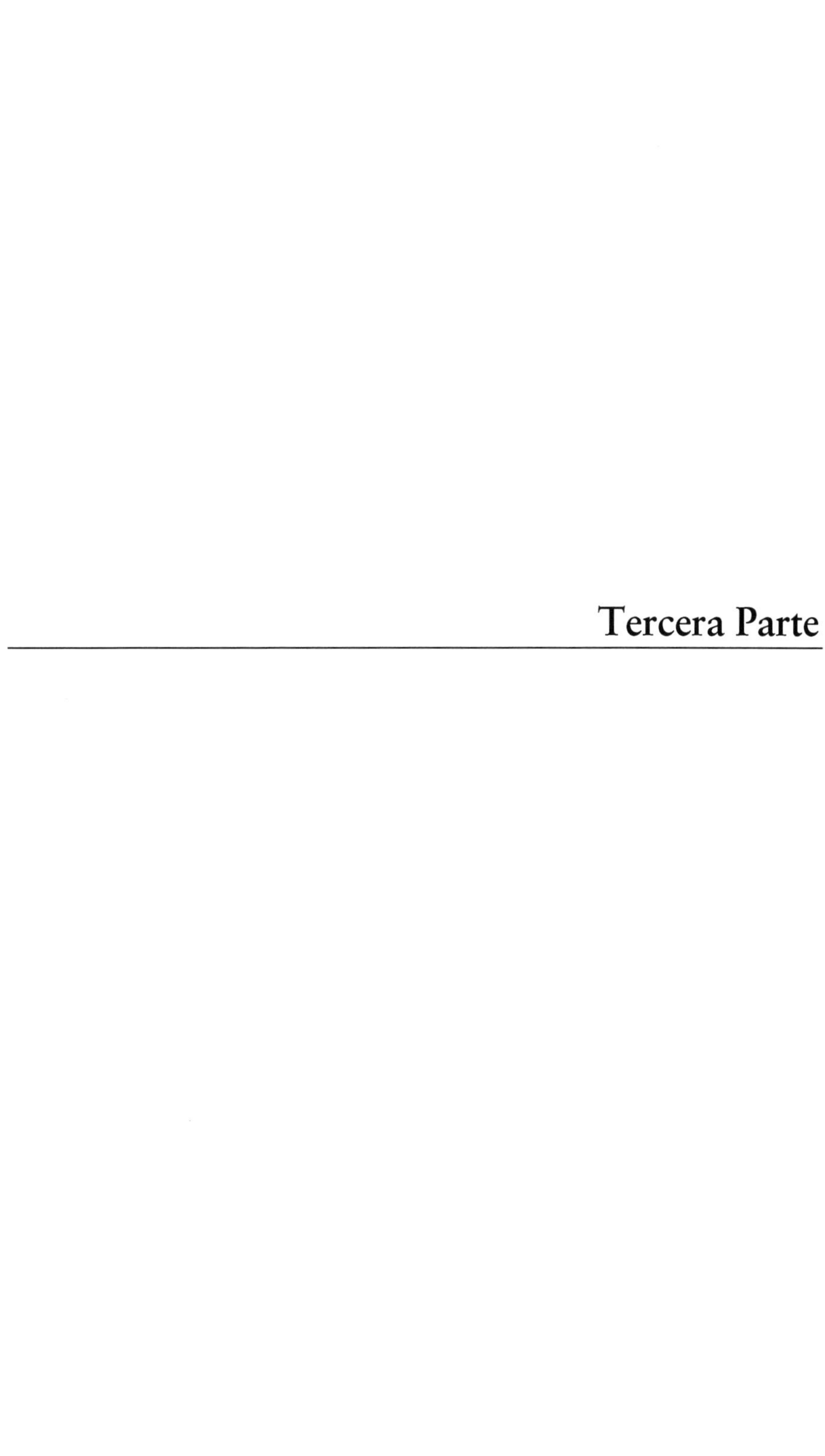

Tercera Parte

I

El control policial en el tren

El tren hacia la frontera francesa partió alrededor de las cuatro de la tarde desde la Estación de Francia de Barcelona, a finales del mes de mayo de 1966. Con una velocidad lenta, cansina, arrancó como si no tuviera mucho convencimiento del camino que debía seguir. Al cabo de unos minutos la vista a la derecha de los vagones eran las barracas que se amontonaban a la orilla de la playa, que todavía seguían allí desde hacía años, consecuencia de la avalancha de la inmigración de varias décadas, sin que a pesar del desarrollo habido en los últimos años se hubiesen erradicado. Allí vivían en condiciones precarias miles de familias de inmigrantes llegados de toda España, principalmente de Andalucía, que constituían el nervio laboral y del desarrollo urbanístico descontrolado. La única solución que la dictadura y el Ayuntamiento de Porcioles daban al problema del barraquismo era enviar de vez en cuando las máquinas para echar abajo parte de aquel amasijo de uralitas, maderas, ladrillos usados de derribos, materiales rebuscados que sus habitantes se habían procurado con tanto esfuerzo. Los derribos se llevaban a cabo con la excusa de que no se habían cumplimentado los permisos para su construcción, o simplemente ni siquiera se había tenido en cuenta semejante trámite "urbanístico", donde más que en viviendas las gentes se amontonaban como dejados caer, vaciados en aquel lugar en que se carecía de todo y donde el agua del mar era el único alivio para todo tipo de necesidades. Las mismas barracas que las máquinas echaban abajo, aquella noche o el siguiente fin de semana sus habitantes tratarían de levantarlas de nuevo de forma rápida para poder volver a cobijarse en ellas antes de que llegara la noche. Compartían el nombre de la ciudad aquellos dos mundos, la Barcelona estupenda y maravillosa del Mediterráneo, y aquel mundo marginado de trabajadores llegados de media España, que por la dictadura primero, por el desarrollo después, expulsaba a sus habitantes de su tierra. La dinámica del desarrollismo capitalista lo imponía. Desde allí, miles de trabajadores emprendían todas las mañanas como hormigas hacia las fábricas y obras del cinturón industrial, que con un hiriente sonido de sirenas los llamaba a producir; una ciudad, Barcelona, que sin embargo carecía de salida al mar ya que sus playas estaban ocupadas por las barracas e industrias sin el menor control, sólo atendiendo al sentido de ganancias rápidas de una burguesía insaciable que debiera haber avergonzado a cualquier dirigente del régimen.

Cuando el tren apenas había salido de la estación y aún se veían los edificios de la ciudad, un hombre de unos treinta y tantos años, con varios artilugios en las manos, tampones para sellos y una carpeta marrón, mostrando una placa de policía nos pedía los pasaportes a los viajeros, estando como estábamos no en la frontera, sino todavía en la misma ciudad de Barcelona, dando por descontado que la mayoría se dirigía hacia Francia. Por haber pasado unos meses trabajando en Rosas yo conocía el procedimiento. Cada lunes, cuando tomaba el tren hasta Figueras tenía que repetir la misma cantinela al policía: "Voy a Figueras, trabajo allí, trabajo en Rosas". El policía me hacía alguna otra pregunta de rutina —sobre en qué trabajaba y dónde exactamente—, sin atender demasiado a las respuestas y se marchaba sin más a otro departamento. Era como la repetición de una película que veía una y otra vez, que duró todo el tiempo que estuve en aquel trabajo, en una Rosas que crecía a la sombra del nuevo desarrollo turístico con la construcción de hoteles, donde todo el que tenía un campo, próspero o no, entraba en el negocio de la hostelería, muchas veces sin tener noción alguna del negocio, pero seguro que sería rentable, dada la cada vez mayor llegada de turistas del norte de Europa.

Esta vez no sería así. Sí tuve que mostrar el librito verde con el nombre de Pasaporte, España, y con el escudo con el águila —la gallina, le decíamos—. El policía lo abrió y fue pasando hojas lentamente, desesperadamente a mi parecer. Cuando llegó a un sello estampado me recordó que allí figuraba que no hacía mucho tiempo que ya había hecho otro viaje a Francia; preguntó si es que tenía familia allí. Le dije que no, y como viera que mi estancia sólo había durado unas veinticuatro horas en aquel viaje frustrado del año anterior, le dije que tuve un problema, que perdí la cartera con el dinero que llevaba y eso me hizo regresar de nuevo a España al día siguiente, por lo que era como si no hubiera estado nunca. Así que decidí volver de nuevo para satisfacer mi deseo de ver algo de Francia. No dije París, solo Francia, porque la capital tenía una especial atención para la policía española. "¿Denunció el robo de la cartera?" Le dije que la había perdido pero que no tenía ninguna razón para pensar que me hubiese sido robada; "simplemente la perdí", le dije. El policía calló unos instantes, intercambiando su mirada entre mi cara y la fotografía del pasaporte. "Espere un momento", me dijo. Salió del compartimiento sin terminar la tarea de pedirle a los demás viajeros sus respectivos pasaportes o documentos. Mis seis compañeros viajeros fijaron su vista en mí como si algo fuera de lo rutinario estuviera a punto de suceder. Todos guardaban silencio a la espera de los acontecimientos que sin duda habrían de suceder en pocos minutos, cuando el policía regresara con mi pasaporte. Pero no regresaba. Los minutos transcurrían y el silencio, con breves murmullos ininteligibles, mantenía la expectativa. En mi cabeza rondaba ya la idea de una retención para averiguar algunas de las cuestiones que probablemente les debían hacer dudar, como era el fugaz viaje hecho por mí el año anterior, que podían perfectamente relacionar con un "correo" o algo por el estilo, de los que pasaban en otros tiempos, ya en desuso, aunque aún se utilizaba en algunas ocasiones, para traer propaganda del partido. Estaba en desuso porque ya la mayor parte de la propaganda se confeccionaba en España, incluso en cada pueblo o ciudad. Sin duda en este aspecto algo habían cambiado las cosas, y en eso tuvo gran importancia el auge del turismo, que hacía la frontera más permeable y menos controlable por la policía. Pero nunca se podía saber qué pasaba por la mente de aquellos celosos policías, que podían pensar que tal vez algo más grave que propaganda escrita pasara la frontera sin que lo pudieran controlar.

Al fin, cuando el tren ya avanzaba a una velocidad normal, tras más de una hora de su salida de la estación, otro policía diferente al de antes, abrió la portezuela del departamento sin llamar; dijo mi nombre y me entregó el pasaporte sin otras palabras que "tenga". Hizo ademán de marcharse. Debió pensarlo mejor y volvió a entrar y preguntó al resto de los viajeros si íbamos juntos. Los demás dijeron que iban en dos grupos, y yo que iba solo. Salió y se marchó de nuevo definitivamente. Aquella actitud del policía me mosqueó hasta el punto de que mi cabeza empezó a elucubrar sobre lo que quizá tramaban. Seguramente, pensaba yo, cuando llegáramos a Port Bou habrían averiguado algo sobre mí y me harían bajar del tren, con lo que aquel viaje se vería también frustrado, aunque por razones muy diferentes que las de las vacaciones del año anterior. Incluso empecé a pensar qué respondería cuando, si se daba el caso, me interrogaran, y cuál debía ser mi comportamiento. Acostumbrados como estábamos a las explicaciones que nos daban los camaradas que habían sido detenidos y torturados, lo importante, lo conveniente era ponerse en lo peor, mentalizarse. No pasó nada. Pero aquella situación demostraba que muchas veces la paranoia ante situaciones inesperadas puede` hacer estragos, adelantándonos a acontecimientos que no siempre sucedían, como fue en este caso.

Cuando llegamos a Port Bou, un ruidoso remolino de gente con maletas y otros variados bultos, muchos atados con cuerdas o tomizas, se apresuraba a cambiar de tren, el definitivo, situado al otro lado del andén, que nos llevaría a París. Esto se hacía, según comentaban los ya veteranos en aquellos viajes, por el ancho de vía francesa, que era diferente al español. Serían alrededor las ocho de la tarde.

El viaje desde Cerbère a París se hacía en coches con literas, que curiosamente compartían hombres y mujeres sin separaciones, aunque no se conocieran de nada, lo que a mí me volvió a sorprender. Me correspondió una litera de debajo, de las dos que había a cada lateral del coche, cuatro en total. Una señora de unos cincuenta y tantos años se desgañitaba gritándome en francés algo que yo no comprendía. Con gestos y tratando de decir alguna palabra en un español más incompresible que en francés, entendí algo sobre las literas. Al final comprendí que lo que aquella señora me decía era si yo tendría inconveniente en cambiarle su litera, que estaba arriba, por la mía, más accesible para ella. Así lo hicimos. Yo me eché encima de la litera vestido, mientras la señora, que había salido con una bolsa, al cabo de unos minutos volvía, supuse que del lavabo, con un camisón de color rosa, largo y ancho, pero que transparentaba sus orondas y abundantes carnes, destacando la pechuga, ya algo decaída; carnes sin duda firmes en añorados tiempos pasados, cuando seguramente la ley de la gravedad aún no había incidido con la presión y brutalidad con que lo hacía en aquel momento, y que el tiempo, que no perdona, no le habría causado aquellos estragos estéticos.

No dormí en toda la noche, ya que, aunque el traqueteo era mucho más amortiguado que en el tren español, a pesar de que la velocidad era mucho mayor, la falta de costumbre me lo impedía. Esto sumado a la "sinfonía" que mis tres compañeros de departamento orquestaban al unísono, como si se tratara de una apuesta para demostrar quién de ellos era capaz de hacer callar a los demás subiendo el tono de los ronquidos. La señora que estaba bajo mi litera, competía en igualdad de condiciones y energía con los demás, a lo que sumaba sus permanentes saltos y movimientos de un lado para otro de la estrecha y chirriante litera, —se le notaba lo mucho que debía añorar su cama—, que hicieron que en más de una ocasión durante aquella larga noche me arrepintiera de haberle cedido la cama de abajo. Mi timidez, tratando de no molestar, me impedía bajarme de aquella altura y salir al pasillo para despejarme un poco. Durante la noche varias veces algún empleado de la Société Nationale des Chemins de Fer (SNCF), la Red Nacional de Ferrocarriles (RENFE) francesa, se asomaba discretamente y daba un vistazo. Yo desde mi atalaya, insomne observaba y contaba las horas que faltaban hasta la llegada al final del viaje. De vez en cuando un tren se cruzaba con el nuestro, al que saludaba con un largo y desesperante pitido, que lograba que si en algún momento me había vencido al sueño, se fuera al traste aquel pequeño logro.

A eso de las seis de la mañana un empleado, ya sin tanto sigilo y delicadeza como había observado durante la noche, abrió la puerta corredera del departamento avisando de que faltaba una hora para la llegada a París. Los demás habitantes de aquel habitáculo debían tener más experiencia en aquellos viajes y no se inmutaron por el aviso del empleado, ni se apresuraron, como yo, a saltar de la litera; siguieron haciéndose los remolones al calor de las mantas; alguno se dio la vuelta, tal vez a sabiendas de que le sobraba tiempo para prepararse antes de llegar a la estación. Poco antes de la siete, el tren entraba, ya ralentizada su marcha, en las inmediaciones de la Estación parisina de Austerlitz. El pasillo del coche empezó a llenarse de gente con sus maletas, haciendo imposible el tránsito por él. Yo también, con mi maleta a los pies, miraba al exterior, viendo cómo la luces se desplazaban cada vez más lentas. A través de los cristales podía ver en los muros del recorrido cercano a la estación letreros en español y francés que me recordaban otros que mis camaradas y yo habíamos pintado en Tarrasa en algunas ocasiones: "Franco asesino". "Es la solidaridad internacional con el pueblo español, que los trabajadores franceses muestran a los viajeros españoles a su llegada a la capital francesa, como dándoles la bienvenida", pensé, de esa manera simplificadora de ver las cosas que en aquel tiempo tenía. Sin duda aquella muestra solidaria me reconfortó el ánimo y me despertó del todo de mi amodorramiento por la vela de la noche. Puede parecer extraño, pero en aquellos tiempos semejante vista para un español joven como yo que no había conocido otra cosa que la dictadura en España, con pretensiones revolucionarias, semejante visión a la llegada de una estación de un país extranjero, era una especie de inyección de moral indescriptible en aquellos momentos.

El bullicio y las dimensiones de la estación me parecieron fantásticos, más incluso que la vez anterior. Aquel movimiento de gentes lo percibí como algo muy variopinto, gentes de todas partes iban y venían a sus asuntos, deprisa, muy deprisa. Se sucedían los abrazos de recibimiento o despedida en aquel amplio espacio que cautivaba a cualquiera que como yo iba dispuesto a fijarme y sorber todo cuanto me causara sensación. Bajé del vagón con mi maleta a cuadros, que si desentonaba en el entorno, en absoluto lo hacía con la del resto de los viajeros que bajaban del tren con las suyas y con sus bultos, que desentonaban aún más que las maletas de cartón o madera, aquellas que llevaban unos protectores en las esquinas para que soportaran los avatares a los que estaban sometidas por viajeros no acostumbrados a viajar más que por necesidad.

II

Camaradas en París

Esperaba que alguien vendría a buscarme a la estación, pero esperé un buen rato y no aparecía nadie. No es que hubiéramos quedado en ello, pero pensé que era lo correcto que alguien del partido estaría al tanto de mi llegada. Esperé y esperé. Me empecé a impacientar porque me sentí como hacía casi un año. Aquello ya no era un viaje más o menos organizado y cuasi de placer y personal para que yo tuviera una relación con los jóvenes comunistas españoles en Francia, como el que, de forma tan desafortunada, me organizó el año anterior Cipriano. Se suponía que era algo más serio y preparado por la Dirección del partido, y para una cuestión al parecer muy importante, según me habían dicho. Aunque desconocía los detalles, lo daba por descontado. De todas formas, como esta vez me habían proporcionado la dirección a donde debía dirigirme, salí a la calle, tomé un taxi y le enseñé al taxista el papel con mi destino. He olvidado el nombre de la calle, pero debía estar relativamente cerca porque llegamos enseguida. Lo que sí recuerdo es que estaba cerca de la Plaza de la República, en un lugar de casas bajas, no más allá de dos o tres plantas. Una calle corta de un barrio que se me antojó debía ser tranquilo, por el escaso tránsito de automóviles que había en ella. Bajé del taxi y me dirigí a la casa cuyo número llevaba escrito en una libreta y volví a comprobarlo antes de llamar. Estaba abierta la puerta, la empujé con sigilo y al no ver a nadie llamé con tan poca fortuna que me pareció que la voz no me salía. Golpeé con los nudillos la puerta ya abierta y una señora ya entrada en años apareció parloteando y lo único que le entendí fue "Monsieur", al tiempo que movía la cabeza de forma interrogativa, y supuse que me preguntaba qué deseaba. Sin saber qué decir y ante la rotunda consigna que yo llevaba de que debía decir sin más: "vengo de parte de Antonio", y que ya me entenderían. Curiosamente coincidía con la que supuestamente debía identificarme en el anterior viaje.

La pobre señora, entre que no debió de entenderme más que yo a ella y mis reiteradas palabras, insistía gesticulando con las manos y la cabeza en que no comprendía. Tras un rato ya imposible de prolongar me percaté de que de nuevo aquello había fallado. Que me habían dado una dirección equivocada y volvía a estar perdido. Serían las nueve de la mañana de un día soleado de París, no demasiados habituales, según pude comprobar en los días sucesivos. Me planté en la calle tras la puerta que la señora cerró sin duda con cierto alivio al haberse podido desprender de mí. Miré a una lado y otro y la reflexión que me hice fue que la calle tenía que ser correcta. Seguramente algún camarada, en Barcelona, o en Tarrasa, había trascrito erróneamente el número de la casa. Si eso era así, difícilmente podría encontrar el lugar que buscaba. Como la calle era corta, no más de treinta o cuarenta edificios por acera, pensé que como tenía todo el día mi tarea inmediata era ir una por una hasta encontrar la que buscaba, lo que no hubiera sido muy ortodoxo con las medidas de seguridad de la clandestinidad. Si en esta tarea alguien hubiera llamado a la policía por lo extraño de mi pregunta, quizá hubiera tenido problemas. Pero justamente en la primera casa en la que empecé a buscar, allí era mi destino. Sigo sin comprender cómo era posible semejante error, que sólo puede atribuirse a la rutina de algún camarada que no daba la importancia que requería al hecho de que una persona se presentara en París, se encontrara solo sin el contacto, por un detalle tan insignificante como no haber anotado o memorizado correctamente la dirección de su destino.

Me abrió la puerta una mujer joven, delgada y guapa, y debía de estar avisada de mi llegada porque al verme enseguida se dio cuenta de quién era yo. Quizá mi indumentaria y la maleta le aclararon en un instante cualquier pequeña duda que hubiera tenido. Su marido acababa de llegar sudoroso y desolado porque decía venir de la estación y no me había localizado. Creo que él estaba más preocupado que yo por el incidente. El partido le había dado la tarea de ir a buscarme y por la razón que fuere no coincidimos. En otras circunstancias, y sobre todo de haber tenido lugar en España, una situación similar y en la clandestinidad hubiera dado al traste con el encuentro y la cita se habría perdido, con lo que eso suponía de pérdida de tiempo y duda en cuanto a la seguridad. El tal Antonio y su mujer —ignoro tanto si él se llamaba verdaderamente así como el nombre de ella—, eran según me dijeron, miembros del PCE, que llevaban unos años viviendo en París; emigrantes que trabajaban en Francia como tantos miles de españoles entonces. No les pregunté, pero por su forma de hablar eran andaluces. Me dieron el desayuno, que invariablemente en los días que estuve en París, consistía en *crusantes*, como siempre los había llamado yo porque así los llamaba mi padre cuando los pedía para mí en el bar *La Rabassada*, de Tarrasa, en los tiempos de nuestra estancia en La Mata. Se notaba que aquellos militantes lo eran de base y habrían ingresado en el partido por simpatías o amistad con otros militantes. Desconocían la mayoría de las cosas que pasaban en España, y repetían lo que la propaganda del partido les ofrecía sin demasiada opinión propia, aunque con un entusiasmo arrollador. Me dijeron que ellos se habían conocido e incorporado al partido al vivir algunas luchas sindicales en las que participaban trabajadores de la CGT, que eran españoles y del PCE. Se les veía gente entregada, como tantos miles que durante años lo fueron, lo mismo en la emigración que en España, pero tenían una visión de la marcha de los acontecimientos políticos y las luchas en nuestro país bastante distorsionada, que yo ni quise ni supe modificar, porque lo que me decían sobre "el pronto regreso a una España libre y democrática", también a mí me sonaba muy bien y henchía mi ego de satisfacción. Y aunque uno en esas circunstancias tendiera a poner en duda algunas de las opiniones de los exiliados, la tendencia era a darlas por buenas, no sé muy bien si por no desanimar a quienes con tanta fe así se expresaban, o quizá pensando en el deseo de que así fuera porque ellos estuvieran mejor informados de lo que uno desconocía, ya que los dirigentes máximos del partido estaban más cerca y por tanto podían estar mejor informados. No sé, pero creo que hay un espacio psicológico en el que uno tiende a creer sus propios deseos y prefiere no descubrir la realidad, algo así como le sucedió a Don Quijote cuando probando sus armas antes de su primera salida las destrozó; tras rehacerlas no las volvió a probar, a sabiendas de que de hacerlo se irían al traste sus fantasías. Es como no querer analizar la realidad, aunque uno la esté viviendo. Quizá sea una exageración, pero en más de una ocasión se ha pecado de voluntarismo a sabiendas de que se estaba en un error. Porque por muchas luchas obreras y estudiantiles que hubiera en España, y aunque algunos sectores, interesadamente o no, contestaran al régimen a niveles muy dispares, lo cierto era que a pesar de todo, todavía sólo éramos una minoría los que nos movíamos en el año 1966, por más que nuestra propaganda realzara las acciones llevadas acabo, cosa lógica, para consumo militante y para movilizar e ir creando conciencia entre la población de que era posible plantarle cara a la dictadura. La clase obrera en realidad estaba en un proceso de reorganización, con trabajadores que no habían vivido la guerra y se daban todos los elementos para organizarse y luchar por sus derechos, primero como trabajadores, en los convenios, y luego como ciudadanos dispuestos a participar en la acción política, a pesar de los riesgos que ese paso conllevaba; con toda la ignorancia que caracterizaba a los nuevos obreros, pero con unas ansias de libertad y un romanticismo sólo propios de épocas irrepetibles. Pero, repito, éramos minorías todavía.

Al cabo de un par de horas, y en animada charla con aquella pareja sobre España, a la que añoraban tras varios años de ausencia, parecía que nos conociéramos desde hacía años. Me preguntaban cosas de nuestro país, ignorando que no les podía decir gran cosa más que de donde yo venía. Si la memoria no me falla, creo que la chica estaba embarazada. Entonces se presentó una mujerona de talla muy considerable, simpática, que se hacía llamar Teresa, a la que acompañaba otro camarada que no abrió la boca. Me lo presentó pero me dio la mano en silencio. Supuse que Teresa era su nombre de guerra, aplicando mi sentido clandestino de España, porque a pesar de todo el partido en Francia era ilegal, y debía guardarse mucho de las autoridades francesas, nada amigas de los comunistas españoles, y también de los agentes franquistas que sin duda pululaban entre la emigración española en Francia. Años después supe que aquella mujer era Teresa Bonet, cuyo nombre real era Leonor Bornao, dirigente del PSUC y del PCE, muy cercana a Carrillo y con tendencias evidentes al nacionalismo, pero del que yo entonces no supe percatarme; pero se le notó esa debilidad cuando me informó de que yo iba a una conferencia cuyas lenguas serían el inglés, francés, ruso, chino mandarín y español. Y lo dijo con el mismo pesar, y sin que yo le preguntara, que mucho después comprobaría en otros dirigentes cuando se suscitaba el tema: "todavía el catalán no estará en la conferencia, no ha logrado su plenitud por la falta de libertades en nuestro país". Yo a aquello, aunque me sorprendió porque lo consideré fuera de lugar, no le di demasiada importancia, me parecía banal e intrascendente, pero seguro que si hubiéramos entrado en discusión ahondado en la cuestión, por la permanente insistencia sobre el tema de ciertos dirigentes de los que veían de tarde en tarde en la organización de Tarrasa, hubiera estado de acuerdo, por aquello tan repetido y tan poco explicado en su total significación del "derecho de autodeterminación". Años después, ya en la legalidad, me volvería a encontrar con ella en Barcelona y en posiciones distintas. Ella seguía siendo una funcionaria del partido. Curiosamente defendía las misma posiciones que los nacionalistas de la dirección del PSUC, ya corroído por las derecha infiltrada en cuanto a sus posiciones más reaccionarias y nacionalistas, al tiempo que pasaba por ser el brazo ejecutor de las políticas de Carrillo, tan *pactistas* como las de los infiltrados del nacionalismo catalán, pero en sentido contrario, defendido principalmente por el secretario general Antonio Gutiérrez, "El Guti", el que imponía su criterio de forma caciquil con una soberbia irritante, a un Gregorio López Raimundo bastante mediocre, el mismo hombre que en el VII Congreso del PCE de 1965 propuso la disolución del PSUC y su incorporación al PCE; seguramente una de las pocas ideas brillantes que tuvo en toda su vida, sin saberlo. De formas amables pero personaje mediocre, se sentía feliz siendo protagonista de todas las alabanzas que le prodigaba la derecha, la burguesía nacionalista y el resto del partido por su supuesto pasado, muy por debajo de otros dirigentes que ciertamente fueron el sostén de la organización en los años de plomo, como Román, que fue el verdadero pilar de la organización del partido, sin luces ni brillos. Teresa Bonet, como brazo ejecutor del secretario general del PCE, trataba de que el nacionalismo catalán no se desgajara del PCE, algo temido por Carrillo por las consecuencias que eso tendría de división real, de lo que había sido el partido durante todos los años de lucha, como un solo partido sin fisuras; pero también para su propia hegemonía en el mismo. Las veleidades de aceptar unas políticas al margen de la organización que de verdad existía, empezaban a cobrar sus deudas. Los enanos le crecían a don Santiago alimentados por él durante tanto tiempo. Una vez más la cría de cuervos tenía sus consecuencias. Y Leonor Bornao debió entrar en contradicción, ya fuera con Carrillo, ya fuera con la dirección en Barcelona, con el soberbio "Guti", que dejó la organización catalana sin que se sepa si después militó en lugar alguno. Si acaso lo hizo fue el Madrid, en el PCE. Se diría que aquella mujerona que me recibió en París con tantas fiestas, tendría el alma dividida entre su compromiso con Carrillo y el interés de éste por llevar al partido hacia posiciones socialdemócratas, siempre que él fuera el máximo dirigente. Teresa, o Leonor, Murió en Madrid en 2007.

La actitud de Carrillo, discutible o no en sus posiciones políticas de cara al futuro, lo cierto era que topaba con las ambiciones de una derecha variopinta, camuflada de muchas formas camaleónicas y destructoras, más atenta a sus intereses de tribu que a los del partido y a los de las clases populares. Estas clases ya estaban en otra fase bastante desmovilizada y se trataba de poner a la organización ya descafeinada— *descomunistizada*, y *desizquierdizada,* dirían algunos sin cortarse lo más mínimo—, al servicio de lo que durante toda la llamada transición y mucho antes, desde sus orígenes, en realidad, tenían in mente: Que fuera una opción nacionalista, más que obrera, que utilizara a esta como señuelo popular. Se trataba de una solución aplazada por la guerra y la clandestinidad, durante la cual los nacionalistas estuvieron ausentes de la lucha en el partido casi en su totalidad, cargando con ella los obreros, sobre todo los inmigrantes, por ser estos los más desfavorecidos, y por ello punta de lanza de los trabajadores en defensa de salarios dignos, y en definitiva contra la dictadura a medida que iban tomando conciencia de su condición. Y aquellos que seguían considerando al PSUC otra cosa, la idea original de que el partido fuera más nacionalista, y por tanto soporte de un sector de la burguesía catalana, interclasista, como se diría después. Generalmente sectores que por la razón que fuera tuvieron que exilarse y esperaban en silencio, ocultando sus intenciones hasta que llegaran tiempos mejores para tomar posiciones en esa dirección primigenia, la que empujó a su creación en 1936, justo antes de la guerra, y que tuvieron que acelerar y dar por buena, sin ni siquiera haber hecho un congreso, y que entonces, por la circunstancias del levantamiento militar, le dio el carácter de avanzadilla de la unidad obrera. Ah, pero el germen nacionalista ya estaba inoculado, sólo sería cuestión de tiempo. Y como se ha dicho, éste se prolongó por la guerra y la posterior interminable dictadura. Y sólo un partido comunista, con sus herramientas ideológicas y organizativas, y sobre todo apoyándose en los obreros, era capaz de resistir contra la dictadura e incrementar sus influencias en la lucha, con muchos sacrificios de sus miembros.

Como buena funcionaria del partido, Teresa Bonet, disciplinada, defendía la unión del PSUC al PCE por mandato de Carrillo, pero sin demasiado ardor y convencimiento. Tener el alma dividida debe crear muchas tensiones. Porque la realidad era que ni a los comunistas —digamos más ortodoxos para entendernos, aunque no se puede hacer un corte limpio de esas posiciones—, que querían mantener el partido como una organización de clase, en algunos aspectos ya trasnochada y obsoleta, no exenta de cierto oportunismo de algunos dirigentes de este sector, ni siquiera a los llamados carrillistas, les interesaba que el nacionalismo fuera hegemónico en la Dirección, porque sin ninguna duda era minoritario en las bases del partido y era tanto como poner los instrumentos para su liquidación, como así sucedió; y eso que todavía ni se podía intuir la trascendencia del papel que habrían de jugar los nacionalistas infiltrados y sus acomodaticios compañeros de viaje, muchos de ellos obreros, no se olvide, cómplices en la liquidación del partido. Y lo que es mucho peor, en arrebatar a las clases populares su deseo de lucha, porque, al fin y al cabo un partido sólo es un mero instrumento mientras juega su función, no es nada en sí mismo si no responde a unos objetivos. Y por lo mismo, su necesidad era lo que había que liquidar. Tampoco se podía decir que ninguna de las partes tuvieran claras evidencias de que sus partidarios fueran un cuerpo ideológico y social homogéneo. Eran demasiados años de adoctrinamiento en la cuadratura del círculo, en eso del "partido nacional, pero no nacionalista" con que constantemente fuimos adoctrinados, sin que la mayoría de las veces aquellos obreros que se jugaban la libertad y el trabajo, ellos y su familia, se percataran de los verdaderos objetivos que encerraban aquellas aparentes amables y conciliadoras palabras colocadas en los Estatutos y coladas tantas veces como fuera necesario en los documentos.

III

En París, también con la "diversidad"

Teresa Bonet y el camarada que la acompañaba me llevaron a una pensión cercana, a pesar de que aquella pareja de la casa que me había recibido le dijo que podía quedarme allí con ellos sin ningún problema, ya que ambos trabajaban y el piso quedaba vacío, y que había una habitación libre para mí si lo deseaban. Me pareció que estaban interesados en hablar conmigo de España, en que les contara de algunas cosas cotidianas de las que hacía tiempo no hablaban con nadie recién llegado, quizá por añoranza. Teresa respondió que no, que lo mejor era que el PSUC se hiciera cargo de mí, ya que yo era de ese partido, no del PCE, lo que me causó cierta desazón; semejante división la entendí artificial, innecesaria. Yo hasta entonces no había sido capaz de separar ambas cosas ni comprendía que fueran separables. Así que un miembro del PCE había sido el encargado de recibirme porque las relaciones internacionales eran del Partido Comunista de España, lo que desmentía el carácter de partido independiente que algunos querían darle al PSUC en las cuestiones trascendentes, pero a la hora de las pequeñas cosas trataban de hacerlo valer para dejar constancia de su independencia, como era la intrascendente decisión de buscarme alojamiento y otras pequeñeces, con las que se debían marcar las diferencias entre militantes de distintas organizaciones, actitud que con el tiempo comprendería que era muy propia del nacionalismo, siempre interesado en dejar patente las diferencias en lugar de aunar criterios. Eso sí, la realidad se imponía cuando del sostén económico se trataba, ya que era el PCE quien tenía que hacerse cargo de los gastos que conllevaba el desplazamiento y organización de todo evento que se llevara a cabo en el extranjero. Con el tiempo comprendería que eso era lo que hacía que se pudiera justificar su propia existencia y que se colocara en los estatutos semejante dislate y contradicción. Y eso en contra no sólo de lo que establecía la organización de los comunistas ("un solo partido comunista en un Estado"), sino contra el sentido común que así lo aconsejaba.

La pensión estaba en un edificio viejo. Se veía que hacía muchos años que debió de perder el carácter recargado y elegante que aún se adivinaba por algunos decorados que incomprensiblemente se resistían a desaparecer con el paso del tiempo, pero todo era viejo. El cuarto de baño, grande, lo tenía todo, pero pasado de moda, como la bañera, con patas o garras de león. Aunque en tiempos había tenido ascensor, no funcionaba, y eso que había, creo que más de cuatro pisos de techos altos, lo que equivalía a unos seis de la actualidad. La habitación era grandiosa, lo que confirmó mi opinión sobre el pasado pomposo de lo que debió ser un hotel de cierto relumbrón venido a menos. Tal vez los dueños no habían podido costear una reforma a su tiempo, reformándolo y sacándole más provecho a las posibilidades que el espacio les permitía. Me eché boca arriba en la cama un rato para mirar el techo con comodidad; por los dibujos recargados e intencionados que veía se me antojó que aquello más que hotel habría sido casa de citas de cierta categoría, y me quedé transpuesto por no haber dormido la noche anterior.

El teléfono sonó chirriante y por un instante quedé desconcertado, sin saber en qué lugar estaba. Eran las tres de la tarde y ni siquiera había ido a comer, ya no lo haría porque en Francia se come muy temprano para lo que yo estaba acostumbrado, como pude comprobar días después, que si me descuidaba debía apañármelas con cualquier cosa. Descolgué el teléfono con cierta precaución, como si me temiera que algo raro pasara. La voz en francés me dijo algo sobre un *Monsieur*, y supuse que alguien me esperaba. Me acicalé un poco y bajé las escaleras lo más rápido que pude.

Me vino a buscar el camarada silencioso que por la mañana acompañaba a Teresa, cuyo alias no recuerdo, y a quien tras la muerte de Franco, como con otros, volvería ver en Barcelona. Se trataba de José María

Clariana, que ocupó la responsabilidad de Finanzas del partido —el PSUC— ya en España. Un personaje más burócrata que político, más del aparato que de la organización, ampliamente comprendido el partido, al menos tal como yo lo entendía; de aquellos que durante mucho tiempo estuvieron calculando qué les convenía más en cada confrontación ideológica, y optaban por ponerse junto a los que en cada momento consideraba que ganarían la batalla; de aquellos que se situaban al sol que creían les calentaría más. A veces de forma tan ambigua que sostenían un equilibrio digno de malabaristas para mantener intactas las posibilidades con unos y con otros, si se daba el caso de que las cosas no estuvieran claras, si no se supiera de qué lado caería la bola en aquellos tumultuosos tiempos de luchas internas, que yo califico como de lucha de clases dentro del partido. Era calculador y más presto a preservar su puesto que a defender nada, suponiendo que creyera en algo fuera de esos personales objetivos de burócrata. Al final, cuando ya las cosas se vieron claras, Clariana no dudó en absoluto sobre cuál era su bando y apoyó todos los planteamientos que la derecha imponía en la dirección, esto es, "el Guti" y sus corifeos, entre los que destacaba mi paisano, José Luis López Bulla, secretario general de CCOO en Cataluña, y artífice a su vez del trabajo de liquidación del partido, entre los miembros del sindicato, que logró muchas adhesiones más por el estómago que por la ideología. En aquel momento, supongo que como después, ser secretario general del sindicato daba mucho juego en el reparto de cargos y carguitos, en definitiva la posibilidad de salir delante de muchos hombres que habían dejado la piel en la lucha, y al final no tenían nada; lo que bajo el punto de vista humano era comprensible.

En los días que estuvimos juntos en París, Clariana me llevaba como una especie de Cicerone hasta que se solucionaran los problemas logísticos del motivo de mi viaje. En ningún momento se prodigó en el más pequeño de los comentarios políticos, ya fueran sobre la situación del partido o la lucha antifranquista en el interior, o sobre cómo estaban las cosas en Barcelona o en otros lugares de Cataluña, que era de donde yo llegaba y él procedía. Era un perfecto burócrata capaz de mantener una actitud tan fría, etérea en una conversación que igual podía interpretarse en un sentido que en otro. La historia del partido está llena de burócratas parecidos, gente que, curiosamente, en momentos determinados de cierto vacío de poder o desorden, han sido quienes han sabido sacar provecho, debido a su indefinición ideológica o a lo ambiguo de su compromiso, lo cual los colocaba en una posición idónea para ser considerados como una solución en situaciones difíciles, hombres, en definitiva, de transición.

Clariana era un hombre de maneras educadas, pero distantes hasta la irritación, de sonrisa forzada que no daba lugar a la carcajada por nada ni ante nada; siempre lejano sin permitir la lógica concesión a alguna confianza o confidencialidad, ni siquiera para hacer más llevadero el tiempo que teníamos que pasar juntos; visiblemente hipócrita en el disimulo de sus emociones. Porque yo, por mi curiosidad de paleto deslumbrado por todo cuanto veía u oía y seguramente impertinente, preguntón, deseaba saber cosas, no sólo del partido y de la Juventud Comunista, sino algo de aquella ciudad enorme, deslumbradora e inabarcable para un joven de nula experiencia de aquel tipo de viajes. Pero nada de cuanto yo dijera —y seguro que dije más de una barbaridad, porque mis opiniones entonces estaban más cerca de la fantasía que de la realidad—, lo inmutaba. Y ni me corregía ni me daba la razón en los posibles patinazos que sin duda di. Mantenía el tipo sin el menor sonrojo ni contrariedad. Debía ser su papel, muy bien asimilado. Clariana no estaba en París por ser un exiliado, debía ser uno de tantos que se fueron a Francia como emigrantes buscando otros horizontes y encontró al partido y se enroló en él, o quizá ya lo conocía cuanto estaba en Cataluña, y hasta fue elegido para el Comité Central en el Congreso de 1965. Al parecer era el responsable de tomar contacto con algunos de aquellos que desde España iban a París por una tarea concreta, y por decisión del partido debían esperar unos día hasta concretar su documentación, de lo que se encargaba el PCE. Ese fue mi caso.

Lo primero que hizo fue pedirme el pasaporte y decirme que no saliera del hotel hasta que regresara él, que sería en un par de horas, ya que al llevarse el pasaporte quedaba indocumentado y era mejor evitar la posibilidad de un tropiezo. Esperé toda la tarde y nadie vino. Al día siguiente, yo algo inquieto, me levanté temprano y esperé acontecimientos. Tenía la sensación de que el dueño o encargado de la pensión me miraba sin comprender por qué seguía allí si había bajado tan temprano a desayunar. Sobre las diez de la mañana llegó Clariana y me entregó un sobre con mi pasaporte. Me dijo que había habido un pequeño problema, pero que ya estaba solucionado. Me invitó a dar un paseo cerca de la Plaza de la República y en una terraza tomamos una cerveza, que recuerdo costaba cien francos, es decir un franco fuerte, ya que entonces todos los franceses contaban teniendo la costumbre del franco antiguo, sobre todo la gente mayor; supongo que algo parecido a lo que luego sucedería en España con el Euro, que durante mucho tiempo se traducía a pesetas. A mí me pareció carísimo, ya que en España una caña no costaba más de diez pesetas, y un franco estaba alrededor de las 25 al cambio.

Clariana me dijo lo que yo ya sabía, que el motivo de que estuviera unos días en París sin nada que hacer aparentemente, se debía a que debían prepararme la documentación, que como era obvio con mi pasaporte español no podía viajar a los países socialistas. Como para tantos comunistas, sin que yo lo supiera, a aquellas horas el Gran Falsificador —"el único imprescindible", según palabras de Carrillo—, Domingo Malagón, estaría poniendo toda su ciencia en elaborar unos pasaportes que nos permitirían viajar a nuestro destino. Aquella tarde, tras comer en un autoservicio cercano a la pensión, entramos en un cine de una de aquellas grandes avenidas, donde ponían una película rusa; supongo que sería para que diera más realismo al viaje de un comunista que esperaba para viajar "al campo socialista". De la película no recuerdo gran cosa, ni siquiera si estaba en francés o en ruso. Lo que sí recuerdo es que era una película bélica, de la Segunda Guerra Mundial, y el héroe era un muchacho capaz de derribar tanques alemanes colocándose bajo sus orugas con una bomba antitanque que los hacía volar por los aires. A pesar de mi indisimulado entusiasmo por "lo soviético", la película me pareció pesada, por no decir insoportable. A mí me gustaba el cine, pero aquello no lo entendía, aunque me guardé mucho de decírselo a mi acompañante, que al fin y al cabo estaba conmigo por obligación, y vete a saber cuántas veces habría tenido que soportar la película acompañando a otros camaradas en situaciones parecidas a la mía. En todo caso, si había algo que reprocharle era por qué no había elegido otra película que fuera más divertida.

Cuando salimos del cine fuimos a cenar, tempranísimo para mí. Y mientras tragábamos unos platos cogidos al azar, con bastante zanahoria y jamón dulce, Clariana trató de explicarme el argumento de la película, sus pormenores, y la vida del protagonista que, claro estaba, era un joven soldado, héroe de la Gran Guerra Patria, como llamaban los soviéticos a la guerra librada contra la intervención nazi en su patria. Con aquella explicación, creo que incluso estropeó la ya de por sí tediosa tarde de cine. Debió de darse cuenta y me dijo que si quería al día siguiente podría estar yo solo e ir adonde quisiera —estar "suelto" fue la frase que utilizó— siempre que a la noche estuviera en la pensión. A mí me pareció de maravillas librarme de aquel muermo de acompañante y se lo agradecí mentalmente, aunque no se lo dije para que no supiera la verdad, que estaba deseando librarme de él. Y a la mañana siguiente aproveché para coger el metro e ir de una punta a la otra de la línea que escogía al azar, por mero capricho, siempre sin perder la orientación de la línea de regreso. Aunque, como en el caso de la cerveza, también me sorprendió el precio del viaje. Yo sabía que en Barcelona costaba algo así como diez veces más barato. Me parecía muy moderno todo, con sus paneles de dirección donde pulsabas la estación a la que querías ir y un reguero de luces se encendían indicando las líneas que debías coger y en aquellas que debías hacer correspondencia. Creo que aprendí más a ir en metro en los días que estuve en París que en las veces en que lo había cogido en Barcelona y cuando había ido a Madrid. El río de gente que iba y venía era enorme. Y me llamó la atención el hecho de que la mayoría de los viajeros iban leyendo, la prensa mayoritariamente, pero también libros y revistas. Los que no leían eran la excepción. Y también me sorprendió por la falta de costumbre, la primera vez que los vi, a una pareja de jóvenes, abrazados, de pie, besándose sin tregua, porque eso en aquella

España de la que yo llegaba era impensable, mientras la gente iba a lo suyo sin preocuparse lo más mínimo de aquello que a mí tanto me sorprendió. Sin ninguna duda aquellos jóvenes iban a la suya sin otra preocupación.

Uno de los días en que me solté la melena yendo de un lado para otro, siempre en metro, bajándome aquí y volviendo a coger el metro más allá, en una de las escaleras de una de las estaciones un hombre yacía en el suelo inmóvil y a su alrededor un charco de sangre empapaba sus ropas y el suelo. Nadie se acercaba a él tratando de ayudarle y ver qué le pasaba. La gente estrechó el aluvión humano y fue haciéndose a la derecha para pasar lo más lejos posible del cuerpo en el suelo de aquel hombre. Instintivamente me paré e intenté acercarme al él, al tiempo que un señor mayor, tocado con boina, haciendo un gesto de abanico con la mano y negando con la cabeza, me decía, "no *monsieur*". Así que salí a la superficie atónito por el hecho de que ante un caso como aquel nadie se dignara pararse e intentar ayudar a un hombre herido. Esperé unos minutos en la superficie, en la boca de la estación del metro, en la calle, para ver qué pasaba, al cabo de los cuales llegó una ambulancia y una camioneta de los gendarmes y se lo llevaron. No debía de estar muerto todavía, ya que no me pareció que intervinieran más que los enfermeros con su parihuela y la policía, sin ningún juez. Desde aquel momento ardía en deseos de explicarle a alguien lo sucedido. Pero aquella noche no vino Clariana, el único al que hubiera podido contárselo. A la mañana siguiente me levanté temprano como cada día, aunque me sentía cansado; creo que el choque que en mí provocó aquel incidente el día anterior me hizo dormir mal, a pesar del cansancio que me ocasionó el deambular de un lado a otro por el subterráneo de París.

Cuando llegó mi anfitrión dijo que iríamos a pasear por algunos lugares conocidos como la torre Eiffel y si convenía la Ópera, —a ver el edificio, no al teatro— y por la orilla del Sena. Cuando le comenté lo que había visto el día anterior en el metro, aquel hombre tirado en el suelo y al que nadie osó acercarse para socorrerle, me dijo con la misma falta de emoción que ponía en todo cuanto decía —y a pesar de que yo se lo explicaba poniendo todo mis sentidos en ello, por lo extraño que me resultó la falta de auxilio—; que "en

París eso es normal" y que ante aquellas situaciones lo mejor era no hacer nada, pasar de largo, que cada uno va a lo suyo sin preocuparse de los demás para no meterse en líos. Y que menos mal que no me acerqué, porque me hubiera creado problemas gordos, porque según cómo, al llegar la policía igual me llevaban a comisaría para que explicara lo que supiera, aunque no fuera nada, y siendo extranjero, y "mientras se aclaraba el asunto, te hubieran mareado".

Imaginé la situación y por unos instantes un sudor frío recorrió mi cuerpo, ante la incertidumbre en que me hubiera encontrado. Pensé que quién sabe lo que hubiera podido ocurrir en caso de que aquel hombre desconocido que amablemente se interpuso para que siguiera caminando sin mirar atrás, no hubiera hecho nada. De todas formas me pareció impropio que tantas personas pasaran por su lado, franceses sin lugar a dudas, y que no les preocupara nada de lo que le hubiera pasado a aquel hombre tirado en el suelo, que pasaran de largo. Nunca olvidaría aquel cuadro que presencié y que decía mucho de la insolidaridad que la especie humana desarrolla en algunas situaciones, sobre todo en las grandes urbes.

Clariana no debía de tener mayores ganas de ir a otros lugares y daba la impresión de que me acompañaba porque así era su obligación. Y ya fuera por presupuesto o por la razón que fuere, el caso es que otra vez decidió que fuéramos al cine, esta vez a ver una película-reportaje llamada "*Este perro mundo*", con el mismo resultado de aburrimiento, ya que ni el tema me interesaba ni tampoco entendía gran cosa más allá de las imágenes ciertamente impactantes. Me propuse no hacer mayores comentarios y acepté disciplinadamente que me llevara adonde quisiera. Pero sí recuerdo que pensé que ir a París y estar unos cuantos días allí e ir al cine no era la mejor manera de pasarlo medianamente divertido. Claro que él seguramente veía aquello con otros ojos porque se tendría que patear la ciudad muchas veces por obligación, que quizá maldita la gracia que le haría. Y la sala de cine le servía para descansar. Tampoco yo tenía ni idea de adónde podría decirle que fuéramos, desconocía por completo aquella enorme ciudad, ni como referencia.

Habían pasado unos cuantos días desde que llegué a París y todavía no sabía cuánto tiempo más tendría que permanecer allí hasta que definitivamente partiera para mi destino, que seguía desconociendo. Sabía que iba a un país socialista, pero desconocía cuál y cuándo se acabaría aquella incertidumbre. Por fin un día me vinieron a buscar y me llevaron a una casa particular, de un camarada francés, me dijeron, donde me presentaron a otros dos componentes de la delegación que debía representar a España en la Conferencia; eran un chico y una chica de Madrid. Yo hasta ese momento no sabía que no iba a hacer el viaje solo, aunque supuse, porque así se comentó en Tarrasa, que habría otros jóvenes españoles; así que aquella noticia me alegró, ya viajar en inesperada compañía me parecía más llevadero. Él ya se veía granado y con cierta experiencia, no en vano tenía, según dijo, veintiocho años; lo dijo casi excusándose, ya que se suponía que los participantes en la Conferencia debían ser más jóvenes. La chica era mucho más joven, incluso que yo; dudo que tuviera más allá de dieciséis años. Los tres éramos los que representaríamos a la delegación española en aquella Conferencia en la Federación Mundial de la Juventud Democrática (FMJD), un organismo de solidaridad, que nació al amparo de las Naciones Unidas en Londres, el 10 noviembre de 1945 y que agrupaba a diversas organizaciones estudiantiles y juveniles de muy diversa ideología, y cuya meta, se suponía, eran la paz y la solidaridad entre la juventud de todas las naciones del mundo. Fue convocada por decisión del Consejo Mundial de la Juventud, fundado durante la guerra para la lucha contra el fascismo, por la juventud de los países aliados. Representaban a organizaciones con más de 30 millones de jóvenes. Como toda organización de esas características, una vez acabada la guerra, y con la llegada de la Guerra Fría, el movimiento juvenil se dividió por el veto que los Estados Unidos y demás países del bloque capitalista, y prácticamente todos los países capitalistas abandonaron la FMJD por su asociación con los partidos comunistas cercanos a la Unión Soviética. Su principal valedor era la URSS, que la controlaba por medio de su poderosa organización juvenil, el KOMSOMOL. La mayoría de las juventudes comunistas del mundo pertenecían a ella, pero también otras organizaciones no comunistas, sobre todo del llamado Tercer Mundo, así como organizaciones progresistas más o menos independientes; también organizaciones cristianas y de diverso signo de los países capitalistas desarrollados, pero que carecían del apoyo oficial de sus respectivos gobiernos. Mis nuevos compañeros y yo pasamos un par de días juntos para conocernos antes de salir, y sobre todo porque aún no debían de estar preparados los pasaportes. Para mí la relación con los dos jóvenes madrileños era una experiencia, más que como organización juvenil comunista, humana, porque no había tenido ocasión de relacionarme con otros jóvenes del partido más que con los de Tarrasa y sus alrededores, y era una especie de entrada de aire fresco en mi manera de ver las cosas, menos rígida en los madrileños. Me di cuenta de que ellos quizá habían pasado ya la etapa de la rigidez del partido, ahora ya influido, se quiera o no, por el comportamiento de los jóvenes. Ya no podía aplicarse fácilmente, como ya he dicho anteriormente, aquel sectarismo propio de épocas pasadas. Aquellos madrileños carecían de los prejuicios que a mí todavía me condicionaban como militante disciplinado, sin que por ello dejaran de actuar con disciplina y seriedad cuando convenía. Evidentemente aquello demostraba que la Juventud en Madrid estaba al menos unos pasos por delante nuestro. No en vano ellos estaban en la capital de España y tenían una complejidad organizativa en el movimiento obrero y vecinal en barrios populosos y reivindicativos que nosotros todavía no habíamos alcanzado, a pesar de que en muchas ocasiones nos considerábamos poco menos que el ombligo del mundo, y seguíamos considerando a Cataluña como "la avanzadilla de Europa en el terreno de la conquista de espacios de libertad".

Por la noche nos separábamos y ellos se iban a otro sitio, que era controlado por el PCE, y yo a mi pensión, tal vez como la constatación de otro "hecho diferencial" que todavía no cabía en mi cabeza, tan recurrente durante tanto tiempo para dentro y fuera del partido. No sería eso, evidentemente, pero lo cierto es que cuando se tendría que haber propiciado nuestra plena integración como personas en todos los sentidos aquellos días, representando —como era considerada en la Conferencia España, como una sola organización—, cada una de las organizaciones, el PCE y el PSUC, se cuidaban de lo suyo. Le pregunté a Clariana si no era posible que los tres estuviéramos en la misma pensión, e invariablemente me dijo que la dirección del partido había decidido otra cosa y que él no podía hacer nada. Naturalmente Clariana se refería a algún responsable en París de la dirección del PSUC, que era el interesado en mantener, y si era posible ampliar, la "diversidad orgánica". Y debía ser cierto porque dudo que tuviera posibilidad de cambiar nada que viniera "de arriba". Al día siguiente me explicaron mis dos compañeros que después de cenar habían ido a este o aquel lugar y lo habían pasado muy bien, aunque fuera paseando por las calles. Yo callaba de envidia, pero así eran las cosas; yo dependía de la necesidad de ser diferente, de ser del PSUC, para mayor gloria de la diferencia.

Cuando ya estuvo todo arreglado, otro "funcionario" del partido que no había visto hasta entonces, supongo que más importante que Clariana, y del PCE, vino a despedirnos, a recoger nuestros pasaportes legales y a entregarnos los que habían sido modificados. Estos pasaportes eran legales, esto es, eran hechos por el Estado español, pero con nuestras respectivas fotografías que sustituían a las originales. Curiosamente no decían aquello de "todos los países del mundo, excepto..., sino sólo la primera parte. Cuando abrí el pasaporte me vi en una fotografía parecida a la de mi pasaporte, que yo no me había hecho, pero era yo sin duda. Supongo que algo harían con la que figuraba en mi pasaporte, que o bien la copiaron o la arreglaron. Y otra cosa que me llamó la atención es que había nacido en Almansa, pueblo de Albacete del que yo no había oído hablar nunca. Yo con mi celo clandestino pensaba que si alguien me preguntaba algo sobre mí, no sabría ni dónde estaba mi supuesto pueblo. Así que traté de informarme de los cuatro datos relevantes del pasaporte. Pero estaba tan obcecado con el pueblo de Almansa que hasta se me olvidaba. Parece que si el pasaporte hubiera sido para entrar clandestinamente en España hubiera sido diferente y hubiera tenido una sesión de asimilación de datos para responder a la policía española.

IV

De París a Zúrich. La suiza enfermera

Salimos de París por la noche en dirección a Zúrich, Suiza, en un tren bastante moderno y rápido. Al llegar a la frontera la policía helvética nos trató como a delincuentes, sin el menor reparo o respeto, con soberbia, chulería y humillación, llegando al extremo de hacernos vaciar los bolsillos para ver cuánto dinero llevábamos y en qué moneda, como si acabáramos de cometer un robo y nos hubieran cogido in fraganti y comprobaran si efectivamente el objeto robado seguía en nuestro poder. Y en presencia de todos. Todo el mundo nos miraba y daba la impresión de que la gente se sentía satisfecha de la eficacia policial, porque seguramente habrían detenido a unos peligrosos rateros que entorpecían su tranquilidad. Entre los policías hacían comentarios jocosos, palabras de desprecio que Javier, el compañero madrileño, mal que bien entendía. Preguntaban una y otra vez a qué íbamos a Suiza. Javier, el único que hablaba algo de francés, les decía que de turismo, a pasar unos días y conocer algo del país. No colaba. Entonces de nuevo exigieron que les enseñáramos la totalidad del dinero que llevábamos para comprobar si era suficiente, según su criterio, para poder pasar unos días en aquel país que según decían era muy caro, y más para los españolitos como nosotros con pinta de emigrantes más que de turistas. Para otros españoles seguramente era algo habitual, y no en tren y con nuestra indumentaria, ir a aquel país de bancos. Todos sabemos que Suiza es destino obligado de las clases biempensantes y "de orden", que se daban una vuelta por allí a comprobar el fruto de su "patriotismo". Los policías decían que los españoles entrábamos en Suiza como turistas y después nos quedábamos a trabajar, y a su parecer ya había suficientes españoles en aquel país. Como es sabido, al emigrante, si lo necesitan, lo aceptan si es estrictamente inevitable, pero cuando ya no es tan necesario es muy molesto. Y al parecer nosotros ya estábamos fuera de cupo en aquel momento. Así que Javier sacó del bolsillo de su chaqueta una bolsita con un fajo de francos que a los policías les pareció suficiente para nuestra supuesta visita turística. Después supe que aquel dinero se lo había dado el camarada de la dirección del PCE que nos despidió en París precisamente por si se presentaban problemas de ese tipo, dinero que debía devolver al regreso.

Seguramente se trate de una apreciación personal y no tenga fundamento alguno, pero desde entonces, y porque a la vuelta volví a tener un trato despreciativo del funcionario que tomó mi pasaporte y el pasaje, considero a los suizos como bastante racistas y xenófobos. Tanto fue así que al llegar a Francia, a mi regreso, casi me consideré en casa. Después no he tenido ocasión de relacionarme ni tropezarme con suizos en situaciones similares, así que aquella opinión queda algo congelada en el tiempo. Y de ninguna manera puedo considerarla más que fruto de un hecho puntual y anecdótico.

En realidad nosotros no íbamos a estar en Zúrich más que unas horas, hasta la hora de tomar el avión por la tarde. Pero eso no podíamos decirlo porque nuestro destino eran los países socialistas. Y esa sola razón nos podría haber causado problemas. Así que pasamos todo el resto del día deambulando por la ciudad matando el tiempo y comprobando que estaba muy limpia, eso sí. Ya hartos de andar de un lugar para otro nos sentamos en unos bancos, en una especie de parquecillo, para descansar. Y recuerdo que una señora mayor, que yo consideré como anciana, pero seguramente no lo era tanto, al oírnos hablar nos preguntó en un español más que bueno y comprensible, si éramos españoles. Al asentir nos dijo que ella había estado hacía muchos años en España y que en una parte de su corazón seguía sintiendo que era española, aunque era suiza de nacimiento, porque llevaba a España en el corazón. Dijo que había estado en Madrid, Alicante, Valencia, Barcelona y algún otro lugar. Estuvo, según dijo, de enfermera durante nuestra guerra. Mirándola nadie hubiera podido pensar que aquella frágil señora, tocada con un sombrerito a mi parecer ridículo, de burguesa de película antigua, en otro tiempo hubiera podido ir al frente, aunque sólo fuera con la sana intención de curar heridos. Dijo que su marido era español y que murió en Madrid, "¡defendiéndolo!", dijo con energía, agitando ambos puños al unísono.

Me hubiera gustado entablar conversación larga con aquella mujer que seguro encerraría en su vida toda una experiencia de nuestra guerra. Me hubiera gustado ahora, claro, porque entonces yo no alcanzaba a adivinar la grandeza de aquellas personas que de forma desinteresada, como ella, dejaron sus comodidades en sus países para adentrarse en la aventura de luchar junto al pueblo español contra sus opresores, el fascismo. Seguramente aquella mujer que dijo había perdido a su compañero español en el frente de Madrid, que sentía que una parte de ella era española, sería un pozo de experiencias, con sus virtudes y miserias humanas dignas de estudio y de que fueran conocidas por las generaciones de españoles jóvenes. De forma discreta preguntó qué nos parecía el gobierno de Franco. Cuando le dijimos, casi al unísono y atropelladamente los tres, que éramos antifranquistas, nos dijo que nos invitaba a tomar un refresco y a charlar un rato en su casa, que estaba muy cerca de aquel parque público. Desgraciadamente tuvimos que decirle que no era posible porque ya debíamos partir para el aeropuerto. Cuando nos marchamos, la señora con porte de burguesa —que yo imaginaba como de otros tiempos, tal vez, como digo, por las películas—, nos deseó mucha suerte y que la libertad llegara pronto para los españoles, que, dijo, habíamos sido los primeros y los más decididos en enfrentarnos a la barbarie del fascismo. Y que España seguía estando en su corazón y seguiría mientras viviera.

Quiero creer ahora, transcurridos tantos años, y seguramente esté en lo cierto, que por un surco de su cara se deslizó, desprendiéndose de sus ya cansados ojos, unas lágrimas que la harían recordar otros tiempos que ella vivió en España, seguramente mucho más duros, pero quizá mucho más felices, con aquel miliciano español que murió "defendiendo Madrid". Aquella mujer era tanto o más española que nosotros aunque hubiera nacido tan lejos de España. Para ella España debía de ser aquel pueblo que conoció en situaciones dramáticas, que se levantó contra la injusticia y la imposición de unas clases dominantes que querían parar el reloj de la historia. En aquellos días, muchos solidarios y desprendidos demócratas de todo el mundo, salvando muchas dificultades, se alistaron para demostrar que los españoles no estaban solos ante aquella agresión del fascismo internacional, oponiéndose así a la connivencia o pasividad de las democracias europeas, y para dignificar al ser humano como especie, tantas veces cuestionado por dudosos comportamientos. ¡Cuántos de ellos cayeron en tierras españolas, y cuánto le seguimos debiendo los españoles de las generaciones posteriores a aquellos acontecimientos, a aquella gesta solidaria, seguramente única en la historia de la lucha de los pueblos agredidos por la reacción!

En aquel momento me sentí incómodo —y aún sigo teniendo cierto descontento conmigo mismo al cabo de los años, por haber tenido que decir que no a su invitación—. Porque ha sido a lo largo de estos años cuando de forma creciente he lamentado no haber mantenido aquella posible conversación —que sin duda hubiera sido fructífera— con alguien que seguramente era un ejemplo viviente de humanidad y solidaridad, conversación que seguro me hubiera enriquecido como ser humano. Ni siquiera pensé en pedirle algún dato que me permitiera, a mi regreso a España, poder localizarla y escribirle. Seguramente lo hubiera agradecido y yo me hubiera sentido mejor y no con el peso de no haber hecho lo que debía para con aquella anciana. Entonces no me pareció tan importante. Hoy creo que es fundamental escuchar a los protagonistas anónimos, como ella, de nuestra tragedia. La suya fue sin duda dejar a su amor español entre las trincheras defendiendo la libertad. He imaginado muchas veces, en horas bajas, aquella conversación que pudo haber existido y que nunca tuvo lugar, pero a la que yo, en mi deseo de que hubiera sucedido, le di cuerpo y rienda suelta en mi imaginación. Es como un recurso para intentar retener algo que sin embargo se sabe perdido para siempre.

Serían las cinco de la tarde cuando un avión de una compañía checoslovaca levantaba el vuelo. Era la primera vez en mi vida que viajaba en avión. Para mí no sólo era una aventura volar, sino que era la primera aventura de ese tipo. Mi sorpresa fue mayúscula cuando veía que el avión se alzaba en espiral durante largo rato, o a mí se me hizo eterno, hasta que por fin se decidió a emprender el vuelo en línea recta. Ninguno de nosotros tres abría la boca y se veía en seguida que mi caso no era el único en cuanto a ser novato en emular a Ícaro. El movimiento del avión me recordó el de esas aves que elevan el vuelo hasta orientarse y emprender la ruta. Como para mí era la primera vez, consideré normal que el avión se moviera de aquella manera y con unos ruidos propios de los coches viejos. Era para nosotros un misterio el hecho de que aquellas “cafeteras” volantes pudieran elevarse. Durante aquel viaje tuve que subir a varios aviones y todos eran por el estilo. Cuando algunos me dijeron que realmente aquellos aviones eran muy viejos y que los aviones modernos no hacían tanto ruido, empecé a preocuparme. Cada vez que tenía que tomar uno de aquellos viejos pájaros metálicos, iba en tal tensión que no me llegaba la camisa al cuerpo. Pero a medida que iba volando me fui acostumbrando a sobrellevarlo, no a perder el miedo a aquella chatarra volante, pero sí a conformarme. Sobre todo porque éramos muchos los que estábamos dentro de aquel artefacto y, me decía, no era posible que todos fueran tan inconscientes o tan ignorantes como yo.

Nuestro destino provisional era Praga, lugar al parecer de reunión o concentración de muchas delegaciones que iban llegando de todas partes del mundo, sobre todo de los países del Tercer Mundo, que al día siguiente o al otro emprenderían viaje hacia Sofía, donde tendría lugar la Conferencia de la FMJD. Es curioso que lo único que recuerdo del aeropuerto de Praga es que pude beber la mejor cerveza que he probado nunca. La añoraría, porque en el resto del viaje fue muy difícil encontrar cerveza, no ya tan buena como aquella, sino simplemente cerveza. Me resultó chocante comprobar que en el *campo socialista* los productos no eran distribuidos como debiera haber sido, en todo su ámbito, haciendo un mercado único de verdad de todos los países llamados socialistas. Estoy seguro de que muchos productos que escaseaban en unos países sobraban en donde eran producidos. Nunca lo entendí. O no lo entendí entonces.

Aquella noche, tras aposentarnos en lo que parecía ser una residencia de estudiantes, contactamos con los jóvenes comunistas de Francia, Italia y alguna otra delegación de las importantes, ya que la española, a pesar de que era pequeña, era de las más solicitadas. Todos querían hablar con nosotros, más para preguntarnos por la situación de España que por otra cosa. Yo me sorprendía de tanta solicitud, pero parecíamos importantes. Porque la propaganda también hacía su trabajo y todo el mundo había leído u oído los movimientos huelguísticos obreros y estudiantiles, la creación del SDEB en la Universidad de Barcelona, lo del encierro de los intelectuales y la manifestación de curas por la Vía Layetana en Barcelona, que naturalmente estaban magnificando. Según algunos de los delegados "enterados", "España estaba en un proceso prerrevolucionario", con participación de diversas capas sociales, lo que era una demostración inequívoca de que la lucha antifranquista en aquel momento ya era un movimiento popular y que pronto la dictadura desaparecería ante el empuje de las fuerzas democráticas, que abarcaban desde el Partido Comunista, los trabajadores organizados en sindicatos ilegales en las empresas, en comisiones obreras, pasando por importantes sectores del empresariado, llegando incluso al sector que más y mejor había sostenido a la dictadura, como eran amplios sectores de la iglesia católica". No hacía falta ser un lince para saber que aquellas afirmaciones estaban casi letra por letra copiadas de lo que la prensa del partido y sus publicaciones decían, desde hacía ya bastante tiempo. Y aún estábamos en junio de 1966, casi diez años antes de la muerte del dictador.

A pesar de mi desconocimiento de muchas cuestiones, yo no lo veía tan claro. Tampoco Javier y María, mis compañeros de la delegación española. Por lo que habíamos dejado en España hacía sólo algo más de una semana, no parecía que fuera así como lo entendían aquellos entusiastas camaradas franceses e italianos y algunos otros. Pero era una de esas situaciones en que todo cuanto se dice es lo que realmente quisieras que sucediera, llegando a caer víctima de tus propias ilusiones y deseos, en un estado de euforia que te impide un análisis razonable y coherente. Otras veces también me había pasado, cuando Cipriano me aseguraba, hacía ya bastantes años, que a la dictadura no le quedaban más de un par de años; y tengo que reconocer que hasta me llegué a preguntar si no estaría yo tan alejado de la realidad que no veía lo que de verdad estaba pasando en mi país, el mismo en que pocos días antes no parecía que lo que pasaba fuera para tanto, por muy importante que lo consideráramos, en el contexto general de la lucha antifranquista. Pero me hacían dudar. Si todos aquellos camaradas de las juventudes de países con partidos comunistas tan importantes como Francia e Italia, desde sus países sin censura y con medios de conocer la realidad en las alturas mejor que yo, no tendrían la información que a mí me faltaba para comprender la verdadera situación y el avance hacía la descomposición de la dictadura.

Aquella noche anduvimos deambulando por el centro de la ciudad —bellísima—, por el puente de San Wenceslao, hasta bastante tarde, para conocer en lo posible en el poco tiempo que íbamos a estar allí, algo la ciudad. Íbamos un grupo de franceses, italianos, creo que algún belga y checos, naturalmente, estos como guías e intérpretes, pues algunos hablaban español. Fue entonces cuando me di cuenta de lo ruidosos que somos los españoles comparados con los demás. Aunque fuéramos sólo tres, se oían nuestras voces, tratando de que sobresalieran por encima de las demás, sobre todo porque en la cena habíamos bebido algunas cervezas, que no nos marearon, pero nos hicieron perder el recato que nos acompañaba hasta entonces. Sin ninguna duda los italianos nos ganaban a ruidosos, porque eran muchos más en su delegación, y su tono de voz inconfundiblemente del italiano, y su gesticulación características los hacía más presentes. Los checos trataban de aminorar el griterío con suma paciencia, cosa imposible al parecer cuando se trata de latinos.

Cuando regresamos a la residencia, aquello todavía era peor porque todos charlaban, cantaban y bailaban dando vivas a la revolución y a no sé cuántas cosas más, con la no despreciable ayuda de algunas botellas que rodaban vacías por todas partes. No sé a qué hora quedó en silencio, cuando los más escandalosos se fueron retirando o metiéndose en la cama, pero creo que me dormí enseguida tras tenderme en aquella cama de una sala grande con muchas camas, una junto a la otra, que me recordó el hospital de San Lázaro de Tarrasa, al que había tenido que acudir por un accidente hacía años. Había estado toda la noche anterior de viaje y todo el día sin poder descansar. Cogí el sueño como un muerto, hasta que al amanecer empezaron a levantarse los demás, a hacer ruido sin demasiada preocupación por los que sin duda hubieran querido seguir durmiendo. Después comprobé la razón del madrugón de los que conocían el paño y sabían que para hacer su aseo personal debían hacer una larga cola frente a unos lavabos a todas luces insuficientes para tanta gente. Pude observar que alguno estaba con una mantita en el suelo y no supe qué hacía en aquella extraña posición. Me explicaron, cuando lo pregunté, que tal vez hacía yoga, algo que yo desconocía qué significaba. Cuando me lo trataron de explicar las dudas persistieron, porque los había que sí estaban haciendo aquellos gestos o movimientos, o quietos con las manos extendidas, y yo no me atrevía a mirarlos porque creía que los incomodaría si de pronto no podía aguantarme la risa. Otros en cambio hacían gestos adelante y atrás. A mí más me pareció que rezaban. No quise preguntar más. Pero oí que eran gente llegada de países musulmanes y que efectivamente estaban rezando. Todo aquello me resultaba extraño, porque aunque ya sabía dónde estábamos, y que éramos los componentes de las delegaciones de una Conferencia de la Juventud de distintos países, daba por hecho que serían militantes de izquierdas, más preocupados por la situación de las gentes de sus países y nada dados a la cosa religiosa, con aquella fe que a mí me pareció fanatismo e impropio de aquel foro al que nos dirigíamos. Aquella gente era un baúl de sorpresas para mí, y lo fue más cuando al cabo de un rato gran parte de aquellos jóvenes, los mismos que había visto en el avión y el aeropuerto, en Zúrich y en Praga, elegantemente vestidos a la europea, encorbatados y con trajes muy bien cortados, ahora los veía ataviados con sus ropas típicas, regionales o de tribu, de sus respectivos países, ya fueran los coloridos de los que llegaban de África negra, ya fueran las chilabas de los países árabes. Me aclaró uno de los intérpretes checos que para no llamar la atención vestían a la europea en el tránsito de sus países por Europa hasta Praga, pero que al llegar a un país socialista, "donde se han roto las cadenas", se sentían libres para mostrarse tal cual eran. No supe qué responder, pero me preguntaba qué tenía que ver lo de las cadenas con la forma de vestir, salvo que el hecho de ir con sus trajes les hiciera pasar desapercibidos y por ahí pudieran ser reconocidos en aquellos países con dictaduras. Pero es que, aunque fueran muchos los que viajaban así, entre el mar de caras blancas, no es que pasaran desapercibidos aquellos elegantes muchachos, negros o árabes, entre los demás, con aquellos trajes comprados seguramente en elegantes tiendas de París. Lo de las cadenas sería un latiguillo que oiría muchas veces para justificar diversas situaciones.

Por aquellos días de mi tránsito en la capital checoslovaca hacia Sofía, se celebraba en Praga el XIII Congreso del Partido Comunista Checoslovaco, que tendría hondas repercusiones, en poco tiempo, en el panorama del movimiento comunista internacional. Checoslovaquia venía atravesando una crisis económica muy profunda, y el presidente de la República y primer secretario del Partido Comunista Checoslovaco, Antonin Novotny, ante los 2.300 delegados e invitados extranjeros al Congreso, planteaba la necesidad de un cambio en las estructuras productivas, descentralizándolas. Pero antes, en su discurso utilizó lo que ya era y siguió siendo costumbre en todos los países con enormes problemas, que es buscar el enemigo fuera, con objetividad en ocasiones, sin ella la mayor de las veces, exigiendo a Alemania la denuncia del tratado de Múnich, de 1938 con Hitler. Y aunque en el fondo era una posición correcta desde el punto de vista de Checoslovaquia, y defendido mayoritariamente por la población, lo cierto era, según se podía percibir por las opiniones de camaradas españoles residentes en Praga, que parecían conocer el tema, que aquello más sonaba a cortina de humo para enmascarar la situación económica por la desastrosa gestión llevada a cabo durante los años anteriores al Congreso, que hacía que el país más desarrollado del campo socialista estuviera en franca recesión.

Al Congreso asistían como invitados más de 1.500 representantes de los diversos partidos comunistas de todo el mundo, y sin ninguna duda las estrellas eran Breznev, secretario general del PCUS y Walter Ulbricht, de la

RDA, a los que recibieron, según se comentaba entre los delegados de la juventud que aguardábamos expectantes fuera, con los mayores agasajos de los anfitriones y de otras delegaciones del mundo. A mí me parecía, sin que ciertamente supiera en su total profundidad explicar por qué, que aquello tenía más que ver con la bienvenida dada a un emperador con poder de dar o quitar favores, que al de un camarada. "Los largos aplausos de los delegados puestos en pie" —según decía la prensa, elaborada para el Congreso, escrita en diversos idiomas, incluido el español, y que comentábamos los que pululábamos en su entorno—, así lo corroboraban. Pero la delegación que verdaderamente recibió la entusiasta bienvenida por parte de los delegados, sin que se viera artificiosa, fue la vietnamita, la del Vietcong y la de Vietnam del Norte.

Yo estaba un poco a la expectativa de cuanto se decía sin comprender demasiado todos los pormenores de la situación del Congreso y todo lo que se cocía en su entorno, en las alturas, entre bastidores y en los mismos pasillos, en encuentros aparentemente casuales entre los delegados; pero sí supe por boca de algunos de los compañeros que la mayoría de los partidos comunistas habían preferido enviar delegaciones "poco significativas", de personajes desconocidos o de segunda fila. Entonces no sabía muy bien qué motivaba esta actitud. Al parecer, los motivos eran de distinto signo: Los había que no quisieron acudir al Congreso porque consideraban que la política que el partido checoslovaco elaboraba, giraba a la derecha con los planteamientos que últimamente desarrollaba en temas económicos, al mismo tiempo que exhibía una verborrea izquierdista, más con la vista puesta en el amigo soviético que otra cosa; y en cambio los había que consideraban lo contrario, que seguía demasiado atado a los aires soviéticos, sin elaborar una política que favoreciera el desarrollo autóctono. En toda esto los vietnamitas no tenían problemas, al menos no manifestaban preferencia; ellos asistían a todo tipo de foros, ya fueran conferencias o congresos de los PPCC de cualquier posición, donde los invitaran, porque lo que les interesaba era convertirlas, con toda la discreción posible, sin exhibiciones innecesarias ni posicionamientos en una dirección u otra, en altavoces de su causa, de la lucha contra la ocupación norteamericana de su país, en una guerra desigual entre el gran gigante militar y un pueblo pobre, falto de recursos, pero dispuesto a expulsarlos, como anteriormente habían hecho con los franceses. Sin embargo los que no asistieron fueron los chinos de la República Popular de China (RPCH) de Mao, los norcoreanos y naturalmente los puros de Albania, que ya empezaba a dar síntomas de independencia también con respecto a China. Como la historia se los llevó por delante, no podemos saber lo que pensarían ante la nueva China de capitalismo salvaje de hoy, y tras la llamada Revolución Cultural y la desaparición de El Gran Timonel al que durante tanto tiempo los dirigentes albanos idolatraban, siempre, claro está, después de la gran antorcha albanesa, ejemplo de onanismo político, Enver Hoxha.

Yo, como era lógico, porque la orientación del partido era esa, y porque entonces no se entendía de otra manera en el partido español, veía la política de la URSS como la "verdadera" y condenaba sin saber muy bien por qué la que planteaban los chinos y sus aliados. Entre otras cosas porque tampoco es que pudiera tener otra versión que la oficial, y de haberla tenido dudo que hubiera sido capaz de discernir entre una y otra, ante la mayoritaria opinión de los diversos grupos de las JJ.CC. que, aunque hubiera quienes no comulgaran plenamente con los soviéticos, sobre todo los italianos, lo hacían menos con los chinos. Así que la ausencia de chinos y albaneses —en cuanto a los norcoreanos, era poco consciente de las políticas que defendían, e incluso de su existencia como país, en la pelea chino-soviética— que según aquella prensa, de y para el XIII Congreso checoslovaco, y las explicaciones que daba, con ataques y acusaciones de traidores y aventureros, incluso a los chinos, se consideraba normal. Porque, escuchando como a veces hacía, Radio Moscú o Radio Pekín en emisiones en español, los soviéticos hablaban de los chinos como del "grupito de aventureros del PCH"; y a su vez los chinos trataban a los soviéticos de "camarilla social fascista". Así que a nadie podía extrañar que la propaganda tuviera los mismos tintes argumentales contra los chinos y lo que representaban en aquellas disputas.

Según se podía leer en aquella prensa, no había el menor asomo de crítica a la gestión de los dirigentes checoslovacos a pesar de desastre de la misma, prensa hecha para ensalzar a los dirigentes de P.C. Checoslovaco, los preámbulos sobre la solidaridad con el pueblo de Vietnam, los posicionamientos duros pero de pasada sobre las políticas de Alemania Federal; y tras los persistentes aplausos desbocados de rigor, tanto a Breznev como a Walter Ulbricht, enseguida se entraba de lleno en el verdadero problema de Checoslovaquia, que no era otro que la profunda crisis económica, que evidentemente no se podía enmascarar con discursos voluntaristas o de reafirmación "inequívocamente revolucionaria", más que para contentar a la casta política, en un alarde de autocomplacencia puramente retórica, y para alegrarle los oídos al tantas veces besado Breznev. La realidad del retroceso económico era evidente, ante el fracaso de los planes quinquenales que habían convertido al país, posiblemente el más tecnificado y desarrollado del campo socialista, en un país estancado y burocratizado.

Naturalmente todos esos discursos, que eran duros, no se reflejaban en su total significado en aquella prensa, ni en la prensa de fuera del congreso, y tampoco servía para que los máximos dirigentes, sobre todo el presidente Novotny, hicieran una autocrítica, poniendo sus cargos a disposición del Congreso, sino que todo hacía pensar, como así fue, que la misma nomenclatura, con Novotny a la cabeza, que había llevado el país a aquella situación, sería la que tendrían que poner en marcha la supuesta recuperación económica. Una de las recetas que se barajaban era la de descentralizar la economía y permitir que tuvieran mayor autonomía de gestión las industrias, y allí donde fuera posible que entrara capital privado. Curiosamente estos planteamientos los hacían los que desde posiciones férreas pasaban por ser los más ortodoxos hasta entonces, totalmente condicionados por las orientaciones de la Unión Soviética, y que, según alguno de los asistentes, daban los discursos para que fueran agradables a los oídos de los máximos representantes soviéticos, representados en el Congreso por el secretario general del PCUS y jefe del gobierno.

Naturalmente toda esta discusión estaba dentro del Congreso, intramuros, y sólo porque algunos de los camaradas invitados de la delegación española, que tuvieron acceso al plenario y a las comisiones, bien como periodistas o como invitados, y que estuvieron departiendo con nosotros unas horas, supimos de lo agrias que eran las discusiones, que no auguraban unos debates nada tranquilos. La contestación ya se hacía evidente entre algunos sectores, aunque el aparato era firmemente dominado por la dirección teóricamente saliente. "La sociedad checoslovaca —decía alguno de los camaradas— estaban pendiente del Congreso, pero lo cierto es que no esperaban gran cosa de él, la gente quiere participar, pero hay que romper los corsés y tener confianza en el pueblo para resolver sus propios problemas, y eso no es precisamente lo que se aprecia que sea el deseo de la Dirección checoslovaca; pero tampoco los que se oponen tienen claro cómo ha de ser esa participación sin que se les escape de las manos; esa es la cuestión". Un camarada español que vivía en Praga, en cambio, decía que la gente estaba bastante harta y no esperaba nada de aquel Congreso, como no esperó nada del pasado, que había que cambiar muchas cosas en el marco del socialismo para que el ciudadano se sintiera implicado. Había muchos comunistas —decía— que se sienten marginados, cuando no represaliados. Alguno dijo que los comunistas españoles no eran muy bien vistos por el aparato del partido checoslovaco.

Yo asistía a aquellas discusiones "entre españoles" sin saber muy bien dónde estaba, porque si había dos posiciones entre los que eran ajenos a lo que se ventilaba allí, como eran ellos, que lo veían desde fuera, qué no debería haber entre los propios comunistas checoslovacos, responsables, para bien o para mal, de la situación que atravesaba el país. Y me sorprendió saber que los comunistas españoles no fuéramos bien vistos. Y creo que fue la primera vez que oí el término "lucha de clases" en un contexto diferente al que yo estaba acostumbrado en España con la dictadura omnipresente. Según se desprendía de lo que los camaradas decían, durante mucho tiempo la burocratización del partido y el Estado había ido degenerando hasta el punto de que se hacía necesaria una nueva toma de conciencia de la clase obrera, de las clases populares en general, incluida una incipiente clase media. Tampoco muchos intelectuales, que eran comunistas según decían, se sentían partícipes de aquella situación. Se dijera lo que se dijera, era evidente que las clases populares estaban ausentes del Congreso a pesar de que se suponía que el mismo era de su partido, "del partido de la clase obrera". Era —decían— un Congreso compuesto de funcionarios que a través de esa burocracia se habían convertido en una clase social atípica, endogámica, que dominaba el aparato del Estado y toda la vida pública, que no dejaba respirar a la sociedad en su natural renovación. Y por lo tanto era urgente que hubiera un revulsivo revolucionario que permitiera corregir el rumbo. Revulsivo que debía surgir de la clase obrera en una lucha de clases que devolviera el poder a la sociedad.

Digerir en aquel tiempo todo esto no era fácil para mí. De hecho tardé mucho tiempo en comprender que realmente la lucha de clases no era algo del pasado y sólo de los países donde la burguesía detenta el poder, y no de allí donde se supone ha sido sustituida por la lucha política y social; y el propio Lenin, antes de que la Revolución de Octubre tuviera lugar, ya lo advertía. Pero todo aquello quedó impregnado en mí sin que yo pudiera tener exacta conciencia de lo que pasaba. Supongo que es lo que a tantos comunistas ha anulado, al no tener una actitud crítica cuando ha correspondido en algunas cuestiones fundamentales de nuestra historia. El seguidismo y la fe en todo cuanto considerábamos indiscutible, anulaba muchas veces a dirigentes obreros de mucha valía, que con otras actitudes más críticas habrían hecho más por conseguir sus objetivos. La peor función que podía hacer un dirigente obrero que pretendiera luchar por los derechos de los más débiles, de la mayoría de la sociedad, era pensar que callando u ocultando los errores o las malas prácticas políticas "para no darle armas al enemigo, para no hacer propaganda a favor del enemigo de clase", lograría avanzar mejor en la lucha en general. Porque los avatares de la historia del movimiento obrero en general, y de los comunistas en particular, están plagadas de heroísmos, pero también de miserias, y todo aquello que no se había resuelto como es debido en su momento, acabaría por resucitar con mucha más virulencia. Y entonces sí que sería un arma demoledora en manos de la reacción.

Al Congreso, encabezando la delegación española del PCE, asistía Dolores Ibárruri, *Pasionaria*, según me dijeron después. Desconozco quiénes eran el resto de los miembros relevantes del partido que asistieron como delegados, a excepción de Enrique Líster a quien tuve ocasión de conocer en Praga. Para mí, por las muchas veces que tanto mi padre como otros trabajadores que habían estado con él en el frente me habían hablado del general del Quinto Regimiento republicano, era alguien legendario, alguien mitificado por la mente un tanto aventurera que anida en todo ser de la edad que yo tenía entonces, veintiún años. Desde aquel día, en un hotel de Praga, el mito se me cayó, se vino abajo. Lo que no mejoró con los años, todo lo contrario, por los devaneos políticos por los que trascurrió su militancia, como de alguna manera ya he apuntado más arriba. Me pareció un hombre al que la experiencia no le había suavizado las formas; rudo y bravucón, levantaba la voz en demasía en un espacio reducido, como era un salón del hotel que ocupábamos nosotros, pero también otras gentes; un hombre que a mi parecer seguía viviendo de las rentas que le otorgaban el haber sido uno de los hombres del ejército republicano más conocidos por sus hazañas, ciertas todas o no, ajustadas todas ellas a la lógica de una guerra, pero también a la de un dirigente comunista, y uno de los que pasaban por ser un valiente en la lucha. Todo eso cierto o no, porque como todos sabemos son los soldados los que luchan y los generales los que se llevan las medallas, muchas veces merecidas, pero no siempre. En las pocas horas que pasamos con él, los jóvenes que nos sentíamos muy halagados por aquella oportunidad de conocer a quien creíamos —al menos yo así lo consideré— parte de la historia viviente de nuestra guerra, fuimos testigos de su trato agrio y decepcionante, difícil y nada edificante para gente de nuestra edad. Explicaba lo que estaba sucediendo en el Congreso y se lamentaba de los derroteros que tomaba aquello, más por el riesgo que suponía para todos los comunistas de que salieran a la luz todas las políticas erróneas, que por los errores en sí mismos. Reconozco que entonces yo no estaba en condiciones de calibrar bien sus palabras, pero eran ambivalentes. Por una lado se debía hacer una política aperturista para salvar el desastre económico, pero esa política la tenían que aplicar los causantes del desastre. Y lo que se llamaba aperturismo era que participaran de verdad los obreros y otros sectores de la sociedad. Y Líster estaba de acuerdo con los que mandaban, pero le dolía que fueran ellos los que fueran atacados como revisionistas por una parte del partido, y calificados sin ambages como derechistas, al tiempo que aventureros y tramontanos; yo me perdía entre aquel mar de confusos calificativos de Líster, porque atacaba a los que consideraban que había que cambiar el rumbo la política económica, pero no sólo ésta, ya que una cosa llevaba a la otra: Dar mayor poder de decisión a los trabajadores. Cosa que Líster veía bien, pero sólo sobre el papel, ya que veía enemigos del socialismo por todas partes, y por su reacción, también entre los trabajadores. En realidad percibí un Líster cómodo en la burocracia y sin modificar nada que trastocara sus primigenias cuatro ideas, que diera al traste con sus esquemas asimilados hacía mucho tiempo. Sus actitudes arribistas se confirmaron tiempo después al acariciar la idea de dirigir el PCE, contra Carrillo, al que por otro lado nunca osó enfrentarse hasta que rompió con el partido, con el apoyo de algún sector del PCUS, que en realidad lo utilizó para su propios intereses dentro de las luchas que ya hacía tiempo se desarrollaban en el seno del partido soviético, como se vería mucho tiempo después.

Otro hombre que también estaba allí, pero que en los primeros momentos guardó silencio, y que yo no conocía, era Antonio Cordón, otro general, éste de carrera. Cuando pudimos tratar con él de forma amigable comprobamos que no se le parecía en nada, ni en el trato en cercanía, a Líster. Aquel hombre, ya bastante mayor, irradiaba confianza y conocimientos por todas partes sin alharacas ni exhibiciones de batallas pasadas. Nos animaba a estudiar, no sin ciertas dosis de paternalismo, más propio de la edad que de lo que había sido como militar leal al gobierno de la República; nos animaba a prepararnos para el futuro. Aquel sevillano que se acogió a la llamada Ley Azaña y se retiró, cuando el levantamiento fascista se reincorporó sin vacilar al ejército, siendo uno de los artífices en lograr que un ejército popular y sin disciplina, se convirtiera en otro de verdad, con su escala de mandos y disciplinado. No era nada sectario en sus opiniones, al menos con nosotros, a pesar de que dijéramos algunas tonterías por nuestra inexperiencia. Decía que nosotros, los jóvenes, éramos la única esperanza para España. Años después, leyendo su libro de memorias *Trayectoria* confirmé la buena impresión que me causó. Moriría al cabo de tres años en Roma.

V

De Praga a Varsovia. Sofía. La Asamblea de FMJD. Yuri Gagarin

A la mañana siguiente, tras un día y medio de estancia en Praga salimos en avión en dirección a Varsovia, donde sólo estuvimos unas horas para cambiar de avión y dirigirnos a Budapest, donde supongo que por razones de horarios nos trasladaron a un hotel a la espera de regresar de nuevo al aeropuerto para después ir hacia Sofía, Bulgaria, sede del Congreso de la FMJD. Mirando el mapa se me antoja extravagante el viaje, pero supongo que esa debía ser la norma para compaginarlo con las necesidades de los vuelos o de los compromisos de viajeros que tuvieran las compañías aéreas. Me parecía extraño, pero parece que es bastante normal en el mundo de la aviación civil, ya que mucha gente que se dirige desde España a América, lo hace pasando por aeropuertos europeos alejados, para recoger a otros viajeros y para abaratar costes, según se dice. Pero como yo en esto era novato, me extrañó, ya que yo aplicaba la lógica de que el trayecto más corto entre dos puntos era la línea recta. Pero al parecer eso no siempre es así.

Los traslados de un aeropuerto al hotel los hacíamos en unos destartalados autocares que iban muy lentos y me recordaban los que yo había tomado hacía muchos años en Tarrasa, conducidos por Juan Gibert, para llevarnos a la Mata y a Mura. Los conductores parecían verdaderos autómatas que cumplían con su cometido, pero a los que era muy difícil sacarles una palabra, ni la menor sonrisa, y menos alguna confidencialidad, aunque fuera del tiempo. Seguramente pensarían que nosotros éramos gente privilegiada y ellos tenían que servirnos o algo así. Mi impresión era que estaban permanentemente cabreados, pero lo atribuíamos a que el carácter de la gente de esos países era muy diferente al nuestro latino, ruidoso y abierto a charlar con cualquiera. Esa actitud distante y antipática, era la misma en todas las personas con las que tuve que relacionarme en los países socialistas por los que viajé durante aquellos días y que tuvieran algo que ver con los servicios. Incluso descubrí que alguno se enteraba de todo cuanto hablábamos porque entendía español perfectamente, pero sin intervenir nunca.

En los mismos autocares nos acompañaban los funcionarios que, eso sí, lograban que todo funcionara lo mejor que podían respecto a los horarios e itinerarios, como un reloj, a pesar de que ni españoles ni italianos se lo poníamos fácil con nuestra habitual indisciplina y retrasos en la hora en que habíamos quedado para salir. Pero lo cierto es que éramos los únicos que le dábamos un poco de diversión al viaje, rompiendo la seriedad, cantando canciones revolucionarias o populares y riendo por cualquier cosa, a veces ayudados con alguna botella que, casi siempre italianos, sacaban en el momento menos esperado para brindar por cualquier ocurrencia. Como los trayectos duraban bastante, a pesar de que las distancias no eran más que hasta el hotel, nos permitían ver por la ventanillas los campos en recolección y los vehículos que circulaban por ellos, alternándose tractores y maquinaria agrícola diversa con animales tirando de carros, lo que me recordó España, pero quizá la de unos pocos años antes. En Hungría ni tan siquiera pasamos por Budapest ni por ninguna ciudad importante, ya que al cabo de unas horas nos vinieron a recoger para tomar el avión definitivo hacia Sofía.

Sofía en aquel tiempo, y tal vez porque era casi verano, era una ciudad que me pareció muy agradable, limpia, al menos en los lugares donde yo estuve, llena de flores, particularmente de rosas, con calles amplias y adoquinadas, y con cierto regusto arquitectónico de otros tiempos que a mí me llamaba la atención. Había poco tráfico, acostumbrado a Barcelona, y sobre todo lo que había visto en París, que me pareció una locura; en las calles sonaba música por los altavoces instalados para el evento que se avecinaba, la Conferencia de la Juventud, que resultaba muy agradable y que supongo era una forma de bienvenida a los delegados de la FMJD. Nos llevaron a un hotel donde conocí a otro camarada que se llamaba Elías Gutiérrez, nombre que yo había leído en alguna publicación de la Unión de Juventudes Comunistas de España (UJCE); se trataba del Secretario General de la misma, aunque cuando lo pregunté me dijeron que sólo lo era de la emigración. Me arriesgo a pensar que me dijeron eso porque aunque fuéramos una organización clandestina, para elegir a un secretario general como mínimo debía haberse celebrado un congreso, o al menos una conferencia, como se hacía para tal cometido en el partido, con todas las limitaciones que imponía la clandestinidad. Y no era el caso. Nunca supe si Elías Gutiérrez era un hombre del exilio o de la emigración, pero la impresión que daba era de lo primero, porque creo recordar que en alguna conversación habló de su madre, que entendí estaba en el partido y vivía en Francia o en algún otro país de Europa. Elías era un personaje al que nunca después supe por dónde anduvo, ni siquiera si cuando murió Franco ocupó algún cargo o actividad en el partido o en alguna institución. Sí me pareció durante los días que estuvimos juntos que era de gustos refinados, muy alejado de los que yo y los otros dos delegados de Madrid estábamos acostumbrados. Si tuviera que explicar el por qué, quizá no sabría cómo, pero era toda una forma de comportamiento, de gestos, hasta en los mínimos detalles, que me lo hacían creer así; más propia de una educación refinada que la que había tenido yo. Tampoco en todos los años posteriores conocí a nadie que hubiera tratado con él, solamente una vez le oí a Antonio Abad decir que lo había conocido en París, pero sin poder darme más detalles. Tampoco en las publicaciones a las que he accedido aparece su nombre. Cabe pensar que fuera nombre de guerra y después no supiera de quién se trataba.

Al día siguiente de llegar a Sofía, que era en torno al 10 de junio, de 1966 empezaba la Conferencia. Había gente de todos los lugares del mundo y de todas las lenguas y razas que integraban las delegaciones, algunas de las cuales ya había conocido en Praga. Había un intercambio de saludos entre unas delegaciones y otras, con mayor o menor efusión en función de las cercanías o simpatías que cada una de ellas inspiraba a las demás. Estaban claramente marcadas las diferencias o semejanzas en cuanto a los planteamientos ideológicos de cada delegación, no siempre sustentadas en lógicos planteamientos políticos, sino por cuestiones de afinidad con el país en cuestión. A nosotros nos ubicaban claramente junto a los países socialistas de Europa, fundamentalmente de la Unión Soviética. Pero eso no fue obstáculo para que la mayoría de delegaciones de todo los países que de una manera u otra eran comunistas, de los países socialistas incluidos, se interesaran por nosotros y por la situación de España. Aunque éramos una delegación de poca presencia en número, y de escasa importancia y menos recursos, constituíamos un referente para muchos de los delegados que consideraban a España, digna de ser tenida en cuenta; y se trataba de una oportunidad de hablar con nosotros. Curiosamente, entre muchas delegaciones lejanas en todo para mí, como podían ser los chinos, coreanos —de las dos Coreas —y otras delegaciones de países de cuya existencia ni siquiera sabía, encontré algunos que hablaban español, casi todos con acento cubano.

Recuerdo que, para mi sonrojo, la mayoría de ellos me hablaban de los escritores españoles, a los que yo no sólo no había leído, sino que apenas conocía más que de nombre, y eso referente a los que más se mencionaban en el partido, porque los había que ni me sonaban ni poco ni mucho, y sin embargo eran importantes en la vida cultural de aquellos delegados. Federico García Lorca, Alberti, Miguel Hernández y Machado eran al parecer de lectura habitual para aquellos extranjeros, que me hablaban de "mis" escritores dándome detalles hasta el extremo de recitar de memoria algún fragmento de sus poemas o pensamiento. Una delegada rumana, en un español aceptable se interesó por Camilo José Cela, a quien yo conocía de forma superficial por haber leído su *Viaje a la Alcarria* y porque entonces se mencionaba mucho en los medios españoles. La rumana trató de que le explicara pormenores del escritor, su obra y de sus posiciones políticas. Ella parecía entusiasmada e hizo referencia a obras cuyos títulos no recuerdo. Por fortuna me echó un capote Javier, mi compañero madrileño de delegación, quien dijo que Cela era un escritor poco cercano a nosotros, lo contrario de muchos otros que en España no eran tan bien vistos como él, lo que ya daba una idea de por dónde iba la opinión que del escritor gallego tenía mi compañero. Cuando pudimos quitarnos de encima a la rumana, Javier me dijo que Cela podría ser un buen escritor, que eso él ni lo afirmaba ni lo desmentía porque nunca había pasado de la página veinte de ninguno de sus libros, pero de lo que sí estaba seguro es que era un facha, y que había oído que había hecho de censor durante franquismo, e incluso que había denunciado a alguno de sus compañeros por rojos en otros tiempos; vamos, que era un "chivato franquista", dijo. Aquellas palabras de Javier no sé si marcaron a partir de entonces mi ya de por sí pocas simpatías por el que después sería Nobel de literatura, pero lo cierto es que sus artículos periodísticos jamás pude digerirlos y de su obra sólo pude leer —y ciertamente me gustaron— *La Colmena* y *La familia de Pascual Duarte.*

En la Conferencia había un servicio de traducción para que todos los documentos de todas las delegaciones fueran traducidos al resto de los idiomas de las delegaciones, donde uno podía conocer no sólo lo que pensaban presentar ante el pleno y las comisiones, sino hasta la opinión que cada una de ellas tenían sobre las demás, lo que constituía un trabajo enorme, que realizaban los búlgaros; rebuscando se encontraban algunas opiniones sorprendentes; sobre todo los documentos de la delegación china y la albanesa eran puro insulto hacia las delegaciones soviéticas y lo que ellos llamaban "los revisionistas soviéticos y su lacayos del *socialimperialismo*, aliados al *tigre de papel*, los Estados Unidos, etc.", frase de Mao que repetían como una coletilla en todo discurso, viniera o no a cuento. Parecía hasta infantil, si no fuera por la trascendencia que dicha situación generaba en el movimiento comunista internacional, y sobre todo en las clases populares y en los dirigentes obreros de aquellos países que veían a ambas potencias, China y la URSS, como avanzadilla de sus propias luchas, de manera especial los que mantenían una guerra en primera fila contra el imperialismo, como Vietnam, que trataban de mantenerse equidistantes entre unos y otros, y también los países de América Latina, Asia y África. Ya por entonces no hacía mucho se habían producido hasta enfrentamientos armados entre el ejército chino y el soviético en la frontera, cerca del río Amur, nombre que yo desconocía por completo, y seguro que la mayoría, pero que desde entonces me quedó en la memoria como uno de los acontecimientos más desgraciados entre dos países que se llamaban socialistas. El enfrentamiento se saldó con varias decenas de muertos por ambas partes, y cada uno de los bandos rentabilizó para su propaganda acusando al contrario de toda la responsabilidad, tratando de ganar adeptos, utilizando dicha función algunos aspectos puramente étnicos, militares y geográficos sobre la forma de la agresión del contrario, en lugar de argumentos políticos. Los chinos trataron de atraerse a los asiáticos, lo que no lograron en la mayoría de los casos, y los soviéticos a los latinoamericanos, que tampoco, porque muchos de los movimientos guerrilleros de Sudamérica se consideraban *prochinos*, y hasta en Europa proliferaron los grupúsculos que se consideraban maoístas. El propio PCE se sintió afectado por varias escisiones de algunos dirigentes que adoptaron esas tendencias, las cuales sufrirían a su vez sucesivas escisiones hasta convertirse en algo totalmente desconocido, pudiendo simpatizar con Euskadi Ta Askatasuna (ETA), con la Libia de Gadaffi, o con la Albania *pura*. Curiosamente, muchos de estos que enarbolaron las banderas más rojas de la lucha revolucionaria, soñando y viendo la revolución a la vuelta de la esquina, que consideraban al PCE de entonces "revisionista" y responsable de que no se llevara a cabo la misma, acabarían siendo incondicionales del PSOE cuando éste accedió al poder y podía repartir juego —léase cargos—, e incluso algunos avispados lo harían antes, intuyendo que el negocio estaba en entrar en el partido de González y Guerra, con buen olfato para los negocios. Basta repasar las biografías de muchos de ellos para ver la mutación exterior que tuvieron al pasar de la "vietnamita" y el discurso encendido de revolucionarios profesionales, a los trajes de Armani, coche oficial, tarjeta visa-oro y actas de diputados o alcaldías. Sin olvidar los que directamente se fueron al PP, cuyos nombres son perfectamente identificables.

En las discusiones entre chinos y soviéticos participaban los albaneses de una forma que resultaba hasta cómica, por el seguidismo a los chinos que practicaban, y por su antisovietismo, realmente demencial y primario. Como ya se ha apuntado, años después romperían también con los chinos porque, según ellos, también éstos habrían dejado de ser puros. Ya sabemos la pureza que practicaba Enver Hoxha, que de forma un tanto caprichosa establecía relaciones diplomáticas y las rompía con diversos países socialistas, en función de sus posicionamientos políticos en cada momento. Ya hacía tiempo que había roto con la URSS, denunciando el *revisionismo* de Kruschev, quedando prácticamente aislado. En la Conferencia sólo tenían contacto con algunas delegaciones del Tercer Mundo, y naturalmente con los chinos, de los que parecían sus escuderos en todas las intervenciones, que curiosamente solían hacer a dúo, esto es, en un mismo turno tomaba la palabras uno de ellos, y al cabo de unos minutos éste callaba y se la cedía a su compañero, que continuaba su argumentación con el mismo hilo y hasta tono que el anterior, sin que pareciera que el cambio modificara nada.

Pero no sólo era en lo que llamábamos el campo socialista, entre chinos y soviéticos, donde las disputas echaban chispas hasta lo inimaginable. También afloraban allí de forma descarnada las disputas entre los árabes e israelíes, posiblemente con mucha más crudeza, porque en todas sus intervenciones se acusaban mutuamente de todo. Aquellas discusiones parecían sacadas de los debates de la ONU. Pero lo que yo no podía entender era a aquellas delegaciones, que se suponía eran democráticas y de izquierda, y en las que por lo tanto no cabían justificaciones como las que hacía la delegación de Israel de la política llevada a cabo por sus gobiernos, en lugar de condenarlas en sentido progresista y antiimperialista. Jóvenes de países árabes acusaban a los jóvenes de Israel, y viceversa, sobre lo que hacían sus respectivos gobiernos reaccionarios. Naturalmente los países árabes, que estaban en delegaciones de sus respectivos países, consideraban a los israelíes herederos de los nazis, y eso que todavía ni de lejos los gobiernos de Israel habían llegado a cometer ni una mínima parte de los crímenes que perpetrarían algunos años después contra los palestinos, y en los que participarían tanto los llamados halcones de la ultraderecha, como los laboristas, aplicando las mismas políticas reaccionarias, de ocupación, represión y genocidio del pueblo palestino.

Y otros jóvenes procedentes de las colonias inglesas acusaban a los de Inglaterra de imperialistas. Eso sí, tanto los que eran de Inglaterra como los norteamericanos acusaban a sus respectivos gobiernos. Así que era difícil comprender la razón por la que aquellos delegados no condenaban sin más a toda la reacción sin tratar de salvar a sus gobiernos, cuando ellos sabían muy bien desde sus supuestas posiciones políticas antiimperialistas, que esa especie de nacionalismo, molestándose cuando los atacaban los demás, no tenía razón de ser, ya que se estaba atacando a sus gobiernos, no a sus pueblos. Pero como las cosas a veces discurrían con cierta irracionalidad, llegándose a la descalificación personal, se respondía con la misma actitud. Muchas veces he pensado que en realidad la mayoría de aquellos delegados no eran más que representantes de sus gobiernos, camuflados entre otros como movimientos de liberación.

La guerra de Vietnam se desarrollaba con toda su crudeza, y la delegación vietnamita, tanto la del Vietcong, que luchaba en el sur, como la de Vietnam del Norte, eran las que más apoyos y reconocimientos recibían de todos los delegados. Ellos, también en aquella Conferencia mantenían relación con todos, tratando de que las disputas chino-soviéticas y sus respectivos comparsas, no les afectaran, por la necesidad que tenían de ayuda, fundamentalmente la soviética, pero también del resto de los delegados, que si bien en forma material no eran importantes, para los vietnamitas sí lo eran, ya que tales ayudas posibilitaban el conocimiento por todo el orbe de su encarnizada lucha y resistencia contra el invasor ejército más poderoso del mundo.

Las delegaciones, su número, a mi parecer estaban compuestas según el criterio de cada una. Las más numerosas eran sin lugar a dudas la soviética y la china, y las había que sólo llevaban un representante, como era el caso de Brasil con un solo delegado. En Brasil, hacía poco más de un año que había habido un golpe de Estado contra el presidente João Goular con el apoyo del gobierno de Estados Unidos, como no podía ser de otra manera. Como se desató una feroz represión contra los partidos democráticos y de izquierdas, el delegado, que era, o a mí me lo pareció, un hombre bastante entrado en años, justificó la ausencia de jóvenes por estar en las cárceles o haber sido asesinados muchos de ellos tras el golpe.

Otra de las delegaciones que recuerdo por razones de cercanía con la española, era la cubana. Iban de prepotentes, dando lecciones de revolución a todo el que quería oírlos, y a pesar de las simpatías que despertaban causaban cierta irritación sus comportamientos, no sólo por las intervenciones de sus delegados o por su trato con los demás, sino hasta en su comportamiento personal. Una camarada española que estaba estudiando o vivía en Sofía, y que se unió a la delegación española para echarnos una mano en la elaboración de documentos o facilitarnos el trabajo y la estancia, nos dijo que la irritación entre los búlgaros con respecto a ellos era insoportable. Se creían con derecho a todo y hasta las habitaciones del hotel las dejaban hechas un asco, y los escándalos hasta altas horas de la noche eran continuos. Se debían de creer que estaban en su Cuba bailona y no tenían en cuenta que en el hotel había otras gentes, turistas alemanes sobre todo, que querían dormir. Pero todo se les toleraba. Parecía que tuvieran carta blanca en todo y que el haber hecho la revolución en Cuba era más que suficiente para considerarse por encima de los más elementales comportamientos. "Los del hotel —nos decía la camarada —no saben cómo hacerlo para que comprendan que hay que guardar ciertas formas de respeto hacia los demás huéspedes, que pueden o no estar de acuerdo con sus maneras de pensar".

Curiosamente, ocurrió un hecho que quedó en mi memoria, y esto es algo que hasta a mí me sorprendió. En una ocasión que tuvimos necesidad de preparar algunas de las intervenciones para el día siguiente, tras acabar la cena decidimos quedarnos un rato en alguna de las habitaciones para hacer el trabajo conjuntamente, los delegados españoles y la camarada que nos ayudaba. El conserje nos dijo que no podíamos, que de ninguna manera. Y con displicencia se fue a hacer otras cosas y nos dejó con la palabra en la boca. Como era imposible entenderse con él, a pesar de que la camarada mal que bien se hacía comprender, recurrimos a la intérprete, una joven estudiante búlgara de la J.C., que trató de hacerle comprender al conserje que no armaríamos jaleo, que íbamos a trabajar unas horas para la Conferencia, ya que nos resultaba más cómodo que volver a una sala de la universidad donde se celebraba la Conferencia. Pero no había manera. Al final, Ana, la intérprete, por decisión de Javier, se decidió por exigirle que llamara al director del hotel, a lo que el conserje se negaba, ya que, según decía, no se le podía molestar a aquellas horas —eran poco más de las ocho de la tarde —y que él, el director del hotel, ya le había trasmitido las órdenes que tenía. Pero como no nos marchábamos no tuvo más remedio que llamarle y al poco rato bajaba un rechoncho personaje, de cara roja —"harto vino", diría después Javier— con actitud molesta. Ana le repitió nuestras intenciones. El burócrata director empezó una discusión con la chica, levantando la voz, y al final se marchó como había venido sin darnos solución a nuestra demanda, entre gritos y supongo que insultos y amenazas hacia la chica, que se veía con la cara demudada.

El problema era —nos explicó Ana— que nosotros, los que dormíamos en el hotel, sí podíamos subir, pero no ella, la intérprete —de la que nos habíamos hecho muy amigos y que se sentía muy bien con nuestra compañía, que rompía la rutina, aparte de que perfeccionaba su español—, porque era menor de edad. Ni la otra camarada española; no porque no fueran huéspedes del hotel, que ciertamente no lo eran, sino ¡porque eran mujeres! Y naturalmente no estaban casadas con ninguno de nosotros. A medida que Ana iba traduciendo la discusión con el "camarada director", se nos iba quedando la cara de idiotas. No nos lo podíamos creer. Que en un país supuestamente socialista, en el que se suponía que esos "prejuicios burgueses" tantas veces enarbolados con la boca pequeña, habrían quedado atrás, el que personas de distinto sexo pudieran subir a una habitación de hotel, para lo que les diera la gana, fuera un obstáculo insalvable, decía mucho y nada bueno de cómo se entendían las relaciones humanas y la libertad por parte de la burocracia, más cercana a un director de internado religioso que a un hotel, donde se suponía que la gente tenía derecho a su libertad personal sin rendirle cuentas a nadie. Al final decidimos entrar los cuatro delegados solos, con habitación, sin la camarada que nos ayudaba ni por supuesto la intérprete, que se llevó un gran disgusto.

Los delegados cubanos, en las intervenciones que hacían tanto en las comisiones como en los plenos, al principio eran recibidos con simpatía, pero a medida que avanzaban las sesiones, se granjearon ciertas antipatías. Sobre todo de los presidentes de las mismas. Habían copiado casi todos los gestos del Comandante Fidel. Todos intentaban imitar sus dejes gesticulando hasta con la voz. Y sobre todo alargar las intervenciones y discursos innecesariamente, hasta el extremo de que el presidente de la comisión o del pleno debía llamarles la atención, primero pidiéndoles amablemente que concluyeran, y después, visiblemente enfadado apelando a la asamblea para que fuera el pleno quien decidiera. Alargar el discurso parecía lo fundamental, con o sin contenido. Uno de los cubanos, muy joven, seguramente más que yo, con el que simpaticé, comentándome su siguiente intervención en la asamblea general me dijo, no de lo que iba a tratar, sino de su duración: "al menos de hora y media". Todo un lujo de duración de oratoria, más por su extraordinaria duración que por su contenido —que olvidé— sin embargo, tuvo que oír varias veces que abreviara.

Yo asistía a todas aquella discusiones en silencio, con el traductor simultáneo en las orejas, situándome solidariamente con los cubanos, por jóvenes y por cubanos, por mis simpatías hacia su revolución y por verlos cercanos a España, y no sólo por el idioma. Para mí eran los héroes que habían hecho la revolución en su país y los demás carecíamos de legitimidad para decirles cómo debían hablar y cuánto debían durar sus intervenciones. Era la solidaridad inconsciente y automática del ignorante, pero así era, y no sólo en mi caso. Lo que sí se percibía era que molestaba a muchos, y a mí me extrañaba; parecía que a ellos les importaba más la exhibición de su delegación, e incluso personal, en aquel foro internacional, que tratar de atenerse a las normas y comprender a los demás, sus condiciones en cada uno de los países. Así que solían soltar sus discursos y con la excusa que fuera, o sin ninguna, que tampoco les hacía falta, salían de la reunión, ya que al parecer no les interesaba demasiado lo que otros dijeran. Ellos eran el centro y nada parecía interesarles de los demás porque al parecer ya estaban en otra etapa, eran los demás los que tenían que aprender e imitarlos a ellos, sobre todo los que pertenecían al continente americano. Y seguramente era cierto en algunas cosas, pero no les hubiera ido nada mal unas gotas de humildad para con aquellas delegaciones llegadas de países en condiciones muy dificultosas. Así que aunque las simpatías eran claras, cuando tenía ocasión de charlar con alguno de los compañeros sudamericanos se manifestaban algo molestos por el cierto grado de prepotencia que exhibían los cubanos.

El representante de Ecuador, hablando conmigo sobre la situación de su país, donde al parecer en una de esas carambolas de América Latina en que ora hay un régimen de libertades políticas en que se podían mover, ora han dado un golpe de Estado y hay una dictadura y represión, aprovechando un paréntesis de la primera, me dijo que salió de su país con toda normalidad. Ante mi pregunta de cómo iban las cosas en su país, me dijo que ahora algo mejor porque no los detenían ni los asesinaban impunemente, pero que no sabía cuánto duraría, porque en América todo funcionaba así, a golpe de decisiones de las grandes compañías norteamericanas, que eran las que decidían qué tipo de gobierno les convenía en cada momento. Si interesaba que hubiera un poco de libertad para "vender" la supuesta democracia, o cortarla porque temían que llegara demasiado lejos y pusiera en peligro los beneficios de la oligarquía y sus amos, las compañías norteamericanas. Yo le dije que en aquel momento, y gracias a la revolución cubana, lo tendrían mucho más fácil porque podrían tener la ayuda y la solidaridad del pueblo cubano. A lo que me respondió: "Mejor que no nos ayuden tanto". Y no continuó, pero yo me quedé perplejo porque en mi ignorancia no comprendía las difíciles relaciones y disparidad de intereses que podía haber entre los partidos comunistas y movimientos de liberación de América Latina y los dirigentes de la triunfante revolución cubana en aquellos años de comportamientos un tanto prepotentes que podían dar la impresión de que todos los que no aceptaban sus puntos de vista, estaban, en el mejor de los casos, desviados del camino revolucionario, cuando no eran tildados directamente de traidores. Tanto era así que en no pocas ocasiones reconocían a movimientos o partidos enfrentados a los partidos comunistas. Muchas veces aquellos movimientos estaban más cercanos al aventurerismo que a otra cosa; eran de orientación cristiana, creados por las burguesías locales como modo de controlar las actividades de los movimientos de masas o revolucionarios, y la mayoría de las veces acababan en su liquidación. Mi visión, qué duda podía caber entonces, era que los cubanos estaban en lo cierto, ellos habían hecho la revolución. Esto era lo que machaconamente condicionaba mi opinión.

Los cubanos en la Conferencia se relacionaban mucho más y mejor con los llamados movimientos de liberación, muy variopintos ellos, a veces sin ideología conformada, o camuflando posiciones verbalmente revolucionarias, pero reaccionarias en el fondo, al lograr que los trabajadores desistieran de seguir adelante en sus luchas políticas y sindicales, por considerar inalcanzables los objetivos maximalistas que les proponían. Con las organizaciones comunistas, algunos de aquellos movimientos de dudosa eficacia y origen apenas tenían relación y sólo hablaban de ellos para culparlos de la situación del país y de no ser suficientemente consecuentes con la lucha, logrando que la represión sobre los comunistas fuera mucho más dura.

Entre aquellos delegados de movimientos guerrilleros que asistían a la Conferencia, algunos de la mano de los cubanos, abundaban mucho más, por no decir que los componían en su totalidad, los elementos procedentes de la burguesía de aquellos países, que como casi siempre han sido vanguardia por razones obvias de los movimientos de protesta, pero que al carecer muchos de ellos de la estrategia marxista, aunque se proclamaran más marxistas que nadie, no lograban aglutinar a sectores del campesinado pobre y menos de la clase obrera, en aquellos lugares donde ésta como tal existiera, y se agotaban y cocían en su propia salsa.

Pero el hecho de que la revolución cubana hubiera triunfado, y hubiera sido esa burguesía la que supo trasformar una protesta en un movimiento general, hizo que surgieran movimientos guerrilleros, a veces románticos, como le suele pasar a un sector de la burguesía impaciente, que cree que puede dirigir la revolución con sólo alzarse, sin tener en cuenta todo el complejo social y diverso del país, incluso en aquellos países donde el aparato del Estado se reduce fundamentalmente al represivo. Muchos creían, y así lo manifestaban a quienes querían escucharlos, que de forma automática, como había sucedido en Cuba, sucedería en el resto de América Latina, "porque los problemas eran muy similares". Los cubanos entonces, a pesar de que habían proclamado el "carácter socialista" de la revolución cubana, mimaban y se relacionaban mejor con esos movimientos que con los demás, dándoles patente de revolucionarios y criticando de forma demoledora a aquellos partidos comunistas de los países latinoamericanos que no consideraban que hubiera condiciones para una sublevación. Por eso, el comunista ecuatoriano, que debía de haber sentido en su cogote más de una vez el aliento crítico de los cubanos, me dijo aquello de "mejor que no nos ayuden tanto".

Como era lógico, mis relaciones eran más fáciles con todos los países hispanoamericanos por tener el español como lengua común. La comunicación era tan fluida que hasta en los momentos de asueto tratábamos de encontrarnos y explicarnos algunos de nuestros problemas, gustos o aficiones, de nuestros respectivos países, hasta tal punto de que no veía las diferencias entre nosotros, más allá de las que pudiera haber entre un andaluz, un extremeño o un castellano. Eso sí, pude constatar que entre todos los que conocí, sus orígenes de clase no se parecían en nada a los míos ni a los de mis compañeros madrileños. Todos, absolutamente todos procedían de sectores de la burguesía, algunos no precisamente de la pequeña. Quizá con la excepción de un mejicano y un boliviano indio; el mejicano me dijo que era hijo de comerciantes medianos y que habían tenido que hacer cierto esfuerzo para que él pudiera ir a la universidad, y que allí había sido donde tomó conciencia de la miseria de los pueblos y se había enrolado en no sé en qué movimiento estudiantil y acabado por militar en algún partido que se proclamaba marxista. El boliviano, un joven pequeño y enfermizo que me mostró unas fotografías de un jefe de guerrilla en la selva, también indio, pertenecía a un movimiento guerrillero que lo único que lograba era sobrevivir. Ese jefe de la guerrilla indio fue el que hizo lo posible para que aquel muchacho fuera a la Conferencia, con la intención de que después se quedara un tiempo en Moscú para recuperar la salud y poder estudiar en la URSS. Decía que el jefe de la guerrilla era un teórico, la pieza intelectual de aquel movimiento.

Mi intervención en la Conferencia se limitó a las comisiones, a las que tenía que asistir según mi entendimiento me permitía, sin ningún tipo de asesoramiento, completamente bajo mi criterio. Daba la casualidad, no sé por qué razón, que en la mayoría de las comisiones en las que yo tuve que intervenir, todos los delegados, normalmente entre quince o veinte, eran de otra lengua distinta a la española. Así que supongo que los otros delegados atribuirían mis inevitables meteduras de pata a la impericia de los traductores simultáneos, como yo se las atribuía también cuando algunos de los discursos de los otros delegados se hacían incomprensibles para mí. Sería instructivo al cabo de tantos años poder leer algunos de aquellos papeles con los discursos o parrafadas que solté hablando de la lucha en España, que pretendían tratar de cuestiones que a mí se me escapaban y que eran de supuesta "alta política", como dicen ahora, aunque fuera en un foro de jóvenes. Todo cuanto se decía allí era de alguna manera la repetición de lo que se decía en los foros internacionales, aunque seguramente con mucho más apasionamiento si cabía.

Pero tampoco es que a los delegados les interesara mucho lo que los demás pudieran decir, se conformaban con soltar su parrafada, provocar alguna discusión con los enemigos ya citados y con eso bastaba. Tanto es así que me sorprendió que en una sesión del plenario unos cuantos delegados usaran gafas oscuras. El motivo era que algunos daban una cabezadita entre delegado y delegado interviniente, y con aquellas gafas pasaban desapercibidos. Un argentino, de los que más protagonismo aparentaban, lo decía sin ocultar las intenciones y sin el menor sonrojo. La sesiones plenarias a veces eran tan tediosas que lo que el argentino hacía a la descarada, otros lo hacían sin decirlo o lo pensaban.

De algunos países había varias delegaciones pertenecientes a organizaciones distintas y, como pude saber más delante, de muy dispar ideología. Desde las organizaciones comunistas o de sus periferias, en aquellos países donde había partidos comunistas importantes, hasta delegados de la democracia cristiana y algunos de muy difícil ubicación ideológica, por mezclar afirmaciones contrapuestas, lo que daba ocasión para que Javier, mi compañero madrileño, dijera que algunos tenían un exceso de diarrea mental izquierdista, justamente aquellos que después se mostraban cercanos a las organizaciones cristianas.

Se rumoreaba que entre algunos de aquellos los había hasta de la CIA. Yo diría que eso debía ser lo normal, y no sólo de la CIA sino gentes camufladas de los distintos gobiernos donde había dictaduras, sobre todo de países sudamericanos. Los dirigentes del PCE trataban de que nosotros, españoles, pasáramos bastante desapercibidos y nos habían dicho que sólo habláramos con franqueza y de forma relativa con aquellos delegados presentados por el partido previamente mediante algún dirigente reconocido, y que a pesar de lo cual nos mantuviéramos herméticos sin soltar prenda en cuestiones organizativas, más allá del nombre de guerra que cada uno de nosotros había adoptado para todo el viaje, incluso entre nosotros. Y que procuráramos estar al tanto de no dar opiniones sobre otras delegaciones que pudieran herir la sensibilidad. Sobre todo en la cuestión de la controversia chino-soviética, ya que, aunque nosotros éramos claramente tildados de cercanos a la URSS, la dirección del partido no descartaba la posibilidad de mejorar nuestras relaciones con los chinos. Y al parecer a éstos no les parecía mal. Aunque estando yo presente no hubo ninguna reunión entre ambas delegaciones. Todavía no se daban las condiciones. El Partido Comunista de China mantenía su apoyo a los escindidos del PCE, a los que sin distinción llamábamos *prochinos*.

Por lo tanto es seguro que tanto el nombre de María como el de Javier fueran sus nombres de guerra, y me cabe la duda sobre Elías Gutiérrez, nombre que según algunos escritos era el verdadero. Así que una de dos, o era nombre de guerra el del secretario general de las juventudes en la emigración, o bien estaba en el exilio por la razón que fuere. Aquellas medidas de seguridad utilizando alias eran normales en todos los eventos a los que iban militantes que no eran demasiado o nada conocidos, sobre todo si procedían del interior, ya que según se decía la policía franquista en alguna ocasión había logrado introducir algún agente suyo en las conferencias cercanas a los exiliados o emigrantes, cosa que no le era muy fácil por haber muy cuidada vigilancia, aunque no se podía descartar. La misión de esos agentes se limitaría a observar a todo el mundo, identificar a los españoles, saber si habían llegado del exilio o del interior, quedarse con los datos de estos y a la vuelta a España serían detenidos; a veces inmediatamente, a veces tras un tiempo, por si los identificados les podían llevar hasta otros dirigentes, al menos esa era la advertencia, al parecer generalizada. Por eso al regreso había que mantener cierta vigilancia, por si acaso. Aunque los indicios eran que la policía era bastante burda y trataba de apuntarse tantos de inmediato y solía detener a aquellos que consideraba ya identificados. En una conferencia como aquella, donde había gente de todo el mundo y de cierta variedad ideológica, lo más probable era que el enemigo estuviera allí, aunque fuera a través de terceros, ya que no era extraño —se decía— que los Estados Unidos con más capacidad de maniobra, informara a sus respectivos lacayos de las dictaduras— que en la mayoría de las veces les debían el poder al amo yanqui—, de quién o quiénes de sus países habían participado en unos u otros acontecimientos internacionales. De hecho, al final de la conferencia, corrió como la pólvora el rumor entre los delegados de que uno de ellos, representante de Ghana, era un infiltrado del gobierno golpista recientemente instaurado; lo dijeron algunos de sus compatriotas que habían llegado desde el exilio obligado tras el golpe. Muchos de estos rumores había que ponerlos en entredicho, ya que no se podían descartar ciertas luchas políticas sucias entre representantes de diversas delegaciones, pero de un mismo país. Tampoco constituía una garantía absoluta el que dichas delegaciones procedieran del exilio, ya que fácilmente podían estar contaminadas. Como era natural, yo asistía a todo aquel lío desde una posición de observador, sin saber muy bien qué pasaba y limitándome a seguir las normas trazadas por el partido de no opinar en corrillos sobre nadie en particular, salvo de cuestiones intrascendentes o neutras.

A medida que iban pasando los días e iba conociendo a las distintas delegaciones, fue para mí una sorpresa la composición de algunas de ellas. Una de las condiciones de la FMJD, implícita en el propio ser de la organización, era que debía ser gente joven, en realidad extremadamente joven. Ya he hecho referencia a cierta incomodidad que sentía mi compañero madrileño, Javier, porque tenía 28 años y él, antes de llegar a la Conferencia decía que ya estaba un poco "pasado", pero que había sido designado por los órganos de dirección porque éstos consideraron que así debía ser, por las dificultades que tenían debido a la situación de clandestinidad en que estaba la J.C. en España, y concretamente en Madrid; no podían elegir a alguien más joven que pudiera cumplir con aquella tarea. A pesar de lo cual incluyeron en la delegación a María, la chica muy joven, pero de compañera de Javier. Cuando éste vio a los delegados, lo que realmente había, sobre todo de los principales países, y por encima de todos de los socialistas, su sorpresa no fue para menos: "Si pueden ser mis abuelos", decía jocosamente. Y tenía toda la razón. Así que se le quitaron todos los complejos que manifestó desde el principio.

La delegación soviética, así como la ucraniana, que llevaba delegación propia a pesar de que ambas representaban al KOMSOMOL de toda la Unión, la mayoría ya no cumplía los cincuenta años. Y aunque algunos delegados de los países socialistas eran, si no chavales, sí bastante más jóvenes, los que mandaban de verdad eran personas, sobre todo hombres, que seguramente integraban las burocracias, altos dirigentes de los distintos partidos, más que de la juventud que no decidía nada, por lo que se veía, que no estuviera previamente decidido por los mayores.

Otro tanto pasaba con los chinos, cuya edad me era difícil calcular por no estar acostumbrado a tratar con asiáticos; pero seguro que estaban en una edad intermedia. Así que quedaba claro que también pasaban del listón de la juventud que, según se proclamaba, celebraba su Conferencia de la FMJD. Lo que me dio que pensar, pues no cabía en mi lógica que tantos delegados que habían llegado de todo el mundo, tanto de los países con democracias sólidas como las europeas —y por lo tanto sin temor a represión—, como de democracias formales y aparentes, así como los que habíamos llegados de países con dictaduras, fuéramos gente muy joven, algunos casi niños, como era el caso de María, la chica madrileña, que como ya he dicho que no pasaría de los 16 años. Y en cambio los que eran de los países socialistas, donde se suponía que la juventud —en teoría— gozaba de absolutas posibilidades para desarrollarse y organizar eventos de aquel tipo, con todo a su favor, la juventud de verdad brillara por su ausencia en las delegaciones. Aquello sólo podía significar —como me diría Cipriano tiempo después cuando se lo comenté—, que o no se fiaban de la juventud por la razón que fuera, y era el partido el que asumía todas las decisiones, no sólo en el terreno teórico sino en la práctica, siendo éste el que enviaba a los delegados del partido como si fueran de la juventud, o consideraban que la Conferencia, aunque tuviera el nombre de juventud, no era más que un organismo político de suma importancia, y foro de propaganda como cualquier otro de los países que participaban, países socialistas incluidos, naturalmente. Todo esto no decía nada bueno a favor del Estado socialista, que aseguraba que la juventud tenía todo a su disposición para desarrollar todo tipo de actividades y asumir responsabilidades en su propio terreno político, que en la URSS tenía enorme importancia por sus dimensiones. Seguramente eran verdad las inmensas posibilidades con las que contaban a nivel cultural, deportivo y profesional, sin que ninguna traba de tipo social se lo impidiera, pero en lo tocante a las decisiones políticas las cosas no me parecía que fueran por ahí, según yo veía en la Conferencia. Claro que puede ser una opinión muy parcial, pero cierto o no todo aquello me pareció sintomático.

Seguramente el más joven de ellos, de los soviéticos, era el secretario general del KOMSOMOL, organización política juvenil que según decían contaba con más de 23 millones de afiliados, de jóvenes que en muchos casos ya habían pasado de los treinta y muchos, a pesar de que se decía que el límite estatutario estaba en los treinta, edad que a mí entonces me parecía exagerada, ya que el límite para el desarrollo de tareas propiamente de jóvenes debía ser inferior. Pero quizá era porque yo lo veía desde una organización pequeña, clandestina como la española y en condiciones muy diferentes, sin grandes responsabilidades organizativas complejas, comparada con la soviética y las de los otros países socialistas, que por su volumen y responsabilidad adquiría tareas de Estado. Por lo menos era la explicación que me daban algunos camaradas de la dirección del partido cuando me mostraba escéptico ante el hecho de que la juventud estuviera dirigida por personas que hacía tiempo habían dejado esa edad.

Me resultó sorprendente encontrarme como delegado a la Conferencia a Yuri Gagarin, al que nunca vi intervenir ni en los plenarios a los que asistía, ni en un par de comisiones a las que asistimos ambos. Creo, con cierta malicia, que lo llevaron a la Conferencia por el impacto que ocasionaba su presencia, al haber sido el primer cosmonauta del mundo que hacía apenas cinco años había llenado todos los periódicos e informativos del planeta con su presencia, y la importancia que tenía la atracción que ejercía entre todos los delegados y los medios de comunicación allí presentes. A pesar de lo cual, Yuri Gagarin, que había nacido en 1934, ya tenía más de 32 años, y era de los más jóvenes en la numerosa delegación soviética. Como al parecer era lo habitual, nos reunimos con parte de la delegación soviética y nos fue presentado, como al resto de las delegaciones, o a la mayoría de ellas, con alguna afinidad o por lo menos no enfrentadas, y estuvimos charlando con él a través del intérprete, mientras nos invitaban a un mejunje ruso y unas tortas, servidos con toda solemnidad por unas guapas y sonrientes mozas, también rusas, ataviadas con ropajes típicos de alguna región de su país, en un salón del hotel donde ellos se alojaban. Para mí fue una aventura sorprendente tener en mi presencia a aquel personaje famoso y creo que único hasta entonces, y el primero que lograba aquella gesta heroica, saludándome amigablemente; un hombre inaccesible y casi mítico para mí, hacía apenas unos días. Hablaba pausadamente mirándonos a la cara, con voz queda, y callaba de vez en cuando para que el intérprete tradujera sus palabras.

Aquella experiencia, como es de suponer, tuvo mucha importancia para mí en aquel tiempo y siempre lo recordaría con la curiosidad de un niño que tiene ante sus ojos lo imposible, lo inimaginable; aquello me parecía casi como un sueño cuando lo recordaba. Le hicimos múltiples preguntas, sobre todo sobre lo que se sentía en el espacio, y otras muchas propias del que lo ignora todo sobre aquello que lo había hecho famoso, a las que respondía con suma amabilidad y con una sonrisa amplia y ojos interesados, aunque me pareció muy tímido. Nos preguntó por España, la que dijo le encantaría visitar, mencionando algunas de las ciudades más conocidas como Madrid, Barcelona Sevilla, Granada, Salamanca y también Toledo; y pregunta obligada por el lugar donde estábamos, sobre la lucha de la juventud española contra la dictadura, a lo que respondimos con lo sabido, más como afirmación militante que por convencimiento, aunque tal vez también, de que estábamos seguros de que pronto la dictadura sería vencida y las libertades retornarían a nuestro país. Naturalmente lo que no podía faltar en todo soviético de la época era la referencia a nuestros escritores, como Federico García Lorca, fue el más mencionado, pero también sobre Miguel Hernández, Antonio Machado y Alberti, sin olvidar a Cervantes y el Quijote, y algunos otros que por ser desconocidos para mí entonces, no los recuerdo. Escritores a los que dijo había estudiado en la escuela, e incluso en el teatro de aficionados de la misma, donde montaron algunas obras de Lorca traducidas al ruso, y creo que mencionó algún otro idioma local.

Es posible que su conocimiento sobre España fuera fruto del asesoramiento de última hora para aquella entrevista de cortesía con los españoles, como algún compañero malicioso nos insinuó después, pero es sabido que en las escuelas soviéticas se estudiaba a los escritores y artistas españoles y que los soviéticos mostraban mucho interés por ellos, como pude comprobar en otros casos menos conocidos, y que no tenían necesidad de ninguna puesta en escena; además demostraban que era cierto citando sus obras de forma bastante natural. Así que no hay razón alguna para creer lo contrario. Lo que sí puedo asegurar es que conocían, como ya dejé dicho, la cultura española y a los grandes de la literatura de nuestro país mejor que yo, por supuesto, y que mi compañero de delegación, Javier, como comprobé con otros soviéticos durante el viaje, que eran capaces de recitar alguna obra de Quevedo, Calderón o Lope de Vega, sin olvidar a Cervantes, claro. Y algunos hacían referencias de pasajes del Quijote, que hacían que tuviéramos que disimular, por vergüenza, nuestra supina ignorancia sobre nuestros grandes escritores, cuando otros muy alejados como los rusos los conocían.

Estas pequeñas cosas, o quizá no tan pequeñas, en todo caso importantes sobre el conocimiento general de nuestra gente, por parte de muchos soviéticos, posiblemente sean los que pasado el tiempo recuerdo más gratamente, así como el deseo que se apreciaba en mucha gente con la que hablamos por aprender español, que según se decía era uno de los tres idiomas extranjeros más solicitados, tras el inglés y el alemán, y muy por delante del francés. Aunque con mucho dominaba el interés por el inglés por razones prácticas, el español interesaba por razones culturales y como acercamiento a España, de la que sin duda oían hablar mucho y estaba presente en las conversaciones, según comentaban. De ahí que conocieran más que bien su literatura y gran parte de nuestra historia, y no solamente la más reciente.

Cuando ya nos habíamos despedido de Yuri Gagarin, que debía atender a otras delegaciones, asaeteamos al intérprete —un muchacho, joven estudiante, miembro del KOMSOMOL como no podía ser de otra manera en la Unión Soviética, cuya mayor ilusión, para nuestra sorpresa, según nos dijo una y otra vez, era la de tener un coche— sobre algunas cualidades o pormenores de la vida del famoso cosmonauta. Decía que era un hombre muy especial, como seguramente deben ser todos los que emprenden esa difícil tarea de ser pioneros en cualquier campo, igualmente en surcar el Cosmos. Aseguraba el intérprete que Gagarin era una persona capaz de controlar todos sus impulsos y emociones en todo momento y hacer lo que deseaba sin alterarse por difícil que fuera la situación. Nos dijo que Yuri Gagarin cuando viajaba, o en cualquier circunstancia, si decidía que debía dormir veinte minutos, una o dos horas o el tiempo que deseara para descansar, se quedaba dormido y se despertaba exactamente a la hora que previamente había decidido, aunque fuera viajando en coche o tren. Ese control le permitía —decía— estar descansado cuando otros que le acompañaban quedaban agotados.

Desconozco si cuanto nos dijo el intérprete se ajustaba a la verdad o no, pero cuando lo pregunté a algunos otros soviéticos, fuera de la rigidez de los protocolos, días después, me dijeron lo mismo. Lo que podía interpretarse como que a los soviéticos los habían informado sobre las valías y méritos de los astronautas como condición para aquella tarea de cosmonauta, o de Gagarin concretamente; o era la propaganda la que contribuía a agigantar el mito y el sentimiento de orgullo del personaje patrio, cosa que como es sabido gusta a los pueblos y contribuye a cohesionarlos cuando conviene por parte del poder. No hay cosa que distraiga más a la gente que un motivo de orgullo nacional, y que sea más rentable para el poder, que lo utiliza cuando tiene necesidad de ello. No digo que sea el caso, pero los españoles conocemos el truco aplicado desde siempre: La patria es lo primero. Aunque esa patria para la mayoría sea más bien madrastra que lo mate de hambre. El patrioterismo, ayer y hoy, suele ser rentable para sus impulsores.

Desgraciadamente aquel hombre, Gagarin, hijo de la clase obrera, que fue él mismo obrero metalúrgico, y que desde muy joven hizo de la aviación su razón de ser, su forma de vida —hasta se casó con una alumna que conoció de la Escuela Militar de Pilotos, Valentina Goricheva—, tendría un final trágico. Gagarin falleció el 27 de marzo de 1968 cuando el caza MIG—15 que pilotaba durante un vuelo rutinario se estrelló en las cercanías de Moscú. Le faltaban 15 días para cumplir 34 años y hacía menos de dos años que tuve la suerte de conocerlo, acontecimiento para mí muy importante. Lo recordaría siempre, como digo, como si de un sueño se tratara. Cuando murió en el accidente sentí como si se hubiera ido algo que en parte era mío.

Cuando la asamblea de la Conferencia terminó fueron invitadas todas las delegaciones a una recepción que dio el gobierno búlgaro como despedida, en la que proliferaron todo tipo de discursos, bastante encorsetados en los límites de la diplomacia y el estereotipo, que a mí me resultaron sumamente cargantes, porque siempre había una legión de traductores que te iban explicando con detalle los cansinos y aburridos discursos, sobre todo porque salíamos de casi dos semanas de lo mismo. Todo eran bienvenidas o agradecimientos a las delegaciones por parte del primer ministro, George Traicok, o de sus ministros, y de agradecimientos por parte de los jefes de las delegaciones que intervinieron. Parece mentira lo que les gusta a algunos adornar los discursos, alargarlos innecesariamente hasta aburrir sin piedad a aquellos que tienen que aguantarlos, como rehenes de las circunstancias. Aunque los que ya eran veteranos de aquellos o parecidos acontecimientos se las apañaban para desaparecer sin que se notara demasiado.

Hubo un hecho que me llamó la atención y nunca olvidaría, por parecerme insólito. Fue que en aquel mar de discursos, casi todos de cumplido, vi a una señora de unos cuarenta años que traducía el discurso de los búlgaros, creo que al inglés, pero también a otras lenguas, de forma sorprendente: El orador de turno hablaba y hablaba durante mucho rato, durante más de diez o quince minutos seguidos sin parar; cuando hacía un alto, la señora traducía y era capaz de repetir palabra por palabra, sin equivocarse en una coma, según decían los que lo entendían, todo el discurso o la parte de él que el orador acababa de hacer. Es más, muchos de los que ya conocían a la señora intérprete de otras ocasiones asistían a la traducción como si de un espectáculo se tratara, por el mero placer de escucharla a ella, no al discursante, que era lo de menos. No sé si en los foros internacionales eso es algo habitual, pero me pareció de una excepcionalidad sin par que alguien fuera capaz de recordar tantas palabras y repetirlas sin equivocarse. Porque yo pregunté si en realidad lo que aquella señora hacía era una especie de resumen que permitiera saber lo que el ponente había dicho sin atenerse a su literalidad; pero no, me decían que traducía todas y cada una de las palabras, era famosa allí por eso. Y tampoco era el caso de que anteriormente le hubieran pasado el original escrito, porque eran discursos informales en los que los oradores improvisaban, sin papeles ni guiones, aunque sí se "enrollaban", como parecía era costumbre entre aquellos dirigentes, faltos quizá de masas en sus respectivos países para sus farragosas arengas.

Acabados los actos políticos, la recepción terminaba en una amplia sala donde había muchos manjares para picar. Y comprobé que al igual que en otras recepciones a las que pasado el tiempo, y sin que tuviera nada que ver con estos asuntos, asistiría por razones de trabajo, también aquí los invitados se desbocaban sin razón aparente y se abalanzaban hacia la mesa para atiborrarse. Parece ser que a las recepciones acude la gente hambrienta y perdiendo las formas, algo así como le sucede a algunas personas que pasan por ser educadas y cuando se ponen al volante de un coche se transforman. En la recepción se apretujan junto a la muy bien nutrida mesa para ir comiendo como si de una competición se tratara, para ver quién era más grosero y deglutir más deprisa, como si fuera la última ocasión que tuvieran de hacerlo en la vida.

Este hecho lo he comentado en algunas ocasiones y todos han coincidido en que la gente pierde las formas tratando de tragar rápido y cuanto más mejor, obstaculizando el paso a los demás, hasta que la mesa parece un campo de batalla, con la comida de los platos mezclada y desordenada. Llegar a la mesa para aquellos que no habían sido avispados desde el principio, era todo un desafío, por los obstáculos que ponían los que habían sido afortunados en llegar antes junto a la misma; éstos no se movían para dejar paso a los demás, o lo hacían con reparos, oponiendo resistencia con los codos y previamente proveyéndose y haciendo acopio de todo cuanto les cabía en el plato que habían colmado. Si uno no sabía de qué iba el asunto, como era mi caso, era corto y algo delicado y le daba reparos empujar, no lograba vencer la barrera humana de tragaldabas y se quedaba sin comer, o comía lo que había quedado cuando ya se empezaba a dar por terminado el acto, o lo que quedaba no era del agrado de los que se habían hecho fuertes como murallas protegiendo la mesa. Algo insólito, pero cierto.

Aquella noche, tras la clausura de la Conferencia y la recepción del gobierno búlgaro a los delegados, se había organizado un acto en solidaridad con el pueblo de Vietnam preparado, según se decía, "por los sindicatos, las organizaciones juveniles y otras organizaciones sociales de masas", como decían los carteles traducidos a varios idiomas, en el que hablarían a los asistentes algunos responsable de las mismas, mostrando así su solidaridad con el pueblo hermano agredido.

Aquel mitin de protesta contra la guerra de Vietnam me pareció un acto oficial como los que pudieran hacer todos los gobiernos, sin mayor significación popular de verdad, que pasaba desapercibido para la mayoría de los ciudadanos de Sofía, a los que pareció no interesar lo más mínimo, ya que el acto respiraba "oficialismo". Tuve la impresión de que le faltaba nervio y participación de los ciudadanos de forma espontánea. No dejaba de ser una manifestación, organizado todo desde el poder para la propia satisfacción de los que lo organizaban y por la presencia de los delegados de ambos Vietnam, que si tuvieron la misma percepción que yo, debieron pensar que aquello no tenía nada de adhesión popular. Nada parecido a una manifestación realmente sentida por la ciudadanía en la que vibrara de indignación por la situación del país —en lucha por los crímenes que estaban perpetrando los Estados Unidos contra un pueblo dispuesto a no dejarse arrebatar su independencia, por la que hacía muchos años luchaba, habiendo vencido a los franceses en ese empeño—. A pesar de la indignación que mostraba el dirigente con su vibrante voz, condenando los crímenes que se estaban cometiendo en aquella cruenta guerra, la gente asistía al acto como asistiría a una sesión de cualquier otra cosa. Le faltaba garra a cuanto decía y creo que hasta convencimiento. Era como un actor que no acababa de meterse en el papel y se le notaba por más esfuerzo que hacía por demostrar lo contrario. Me parecía, según había podido leer, que en los países de Europa e incluso en los propios Estados Unidos, las manifestaciones eran de protesta e indignación; en aquel acto de Sofía todo me pareció frío. Las manifestaciones organizadas desde el poder, aunque sean masivas, o tal vez porque lo son, condicionadas por ese poder, carecen de interés y eficacia, por tener un tufo artificial. O así me lo pareció en aquella ocasión. Quizá se debiera al carácter un tanto gélido de los eslavos, que no lo sé, pero un acto como aquel, de haberse podido celebrar en España en aquel tiempo, hubiera sido algo apoteósico, no sólo desde la tribuna de oradores, sino por la participación; los propios asistentes calentarían el ambiente. Allí la gente aplaudía con la escasa convicción que se aplaude por cortesía a un actor que más que otra cosa suscita comprensión y es preferible aplaudirlo que abuchearlo. Creo que los únicos que aplaudíamos con entusiasmo éramos nosotros los latinos, que no entendíamos nada de lo que decía el burócrata al que habían encargado aquella misión de dirigir la palabra en el mitin solidario.

Al día siguiente, ya terminados todas las celebraciones del fin de la Conferencia, y por decisión de los que tenían la misión de hacer que todo funcionara a la perfección, decidieron invitarnos a todos los delegados para recorrer algunas zonas del país, agrupándonos por el idioma, más o menos. Lo que hizo que la nuestra fuera una de las delegaciones más numerosas, porque incluía no sólo a los hispanoamericanos, sino a algunos otros delegados que conocían nuestro idioma y estaban interesados en acompañarnos, como los checoslovacos, algunos de las repúblicas soviéticas y dos canadienses de Quebec, una chica y un chico, que eran estudiantes de español en su país. Los cubanos parece que se fueron por otro sitio, ya que fueron los únicos de habla española que no venían en aquella excursión.

El viaje consistía en un recorrido desde el Oeste del país, donde está situada Sofía, hacia el Este, en dirección al Mar Negro. Durante todo el recorrido fuimos en un autocar lento aunque agradable y más cómodo de lo que habíamos visto hasta entonces, parando en toda una serie de pueblos alejados de la capital, por carreteras poco concurridas y bastante estrechas, saliéndonos del protocolo que al parecer habían decidido desde algún despacho de la capital; pero que los guías se vieron impotentes para hacerlo cumplir, teniendo en cuenta la habitual indisciplina que nos caracteriza a los latinos, sobre todo a los sudamericanos, que cantaban y bailaban en todas partes y a todas horas. Nuestro destino eran varias ciudades cercanas al mar, Ensebar, Sozopol y Akthtopol, de difícil pronunciación. El clima era muy agradable, a pesar de que pasábamos de un sol radiante a una espesa niebla con la que nos topamos en la cumbre de una montaña, donde visitamos un monasterio en el que habían popes con su hábitos y largas barbas. Le pregunté a uno de los guías que hacía de intérprete, de nombre Ilia, qué tal se sentían aquellos curas en el régimen socialista. Me dijo que evidentemente ellos se sentirían mucho mejor con el régimen de servidumbre, de unión de trono con la Iglesia ortodoxa anterior, que con el socialismo. Que la cosas habían cambiado y claro, "ahora gobernaban los trabajadores, es la dictadura del proletariado", remató. Aquellas palabras que yo tanto había oído o leído, en la boca del búlgaro me sonaron a lección aprendida de carrerilla, a palabras vacías. No sabría decir por qué pensé eso entonces, pero me sonó a vacío, a una explicación aprendida sin mayor esfuerzo, en la que seguramente tenía mucho más sentido el término "dictadura" que el de "proletariado".

VI

Visita a la URSS

Previamente a la salida del viaje por Bulgaria, la delegación soviética había hablado con la dirección del partido para que fuéramos como invitados a la Unión Soviética. Para nuestra sorpresa, los únicos que iríamos a la URSS seríamos María y yo, ya que Javier había sido invitado por la delegación yugoslava a visitar su país. Al menos eso nos dijeron, o quizá él, por ser la persona mejor preparada entre nosotros, tuviera algún tipo de reunión a otro nivel. De Elías Gutiérrez no supe nada más, no lo volvería a ver, cosa que sí sucedió con Javier a nuestro regreso a París, antes de volver yo a España. Tomamos un avión en Sofía con dirección a Moscú y llegamos siendo noche cerrada, con la ilusión de jóvenes comunistas que íbamos al país de los soviets, el de la Gran Revolución Socialista de Octubre, y con toda una serie de ideas sobre tantas cosas inabarcables que en aquellos momentos nos dominaban por completo, idealizándolas, tanto a María como a mí. Nos vino a buscar al aeropuerto un intérprete que no sé por qué razón en lugar de hablar español lo hacía en italiano, aunque se las apañaba para hacerse entender sin demasiados problemas. Lo primero que nos dijo fue que "en Moscú piove". No sé a la distancia que estará aquel aeropuerto de la capital rusa, que al parecer cuenta con varios, pero fuera por el cansancio que arrastrábamos, fuera porque realmente estuviera muy lejos, se nos hizo eterno. Moscú es una ciudad muy extensa y cuando ya creíamos que llegábamos todavía faltaban horas, ya que apenas vislumbrábamos las luces de la ciudad. Había grandes avenidas desiertas y perfectamente iluminadas, con un derroche de kilovatios enorme para la gente que lo necesitaba, pues era poca la que circulaba. Entonces todavía no había entrado en las mentes eso que llaman la cultura del ahorro de energía, pero sin embargo pensé lo inútil de aquel derroche. Porque no se trataba de avenidas con cierto bullicio y ajetreo y esas cosas, pues lógicamente en tal caso debían estar iluminadas; eran calles que desde que penetramos en lo que ya considerábamos la ciudad, más bien se parecían a polígonos desérticos a esas horas de la noche, pero en los que sin embargo parecía de día por la cantidad de farolas que a un lado y otro de la calzada los iluminaba. Kilómetros y kilómetros de calles por las que difícilmente nos cruzábamos con un coche, y menos con gente caminando, salvo algunos vetustos y ruidosos camiones y otros vehículos del ejército, que normalmente iban en convoyes y haciendo también mucho ruido.

El autocar en el que viajábamos era insufriblemente lento o a mí me lo parecía. Las calles por donde circulábamos hasta que ya nos acercábamos al hotel, que presumiblemente estaba céntrico, también estaban casi vacías y sin apenas coches. Y ya no llovía. Era a mediados del mes de junio y ya se empezaba a notar la temperatura en alza, lo que en esa zona no dura mucho, y cuando baja lo hace de golpe. El hotel era muy moderno, y según me dijeron estaba reservado para clientes invitados de la juventud del KOMSOMOL; al parecer aquel hotel era de una cadena situada en diversos lugares de la URSS, para uso exclusivo de las actividades de la organización juvenil. No sé si esa afirmación se ajustará a la verdad, pero en todo caso me parece un derroche innecesario, si no los utilizaban para todas las necesidades de viajeros que hubiera. Aquel hotel, como otros en los que estuvimos, era muy moderno, funcional, como se decía entonces, y me pareció típicamente americano por lo que yo había visto en las películas; no mostraba nada de lo que podríamos llamar "estilo ruso".

En el hotel nos dieron una habitación para cada uno de nosotros, para María y para mí, y nos dijeron que bajáramos a cenar, cena que tanto mi compañera como yo quisimos saltarnos por la hora que era y porque estábamos hechos polvo, pero no pudo ser. Las normas eran las normas y nosotros ni podíamos ni sabíamos cómo romperlas. Hay veces en que el sueño alimenta mucho más que una cena, por mucha hambre que se tenga. Es más, creo que esta desaparece con el cansancio. Así que bajamos con desgana al comedor, ancho y sin comensales, y un regimiento de camareros y camareras nos esperaba con la sonrisa de porcelana, dándonos la bienvenida a Moscú y deseándonos buena estancia en la Unión Soviética, al tiempo que yo intuía se estarían acordando de nuestras familias, de dos *niñatos* invitados por la burocracia de la Juventud que llegábamos a altas horas de la noche y ellos debían esperarnos y servirnos para cumplir todo el protocolo preparado para una hora prudente, y no a aquella intempestiva en que ya debían haber terminado de trabajar y marchado a sus casas. Tanto María como yo, nada acostumbrados a aquellos boatos, nos sentimos incómodos, y a pesar de que nos habían preparado una cena copiosa, más para otro momento que para lo que correspondía, una cena frugal para salir del paso, nos apresuramos a terminar pronto. Mientras veíamos cómo cada movimiento nuestro era seguido por los ojos de varios camareros, hombres y mujeres, además del *maitre,* encajonados en sendos trajes negros, seguramente esperando que acabáramos para marcharse. Aquella situación, aquel solitario comedor que se mantenía ordenado y preparado como si de un momento a otro fuera a entrar mucha gente, aunque todo apuntaba, que sólo era para nosotros dos, hizo que casi no cenáramos. Nos sirvieron y probamos todos los platos, pero se los llevaron prácticamente intactos sin apenas comentario alguno, no debían de estar para florituras. Tampoco es que en las ocasiones que tuve de asistir a un comedor a horas más normales, la amabilidad fuera un derroche. Tan solo el que parecía el jefe, que se mantuvo discretamente al margen durante todo el rato, se acercó a nosotros cuando ya era evidente que habíamos terminado, para decirnos, con el intérprete del hotel —que no sabíamos que lo era— en un perfecto castellano, si todo había sido de nuestro agrado. No cabía otra respuesta que la afirmativa. Aunque nos hubiera gustado razonar lo que era o no de nuestro agrado antes de bajar a cenar, cuando lo intentamos y no nos atendieron, no entonces. Nos acompañó hasta el ascensor y subió con nosotros hasta las habitaciones, que estaban en la misma planta. Nos dijo que a la mañana siguiente, es decir al cabo de un rato, nos esperaban abajo para desayunar a las 8 de la mañana, porque, dijo, teníamos una agenda muy apretada para hacer todo lo que la dirección había organizado de visitas para nosotros y que, entre otras cosas, en Moscú, fundamentalmente era tener unas cuantas entrevistas con el KOMSOMOL local, a las que parecían otorgaban suma importancia, aunque a María y a mí no nos entusiasmaban demasiado; hubiéramos preferido dormir aquella mañana. También nos interesaban las entrevistas, pero más tarde. Ciertamente aquellas entrevistas eran interesantes y sin ellas no se entendía nuestra invitación, pero es que todavía seguíamos como en una nube ante tantas atenciones, recibimientos y referencias a España y "la identificación solidaria de ambos pueblos," el español y el soviético, la cual, como es natural, elevaba nuestro ego, dada nuestra juventud y por ser punto de mira de todas las atenciones.

Nos adjudicaron un intérprete nuevo, hombre y mayor que la que habíamos tenido en Sofía. Rondaría los treinta y tanto años, era el típico rubio ruso con el que llegamos a tener cierto acercamiento porque se hacía querer, ya que en el transcurso de los paseos y las visitas para enseñarnos la ciudad, museos y otros lugares que consideraban debíamos visitar, trató de no seguir de forma demasiado estricta el guión que le habían trazado desde la dirección del KOMSOMOL y se amoldó a lo que nosotros decidíamos, naturalmente sólo en cuanto al orden de las visitas que debíamos realizar. Aunque visitamos todo o casi todo lo que se habían propuesto, no en el orden que según los mandamases debíamos hacerlo. No entendí nunca que ese orden de visitas tuviera la importancia que ellos le daban, a veces de forma absurda, ya que se podía dar el caso de que dos lugares distantes entre sí estuvieran correlativos en el programa. Era agotador ir de un lado para otro y llegaba el momento en que lo perdonabas todo por un asiento o un trago de algo fresco. Y Moscú no era entonces un lugar donde en cualquier esquina podías encontrar un bar donde saciar la sed, salvo algunas maquinitas expendedoras de una especie de soda, o una bebida marrón, que aparte de resultarme poco agradable a la vista, me daba más sed a los pocos minutos de beberla, y con unos vasos no desechables en los que bebía todo el mundo sin lavarlos previamente, lo que consideramos poco higiénico. Así que tratamos de aguantarnos la sed hasta encontrar un lugar propicio o hasta la hora de comer.

Moscú es una ciudad muy grande, pero a mí me pareció fea, fuera de los centros neurálgicos conocidos por todo el mundo. De hecho, como al parecer pasa en todos los países en los que hay dos o más ciudades que compiten en demostrar cuál de ellas es mejor, más bonitas y más "históricas", los rusos solían decir entonces despectivamente que "Moscú era un pueblo grande y bastante feo." Y de hecho con esta afirmación estaba de acuerdo nuestro intérprete, que aunque era moscovita, no le cegaba esa condición patriotera de su ciudad y decía que Leningrado y otras ciudades rusas tenían mayor encanto. Incluso lo que algunos consideraban loable, los ocho millones de habitantes que decían tenía entonces la capital de la URSS, para otros era precisamente lo que le quitaba el encanto. "Saliendo del centro histórico, más allá de las murallas del Kremlin, todo es pueblo, grande, pero pueblo".

Como era preceptivo, habían organizado para nosotros una visita al mausoleo de Lenin. Cuando llegamos, había una enorme cola de cinco en fondo que se perdía a la vuelta de las murallas que rodean la Plaza Roja. Alexey, el intérprete, nos dijo que lo siguiéramos y se colocó delante de todo el mundo y enseñó una credencial que al parecer nos daba paso libre. María y yo nos quedamos sorprendidos por aquella situación de enchufados de la que estábamos beneficiándonos, y nos sentimos incómodos; nos daba vergüenza por aquella gente, muchos según dijeron que procedían de fuera de Moscú, y algunos de tierras bastante lejanas, que aprovechaban aquel viaje para visitar la tumba del "fundador del Estado soviético", y que seguramente llevarían varias horas allí haciendo cola disciplinadamente —y por lo tanto, sacrificándose— mientras nosotros sin más nos colábamos los primeros por la cara. Miramos a la gente que estaba más cercana y nadie pareció sentirse agredido en sus derechos ni contrariado por lo que a mí me parecía un abuso de autoridad, y que de haberme afectado a mí me hubiera indignado. Ni la más pequeña protesta, ni el más leve murmullo de desaprobación se manifestó entre la paciente ciudadanía que esperaba su turno para rendirle su pequeño homenaje de ciudadanos proletarios al fundador de la URSS. Parecía que aquellas personas lo aceptaban como algo natural, sin más, como si esas cosas estuvieran normalizadas, sin mostrar la más pequeña protesta por leve o insinuante que fuera. Así se lo dijimos a Alexey, y este nos dijo que aquello era lo más normal, ya que los visitantes *ilustres* no disponían de demasiado tiempo y no podían esperar varias horas el turno. Así fue cómo me enteré entonces, pues nunca lo hubiera adivinado por mí mismo, de que yo era un visitante ilustre; a pesar de lo cual le dije que me parecía poco razonable, porque si era como decía, la realidad era que Moscú estaba todos los días llena de ilustrados de todas partes del mundo, de todos los partidos comunistas que deseaban o eran llevados a visitar el mausoleo, y que el abuso sería continuo.

El ruso pareció no comprender nuestra disconformidad cuando lo que deberíamos haber hecho, según él era mostrarnos complacidos al sentirnos halagados por aquella deferencia. No continuamos por ese camino, ya que parecía que hablábamos distinto lenguaje. Ni siquiera se justificó con tan manido recurso, como quizá hubiéramos hecho nosotros en España, de "ser un *mandao*" y obedecer órdenes. Él consideraba que aquello entraba dentro de lo normal y que toda aquella gente que esperaba, al ser soviéticos debían esperar como forma de mostrar su hospitalidad, y tener paciencia era una forma de agradecimiento "del pueblo soviético" a sus visitantes. Tal vez fue la primera vez que oí la expresión tan globalizada y totalizadora, por la que la decisión de unos pocos se extendía a "todo el pueblo". Mucho después la oiría con la misma falsa realidad y con idénticas intenciones, hasta la saciedad, por actores muy diferentes. Que la decisión de unos cuantos se extienda a que es "de todo el pueblo", es para ponerse a temblar.

Cuando entramos en el Mausoleo, de lo que a mí me pareció una cripta religiosa, con un cuerpo que se suponía era el del que fue el gran estratega y teórico de la mayor revolución llevada a cabo en el mundo tras la Revolución Francesa, la Gran Revolución Socialista de Octubre, sentí cierto choque y rechazo, como si estuviera asistiendo a un acto propio de la religión, con alguna imagen dentro de una cripta. A mí aquel Lenin yacente en aquel *ataúd* transparente me pareció de cera, incluso tan blanco que si no fuera por considerarlo imposible, hubiera asegurado que en el interior de su cabeza había un dispositivo luminoso que encandecía su rostro. La mayor parte del cuerpo, cubierto con una especie de manta o cobertor, no era visible y sólo asomaban por debajo los zapatos, chatos, iguales o muy parecidos a aquellos que calzaba en vida y hemos visto en algunas fotografías. En aquel acto de peregrinación, que no otra cosa parecían las colas que según todo el mundo no se cortaban nunca durante las horas de visita, se imponía un absoluto silencio en casi todo el recorrido, pero en cuanto se empezaba a bajar el primer escalón para acceder al interior del mausoleo, cualquier murmullo, gesto, o lo que pudiera perturbar el *sueño del difunto*, era cortado por lo soldados que guardaban las normas del *altar mayor*. Y una vez más, como ya ocurriera en otras ocasiones durante este viaje y algún otro, éramos nosotros, españoles, los indisciplinados, los que hablábamos a voz en grito o demasiado alto, y eso que en este caso sólo éramos dos. Uno de los policías nos preguntó si éramos italianos o españoles, no debía caberle duda de que entre ambas naciones estaba quien hablaba tan alto, debía estar seguro que acertaba. Parece que nos conocían bien, al menos en nuestra manera indisciplinada e irreverente de comportarnos. Porque nosotros éramos jóvenes comunistas, pero de idolatría al *santo*, nada de nada; respeto, pero nada más. Y eso con comentarios y cuchicheos entre María y yo. Porque aunque nuestro comportamiento fue de absoluto respeto, porque aquello en el interior del mausoleo imponía, nuestra actitud era de curiosidad y escepticismo, muy distinta de la devoción que la mayoría mostraba. Para mí, y a pesar de mi predisposición revolucionaria, la cosa no era para tanto. Yo veía a un hombre muerto, al que los trabajadores del mundo debían mucho, pero que ya era historia. Y el mejor homenaje que le podíamos rendir no era otro que el de leer sus obras e intentar seguir su ejemplo.

Aquella escena, a pesar de que yo estaba predispuesto a considerar como normal cierto *culto* o admiración cuando alguien me hablaba en España de las maravillas que habían hecho con el cuerpo de Lenin para conservarlo, cuando pude presenciarla directamente, hizo que algo que entonces no comprendí, chirriaba dentro de mí. En mi fuero interno había algo que me decía que aquella muestra de devoción cuasi religiosa no se correspondía con un hombre que en todo cuanto había hecho y escrito dio muestras de rechazar cualquier tipo de reverencias sobrenaturales y que se le rendía por decisión de otros. Y que en lugar de considerarlo en toda su dimensión humana e intelectual, con todo lo que una vida de bueno y no tan bueno conlleva, se le hubiera convertido en motivo de culto, en un santuario tan religioso como cualquier otro, ante cuyo *cuerpo incorrupto* todos acudían en peregrinación y desfilaban como pidiéndole un milagro, y que se le mostrara con la misma fe manipuladora por parte de los que decidían, como en España el dictador recurría al brazo de santa Teresa, con la misma intención falsa. Aquello era humillante para cualquier pensamiento lógico, y educado en la razón y no en la superstición. No era capaz de discernir completamente en este razonamiento, pero algo me decía que aquello no estaba bien para un pensamiento basado en el análisis científico, sin supercherías religiosas. Lo que evidentemente me guardé de decir a nuestro acompañante ruso, porque me pareció que él lo veía como una muestra de agradecimiento del pueblo por su obra, sin pararse a pensar que podría haber sido el agradecimiento por haber sido enterrado, como otros luchadores de la Unión Soviética, en las murallas del Kremlin, y con un busto de recuerdo, sin más. Lo que sobre todo se debería haber procurado era la difusión de sus obras, que se leyeran de forma crítica, sin idolatría, extrayendo cuanto pudiera servir a la causa a la que dedicó toda su vida: La lucha por la emancipación del proletariado. Y hacerlo sin dogmas y sin considerar verdades eternas las que muy bien pudieron serlo en un momento determinado de la historia.

De lo poco que yo había leído de Lenin, y sobre todo de lo que me habían contado, no siempre por camaradas con los debidos conocimientos sobre él, sabía que era el hombre que había encabezado aquella revolución en la que por primera vez en la Historia habían ganado los más pobres, por lo menos se había abierto la posibilidad de que así fuera en el futuro. Y lo que yo había visto en aquel cementerio de lujo se le parecía más a la adoración del sepulcro de un cristo inventado, como todos los cristos, en cualquier iglesia de cualquier religión, con intención e interés manipuladores, o en la semana santa española controlada por una Iglesia ultrarreaccionaria, que a la tumba de un pensador marxista y ateo. Después supe que esa clase de iconografías está muy arraigada en los pueblos eslavos, y lo habían hecho de forma natural, como lo hubieran hecho de haberse tratado del zar. Los rusos —y quizá los eslavos en general— son muy amantes de las grandes celebraciones y dados a las puestas en escena. Cualquier acontecimiento histórico al parecer lo elevan y lo convierten a la categoría de absoluto. Parece que son muy llamados a magnificarlo todo rodeándolo de candelabros y resplandores reales o imaginarios. No sé si es a eso a lo que llaman "el alma rusa", fruto de la barroca iconografía de la Iglesia ortodoxa rusa, por la que parece no penetra el más mínimo aire de modernidad.

De hecho, también en Bulgaria George Dimitrof, gran revolucionario y que fuera presidente de la República —y fustigador antes de la guerra del régimen nazi, que lo procesó—, tenía su mausoleo de características similares al de Lenin, aunque tal vez menos lujoso que el de éste, y menos concurrido, como es lógico, por las dimensiones de un país y otro. Se lo habrían erigido a su muerte, sus compatriotas del partido y del Estado, que venía a ser una misma cosa. Así mismo, después de la muerte de Stalin (Marzo de 1953) su cuerpo también fue embalsamado y colocado al lado del sarcófago de Lenin, hasta que el XX congreso del PCUS, en febrero de 1956, y tras el *informe secreto* de Kruschev, éste decidió retirarlo y enterrarlo al pie de las murallas del Kremlin, junto a otros señalados dirigentes, donde efectivamente pude ver su nombre esculpido en una lápida de mármol oscuro.

En el interior del Mausoleo se mantenían los niveles de temperatura y humedad necesarios para su perfecta conservación. Y en el exterior era espectacular el cambio de guardia que cada poco rato, creo que cada dos horas, se hacía por soldados muy experimentados y ensayados. Durante el tiempo que duraba la guardia se convertían en verdaderas estatuas humanas, sin que se les moviera prácticamente un párpado como quien dice. Algunos camaradas a los que se lo comenté durante el viaje, me dijeron que ellos iban a verlo por lo que tenía de atracción, al ser capaces los soldados de permanecer inmóviles durante todo el rato de forma solemne. Y muy posiblemente debía de ser un privilegio para los soldados que la integraban, ser *miembros de la guardia de Lenin*, en su doble vertiente, la de tener el honor de pertenecer a ella y la de gozar de algunos privilegios que conllevara tal profesión o cargo, ya que como se sabe, al santo no se le besa la peana en balde. Porque según se decía, era muy difícil entrar a formar parte de la guardia y había que demostrar la capacidad tanto en el aspecto militar, en la academia, donde eran escogidos entre los mejores, como en los estudios universitarios. Eso se decía al menos.

El culto a Lenin era total y estaba por todas partes y por cualquier motivo había estatuas suyas, sin que muchas veces se comprendieran ciertas exageraciones. En una ocasión me sorprendió que yendo en compañía de María y de Alexey paseando por una calle del centro de Moscú, en una esquina de una de sus grandes avenidas, había una placa de mármol negro con una inscripción y una silueta del perfil de Lenin; a la pregunta que le hice a nuestro acompañante, guía ruso, sobre su significado, éste me respondió que en una ocasión Lenin había estado en aquel lugar, y que desde allí había dirigido la palabra a los obreros de no recuerdo qué sector. Y esto era en Moscú, no en Petrogrado, donde los acontecimientos de la Revolución tuvieron mayor importancia por ser a la sazón la capital del Imperio ruso. Me parecía excesivo e innecesario resaltar un hecho poco menos que cotidiano en la época y en Moscú, ya que es de suponer que durante aquellos días o meses en Petrogrado, "de febrero a octubre", tiempo que va desde la caída de la monarquía, el establecimiento del gobierno Kerensky y la toma del Palacio de Invierno, debieron ocurrir tantos acontecimientos y tantas veces tomaría la palabra en tantos sitios, que las placas debían ocupar gran parte de las esquinas del después nominado Leningrado. Y quizá fuera así.

Todo aquel apabullante culto a Lenin olía a manipulación. Y en vista de los acontecimientos que se desarrollarían tras su muerte y durante muchos años, de contradicciones entre el discurso y la realidad, tan alejada del pensamiento del forjador del Estado soviético, había que entender necesariamente, por poco observador que uno fuera —y aunque estuviera predispuesto por la historia vivida, como era mi caso por un joven comunista español, bajo la dictadura franquista—, que de lo que se trataba era de despojar a Lenin de su pensamiento, que chocaba con la realidad: Convertirlo en un Lenin de piedra con proliferación de su efigie por doquier, elevándolo a los altares despojándolo de su verdadera dimensión humana y revolucionaria, tan molesta para el poder del "socialismo realmente existente". Se ha comentado durante mucho tiempo la verdadera situación de Lenin en sus últimos años, e incluso se ha dicho que en realidad estaba preso o muy controlado por Stalin. No sé si se acerca a la verdad, pero el beneficiario directo de la incapacidad de Lenin, de su momificación en el sentido literal, no sólo de su cuerpo, sino también de sus ideas, sin duda fue Stalin primero, y los que llegarían después.

Recorrer todo lo que nos habían organizado para visitar era bastante pesado, pero o desistíamos, cosa que no hubiera sido muy inteligente ni muy elegante por nuestra parte —y después nos habríamos arrepentido porque no se va todos los días a una ciudad como Moscú, por muchos tópicos que se dijeran—, o seguíamos adelante, deseando la llegada de la noche para descansar un poco, no demasiado porque entre unas cosas y otras nos íbamos a la cama tarde y nos venían a recoger temprano.

Estaba en la agenda ir de excursión a caminar por la orilla del río Moscova y dar un paseo en una de las barcazas o "golondrinas", como yo las llamé, tal si la hubiéramos tomado en el puerto de Barcelona. Fue un paseo agradable en día soleado y relativamente caluroso. La mayoría de los viajeros eran lo que llamaban "turistas del interior", es decir rusos que habían llegado de otros lugares de la URSS, muchas veces de una misma fábrica que viajaban en grupo. También se veían turistas alemanes, generalmente parejas de jubilados, y algunos padres con sus hijos vestidos "de domingo"; las niñas invariablemente con un lazo azul en la cabeza, horrendo y ridículo, que parecía de otros tiempos, que hizo reír a María a pesar de que ella todo o casi todo, le parecía perfecto. Nada más arrancar el barco, aparecieron un muchacho joven y un hombre ya mayor de luenga barba blanca como la nieve, ataviados con ropa más o menos típicas, con camisas o blusas cruzadas y abotonadas a un lado, que no sé por qué asocié a las imágenes que tenía de alguna película de cosacos o algo así que habría visto. Al son de un acordeón que el abuelo barbudo flexionaba con habilidad y de una balalaica que tocaba el muchacho, hacían el recorrido muy agradable y pintoresco. Le pregunté a Alexey si aquellos hombres estaban contratados por la compañía del barco o eran músicos ambulantes que aprovechaban aquella situación para ganarse la vida. Dijo que no, que ellos cobraban un sueldo como los demás de una de las muchas compañía que había de músicos, que habían sido designados a aquella actividad, como otros lo habían sido a algunos parques o lugares donde fuera necesario cuando llega el buen tiempo; que en época de invierno trabajaban en otros sitios igualmente dependientes del Estado. Cuando terminaban de interpretar una pieza, yo esperaba que pasaran el platillo agradeciendo los aplausos; pero no lo hicieron, lo que confirmaba al parecer lo que decía Alexey de que tenían su sueldo pagado por el Estado o la compañía de recreo estatal.

El plan de visitas era tan completo, que a María la vencía el cansancio, tanto que a veces me comentaba a espaldas del guía que hubiera cambiado alguna de aquellas visitas por un rato de siesta, aunque en ningún momento se derrumbó y aguantó perfectamente. Fuimos de visita a una librería que entonces a mí me pareció enorme, creo que de Editorial Progreso, que contribuyó a que quedáramos hechos polvo, porque no hay cosa peor cuando te duelen los pies que caminar lentamente recorriendo pasito a pasito las mesas de libros, y curiosamente había toda una sección —una sala completa— de libros en español, de autores españoles y rusos, clásicos y modernos, que en aquel momento estaban vendiéndose en España, pero naturalmente editados en la URSS, así como toda la literatura marxista en español, de todos los autores, desde franceses y alemanes hasta incluso de Dolores Ibárruri y del secretario general del Partido Comunista de Portugal, Álvaro Cunhal. Los libros me parecieron muy baratos y así lo comentamos, aunque soy incapaz de recordar los precios. Pero no tenía sentido comprar ninguno porque no hubiéramos podido traerlo a España. Aquella visita fue incluida por Alexey al margen de las programadas, porque le preguntamos por una librería y él nos llevó a la que posiblemente era la más importante en cantidad o por lo menos la que tendría mayor número de libros en español.

Estábamos en la librería cogiendo y dejando libros como quien tiene un manjar frente a sí y quisiera comérselo todo con los ojos; y como ya era habitual no dejábamos de hablar entre María, Alexey y yo, lo cual debió llamar la atención a un hombre a quien yo le atribuí mentalmente la profesión de profesor por su aspecto, no sé muy bien por qué; se nos acercó y empezó a hablarnos en español, pero en un español de España, no hispanoamericano como solían hablar muchos de los que habíamos conocido. Me preguntó de dónde éramos y al decirle que de España, dijo que eso era evidente, pero de dónde, "yo soy asturiano", se adelantó antes de que respondiéramos. María respondió que de Madrid ella y de Barcelona yo. Con una falta absoluta de discreción le dije que qué tal se vivía en la URSS, y me respondió con un "yo bien", pero que le gustaría vivir en España. Regresar a España era su meta. Y que hacía tiempo que lo estaba intentando sin conseguirlo, pero que no pararía hasta que lograra su objetivo.

—Pero si usted es español, asturiano, qué le impide volver —le dijo María como si cayera del nido, pero con intención—.

Me pareció que miraba a Alexey y al ver que éste estaba algo alejado de nosotros, nos dijo que él era uno de los "niños de la guerra" que sus padres habían enviado a la URSS y que no le resultaba tan fácil volver a su tierra, de la que apenas recordaba su paisaje, pero que por fotografías seguía estando a atado a España.

—Sólo los que no han tenido que dejar España —dijo con la mirada indefinida, como si no le hablara a nadie en concreto y se dirigiera a todo el mundo— pueden dejar de darle importancia a lo que eso representa. No es sólo el clima, las costumbres y todos los tópicos que se suelen decir. Es algo que se lleva dentro y que es muy difícil de explicar. Y estoy seguro de que la explicación que yo diera de mi situación de expatriado, sacado de mi tierra cuando no podía decidir, diferiría de la que dijera otro español, incluso de la que dijera otro asturiano como yo. Es algo que está en nuestra naturaleza de españoles, tan diferentes todos, tan enfrentados tantas veces por cuestiones insignificantes unas veces, importantes otras, pero tan iguales a la hora de sentir España. Y quede claro que en este país me han dado todo lo que soy, mi profesión y un cierto nivel que muchos desearían, y que yo estoy seguro, por mi procedencia y la de mis padres, pobres como ratas, que jamás habría soñado tener de haberme criado en Asturias. La profesión de mi padre y mis tíos, de mineros, era la más probable en mi destino, pero todo eso sólo es relativamente importante si te falta tu tierra. Cuando uno está todo el día en sus tareas, parece que el pensamiento se diluye, que carecen de importancia esos sentimientos. Pero al anochecer, cuando uno se queda solo con sus pensamientos, aunque esté rodeado de otras personas, se sigue sintiendo solo, y todo vuelve a recordarte tu origen y a ponerse en primera línea de deseo. Y esta situación, contrariamente a lo que pudiera parecer, va en aumento a medida que entra uno en la madurez. Es una sensación peor que la del preso, que al fin y al cabo tiene la fecha de su libertad, sabe que acabará saliendo. Lo de un expatriado español es mucho peor porque siempre está pensando en que puede ser pronto, nunca piensa a largo plazo porque su condena es tan elástica como se quiera, y los años van pasando. Comprendo que muchos hombres regresaran a sabiendas de que podían enfrentarse a situaciones muy difíciles. A pasar hambre en los años duros, ser detenidos y por qué no, fusilados muchos de ellos. Pero seguro que lo daban por bueno porque ya estaban en su tierra. Muchas personas ajenas a nuestra idiosincrasia de españoles, si es que la tenemos, y fuera única, eso puede que no lo entiendan, porque hay que pasar por ello en primera persona para comprenderlo.

Yo no sabía qué decir, de hecho tuve la impresión de que al oírnos hablar en español de la forma que lo hacíamos nosotros, despreocupadamente, sin tener en cuenta que los demás nos oyeran, con la voz más subida de tono de lo que allí se oía, donde la gente permanecía prácticamente en silencio, fue lo que le hizo acercarse. Creo que tenía necesidad de hablar con alguien en español y de dentro de España por el mero placer de hacerlo, de sentirse por unos instantes con alguien que no llevaba muchos años sin pisar nuestra tierra, y por nuestra manera de actuar debió de quedarle claro que no estábamos moldeados por otras costumbres que nos hubieran hecho bajar la voz y evitar que los demás nos oyeran, como seguramente él lo estaba a guardar silencio sobre sus inquietudes personales, que no interesaban a nadie de su entorno.

—Pero usted vive en el país del socialismo —le dijo María con cierta candidez—, usted no sabe lo que representa vivir bajo la dictadura de Franco.

—Cierto, no lo sé, pero ya he dicho que hay quienes lo arriesgan todo por respirar España, porque hay cosas que están por encima de eso. Yo cambiaría mi relativa buena posición por unas charlas con gente de mi pueblo, con gente de España con quien poder discutir y pelearme si menester fuera en cualquier taberna o sidrería de mi tierra. Pero con los míos. Con los que me pueden hacer sonreír, reír a carcajadas o llorar, con los que me pueda insultar sabiendo que ese insulto es en realidad un halago. Todo eso no se puede tener si no has asumido que eres de esta tierra, y yo no he asumido esa condición, ni la asumiré nunca, y no sólo yo. Porque no es cuestión de voluntad, de decir me siento soviético, francés o de cualquier otro lugar. Eso lo he dicho muchas veces como lo han dicho la mayoría de los españoles que conozco. Pero nos engañamos y pasada esa euforia colectiva de una celebración, volvemos a lo nuestro, a nuestros deseos de respirar Asturias o cualquier otro lugar de España, deseos interiores que vuelven a situarse en el primer plano de nuestro pensamiento.

Alexey se acercaba para decirnos que debíamos continuar con nuestro plan de visitas y debíamos irnos. Aquel asturiano añorante que no nos dijo su nombre se retiró discretamente en silencio y con un gesto casi imperceptible con la mano se despidió de nosotros. También aquella conversación me hizo cavilar mucho tiempo sobre la necesidad de que los hombres deban asumir su historia como viene. Sin duda la evacuación de los "niños de la guerra" obedeció a unas circunstancias dolorosas de una época trágica de España en las que se intentó con toda la buena voluntad evitar el sufrimiento de aquellos niños. Y sobre todo, porque nadie podía pensar que el exilio se prolongara tanto, que la dictadura fuera tan larga y cruel no sólo para los que vivían en España, sino también para aquellas inocentes criaturas que fueron embarcadas hacía ya unos treinta años para salvarlas de la guerra. Y oyendo a aquel hombre tuve la impresión de que algunos hubieran preferido sufrir las consecuencias de lo que a todos los hombres la Parca les tienen reservado, que tratar de burlarla, porque al final se venga de nosotros con otro tipo de sufrimientos, como es el de la añoranza. Tendría alrededor de cuarenta años, quizá tendría unos diez o menos cuando abandonó su Asturias y nunca había vuelto a verla, ni a sus padres, y la recordaría como era en plena guerra, con todo lo que ello representaba. Pero quería volver sin importarle cómo.

Para nuestras excursiones y visitas tomábamos generalmente el autobús, unos coches bastante destartalados y lentos, pero muy frecuentes, que generalmente iban abarrotados de gente, que no siempre se preocupaban de abonar el billete. Me atrevería a asegurar que todo lo contrario, según pude ver en los viajes que hicimos en este transporte. A veces eran chispeantes trolebuses, tan destartalados como los anteriores, pero mucho más viejos y lentos. Otras veces parábamos en alguno de los muchos parques que había y en alguna ocasión pude presenciar cómo de pronto se formaba una cola para la compra de un helado, por ejemplo, a un vendedor que establecía su "colmado" de improviso en cualquier parte, sin que el "puesto" de venta estuviera preestablecido. Y por arte de magia se formaba una larga cola, y el hombre del carrito vendía los helados o lo que vendiera, sin parar hasta que se acababa. Entonces, de forma disciplinada, sin la menor queja, los que no habían podido comprar por el fin de las existencias, rompían filas y se marchaban sin más. Y tampoco había la menor discusión en la cola mientras se estaba vendiendo el producto, por si se acababa y no llegaba para todos. Lo que me suscitó una pregunta sobre la naturaleza de aquellos vendedores ambulantes de todo tipo de productos que sin el menor control se vendían por la calle. De nuevo Alexey me aclararía que de incontrolados nada de nada, que eran vendedores oficiales que tenían la misión de que cuando llegaba un producto al mercado, ellos que eran asalariados tenían la obligación de salir a venderlo hasta que se acabara. Así de sencillo. No era un vendedor ambulante, era un vendedor puesto por el Estado. Yo no lo comprendía.

Una vez más se me hacía difícil comprender el funcionamiento de los asuntos ordinarios y lo que representaba aquel puesto con mercancías puestas a la venta en plena calle y en cualquier lugar, al azar. Yo, en mis pocos conocimientos, no podía creer que algo de tan poca importancia como un vendedor con un carrito, que de alguna manera se parecía a los que se veían en las ferias o fiestas de España vendiendo barquillos y otras *chucherías*, fuera un negocio que no estuviera en manos de un pobre hombre que recorre los lugares concurridos para ganarse unos kópecs en sus horas libres, sin necesidad de otro tipo de control, salvo el de garantizar que no fuera nocivo para la salud si de productos de alimentación se trataba.

Alexey, de nuevo, me sacó de mi error diciéndome que en la Unión Soviética existían muy pocos negocios privados, sólo algunos campesinos llegaban a la ciudad a vender sus productos. Yo entendía que una cosa era la gran industria, la banca, los transportes y tantas cosas importantes de un país que es lo que puede determinar en manos de quién está el poder y cómo se utiliza éste, y otra aquellos negocios sin duda pobres para quienes los ponen porque su volumen es irrisorio, y sin duda ruinosos para el Estado. Sin embargo, sí pude asistir a uno de los mercados, que tenía lugar creo que una vez por semana, donde se vendían frutas y verduras, de calidad discutible por cierto, que los propios campesinos comercializaban, naturalmente a precios mucho más caros, a veces prohibitivos, comparados con los de los mercados oficiales. Los productos, a pesar de que la referencia que yo tenía era España —que había empezado a tener cierto desarrollo, aunque todavía estaba alejada de los países europeos—, me parecieron de poca calidad y peor presencia. No quiero aventurarme a decir que esa fuera la tónica general, pero sí donde yo pude verlo.

Sin embargo sí había mercados expresos con productos de mucha calidad, suficientemente abastecidos, una de las carencias del mercado en aquellos tiempos, en los que había que comprar con divisas extrajeras, dólares estadounidenses principalmente, pero también marcos alemanes y francos franceses, y me imagino que de otras divisas fuertes. Aquello de que hubiera unos mercados en exclusiva para determinados compradores con mayor poder adquisitivo me ocasionó un choque mental y una discusión con María, que al parecer ya lo sabía por habérselo dicho alguien en España que había visitado Moscú recientemente. Se trataba, según decía, de una fórmula para captar moneda fuerte que el Estado podía emplear en otras necesidades. Esa misma explicación nos la dio nuestro amable compañero ruso, que no me acababa de convencer, pero que al final llegué a aceptar como algo lógico para ellos, que al parecer lo defendían, aunque me preguntaba quiénes eran los afortunados que podían ir a comprar a aquellos mercados que a la mayoría les estaban vedados por la simple razón de que carecían de las divisas necesarias, lo que ocasionaba una especie de picaresca que... ríase uno de la española.

Por todas los lugares concurridos, sobre todo parques, plazas y monumentos susceptibles de que acudieran extranjeros, proliferaban jovenzuelos tratando de cambiarle dinero al turista o visitante ingenuo, naturalmente a un cambio mucho más favorable para el visitante que el oficial, generalmente un dólar lo equiparaban a un rublo de forma arbitraria y sin ninguna razón de valor equitativo real. Tanto era sí que al parecer todo el que podía trataba de utilizar esta vía mucho más ventajosa, a veces con mucha diferencia. Pero también era arriesgado, porque como era habitual, el turista recién llegado desconocía los billetes rusos y en más de una ocasión le cambiaban los ya retirados de la circulación hacía años, que no servían para nada. Lo que era un robo descarado, pero del que el timado no podía quejarse, ni ir a la policía porque podía ser acusado de ser cómplice de traficar en el mercado negro, ya que, en el mejor de los casos, le dirían que no podían hacer nada porque el cambio de moneda se tenía que hacer en los lugares adecuados decididos por las autoridades —en los mismos hoteles—, evidentemente al cambio oficial, de lo que huían si podían por el abuso que representaba tal paridad. Y en el peor, buscarse algún problema. Generalmente la gente parece que no caía en esa tentación y prefería asumir que lo habían engañado, aprender del engaño y olvidarse.

Como nosotros íbamos de invitados "ilustres" y sin salir de los círculos determinados por el comité de Moscú del KOMSOMOL, muchas cosas de estas nos eran ajenas. Y si pudimos saber aquello del cambio de moneda de los jóvenes en los lugares de afluencia de extranjeros, fue porque en un rato de descanso unos de aquellos "cambistas" se acercaron a nosotros y en varios idiomas nos ofrecieron su mercancía. Nosotros, más por curiosidad que por otra cosa, porque nada podíamos ni teníamos para cambiar, empezamos una especie de regateo, más por pasar el rato y ver cómo acababa el trapicheo que por otro objetivo. Fue cuando Alexey se percató de lo que pasaba, se acercó a los muchachos, que mantenían sendos fajos de billetes en las manos sin el menor recato ni intención de ocultarlos, y echándoles una bronca a gritos los apartó de nosotros sin que obviamente entendiéramos nada de cuanto les decía. Después nos diría que eran chavales descontrolados que hacían aquello, "a todas luces ilegal, como podíamos comprender". Yo, mostrando también mi indignación al par que cierta duda, le dije a Alexey que por qué razón no intervenía la policía para cortar aquella práctica que desprestigiaba a la Unión Soviética y al socialismo. Me respondió que no se podía reprimir a la gente por aquello, porque los jóvenes eran, después de los niños, la "clase" más privilegiada de la Unión soviética". Yo le argumenté que precisamente como no se lograba nada era permitiéndoles que tuvieran dinero de aquella manera, yendo contra la ley, y que no se trataba de reprimir, que bastaba con que la autoridad hubiera estado presente para disuadirlos de aquella práctica que maleducaba a los jóvenes y desprestigiaba a la unión Soviética y al socialismo.

Posiblemente fuera así, como decía Alexey, y no dudé que estuviera en lo cierto, pero la respuesta a aquello me llegaría después, de otras gentes que conocí en Rostov, de lo que hablaré más adelante. Por boca de cubanos, chilenos y bolivianos, quizá maliciosamente me aseguraron que aquello era ilegal pero tolerado y controlado por algunos sectores del partido o del mismo KOMSOMOL, como forma de captar recursos, pero como era una contradicción el tipo de cambio oficial con el que se daba en el mercado negro, se hacía entender que era cosa de aquellos "chavales descontrolados y sin malicia" que lo hacían por su cuenta para ganarse unos rublos para algún capricho. Quizá la parte de los billetes falsos sí lo fuera, pero tengo serias dudas, si nos atenemos a la pasmosa tranquilidad con la que trabajaban a la luz del sol sin que nadie les dijera nada. Todo aquello contribuía a mi confusión. Entonces no tenía ni idea de qué nombre tendrían aquellas prácticas y aquella forma de cambiar y conseguir dinero al margen de los cauces normales que todo Estado debe tener. Hoy está claro: Corrupción, y el principio que lleva al final. Porque qué duda cabe que donde se tolera las corruptelas pequeñas, es porque hay otras mucho más jugosas que se extienden hasta que todo está minado.

Como "visita obligada", estaba la Iglesia de san Basilio y los monumentos y museos que hay en su entorno. En uno de ellos nos hicieron colocar unas amplias zapatillas sin necesidad de descalzarnos, para proteger el parqué que seguramente era muy antiguo y delicado. En uno de aquellos museos había tal cantidad de joyas, oro y piedras preciosas, que sin ninguna duda debía tratarse de réplicas. Nosotros no entendíamos que estuvieran allí para que los turistas admirasen unas riquezas de otras épocas, de los zares, pudiéndoles dar un uso mucho más provechoso. Quizá eran una imitación simplemente para que el visitante se hiciera una idea, pero sin intención de confundir a nadie, de aquellas improductivas riquezas de tiempos pasados. No lo sé, pero tanto María como yo salimos pensando que, si realmente se trataba de las auténticas, estaban mal empleadas.

Como estábamos en la Plaza Roja, decidimos acercarnos hasta los grandes almacenes GUM, orgullo al parecer de los moscovitas por ser un mercado donde había cantidad y variedad, según los estándares soviéticos, lugar de obligada visita para los turistas que querían comprar algún *souvenir* de la Unión Soviética. Y lugar de *peregrinación* para los soviéticos que llegaban de otros lugares del país, de las *repúblicas hermanas*, donde seguramente no encontrarían los productos que en el GUM sí había. Según se decía, los soviéticos eran dados a comprarlo casi todo, por lo que no era extraño verlos para coger el tren cuando regresaban a sus lugares de origen, cargados como mulas de todo tipo de productos, a veces inútiles o innecesarios, pero por la novedad y la escasez, les resultaban llamativos, porque en sus remotas tierra, al no haber variedad de mercancías, el dinero servía sólo para lo elemental. Uno de los fallos del sistema era que no había logrado poner en marcha una red de distribución de productos de todo tipo para satisfacer a los ciudadanos, que ya habían salido de la extrema escasez, que tenían un creciente poder adquisitivo en dinero, pero que no tenían en qué gastarlo. De ahí que lo compraran todo, fuera útil, necesario o no. Porque se daba el caso de que la satisfacción de los asuntos de primera necesidad, sí estaba a su alcance y a precios irrisorios, pero ya hacía tiempo que esos productos les sabían a poco.

Como nosotros no teníamos intención de comprar nada, nos dedicamos a admirar el edificio, que era verdaderamente una obra de arte. Fue construido en la última década del siglo XIX. Según Alexey su arquitectura trapezoidal era una combinación de la medieval rusa, con armazones de acero, de alguna manera me recordó la estación de Francia de Barcelona y la de Atocha de Madrid, según remotamente recordaba de mi paso por la capital de España cuando íbamos para Barcelona desde el pueblo, y de alguna otra vez que fui, así como de las veces que había tomado el tren en la barcelonesa estación de Francia.

En los años anteriores a la Revolución en el edificio había una multitud de tiendas, un centro comercial o algo así. Fue nacionalizado después. A principios de los cincuenta ya se estableció como grandes almacenes, GUM, que quiere decir algo parecido a "Principales Tiendas Universales". El bullicio era igual a cualquiera de los centros comerciales que se podían ver en cualquier tienda de similares características en cualquier lugar del mundo, siempre, repito, con estándares de la Unión Soviética.

La visita que no puede faltar a nadie que vaya a Moscú, y mucho menos a unos invitados oficiales del KOMSOMOL como éramos nosotros, era a la joya de Moscú y orgullo de todo soviético de la época. Ésta era una visita al metro de Moscú, al que también llamaban "El palacio subterráneo". El metro de la capital rusa, obra al parecer decidida por el propio Stalin, se inauguró a mediados de los años 30 con unos 26 kilómetros y una línea, que a lo largo de los años se iría ampliando; era el medio de trasporte más eficaz e importante seguramente de toda la Unión Soviética; se decía que trasportaba entonces entre ocho y nueve millones de pasajeros diarios; era además un museo en el que todo viajero podía admirar numerosas obras de arte. Por primera vez subía yo a un metro con tanta precisión y regularidad, ya que cada minuto llegaba un tren, al menos en los viajes que hicimos por el puro placer de entrar en aquel lugar tan agradable, limpio como el museo que era, donde podíamos admirar tanta obra de arte, sentarnos a descansar en cualquiera de sus salas, en cruces de galerías que iban de un lado a otro. Ni un papel en el suelo, ni un pequeño desperdicio que desentonara con la limpieza de los mosaicos brillantes que lo pavimentaban. Constantemente alguna persona con una especie de gigantesca *mopa*, hacía que siguiera brillando. También, según se decía, los viajeros moscovitas cuidaban con esmero no tirar nada que ensuciara o rompiera aquella armonía de sala de museo. Algunas de las estaciones estaban a mucha profundidad, que se salvaba con largas escaleras mecánicas. Alexey nos informó sobre los motivos de haber hecho el metro con aquella profundidad: Era debido a que se podía hacer servir como refugio en caso de una guerra nuclear, temida durante la Guerra Fría. "Los soviéticos —nos decía Alexey— fuimos los más perjudicados por la Segunda Guerra Mundial y la agresión que sufrimos costó muchas vidas a los pueblos de la Unión Soviética, y debemos estar preparados para una futura agresión, que si se produjera sería nuclear y catastrófica. Así que estamos preparados para paliar en lo posible las consecuencias, convirtiendo una parte del subterráneo del metro en refugio nuclear. La Unión Soviética nunca será la primera que inicie la agresión nuclear, pero si no mejoran las relaciones con el mundo imperialista, debemos estar alerta", reiteró. Y sin duda era ésta la forma de pensar del ciudadano soviético en aquellos años de escalada del imperialismo norteamericano, principalmente por las consecuencias que estaba teniendo la intervención militar norteamericana en el Sudeste Asiático, con Vietnam, Camboya y Laos. Y también preocupaba, según se decía, la separación que había entre China y la URSS, circunstancia que consideraban fatal en caso de que hubiera un enfrentamiento bélico, que no se podía descartar. También los soviéticos tenían entonces la percepción de que si eran agredidos lo serían en primer lugar por los alemanes de la República Federal, como aliados de los Estados Unidos.

Aquella noche, a la hora de la cena se nos unió un funcionario que, aunque hablaba perfectamente español, vino acompañado de Alexey, el intérprete. Teniendo en cuenta lo dicho anteriormente sobre la edad de los dirigentes de la juventud, este funcionario podía pertenecer tanto a ésta como al partido, cosa que no nos aclaró. Hablábamos de todo lo que había visto en la Unión Soviética, y a media cena me preguntó si me gustaría quedarme a estudiar en la URSS. En aquel momento me quedé algo desconcertado porque tomar una decisión de estas características no me resultaba fácil. Le dije que me lo tenía que pensar y que le daría una respuesta al día siguiente. Aquella noche le estuve dando vueltas a los pros y los contras y a las consecuencias de aquella oportunidad que me brindaban los soviéticos para lograr unos estudios a los que yo no había podido acceder. Pensaba lo estupendo que sería aprovechar la que seguramente no se me volvería a presentar en la vida. Pero también pensaba que yo estaba a punto de ir al servicio militar y eso suponía que si no me presentaba cuando me llamaran a filas no podría volver a España hasta que las cosas hubieran cambiado en mi país. También, como es lógico, pensé en mi familia, que ni siquiera sabía dónde estaba yo en aquellos momentos. Tuve una noche de lucha conmigo mismo sobre lo que más me convenía, a nivel personal y también como responsable político de la J.C. en Tarrasa. No tenía a nadie con quien comentarlo —aparte de María, que me dijo entusiásticamente que aceptara—, me aconsejara lo que más convenía, y eso me colocaba ante mi sola responsabilidad. Unas veces mi cabeza me decía que siguiera adelante y que si en unos años yo podía lograr unos estudios, no debía desaprovechar aquella oportunidad. Inmediatamente era todo lo contrario lo que me aconsejaba mi otro yo. Me acordaba de España y tenía unas ganas inmensas de volver, a pesar de que sólo hacía unas semanas que estaba ausente. Y me acordé de aquel hombre de la librería de Moscú, que vino a decirme que cambiaba todo lo que era por una conversación en una taberna de su pueblo con sus paisanos, aunque fuera peleándose con ellos. A la mañana siguiente, sin un pleno convencimiento de que lo que hacía fuera lo mejor, decidí preguntarle que si podía darle la respuesta al final del viaje, cuando ya tuviera que regresar a España definitivamente. Me dijo que lo consultaría, pero que creía que no habría problema. Después Alexey me dijo que era un pez gordo de la dirección del KOMSOMOL, y que sin duda lo que él decidiera podía darlo por hecho. Que si cuando volviera del viaje había tomado la decisión de quedarme, sin duda así sería. Me quedé más tranquilo por no tener que tomar aquella decisión, sin duda trascendente para mí, en tan poco tiempo y sin haberlo podido consultar. Esperaba tener la oportunidad de hablar antes con algún camarada de la dirección del partido con el que coincidiera, para pedirle su opinión.

Tal como se han desarrollado los acontecimientos en el mundo, en la URSS y en España, todavía hoy no estoy convencido de si la decisión que tomé fue la correcta. Lo que sí es seguro es que no hubiera podido regresar a España hasta la muerte de Franco y que me habría convertido en un exiliado más, quizá con cierta dependencia de la burocracia del partido, el español o el soviético, como otros, que se vieron obligados a aceptar o tuvieron que decidir, ante la disyuntiva de mantenerse en la disciplina del PCE, cuando éste empezó a disentir de muchas de las políticas del PCUS, o ponerse al lado del partido soviético, mayormente por razones prácticas y de supervivencia. Porque me consta por conversaciones posteriores con camaradas que estaban en la URSS, que preferían la política de su partido, el español, antes que la que consideraban ya entonces anquilosada del PCUS. Pero muchos, ante la imposibilidad de regresar a España, optaron por lo más práctico: Decir de cara a los soviéticos que el PCE estaba equivocado al criticar a la Unión Soviética, en muchas cuestiones, y sobre todo por la invasión de Checoslovaquia.

Tras aquellas visitas por Moscú con las que se suponía se había completado la agenda turística que nos habían preparado, organizaron, esta vez para mí solo, una fugaz visita a Leningrado. A María la debieron de llevar a otros sitio que no supe por el hermetismo con que se hacían las cosas. Así que por la noche tomaba el tren en dirección a la "ciudad mártir y héroe", bautizada así desde la guerra por haber tenido que soportar durante tres años los embates de los alemanes, provocando verdaderas calamidades entre la población, que moría de hambre por los bombardeos y por todo tipo de enfermedades propias de una ciudad sitiada.

VII

En Leningrado. Las Noches Blancas

El tren nocturno era de los que llamaban lentos, pero algo más cómodos, con vagones camas, en contraposición, supongo, a los rápidos; estaba provisto de literas, al menos en algunos coches, y otros más incómodos sólo con asientos. No llegué a comprender por qué eran incompatibles entre sí aquellas tres modalidades, aquellas tres formas de viajar. En realidad no era más que un eufemismo para no reconocer que había dos o tres tipos de categoría, lo que en España era de primera, segunda, tercera, etc. Era de suponer que en un país en el que no existían las clases, no eran correctas dichas categorías y fueron suprimidas, no su funcionamiento, sino la forma de llamarlas. (Sobre esta modalidad de dividir las categorías de los trenes, entre otras muchas cosas, sería Carrillo a mi regreso a París quien comentaría, naturalmente de forma favorable, el hecho de que todos los trenes fueran para todos).

El tren salía a eso de las nueve de la noche y la plaza que me asignaron era en un coche cama cuyos departamentos no estaban divididos por sexos, igual que en el tren en que viajé hasta París. En cada uno de los coches, en uno de los laterales había un samovar que mantenía té caliente durante todo el trayecto, que cualquiera podía servirse sin restricción alguna. Era agradable porque, aunque ya estábamos a finales de junio, se notaba el fresco nocturno y se agradecía un vaso de algo caliente. Seguramente no había otro medio de hacerlo, porque no había cafetería, al menos que yo recuerde. Al subir al tren me encontré con uno de los delegados uruguayos a la Conferencia de Sofía, que decían ser poeta, y miembro de alguna de las guerrillas o movimientos de liberación que proliferaban entonces en América. Muy sarcástico él, cuando trató de pedir alguna información sobre horarios, itinerarios y otras cuestiones del recorrido del tren que le interesaban, a la persona que desempeñaba el cargo que en España llamaríamos interventor, o revisor —que era una mujer a la que los dioses no habían dotado del don de la simpatía, ni al menos de la amabilidad forzada que conllevaba su cargo de atención al público—, el cachondo uruguayo dio un "¡viva la simpatía de la mujer funcionaria soviética!", que ésta no debió de entender, pero que a mí me hizo reír. No sé si es que en ese terreno "en todas partes cuecen habas", pero lo cierto es que me recordó a las funcionarias que en cualquier centro oficial podía encontrar en España, "de la sección femenina" falangista, con la misma displicencia, mirando por encima del hombro; y hasta en la forma de vestir, con aquellos uniformes horrendos y "recatados", masculinizados, aunque fueran faldas, rígidas como pleitas de esparto sin machacar, y sin que permitieran el menor desliz mental hacia sus inexistentes curvas más allá de las generosas carnes.

El tren llevaba ya un rato en marcha y yo no dejaba de ir de un lado para otro inspeccionándolo, intentando enterarme de cuanto se decía, en aquel tren en el que viajaban gentes de muy diversas nacionalidades, entre ellas algunos sudamericanos, pero fundamentalmente ingleses y alemanes, la mayoría de ellos de la Alemania del Este, lo que supe porque iban acompañados de sus hijos, algunos de los cuales lucían uniformes de pioneros, o algo parecido de la RDA —curiosamente azules, al menos los que yo vi—. En el vagón en que yo iba nadie hablaba español ya que el uruguayo se fue a su departamento y no lo volví a ver más ni durante el viaje ni en Leningrado, si es que ese era su destino. Pero sí conocí a una chica inglesa, con la que hice buenas migas a pesar de que ni yo hablaba inglés ni ella español, pero no sé muy bien cómo, nos comunicábamos a la perfección. Me di cuenta por primera vez en mi vida de que hay formas de comunicarse con la gente a pesar de no saber su idioma. Nos empezamos a comunicar por señas, gestos o monosílabos, tomando té una y otra vez, hasta que decidimos que era hora de irnos al departamento y pasamos la noche juntos en una de las literas del tren —la suya—, con aquel candor propio de personas que no sabían nada, sólo empujados por la naturaleza y el bienestar de ambos. Éramos dos inexpertas criaturas, sin ninguna duda yo más que ella, a pesar de que la muchacha apenas llegaría a los diecisiete o dieciocho años, que las circunstancias habían reunido durante unas horas en el tren de Moscú a Leningrado. De aquella muchacha tengo en la memoria unos instantes de primavera maravillosos de cuando la besé con los labios de la inocencia y la inexperiencia, más como deseo natural y sin propósito expreso. Nada era premeditado, nada era ni siquiera con picardía sino de jovenzuelos despertados por la llamada de los instintos. Y recuerdo fonéticamente su apellido, que si no lo interpreté mal, era O'Donell, o algo así. Me había dicho en el lenguaje difícil pero entendible, que su padre era, no recuerdo si un militante o un dirigente del minúsculo Partido Comunista Británico o inglés, que yo en aquel tiempo no sabía la diferencia. Y que había sido invitada como yo por el KOMSOMOL, aunque no parecía que hubiera estado en la Conferencia de Sofía como yo, ya que de ser así la habría visto, porque con los ingleses estuvimos muchas veces en las comisiones y se hacían notar por su clara denuncia del imperialismo, no sólo norteamericano, sino también británico, lo que no impedía que tanto paquistaníes como indios los acusaran a ellos de lo mismo por su procedencia, sin tener en cuenta que eran militantes de izquierda y contrarios a las políticas de sus respectivos gobiernos. Todo un despropósito.

Cuando amanecía y había que prepararse para recogerlo todo porque llegábamos al final del viaje, se acercó a nosotros, a la litera en la que yacíamos, una señora de unos cuarenta años, que no sé por qué supuse era su madre, aunque en ningún momento pudiera asegurarlo, y llamó a la muchacha para que se levantara y se preparara para estar acicalada antes de la llegada a la estación. En menos de una hora llegaría el tren a su destino de Leningrado y la instaba a que se diera prisa. Yo me quedé de piedra cuando abrió la puerta y la vi acercarse, y estupefacto al ver con qué naturalidad llamaba a la chica, sin dar importancia al hecho de que no estuviera sola en la litera y ambos estuviéramos medio desnudos. Durante la noche había visto a aquella mujer en otra litera frente a nosotros, pero no pensé que tuviera nada que ver con la chica. Fue tan discreta que no molestó lo más mínimo. La mujer se había levantado hacía bastante rato y cuando volvió, presumiblemente del lavabo, y estuvo a punto, decidió que ya era hora de llamar a la que era su compañera de viaje. Sonriéndome me dirigió un "Good Morning" sin que yo fuera capaz de reaccionar. Noté que un intenso rubor se apoderaba de mi rostro. Aquella situación no entraba en mis esquemas mentales pues aunque muy de izquierdas, muy progresista y muy amante de la libertad, lo cierto era que yo llegaba de otro mundo en el que la moral se medía por otros parámetros más estrechos y controlados por represiones seculares; nada que ver con la libertad de aquella chica, educada a años luz de lo que yo conocía. Al bajar de la litera la chica me besó con lentitud y con una sonrisa ancha y brillantes ojos y se despidió.

No la he vuelto a ver. Me había dado su dirección, que decía ser de Londres. Cuando regresé a España le escribí una postal a la que no contestó y nunca he sabido de ella, a pesar de que intenté hurgar en algunos lugares donde pudieran darme alguna pista a través de algunas organizaciones juveniles a las que supuse podría pertenecer por su condición de hija de un comunista británico. Nadie supo darme la menor pista sobre aquel nombre que yo retuve en la memoria, presumiblemente de forma errónea. Después, por los avatares de la vida, acabé perdiendo aquella dirección, que ni siquiera sé si era auténtica. Sólo queda en mí el maravilloso recuerdo, seguramente mucho más placentero en la memoria, mitificado, que en la realidad, recuerdo al que me vengo agarrando para no desprenderme de aquel "instante de primavera", de unos hechos de los que al cabo de los años siguen alimentando mi recuerdo como una luciérnaga en plena noche. Que no es poco. Algunas veces, entre bromas hacia mis adentros, pensé que aquellas prácticas y no otras eran la mejor forma de hacer efectivo el verdadero internacionalismo proletario.

Cuando en Sofía me anunciaron que iba a la URSS, y que podría ir a Leningrado, Elías Gutiérrez, el supuesto secretario general de la J.C. en la emigración, me hizo un comentario sobre la ciudad que nunca olvidaré: "En cualquier sitio que busques, en cualquier baldosa que levantes se encuentra un trozo de historia de la ciudad y de este país. Tiene todo el regusto de su historia de esplendor, como los cuentos de hadas, de príncipes y princesas, que de forma superficial encarnaba el zarismo, alejado de la realidad de un país de siervos, pero también de una historia cercana y reciente. Por ser la ciudad de la Revolución, y por ser la ciudad importante que más sufrió en asedio, durante la guerra por parte del ejército alemán". Tal vez él ya la había visitado en otra ocasión y por el hermetismo propio de la época, no me lo dijo.

Cuando el tren llegó a la estación, dos hombres que no había visto nunca se me acercaron y me dieron la bienvenida a su ciudad. Me sorprendió que ni siquiera me preguntaran por el nombre, lo que me hizo pensar que en realidad ellos habían subido al tren al mismo tiempo que los otros miembros del KOMSOMOL me despedían en la Estación de Moscú, aunque no me percaté de su presencia, ya que allí me dijeron que no me preocupara, que al llegar a mi destino me estarían aguardando. O bien, porque yo era reconocible a simple vista, con diferencia, de los viajeros soviéticos. Pero el hecho es que aquellos hombres a mí me conocían. Por cierto que en ningún momento, ni en Moscú ni en Leningrado, los camaradas soviéticos que se suponía eran de la Juventud, bajaban de cuarenta y muchos años. Juventud, divino tesoro, aunque algo añejo.

Como no teníamos más tiempo que aquel día para visitar la ciudad, cuando hubieran sido necesarias semanas para conocerla mínimamente, era evidente que había que acelerar y cubrir sólo algunas pocas cosas de las muchas dignas de ser vistas que contenía la antigua ciudad de los zares, de puentes —dijeron que más de cien— y puentes levadizos que unen los diversos islotes que la componen. Así mis anfitriones me llevaron a ver una pequeña parte de la joya que Pedro el Grande construyó, como en todas las grandes y maravillosas ciudades del mundo, con grandes sacrificios de miles de siervos que dejándose la vida hasta en un cincuenta por ciento de los que reclutaban por la fuerza, para satisfacer las ambiciones del zar, construyeron la que debía ser una puerta de Rusia a Europa, empeño del mandatario ruso.

Entramos a unos grandes jardines que había en torno a lo que fuera la residencia de los zares, rodeados de múltiples estatuas y otros monumentos, con cientos de surtidores por todas partes que pusieron en marcha a aquellas horas tempranas exclusivamente para mí, lo que hizo que me sintiera incómodo, ya que poner en marcha todo aquel complejo de surtidores, para solo una persona, era sin duda un verdadero derroche. Las aguas que brotaban de las bocas de faunos, serpientes o dioses mitológicos, de todas partes, y la música abrazaba todo el entorno de forma armoniosa; aunque, según dijeron, lo más espectacular de los jardines no podíamos verlo porque eran las luces —y era de día—, que convertían aquel parque en un escenario de luz, sonido y color, en un gran espectáculo en sí mismo. Me habían dicho que dormiríamos aquella noche en Leningrado y que saldríamos a la mañana siguiente, así que me pregunté a mí mismo por qué no habíamos dejado aquella visita para la noche y visitado otras cosas durante el día. Me pareció una incoherencia en la preparación del orden de las rutas a seguir, teniendo en cuenta lo cuidadosos que se mostraban los que las organizaban. No dije nada, ya que empecé a darme cuenta de que las cosas se organizaban fuera de las decisiones de aquellas personas que me acompañaban y éstas no podían salirse del guión establecido.

Después, en compañía del director, pasamos a ver el Hermitage, una de las pinacotecas y museo más importantes del mundo que, como era obvio, sólo podríamos ver en una ínfima parte en las pocas horas que estaríamos en Leningrado. La colección del museo ocupaba un complejo formado por seis edificios situados junto al río Neva, siendo el más importante de estos el Palacio de Invierno, residencia oficial de los antiguos zares y escenario de las luchas de los bolcheviques en 1917 y que dio paso a la Revolución de Octubre, "la primera revolución obrera del mundo", según yo recordaba haber leído en numerosos documentos del partido.

El palacio lo hizo construir Catalina II en 1765 para su colección particular de obras de arte. El resto del complejo arquitectónico lo formaban cinco edificios, entre los que se encuentran el Palacio Menshikov, el Edificio del Estado Mayor. El museo se incrementó con las colecciones privadas que fueron adquiriendo los zares durante varios siglos, y no fue hasta el año 1917, tras la Revolución de Octubre, cuando fue declarado Museo Estatal, a partir de lo cual podía visitarlo todo el mundo. Su colección, formada según me dijeron por más de 3 millones de piezas, abarcaba desde antigüedades romanas y griegas, hasta esculturas de toda Europa, piezas arqueológicas y arte oriental, así como arte ruso, joyas y armas. "La pinacoteca —me dijo no sin cierto orgullo el director del museo— está considerada, junto con el Museo del Prado de Madrid, como la más completa del mundo; incluso tenemos una sala de los grandes maestros españoles, incluido Velázquez". Naturalmente aquella afirmación tan rotunda de mis amables acompañantes, sobre "los maestros españoles" sobre todo del director, que se entregaba en cuerpo y alma a su trabajo de explicarme los tesoros que tenían, iba dirigida a mí como un halago, y no me cabía más que asentir y callar para no dejar en evidencia que yo no tenía ni idea de cómo era el Museo del Prado, cuya existencia solo conocía de oídas, sin otros pormenores. Creo que a veces el hecho de no hablar el mismo idioma, aunque haya intérprete, y no prestarse a largas explicaciones o disquisiciones sobre arte o cualquier otra cosa que uno no domine, resulta favorable para salir del paso y que el disimulo sea menos evidente. Sin duda a aquel hombre le hubiera gustado sobre todo hablarme de los maestros españoles, que debía conocer muy bien, y tal vez esperaba de mí como contrapartida algo parecido sobre el Museo del Prado, que dijo había visitado no hacía mucho tiempo en un viaje de estudios que hizo por varias ciudades de diversos países de Europa, entre ellas Madrid, Barcelona, Granada, San Sebastián y Toledo. Como es natural no me dijo, ni yo le pregunté, en calidad de qué visitó España, ya que entonces que yo supiera no había relaciones diplomáticas entre nuestros países. De ahí aquella anotación en el pasaporte: "todos los países del mundo excepto...la URSS entre otros.

Generalmente en muchos países, al contrario que en España, se cena temprano; en Rusia, al menos donde yo no había estado hasta entonces, también. Y aquella tarde, porque eran alrededor de las siete o siete y media cuando me llevaron al hotel, moderno y funcional, que nada tenía que ver con la ciudad que habíamos visto, me dijeron que me diera un baño si lo deseaba para bajar a cenar, que tenía tiempo, y cuando lo considerara, bajara al comedor, donde me estarían esperando, para después de la cena culminarla con una visita a un lugar muy especial. Me di una ducha y cuando salí del cuarto de baño conecté el hilo musical del hotel, haciendo un descubrimiento pues hasta entonces no conocía de su existencia, disfrutando de aquella armonía que se colaba a la habitación por alguna parte. Me eché un momento sobre la cama y me quedé dormido como un niño recién lavado, cansado como estaba yo. Me despertó el teléfono del hotel con un horrible ruido que rompía toda aquella paz de la que hacía poco disfrutaba, y que me había llevado hasta los brazos de Morfeo. Del auricular salía una voz que no entendí, pero enseguida cambió y reconocí la voz del intérprete que me decía que si ocurría algo, que era tarde y debía cenar para acabar nuestro programa; que sólo quedábamos nosotros por cenar. Miré hacia el balcón y la luz que entraba a través de las cortinas del ventanal demostraba que no era tan tarde, que era de día y muy claro aún. Me contrarié. Pensé que si había tanta prisa mejor que no me hubieran dicho que subiera a la habitación antes de cenar, para el poco tiempo que me habían dado. Me vestí apresuradamente y bajé al comedor donde me estaban esperando. Efectivamente el comedor ya estaba casi vacío y sólo había nuestra mesa preparada, mientras el resto estaba recogido o preparado para el día siguiente. Un poco se repetía la escena de la llegada a Moscú con María, sólo que ahora no era una hora intempestiva como entonces. Sólo se debía, pensé, "a que había que completar el programa establecido". Entre molesto y nervioso les dije a los dos *tovarich* del KOMSOMOL que por qué me habían hecho subir a la habitación si no había tiempo. Me miraron extrañados y me dijeron: "pero si son casi la diez y llevamos tres horas esperando y no hemos querido llamarte antes para no molestarte y que descansaras si era tu deseo; pero es que dentro de un rato hemos de ir a un concierto como despedida de tu visita a Leningrado, que era la sorpresa final que te esperaba, hay que darse prisa si queremos llegar a tiempo".

No me lo podía creer, pero el reloj que había en la pared del restaurante del hotel efectivamente marcaba cerca de las diez. No entendía nada, me había quedado dormido más de dos horas. Pero yo miraba a la calle y calculaba que no debían de ser más de las ocho. Cenamos casi a la carrera porque antes de media hora empezaba el dichoso concierto, que a mí poco me interesaba, pero no era plan de confesarlo. Salimos a la calle y continuaba sin entender nada sobre la hora. Tomamos el coche que nos esperaba a la puerta del hotel, con un chofer visiblemente nervioso, inquieto y sudoroso pues al parecer llevaba rato esperando y teníamos el tiempo justo para llegar. Y es que todo indicaba que llegábamos tarde.

Entramos en el teatro Kirov, que así creo que se llamaba, unos instantes antes de que cerraran las puertas para comenzar la representación. Me sentía culpable de ser motivo de aquella carrera y de que todos se movieran para mí con tanta generosidad, a pesar de la poca importancia que yo daba al hecho. He llegado a pensar si no estarían aplazando el comienzo a la espera de que yo llegara. Se abrió el telón con solemnidad y silencio. Había bailarinas y era una ópera de un famoso compositor ruso; no recuerdo ni su nombre ni el de la ópera a representar. Pero lo que sí recuerdo es que me resultó larga, pesada y aburrida. No me dormí porque hacía esfuerzos para no quedar en evidencia y ser cortés con mis anfitriones, que se desvivían por intentar que me lo pasara bien, y consideraron que un final de mi visita a una de las obras más queridas por ellos, era la mejor forma; en la mayoría de los sitios a que me llevaron en Leningrado así fue, me lo pasé muy bien, pero la ópera y yo no nos conocíamos todavía de nada, no había hecho nada por mí para que yo la quisiera, y tendría que pasar mucho tiempo para que, aunque fuera en disco —que a más nunca he tenido ocasión o no he osado llegar— me empezara a gustar.

Me tenía que pellizcar para que los párpados no me pesaran tanto como lo hacían en aquellos tediosos momentos. Tampoco podía moverme en el asiento, ni siquiera tratando de arrellanarme en él para despabilarme un poco e ir ganado la partida al sueño que me cercaba por momentos sin piedad, porque se notaba el más pequeño ruido, y el teatro parecía un templo de devotos que enseguida habrían girado las cabezas para ver quién era el hereje que osaba romper aquel éxtasis que vivían frente al ara del sacrificio. Al parecer, estaban todos atentos a la ceremonia menos yo. Por fin terminó mi particular sacrificio y se terminaba la larga jornada que en realidad había empezado el día anterior por la mañana, tras el anochecer en que tomé el tren en Moscú para Leningrado, de grato recuerdo.

Pero todavía no habían terminado para mí las sorpresas. Mis compañeros iban relatándome las excelencias de la ópera sin percatarse de que a mí aquello no me importaba lo más mínimo, por más que fuera un ejemplo del alma rusa lo que se había mostrado en la representación, según decían. Y para mi sorpresa, cuando salimos a la calle todavía no era de noche, estaba tan claro como cuando entramos. Yo me desconcerté y fue cuando me dijeron que estábamos en lo que se llamaba "Las Noches Blancas de Leningrado", de las que yo nunca había oído hablar. Era más de la una de la madrugada y no había oscurecido. Entonces comprendí la razón por la cual carecía de sentido cambiar la visita que hicimos a los jardines de los surtidores de agua y música para la noche, porque noche, lo que se dice noche, no la habría.

Estábamos en los últimos días de junio y en esas fechas durante unas dos semanas, según me dijeron, no se hacía de noche. Para ellos, como es natural, no era nada raro y se les olvidó decírmelo, pero para un visitante como yo, que no estaba avisado del fenómeno, resultó una sorpresa agradable por la novedad, al tiempo que indescriptible. Se me quitó el sueño de golpe, nos fuimos al hotel, pero no a la cama, porque yo quería volver a la calle a deambular, a ver aquel espectáculo en un escenario total del que todos éramos protagonistas.

No pareció hacerle mucha gracia la idea a mis acompañantes, a lo que respondí que no pasaba nada, que se marcharan ellos que ya volvería yo al hotel cuando me cansara de caminar. Que un acontecimiento como aquel no me lo perdía, porque seguramente no tendría ocasión de volverlo a vivir en la vida. Pero parecía que tampoco estaba en el guión dejarme solo. Así que hicieron de tripas corazón y siguieron al ritmo de mi capricho, seguramente el único que me permití en todo el viaje. De haberse marchado no habría pasado nada, pero seguramente habrían recibido órdenes de estar conmigo todo el tiempo, y la disciplina era la disciplina.

Nos pasamos toda la "noche" paseando por los alrededores, por calles y parques, mirando los barcos y los puentes que se elevaban para dejarles paso, contemplando el cielo, que si bien no era el de un día claro y soleado, sí se asemejaba al de un día algo nublado, pero al fin y al cabo, a un cielo diurno, eso sin ninguna duda. Entonces fue cuando también comprendí lo que me había pasado cuando me quedé dormido, me pareció que era temprano y que sólo habían pasado unos minutos cuando sonó el teléfono que tanto me irritó, porque las cortinas de la habitación dejaban pasar la luz como cuando llegué, pero había dormido más de dos horas. Como digo, a mis compañeros no les debió de hacer ninguna gracia aquel capricho mío de pasear cuando debíamos estar en la cama y todos estaban cansados. Durante las horas de paseo, fuimos encontrándonos por todas partes gente, generalmente hombres, pero también mujeres, sentados en cualquier sitio abrazados a una botella de vodka. Me resultó desagradable ver aquel panorama en el país mitificado por mí, donde consideraba que esas cosas debían haber sido erradicadas por "la conciencia socialista". A las siete de la mañana, a la hora que teníamos previsto levantarnos, llegamos al hotel. Me di una ducha rápida para bajar de inmediato. Desayunamos y ya nos estaba esperando el autocar para llevarnos al aeropuerto de regreso a Moscú, lo cual haríamos por avión.

VIII

Rostov y el Don Apacible. Casa de España en Moscú

En Moscú me reencontré con María, mi acompañante madrileña, que había estado visitando algún otro lugar como yo había hecho en Leningrado el día anterior. No supe la razón por la cual nos llevaron a lugares distintos y sin saberlo. Sólo estuvimos unas horas en el hotel, lo justo para dormir un rato y despejarnos, al menos yo, que hacía muchas horas que no dormía. Ya estaba dispuesto todo para nuestra marcha hacia unos campos o campamento de Rostov, ciudad situada cerca del río Don, próxima a Ucrania, escenario de las novelas de Mijaíl Shólojov, el Don Apacible y otras.

Rostov era una ciudad que tenía unos 800.000 habitantes, muy industrial, donde había una fábrica de tractores con unos 30.000 trabajadores, fábrica que visitamos muy por encima. Dijeron que en aquella fábrica existía una experiencia piloto de "organización comunista", muy avanzada. Que uno de cada tres trabajadores era ingeniero en aquella industria de maquinaria agrícola. Lo de experiencia piloto no lo acababa de entender, pero me dijeron que era una forma productiva como se suponía debiera ser en un futuro comunista, cuando los valores y el nivel de conciencia de los trabajadores fueran supremos y la conciencia supliera a la disciplina. Era —decían— sólo en algunas de las áreas, no en toda la fábrica, pero que esperaban que tuviera su desarrollo en otras fábricas con el transcurso del tiempo. A pesar de nuestro entusiasmo por cuanto nos decían sobre aquella experiencia piloto, ni a María ni a mí nos cuadraba, toda vez que considerábamos que era algo artificial. Pero tampoco teníamos capacidad ni estábamos en disposición de discutirlo. Y de haberlo hecho habríamos sido "convencidos" de la realidad del hecho, por más que otra realidad se impusiera de forma tozuda, como tantas veces Lenin había dicho ante los intentos de algunos de sus compañeros de hacer abstracción de ella: "Los hechos son tozudos". Inventarse una suerte de "organización comunista del trabajo" en un sector de una fábrica, tenía más que ver con un voluntarismo carente de sentido que con la realidad. En cualquier lugar se puede hacer semejante experiencia sin que ello trascienda lo más mínimo al resto de la población, porque la realidad es la que es.

Nuestro destino era un campamento de convivencia con jóvenes de todo el mundo, ya que la mayoría de los delegados asistentes a la Conferencia de Sofía estábamos allí. Seguramente, todos habíamos sido invitados a visitar diversos lugares de la Unión Soviética. Era un cruce de lenguas de todas partes, y aunque había un montón de intérpretes para satisfacer las necesidades de aquella ONU en pequeño, lo cierto es que como estábamos en el campo y hacíamos las asambleas al aire libre, carecíamos de algo que en la Conferencia resultó muy útil: El equipo de personas invisibles que desde sus cabinas realizaban la traducción simultánea para nosotros. Así que muchas veces no me enteraba de intervenciones que se hacían, aunque tengo que confesar que estaba saturado de discursos e intenciones revolucionarias, que en aquel contexto quedaba muy bien. La suerte para mí era que la mayoría de aquellos improvisados braceros en que nos habíamos convertido los delegados, eran de Latinoamérica, lo que facilitaba mucho para nosotros la relación. Algunos de estos hispanoamericanos llevaban en la URSS varios años estudiando en la Universidad y se convirtieron en improvisados traductores, de modo que los soviéticos que tenían que traducir se sentían a veces desorientados, y sin saber qué decir ante frases hechas, refranes o muletillas perfectamente inteligibles para cualquiera que hablara español, de España o de América, en el contexto en que se desarrollaba la conversación, pero no así para los rusos. Así, recuerdo que un compañero chileno que iba deshilvanando su explicación, respondiendo creo que a otro, de su misma nacionalidad, o en todo caso también de habla española, en un giro verbal dijo: "eso que has dicho sobre... carece de sentido, y es como el que tiene tos y se rasca la breva". Todos los hispanos soltamos una risotada espectacular, y más viendo la cara que ponía el que tenía que traducirlo. El muchacho ruso, que por cierto hablaba español con mucha soltura, y sin deje americano, sobre todo cubano, como lo tenían la mayoría, se quedó en blanco. El chileno tuvo que retroceder y dejarse de figuras retóricas para que los demás que no hablaban español, lo entendieran porque el intérprete había hecho lo propio. Al joven ruso le resultaba muy difícil traducir, ni siquiera de forma aproximada, aquellos refranes que utilizaban, no sólo el chileno sino todos, quienes recurrían una y otra vez a ellos como sin duda lo harían con su gente. En las asambleas bajo los árboles continuaban los debates con los mismos tonos y disputas anteriormente durante las sesiones de la Conferencia. Y es que parece una enfermedad de la izquierda, al menos de aquella izquierda que estaba allí, polemizar por todo.

El campamento, sin ser militar, tenía un tanto de disciplina militar, en el sentido de organizar los servicios de limpieza, lo que en realidad era ficticio, ya que había soviéticos que se dedicaban a esa tarea como trabajo, pero se quería dar la sensación de que todos colaborábamos en las tareas comunes, aunque muchos se escaqueaban con las más peregrinas de las excusas, o simplemente haciéndose el sueco, y curiosamente eran los hispanos, y sobre todo los cubanos por ser veteranos de otros campamentos similares, los más "suecos" de todos, mientras que los ingleses, franceses y sobre todo los nórdicos y alemanes, no se marchaban sin dejar su catre ordenado.

Nos levantábamos a las seis de la mañana, desayunábamos y después subíamos a unos camiones que nos llevaban a donde estaban los cerezos o manzanos para recoger su fruta. Hacía un calor que derretía los sesos. Y allí hombres y mujeres nos pasábamos unas horas recogiendo en grandes cestos la fruta, que según decían después serviría para hacer compotas. Tanto la cerezas como las manzanas, sobre todo éstas últimas, eran muy pequeñas y supongo que no servirían para otra cosa, además de que era la forma de tener fruta durante el largo invierno ruso. Después, poco más de las doce o doce y media, subíamos de nuevo a los camiones y regresábamos al campamento para almorzar, donde todos debíamos colaborar en preparar las mesas y repartir la comida hecha en grandes perolas, comida que yo me comía porque no tenía otra opción, y creo que lo mismo le pasaba a la mayoría de los compañeros con los que hablé. No es que fuera mala, no; pero echaba una peste a coles que tiraba de espaldas. Todas las comidas llevaban coles, y si no las llevaban seguro que olía a ellas. El mismo olor que según todos decían se percibía nada más aterrizar en Moscú. Y estaban en lo cierto, ya que siempre que he estado allí se percibe ese olor agrio a coles, así me lo pareció.

Por la tarde la tarea solía ser alguna actividad ya prevista, ya fuera una asamblea, o la proyección de una película. Podíamos asistir a ella o nos perdíamos entre los árboles. Los más avispados lo hacían en la compañía de su agrado, cosa que no gustaba mucho a los puritanos soviéticos, que temían se les escapara aquello de las manos, pero procuraban que no pareciera que lo prohibían. Seguramente era porque así estaba establecido previamente por la dirección del campamento. Si no había dicha actividad, tras lavarnos o ducharnos con una mangueras conectadas a unos bidones y desempolvarnos de todo lo que habíamos recibido durante el día bajo aquella solanera, disfrutábamos de la tarde yendo a la orilla del Río Don, donde algunos atrevidos se bañaban. Era impresionante mirar las aguas, quietas aparentemente, del río. Era prácticamente imposible percibir el movimiento de las aguas río abajo. Parecía un lago no perturbado por nada. Para ver que efectivamente las aguas no estaban quietas y que se movían, tuve que tirar una brizna de hierba, que lentamente se desplazó. Lo aplacible del Don de la novela de Sholojov, era evidente.

Al segundo día de estar en el campamento, se presentaron los dos camaradas soviéticos que nos habían acompañado hasta allí cuando bajamos del avión que nos trajo de Moscú y nos dijeron a María y a mí que nos preparáramos porque nos llevaban a cenar a un restaurante de la ciudad. No entendía a que se debía aquello, pero al llegar me entregaron un ramo de flores, al tiempo que el intérprete traducía lo que el que parecía el jefe le iba diciendo: Me felicitaban por mi cumpleaños. Sólo se me ocurrió preguntar cómo se habían informado, sobre todo teniendo en cuenta que mi cumpleaños es en enero y estábamos a final de junio. Me dijeron que era la fecha que figuraba en mi pasaporte. Debían haber sabido aquellos funcionarios, o los que mandaban por encima de ellos, ya que no daban un paso sin la autorización superior, que los que estábamos allí procedíamos de países con dictaduras, de modo que los documentos de identidad no era el mejor medio de saber la fecha de nacimiento. Pero como ya estábamos en el restaurante, lo mejor era comer, callar y celebrar lo que hubiera que celebrar. Porque, como me dijo María, "aprovechemos por si acaso aquí podemos comer algo que no huela a coles".

Nos preguntaron, quizás suponiendo que ya estaríamos hartos de lo que comíamos, qué nos gustaría comer que no fuera lo de todos los días. Y como ya hacía muchos días que no comía patatas fritas —que para mí eran un manjar, sobre todo si se estrellaban encima dos huevos fritos, pero no pasados, y se derramaban sus yemas sobre las doradas patatas y así poder *mojetear* con pan—, las pedimos, lo que entusiasmó a María. Se me ocurrió decirles que me gustaría comerlas, que por lo demás me daba igual; pero que deseaba patatas fritas si era posible hacerlas sin que causara muchos problemas a los cocineros. De los huevos no me atreví a decir nada porque quizá complicaba las cosas. Así que me dijeron que no había problema y el intérprete se lo dijo al camarero, que no acababa de comprender de qué se trataba, de cómo se guisaban las patatas. Al fin pareció entender y se marchó, volviendo al cabo de un rato con el que parecía ser el cocinero, con un nabo, una remolacha confitada y creo que un boniato. Le dije que me refería a patatas, no a aquello. Al final vino con la patata y al decirle que sí, que era aquello, preguntó que si la hervía con agua o la freía. Yo no entendía que una cosa que para mí era tan normal como pelar y trocear unas patatas y echarlas a la sartén creara tantas complicaciones a un cocinero de un restaurante que parecía de cierta categoría, pero es que seguramente no las habían hecho nunca. Ya estaba dispuesto a dejarlo por imposible y que me trajeran la comida que tenían dispuesta, pero el *tovarich* dijo que hiciera las patatas. Nos trajeron una enorme plata de patatas fritas que parecían de paja por lo finas que las habían cortado y que resultaron poco menos que incomestibles. Al parecer entendieron que debían estar crujientes, pero no tan finas que estaban duras. María y yo decidimos darlas por buenas, pues al fin y al cabo ellos no tenían por qué saber nuestros gustos y costumbres.

Ni María ni yo bebimos más que una especie de cola rusa y agua, pero nuestros acompañantes comieron copiosamente y acompañaron la comida con tragos de vodka, lo cual me pareció como si nosotros comiéramos con cazalla u orujo. Yo, haciéndome el cortés, le obsequié el ramo de flores a María, creo que porque me daba cosa llevarlo yo y presentarme en el campamento con él, ya que podía convertirse en la rechifla de los compañeros americanos del barracón; así que mi cortesía fue algo interesada.

Cuando terminamos de cenar y charlar hasta por los codos, sobre todo nuestros acompañantes —a los que se les había soltado la lengua gracias a la valiosa ayuda del vodka, hasta resultar algo cargantes—, tocaba regresar al campamento. Pero en lugar de hacerlo en coche atravesando un puente que debía estar bastante más lejos río arriba, lo hicimos en una barca de remos, que afortunadamente la dirigía un hombre que no había bebido y que nos estaba esperando. Llegamos al campamento pasada la una de la madrugada.

Por aquellos días entablé cierto grado de amistad con un cubano que llevaba varios años en la URSS, estudiante de medicina, que se incorporó a la delegación cubana, y que me dijo que por lo regular los estudiantes estaban becados por la Unión Soviética y que procedían de muchísimos países del Tercer Mundo. Que cobraban un sueldo pequeño por estar allí, pequeño pero suficiente para poder darse algunos pequeños caprichos cotidianos, teniendo en cuenta que el resto de los gastos, tanto de los estudios como de manutención, corrían a cargo de la universidad, así como el alojamiento, tenían lugar en residencias de estudiantes donde había varios miles de extranjeros de todos los continentes. El cubano, con el que compartía barracón, era mayor que yo y se le notaba que él estaba allí porque le interesaba aprovechar la circunstancia que la vida le brindaba, y sabía aprovecharla. No daba la lata con la revolución como el resto, ni trataba de emular a ningún dirigente. Me dijo que él era comunista desde muy joven, "pero sin estridencias exteriores superfluas", y que cuando le dieron la posibilidad de estudiar, no se lo pensó dos veces. La mayoría de las carreras que los jóvenes elegían eran de medicina, ingeniería o ciencias en general. De alguna manera era una orientación de sus países o de sus organizaciones políticas, con la esperanza de poder ser útiles a sus países empobrecidos, una vez las circunstancias lo permitieran. De hecho, el caso de Cuba tuvo una proyección extraordinaria por la necesidad que tenía la Cuba revolucionaria de técnicos de todo tipo. "Lo más duro —me decía— es tener que estar aquí como mínimo durante tres años sin poder viajar a Cuba; se hacen interminables y se da el caso de que muchos cuando vuelven la primera vez ya no regresan a la URSS. "Y claro, si no aprovechas los estudios, que son bastante fuertes, si no apruebas con notas aceptables, te quitan la beca y te hacen regresar a tu país, con lo que de desprestigio para el alumno representa, porque no hay que olvidar que el venir a estudiar a la URSS no deja de ser un privilegio para los estudiantes de muchos países, que nunca hubieran podido ni soñar, y si fracasas por negligencias, representa que le has quitado la posibilidad a otros que sí lo hubieran aprovechado. Para nosotros, la URSS es un país muy distinto a nuestra forma de ser, aunque aquí la solidaridad sea patente, y uno se siente marginado y acabas relacionándote con tus compatriotas, lo que es más cómodo, pero peor porque te privas de toda una serie de experiencias que te aportan los demás de otros países lejanos, y sobre todo de los de la propia Unión Soviética, que es, ella misma, toda una amalgama de gentes diferentes que se concentran en las universidades. Además, el invierno ruso para un cubano es insoportable". Yo tomaba nota mentalmente de lo que me decía el cubano, sin decir nada. Pensaba en la respuesta que debía dar a mi regreso a Moscú y que todavía seguía sin tener muy clara.

La URSS tenía programas de estudios para los extranjeros provenientes de los cinco continentes, sobre todo del Tercer Mundo, así como de todos aquellos países con los que mantenía buenas relaciones, o bien a través de los movimientos sociales, de las guerrillas o los partidos, no necesariamente comunistas. Es más, la mayoría no lo eran. Muchos eran estudiantes que habían llegado desde lejanas tierras enviados por sus comunidades, muchas veces sin la menor preparación; algunos apenas sabían leer y escribir y no pocos eran analfabetos totales, lo cual quería decir que había que empezar por lo básico, pero tratando de avanzar lo más rápidamente posible, lo que requería una predisposición y mediana inteligencia del alumno. Lo primero era aprender ruso a la par que las otras asignaturas, muchas veces casi de primaria. Agrupaban a los estudiantes novatos por la lengua más que por las naciones de donde procedían. Podían pasar entre dos y tres años hasta situarse en un nivel que les permitiera pasar a un grado medio, donde tras otro par de años estarían en condiciones de acceder al primer curso en la universidad. "Los exámenes son muy duros, por lo que desde el principio han de estar mentalizados de que no pueden perder tiempo. La mayoría cursa los estudios como una forma de militancia y de aportación a la lucha. Los de clase más pobre tienen el incentivo de que la vida que llevaban en su país era mucho más dura y se esfuerzan como nadie. Pero los hay que son hijos de la burguesía y que ya traen una preparación. Y estos a veces no comprenden la necesidad de un esfuerzo tan tenaz sin los incentivos que tenían en su tierra, con su familia. Y también muchos que han sido expulsados de las universidades de sus países por enfrentarse a las dictaduras, y están aquí para proseguir sus carreras".

Con una de las delegaciones de Argentina me relacioné con cierta asiduidad. Ya nos habíamos conocido durante la Conferencia de Sofía, y me dijeron que eran miembros de la Juventud Comunista Argentina. Yo me lo creí porque no había razón para lo contrario. Pero cuando llegó la hora de las despedidas, en la comida brindaron "por la unión y la amistad entre la juventud soviética y la juventud de la Democracia Cristiana Argentina", lo que me sorprendió. Cuando se lo comenté a Rubén, el cubano, me dijo que tuviera cuidado con cierta gente, que no eran de fiar. Curiosamente esta delegación tuvo un cierto altercado con los funcionarios soviéticos en el aeropuerto de Moscú, porque, como sucedía a todas las delegaciones que llegaban de lugares donde había dictaduras o de países en los que se consideraba que existía una cierta inestabilidad política, los pasaportes no eran sellados ni a la entrada ni a la salida de los controles. Así que el que parecía llevar la voz cantante del grupo insistía en que ellos querían que en sus pasaportes figurara la entrada y salida "del campo socialista", ya que ellos vivían en un país con democracia y no tenían nada que temer. Querían poder exhibir a la vuelta los sellos de sus pasaportes como señal inequívoca de su viaje. Los funcionarios debían tener órdenes lo suficientemente claras sobre la forma de entrar todos nosotros en la URSS sin que dejáramos huella, ya que no hubo manera de que accedieran a sus deseos y tuvieron que marcharse, como el resto de los delegados, con el pasaportes sin visar, provocando el enfado manifiesto del argentino. A los pocos días, creo que fue el 28 de junio, llegaba a todo el mundo la noticia de que en Argentina había habido un golpe de Estado, derrocando al gobierno de Arturo Humberto Illia. Sin pretenderlo, los funcionarios soviéticos les hicieron un favor a los delegados argentinos al no sellarle los pasaportes, ya que de lo contrario, que aunque fueran de la Democracia Cristiana, seguro que habrían tenido algún problema añadido. O tal vez no, dependiendo del sector de la burguesía al que pertenecieran aquellos delegados.

Uno de los días fuimos a visitar la ciudad de Rostov porque el ejército hacía una especie de exhibición en un campo de fútbol, sobre el que hicieron cabriolas con helicópteros que pasaban volando muy bajo y acababan por aterrizar en el centro de la zona de juego, haciendo que la gente aplaudiera con entusiasmo. Seguramente aquello estaba relacionado con la resistencia en la guerra que los soviéticos llamaban la Gran Guerra Patria, y que conmemoraban con gran solemnidad.

La personalidad cultural más internacional de Rostov del Don, que así se llamaba, por aquellos años, era entonces Mijaíl Shólojov, que había sido galardonado con el Nobel de literatura de 1965, es decir, hacía pocos meses. Fuimos a lo que dijeron era La casa de Cultura, en la que había gran cantidad de jóvenes en los distintos departamentos de lectura y ensayo de algunas obras de teatro; después nos llevaron a visitar la casa del autor del *El Don Apacible,* que nos recibió muy amablemente. Mijaín Shólojov nos regaló unas tarjetitas dibujadas por él mismo, tarjetas que al igual que otras muchas cosas que nos regalaron, no pudimos traer a nuestro país por su procedencia. Había que evitar que cuando llegáramos a España nos pudieran encontrar nada que fuera identificado como procedente de los países socialistas. Por eso, cuando tuve que comprarme unos zapatos —y los rusos cantaban a la legua por horrendos—, en Rostov fuimos a una tienda donde había zapatos de Occidente y compré un par que eran italianos. La verdad sea dicha, creo que influyó en la adquisición de aquellos zapatos la opinión de María, que decía que los zapatos rusos "eran horribles", y que eran infundados los motivos aducidos por los *tovarich* sobre la posibilidad de que se supiera su procedencia, teniendo en cuenta que unos zapatos puestos y seguramente ya bastante usados al cabo de unos días, no llamarían la atención. Sí sucedería, sin embargo, con unas películas en sus cajas metálicas, que en sendos rollos me entregaron y que naturalmente tuve que dejar en París, así como una magnífica máquina de fotos, muy pequeña para la época, que me hubiera gustado conservar, pero que siguió el mismo camino que la películas y los libros que cogí en el aeropuerto, que estaban a disposición del público. Me dijeron que todos aquellos regalos me los harían llegar al cabo de un tiempo desde París, cuando yo ya estuviera en España, pero de eso nunca más se supo.

La última noche, cuando me despedía de los compañeros del campamento, el cubano Rubén me presentó a una rubia, con el pelo casi blanco, que dijo llamarse Natacha, joven comunista del KOMSOMOL, quien le había dicho que quería conocerme. El cubano, y otros compañeros montaron guardia para que nadie se acercara a molestar en el barracón donde dormíamos, y que habían despejado de gente para que nos viéramos la joven rusa y yo. Fue mi último y bello recuerdo de las tierras del Don, sin duda muy apacible.

A la mañana siguiente, nos vinieron a recoger para tomar el avión de regreso de nuevo a Moscú, última etapa del viaje. Allí permanecimos todo el día, y volvimos a reencontrarnos con Alexey, el intérprete. Al día siguiente emprenderíamos el viaje de regreso a España. Decidimos quedarnos en el hotel hasta después de comer, descansando del viaje. Como Moscú ya lo habíamos visitado, la estancia en la capital soviética había que rellenarla de alguna manera, las pocas horas que nos quedaban, y como era de suponer los de la dirección local del KOMSOMOL de Moscú nos preguntaron si ya que estábamos allí deseábamos visitar la Casa de España, de la que yo había oído hablar en la *Pirenaica*, como centro de reunión de los españoles en la capital soviética. Así que nos dirigimos hacia allí esperando encontrarnos con nuestros compatriotas, aquellos que llevaban muchos años sin ver España, y otros que trabajando para el partido estaban o pasaban allí algunas temporadas. Pero lo que le dijimos a Alexey era poder ver a Dolores Ibárruri. Pero nos dijeron, cosa que era cierta, que no estaba en la URSS por haber salido hacía días para asistir al XIII Congreso del Partido Comunista Checoslovaco, y aún no había regresado. Eso era normal, ya que cuando había un acontecimiento de esas características, los miembros del partido aprovechaban para reunirse con toda una serie de dirigentes de otros partidos comunistas y pasaban unos cuantos días o semanas fuera. Así que a Dolores no la veríamos en Moscú.

Fuimos a la Casa de España, que en realidad era la casa del PCE en Moscú, donde se reunían aquellos españoles supongo que añorantes de su tierra. De no haber sido por las fotografías de algunos acontecimientos históricos de nuestro país, recortes de prensa y la fotografía de Julián Grimau y algún otro dirigente preso en las cárceles de Burgos o Carabanchel; y porque en lugar destacado estaban sendas fotografías *oficiales* de La Pasionaria y de Santiago Carrillo— ambos rejuvenecidos en fotos de hacía tiempo—, aquel local se hubiera dicho que era cualquier bar o casino de cualquier pueblo de España, pues allí la gente jugaba sobre todo a dominó y a juegos que se estilaban en nuestro país. El local realmente en su esencia era España por todas partes. Estuvimos un rato departiendo con aquella gente, que a pesar de llevar allí muchos años— algunos eran "niños de la guerra", ya casi cuarentones—, la mayoría hablaba español sin el menor acento ruso. Parecía que jamás hubieran abandonado sus pueblos. Hablaban ruso, claro, pero no perdieron lo más mínimo sus orígenes. Es posible que en gran parte fuera porque ellos estaban en la URSS desde el principio de forma "provisional", toda la vida, pero esperando poder volver cuanto antes a España. Muchos seguramente no llegaron a echar raíces de verdad, más allá de las necesidades inmediatas; y renovaban sus esperanzas cada día, y hasta el siguiente, pensando: "Pronto podremos volver a España". La presencia y forma de hablar de aquellos hombres hizo que yo de nuevo tomara nota sobre la respuesta que debía dar al camarada soviético cuando viniera aquella noche a preguntarme qué había pensado sobre la propuesta de quedarme a estudiar en su país.

Después de hablar con la gente del Centro, me llevaría la mayor decepción que podía esperar de aquella parcelita española en Moscú. Conocí, es un decir, a un funcionario del partido, llamado Luis Balaguer, que contrariamente a lo que pudiera parecer por el nombre, no era catalán sino de Madrid; era el responsable del partido en la organización de Moscú, y supongo que el máximo en la URSS en aquellos momentos. Era el clásico burócrata despersonalizado que por desgracia existen en todas partes. Nos recibió a María y a mí en su despacho, de pie, sin el menor signo de afabilidad y cortesía. Ni siquiera nos invitó a sentarnos a charlar unos minutos. Ante aquel desplante, tanto Alexey como yo le dijimos que procedíamos de España, no del exilio, y que si deseaba saber algo de nuestra tierra, que era la suya. Ni se inmutó. Por toda respuesta dijo que él había terminado su jornada de trabajo y se marchaba a su casa; que si queríamos, que volviéramos al día siguiente, más temprano, y nos concedería unos minutos.

Aquel burócrata nos hablaba con un desprecio de perdonavidas, sintiéndose molesto por nuestra presencia, y como diciendo "qué me vais a contar vosotros a mí, niñatos, que yo no sepa". Nos dejó desconcertados y sin saber cómo reaccionar. De todas las personas con las que nos habíamos entrevistado hasta entonces, ninguno se había mostrado con tanta falta de respeto y tan groseramente, como aquel dirigente que era miembro del Comité Central del PCE, pero que estaba a años luz de conocer lo que pasaba, lo cual además parecía interesarle bien poco. Aquel dirigente del PCE en Moscú resultaba que no podía perder unos minutos con nosotros, dos jóvenes comunistas españoles del interior —como le volvió a recalcar un

Alexey sorprendido— porque su jornada de trabajo en aquel despacho había concluido. En España se jugaban los comunistas la libertad y hasta la vida, sin contar horas y horas de militancia tras largas jornadas de trabajo, para que semejante sujeto y otros como él, miembros de la dirección del partido, y al abrigo de cualquier contingencia represiva de la policía franquista, pudieran aparecer como dirigentes ante la militancia del partido sin despeinarse. Desconozco su trayectoria, pero por muy lúcida o heroica que fuera anteriormente, quedó ante nuestros ojos como un personaje oscuro y oportunista, sin otras consideraciones.

Naturalmente que en el exilio hubo muchos hombres y mujeres que sufrieron muchas calamidades, y la amarga hiel de estar fuera de su tierra, que merecen nuestro respeto y reconocimiento, seguramente la inmensa mayoría; pero hubo otros como este Luis Balaguer que estuvieron en la cima durante tantos años que se acostumbraron a una vida más que aceptable, y cuando llegó la libertad no tuvieron ningún empacho en buscar excusas y justificaciones de todo tipo para no tener que volver a España, donde la vida para ellos podría ser mucho más complicada. Por el contrario, otros militantes de base lo dejaron todo para venir a militar a España, dejando su ya establecida vida en otros países, lo que les ocasionó no pocos quebraderos de cabeza. Balaguer, como tantos otros, supo buscarse su coartada para seguir disfrutando de su situación. Como ya no había excusa, cuando se preveía el final de la dictadura por la propia razón biológica del dictador, fue cuando se mostró crítico con la dirección del partido, iniciando esta crítica cuando la invasión de Checoslovaquia, así como en relación a otras tomas de posición del PCE que molestaban a los burócratas de la URSS, provocando con otros una escisión que fue apoyada por algún sector del PCUS, lo cual le permitió seguir adelante con su sentido burocrático de la militancia. Por lo que parecía, se cogía a un clavo ardiendo para no dejar aquello a lo que se había acostumbrado. Fue incapaz de adaptarse al papel que se le suponía debía jugar como responsable de los comunistas que vivían en la Unión Soviética. Se comportaba como un cacique, henchido de soberbia; en los pocos minutos que estuvimos en su despacho pudimos comprobar el trato que le daba algún otro camarada a su cargo. Ni en la peor de las empresas capitalistas hubiera ningún superior admitido un trato tan servil como el que le daban sus subordinados. Me pregunté muchas veces por qué sucedía aquello, tan ajeno a lo que yo estaba acostumbrado: El trato llano con todos los dirigentes que había conocido. La respuesta era que la supervivencia de aquellos comunistas dependía —sin que tuvieran ninguna otra opción— de caerle bien al jefe del partido en Moscú, que en este caso era el todopoderoso Balaguer. Balaguer, frente a nosotros, aquella tarde de principios de julio, sin cambiar su rictus ni lo más mínimo ante nuestra sorpresa, cogió el bastón —porque padecía cojera—, y se despidió sin más, dejándonos a María y a mí con cara de idiotas. Nuestra impresión no pudo ser peor cuando nos prometíamos una tarde de intercambio de puntos de vista con nuestros compatriotas.

Aquella noche nos dieron una comida de despedida, con brindis y todo el ceremonial de costumbre incluida. Cuando nos íbamos a la cama algo después de las doce de la noche, el camarada del KOMSOMOL nos preguntó qué tal lo habíamos pasado en la unión Soviética, a lo que contestamos que muy bien, y no sólo por cortesía, sino porque era la verdad. Un viaje de esas características siempre es muy importante en la vida de unos jóvenes como nosotros, y es una experiencia inolvidable. Entonces fue cuando me preguntó si ya había decidido algo en relación a su propuesta. Pero yo a esas alturas ya había decidido que no me quedaría, aunque todavía había algo en mí que me decía que lo aceptara. Así que me busqué una excusa "militante" y le dije que yo tenía unas responsabilidades en España que no podía en aquellos momentos eludir, que había comentado la cuestión con algún camarada del partido español y le parecía que quizá en otro momento. No creo que se lo creyera, entre otras cosas porque él sabría que yo no había tenido posibilidad de hablar con ningún dirigente español desde la última vez que nos vimos, salvo con Balaguer, y que sin duda sabría por el intérprete Alexey que en nuestra entrevista no tuvo la menor posibilidad de aconsejarme. Y por otra parte tampoco él era nadie para hacerlo. Así que sin más nos deseó buenas noches y buen viaje de regreso.

IX

Moscú-París. Con Carrillo

El viaje a la Unión Soviética llegaba a su fin. A la mañana siguiente de la desafortunada visita a la Casa de España en Moscú, vino a recogernos al hotel el intérprete, al que no habíamos visto desde el día de nuestra llegada a la capital soviética, a quien para entendernos María y yo llamábamos "el italiano" por ser en esta lengua en que trataba de comunicarse con nosotros. Nos llevó en un coche al aeropuerto y nos entregó el pasaje, más cien dólares a cada uno, que a mí me pareció mucho dinero, para nuestros posibles gastos hasta que llegáramos a París; me dio también la máquina fotográfica a la que he hecho referencia más arriba, así como las películas. Todo ello más los libros que cogimos del aeropuerto y las que nos regaló el autor de *El Don Apacible*, se lo entregaríamos luego a un camarada del partido, por considerarse peligroso el que lo lleváramos con nosotros al regresar a España. La promesa de que al cabo de unos días aquellas cosas nos la entregarían en España nunca se cumplió. Los cien dólares también los entregué, ya que no tuve necesidad de hacer gasto alguno, más allá de un bocadillo. El viaje de regreso era de Moscú a Zúrich donde tuvimos que cambiar de vuelo para dirigirnos a París. En Zúrich teníamos que hacer los correspondientes trámites y me volví a encontrar con los suizos, que no facilitaban en nada los trámites, aunque sólo tenían que validar el pasaje. Tuve suerte de que en el mismo aeropuerto se hallaba uno de los sudamericanos con los que había convivido en la URSS, aunque él se dirigía a su país; hablaba inglés y me solucionó aquel molesto trámite. Del aeropuerto de Orly hasta el centro París viajamos en autocar. En la terminal de autocares nos estaba esperando Clariana, que nos acompañó a pie al hotel, que estaba cerca. Allí encontramos de nuevo a Javier, que estaba acompañado por otro camarada del PCE, con lo que fuimos a cenar los cuatro —Clariana se había marchado una vez me dejó en el hotel—. Tras la cena, María, Javier y el camarada del PCE se fueron a otro hotel, y yo me quedé solo, cuando a mí me hubiera apetecido pasar la última noche en París con ellos. Otra vez, cosas de la autonomía del "partido nacional, pero no nacionalista". Mis dos compañeros de aventuras por los países socialistas, aquella última noche se la pasaron deambulando por París. Yo, solo, guardando las esencias de mi partido autónomo, me fui a dormir.

Al día siguiente vinieron a recogerme Clariana y otro camarada, con el que me quedé, y éste me acompañó en un coche conducido por otro camarada, creo que francés, aunque nunca se sabía, porque algunos de aquellos acompañantes no abrían la boca. Aquella noche debía regresar a España. Pero antes me llevaron a un piso donde habían preparado una comida de despedida para Javier, María y para mí. Cuando yo llegué, éstos ya estaban en el piso desde hacía bastante rato, según dijeron. Estaban algo inquietos porque no sabían a qué habían ido allí. Cuando yo llegué les dije lo que me había comentado mi acompañante: Que se trataba de una comida de despedida. Era un piso sencillo y pequeño, no muy lejos del centro de París, propio de una familia trabajadora, pero que a mí me pareció más un piso franco donde el partido desarrollaba algunas de sus actividades, como aquel encuentro discreto. A mí me pareció que aquel piso no estaba habitado de forma permanente, no sabría muy bien decir por qué; quizá había cierto olor a cerrado, a humedad, a ese ambiente que se crea en una vivienda poco usada. Nuestros acompañantes nos dejaron solos con el que creímos dueño de la casa, que sólo se dirigía a nosotros con una sonrisa y tratando de ser amable, pero sin abrir la boca para decir palabra. Javier, aunque sabía algo de francés, decía que le resultaba muy difícil entender cómo se hablaba en París. Dio como excusa que allí "hablaban un francés muy cerrado". Así que se quedó con las ganas de decirle alguna cosa que rompiera el hielo. Antes de marcharse, el que me acompañó nos dijo que esperáramos, que vendrían unos camaradas a despedirse de nosotros. Hacíamos cábalas sobre quién o quiénes serían los camaradas que vendrían.

Cuando llevábamos ya una media hora de espera aparecieron por la puerta Ignacio Gallego, Román y un par más que no recuerdo, uno de ellos francés. Nos saludamos y Román me dio un abrazo, ya que era al único que conocía. Nos dijo que debíamos esperar un poco más, que tenía que venir otro camarada. Al cabo de un cuarto, de hora llegó el misterioso personaje, cuya identidad ni siquiera habíamos imaginado. Se trataba del mismísimo Santiago Carrillo con alguien que parecía ser su guardaespaldas y cuyo cometido pude corroborar tiempo después, al verlo desempeñar el mismo oficio: El de proteger a Santiago Carrillo. Carrillo, el Secretario General, Ignacio Gallego, a la sazón creo que responsable de organización del PCE, y Román, el hombre que mejor conocía la organización del partido en Cataluña y que se jugaba la libertad permanentemente en el interior. Esa era la comitiva de la despedida. Excepto a Román, a los demás no los había visto nunca salvo en alguna fotografía muy antigua. Es posible que Román acudiera a aquella reunión porque la despedida era para militantes del PCE, pero también del PSUC, en este caso yo, y porque le cogiera en París, adonde iba de tarde en tarde, pues él prácticamente siempre estaba en España. También había un camarada francés, posiblemente el responsable de la casa, que además hacía de cocinero para todos nosotros. El que estaba cuando llegamos se metió en la cocina y no lo vimos más. El camarada francés empezó a trajinar y lo primero que hizo fue poner en el centro de la mesa una gran bandeja llena de todo tipo de quesos, que me causaron una gran sensación ya que yo nunca había visto tal variedad. Carrillo, como era lógico, fue la atracción para nosotros, que nunca lo habíamos visto más que por fotografías, además antiguas. Creo que la más reciente, era la que le hicieron en la manifestación en protesta por el asesinato de Julián Grimau, en París y que publicó Mundo Obrero, un tanto difusa. Era evidente que Carrillo era la figura para nosotros y llevaba la voz cantante en todo. Hasta me pareció dicharachero y bromista y de fácil conversación. Nos instaba a los tres jóvenes a hablar de todo cuanto habíamos visto en la URSS y del socialismo en marcha. Era un hombre capaz de convencernos sin la menor dificultad, aunque eso entonces no era demasiado difícil para él. Sobre todo a los jóvenes como nosotros, que estábamos predispuestos a aceptar todo cuanto nos dijera el tan bien informado dirigente. Nos habló —mientras íbamos degustando los exquisitos y variados platitos que como entrantes el que hacía de camarero nos servía sin dar tregua—, de los cambios profundos que la sociedad española había experimentado, cosa evidente en los últimos años; pero sobre todo del "corrimiento" —esas fueron sus palabras— que las clases dirigentes en España habían hecho, distanciándose del régimen y apostando cada vez más por la democracia.

—Los acontecimientos avanzan —decía Carrillo— de forma constante, ya las cosas no tienen vuelta atrás. Es como una ola imparable que contamina a todos los sectores de la sociedad, que ya no admiten de forma pasiva que siga la dictadura. Ya el Ejército no es aquel cuya misión fundamental era sostener la dictadura y el resultado de la guerra civil; amplios sectores de ese cuerpo otrora hermético y monolítico, se están democratizando. No es que podamos hablar todavía de un Ejército democrático, pero sí que la ideas democráticas penetran en él lentamente, pero de forma imparable. Le sería sumamente difícil al sector duro del entorno de Franco enfrentarse al pueblo trabajador en una situación de huelga general, donde amplios sectores como ya hoy se manifiestan y reclaman libertades democráticas. La Iglesia, cada vez es más contestataria y disconforme con los métodos de la dictadura, y hasta del Vaticano llegan signos muy favorables. Los movimientos cristianos que luchan codo a codo con los comunistas, cada día son más amplios. Las últimas protestas lo demuestran, y sobre todo la manifestación de curas en Barcelona, algo impensable hasta ahora, para protestar por las torturas infligidas a uno de nuestros camaradas, Joaquim Boix. Todos esos avances dan una idea muy clara de la situación actual. Y lo más importante es que todo ese vendaval que está agitando a todos esos sectores, es obra en gran parte de los militantes de nuestro partido. No hay sector de la sociedad en que con mayor o menos incidencia, no se halle nuestro partido, sus militantes, trabajando pacientemente para organizar la lucha.

Así se expresaba, de forma desenfadada, Santiago, tan acostumbrado a las reuniones del partido con todo tipo de militantes, con el culo de hierro para aguantarlo todo; a lidiar con verdaderos miuras de la política en situaciones adversas o hacerlo con unos becerrillos dispuestos a entrar a cualquier tipo de trapo que nos mostrara sin la menor vacilación. Porque hay que recordar que estábamos en 1966, esto es, que aunque se empezaba a desarrollar una fuerte contestación en los centros de trabajo importantes; y se daba un crecimiento en la organización del movimiento obrero por el propio desarrollo de la sociedad y la concentración de trabajadores en las zonas industrializadas del país, así como cambios significativos en las universidades más importantes de España que ya habían perdido el carácter monolítico que había tenido antaño, lo cierto era que la realidad no era tan idílica como la pintaba Carrillo. Se estaban produciendo cambios, es cierto, pero los hijos de los vencedores de la Guerra Civil, al frente ya muchos de ellos de la industria y de la universidad, no se alejaban de la dictadura tanto como de las palabras de Carrillo podía interpretarse. El monolitismo del Régimen comenzaba a desquebrajarse, los tiempos eran otros, sin duda, pero sus pautas no eran las que Santiago nos mostraba. Mencionó nombres de altos representantes del empresariado y las altas finanzas, "comprometidos con el proceso democrático", nombres que yo desconocía, y otros que había oído o leído en la prensa, así como de algunos generales que según él le discutían a Franco sus métodos y que estaban dispuestos a apostar "por una solución, una salida democrática" a la dictadura, como Díaz Alegría y algunos otros. Habló también del papel fundamental que podría jugar la parte del Ejército de los militares monárquicos, que tan buenas relaciones mantenían con Don Juan, el padre del príncipe Juan Carlos, algunos de los cuales formaban parte del Consejo del Reino, instrumento que consideraba podía jugar un papel decisivo si la situación así lo aconsejara.

Todo aquello era una música que a nosotros, a los jóvenes madrileños y a mí, centro de aquella comida fraternal de despedida —y de proselitismo—, nos sonaba de maravilla. En realidad nos estaba diciendo todo aquello que nuestros oídos querían oír. De lo que no cabía ninguna duda era de que aquel discurso pausado del máximo dirigente del partido era efectivo a la hora de convencernos. Sin embargo, y a pesar de todo cuanto nos decía, yo me preguntaba si es que en las pocas semanas que yo había faltado de España, podían haber cambiado tanto las cosas como nos comentaba. Así que, cuando en un momento que me crucé con Román para ir al lavabo, le pregunté en voz baja si realmente la lucha había madurado tanto como Carrillo decía, en tan poco tiempo; me puso su mano en el hombro y me dijo: "Bueno, bueno, tranquilidad, cuando volvamos a Barcelona ya hablaremos". Lo que me dejó con la duda de si confirmaba o no las optimistas perspectivas de Carrillo. No cabía duda de que Román conocía mucho mejor la realidad de España, por estar permanentemente bregando con las organizaciones del partido, que Carrillo, por muy máximo dirigente que fuera. Además Román no era nada propenso a las euforias con inyecciones de moral. Y efectivamente, cuando meses después nos pudimos encontrar en una reunión del Comité Local de Tarrasa, en un receso que hicimos en aquellas interminables reuniones, sin que yo le mencionara nada de aquella conversación de París, me dijo, como si la reanudara, que él eludió mi pregunta, tratando de no desmentir a Carrillo, que las cosas avanzaban por muy buen camino, pero que no se debían tomar al pie de la letra las palabras de Santiago, que una cosa es aquella teoría, y otra muy diferente la realidad. "Y que lo peor que un dirigente del partido podía hacer, era seguir cogido a los faldones del Secretario General del partido en todo cuanto dijera o hiciera, porque en el momento menos pensado, pegaba un giro y aquel que estuviera creyéndose seguro pegado a él, se podría estrellar contra la pared". Esto es textual, y además se lo volvería a oír tiempo después, ya con evidencias de su certeza. Y Román concluyó diciéndome, al tiempo que se incorporaba a la reunión: "¡Queda mucha dictadura por desollar!"

Carrillo nos preguntó qué tal nos había parecido la Unión Soviética, allí donde habíamos podido estar; si habíamos percibido una sociedad mucho más avanzada, ya socialista y en pleno desarrollo hacia la sociedad comunista. Cada uno explicaba su experiencia, en general favorable, incluida la mía, porque la pregunta sin ninguna duda estaba hecha para una respuesta positiva. Y el momento de celebración así lo requería; no era una reunión formal del partido. Pero hubo un momento en que yo le dije que algunas cosas me parecía que no acababan de haberse solucionado, como el hecho antes mencionado de que un carrito de helados —utilicé este término porque me acordé de los que se veían en España, más o menos iguales— tenía que estar controlado por las autoridades, siendo un negocio de tan poca importancia. También le mencioné las colas en cualquier lugar para abastecerse de lo más elemental, así como lo de las categoría de los trenes, que yo consideraba de varias categorías o clases camufladas. Y de los comercios pagados con divisas. Una de las cosas que descubrí en Carrillo fue que cuando perdía un poco los papeles se ajustaba las gafas con el dedo corazón de la mano izquierda o de la que tuviera libre, y las hundía una y otra vez en el fondo del entrecejo. Parecía que aquella era la muestra de su contrariedad. Evidentemente, yo no tenía la menor capacidad para hacerle perder, ni mucho menos, la serenidad al experimentado máximo dirigente, pero sí noté que le debió de molestar mi impertinencia, al echarle un poco de agua disconforme a su placentero vino indiscutible, aunque enseguida supo reaccionar, de forma un tanto paternalista. Mi inexperiencia seguramente hizo que mi forma de preguntar fuera algo torpe, pero no me sentí en absoluto cohibido. Mis relaciones con los pocos dirigentes que había conocido, muy llanas y en España, no tenían nada de distantes. Y lo que me parecía, con razón o no, lo decía. Por más consideración que le tuviéramos al máximo dirigente, no entendía que una pregunta pudiera considerarse inapropiada. Yo a Román y a otros dirigentes les decía lo que opinaba, sin que por eso lo consideraran inapropiado. ¡Y luego dirían que era Román el intransigente y estalinista! El intolerante. Román, a quien tenía frente a mí en la mesa, me miró unos escasos segundos, y con ese catalán de Tortosa que hablaba, que él mismo decía era incompresible, me dijo: "Menja formatge, és molt bo", (come queso, es muy bueno), como queriendo alejar cualquier discusión innecesaria en aquel momento.

Estuve pensando en decir algo referente a Balaguer y su comportamiento con nosotros, pero una especie de pudor me lo impidió. Otra cosa es que el tal individuo hubiera estado presente; de haber sido así seguro que no se hubiera ido de vacío.

—Es evidente, camarada —comenzó Carrillo dirigiéndose a mí, pero mirándonos a los tres jóvenes y agitando pausadamente el cubierto que había cogido tras ajustarse las gafas—, que todavía en la patria socialista no se ha alcanzado ese grado de perfección que es necesario, pero no te quepa duda de que los avances son arrolladores e imparables.

Referente a la parsimonia a la hora de servir en los establecimientos públicos, que desde que llegué a la URSS me tenía bastante desconcertado —y que yo percibía en cualquier lugar donde iba, ya fuera una librería o un restaurante, de los pocos que había—, lo atribuí a la falta de estímulo de los camareros u otros trabajadores; y el desdén a la hora de servir me parecía irritante e irrespetuoso con el cliente, porque consideraba que un camarero no es un servidor, es un trabajador que hacía su trabajo, tan digno como otro, y debía hacerlo lo mejor que supiera o pudiera. Le dije a Carrillo y a los demás, medio en broma medio en serio, que me parecía que no tenían muchas ganas de trabajar; que cuando ibas a comer podías estar dos o tres horas esperando; y que entre plato y plato la cosa se alargaba de forma desesperante hasta que se te había pasado el hambre o habías hecho la digestión con el que te habían traído primero, después de una larga espera.

Con su estilo profesoral, socarrón —o con pose de secretario general— me dijo visiblemente contrariado:

—Camarada, has de tener en cuenta que nosotros vivimos en un mundo capitalista donde el obrero, el camarero en este caso, no deja de ser un esclavo del sistema; todo lo contrario que en el campo socialista, donde se han roto las cadenas. En la Unión Soviética son los camareros, los trabajadores, todo el pueblo, los dueños de su país. Allí la gente no vive con las prisas que el sistema capitalista nos impone y cuando alguien va a comer a un restaurante, tiene asumido que va a disfrutar de la comida, a relajarse, a una larga discusión de sobremesa. Es otro mundo muy diferente del nuestro al que no estamos acostumbrados. Aquí todo lo vemos como si el mundo se fuera a acabar inmediatamente. Lo mismo sucede con las colas, que si bien es cierto que son algo extraño para el que llega de nuevo, eso es debido a que no saben que el Estado debe racionalizar y distribuir los productos aprovechando al máximos las posibilidades para que llegue a todas partes, a precios bajos y sin especuladores, que es lo que sucede en el mundo capitalista. Pero eso, de todas formas sé de muy buena fuente que está en vías de solución. Y por otro lado, lo de la tiendas exclusivas en divisas, es una forma más de captar recursos que después serán empleados en bienes de otros tipos comprados con dichas divisas, sin las cuales sería muy difícil hacerlo. A veces somos tan superficiales por nuestros prejuicios capitalistas a la hora de juzgar algunas de las cosas que aparentemente no están bien, o no nos gustan, que solemos hacer críticas demoledoras y hasta infantiles. Hay cosas que evidentemente todavía no se han solucionado, pero el sistema está mejorándolo día a día y eso es posible por la capacidad del sistema socialista para que, al no haber ningún poder enemigo de las soluciones populares y democráticas se lleven a cabo porque así lo deciden los propios trabajadores a través de sus representantes en sus sindicatos y en los Soviets, que son la espina dorsal del poder. En la Unión Soviética no es posible que haya, no los hay de hecho, intereses contrapuestos, intereses de clase, porque hace mucho que las clases, la división de la sociedad en clases para ser más exactos, quedó atrás; y como viene a decir la propia Constitución soviética, los grandes avances que ha experimentado la sociedad, lo que hoy existe en la URSS, no es todavía el socialismo, como nos gustaría, como les gustaría a los trabajadores de la Unión Soviética, un socialismo avanzado y sin las lacras del capitalismo, pero sí se han liquidado sus mayores y peores consecuencias: La lucha de clases. Y lo que hoy existe es el gobierno de todo el pueblo. Camaradas, es necesario que empecemos a modificar nuestros criterios y dejemos atrás los prejuicios, y claro que es necesaria la crítica para mejorar nuestra política y nuestra percepción de la realidad para evitar caer en la simplicidad. Pensad en el gran paso que han dado los trabajadores de la URSS que, por ejemplo, han logrado que todo el mundo tenga las mismas posibilidades. Además, tú sabes los problemas que acarrea un estado plurinacional, complejo como es España, porque tú, como catalán lo sufres, sufres la arrogancia y la imposición de un Estado centralista. Pues bien, en la

Unión Soviética todas esas lacras del pasado se han eliminado y toda la URSS, con sus riquezas y su variedad cultural, con sus complejidades y sus luchas intestinas seculares de unos pueblos contra otros —luchas que eran aprovechadas por los sectores más reaccionarios para enfrentar a los pueblos—, todo eso, que no es poco, se ha resuelto en la Unión Soviética. Claro que hay todavía problemas, qué duda cabe, pero son menores comparados con los verdaderos problemas que deben preocuparnos.

Con esta larga explicación concluyó Carrillo. Al parecer, nadie le había informado de que mi procedencia era la inmigración, y que nada tenían que ver conmigo, ni con la mayoría de los comunistas que yo conocía entonces, esos problemas que "nos ahogaban por el centralismo" esas "ansias de autodeterminación" que tanto creía el secretario general que a mí me preocupaban y debían preocupar a los catalanes. Tras aquel chorro de "verdades comprobables y evidentes", yo no tenía ni capacidad de respuesta ni argumentos suficientes para decirle que todo aquello que yo había dicho podría ser fruto de mi inexperiencia o de mis prejuicios, pero que de todas formas no lo entendía; como no entendía qué significaba aquello de "el gobierno de todo el pueblo" que yo no había visto. Como la verdadera lacra del alcoholismo, que veía por doquier, o la captación de divisas empleando a chavales que hacían trampa en el cambio, en lugar de aplicar uno real que era el que funcionaba, aunque de forma descontrolada y aparentemente ilegal. Pero me callé, pues ni yo estaba en condiciones de debatir nada con el primer espada del comunismo español, ni tampoco estaba convencido de tener razón porque hubiera visto algunas cosas que me hicieron dudar de ciertas eficacias. Porque además yo todo lo pensaba y decía en positivo, tratando de que mejorara, no como críticas desde fuera. Así que di por aceptada toda aquella clase del experimentado profesor y seguí hincándole el diente al contenido del plato. Se dijeron muchas cosas más sobre este tema, pero sobre todo, Santiago se extendía una y otra vez en algo que yo llegué a creer que era una obsesión suya: La ruptura, por la vía de la evolución, de los sectores franquistas con la dictadura, y la firme e inequívoca apuesta de esos sectores por la democracia.

Este discurso acerca de cuestiones cuya posibilidad de verificarse yo desconocía —y que era algo que todo comunista entonces quería creer, al menos ese era mi caso, para que por fin la dictadura se acabara y se estableciera un sistema democrático donde los trabajadores tuvieran el lugar que le pertenecía—, hacía mella en mí, en los jóvenes, más que las posibles imperfecciones —sin duda solucionables por el propio sistema soviético— que de alguna manera, una vez yo había dejado la URSS, me afectaban mucho menos. Así que lo dejé correr y me reafirmé en que la lucha de verdad estaba en España, donde —si era verdad todo cuanto Santiago decía sobre los sectores del Ejército y esos grandes apoyos con los que la dictadura había contado hasta entonces se empezaban a movilizar—, lo importante era estar a la altura de las circunstancias para no quedar al margen. Para demostrar que los comunistas, los trabajadores, a los que defendíamos, éramos parte, no importante sino fundamental de la conquista de la libertad. Y para eso había que apostar por las movilizaciones para seguir presionando a aquellos sectores que estando ya predispuestos a romper con la dictadura, aún se mostraban indecisos; para que vieran que o se subían al tren de la definitiva victoria democrática o lo perderían y serían responsables y cómplices de la dictadura, de los últimos actos de ésta. Mentiría si dijera que respecto a todo lo referente a España, Santiago Carrillo alojaba la más pequeña sombra de duda. Todo encajaba a la perfección, según nuestro secretario general, el mejor informado, el que tenía todos los resortes del partido. Así que hasta era viable salvar las posibles reticencias o escrúpulos de los militantes respecto a la compatibilidad entre la lucha —y la consiguiente represión—, y el hecho de que nuestros dirigentes compartieran de vez en cuando mesa y mantel con algunos de los más insignes energúmenos de la dictadura, pues según observaba Santiago Carrillo, desde su particular observatorio, eso ayudaba a avanzar hacia la liquidación del régimen.

Todos hablamos, durante el resto de la comida, de nuestros respectivos lugares de origen y de cómo se desarrollaban los acontecimientos en ellos. Román no dijo casi nada. Apenas hizo alguna referencia intrascendente a algún pequeño núcleo de organizaciones agrarias en Cataluña, que de todas formas consideró en embrión y que no había que confundir con los movimientos de lucha campesina de otros lugares de España, ya que eran campesinos con tierras, no jornaleros, aunque consideró que era importante que algo se moviera en ese sector tan conservador. También dijo que aquella incipiente organización estaba a cargo de un militante del partido de Lérida, un mecánico de máquinas agrícolas, y mencionó el pueblo de Balaguer. A este mecánico lo llegaría a conocer tiempo después. En realidad era un pequeño empresario con un taller de su propiedad, que se dedicaba a la reparación de maquinaria agrícola.

Ignacio Gallego, ante un comentario de Carrillo sobre la juventud de la histórica JSU a la que pertenecieron ambos como dirigentes, se refirió a aquellos tiempos para decir que en aquellos últimos años la dirección de la misma lo había pasado muy mal y que "hasta el punto, dijo, de que "pasamos hambre". También afirmó que ya entonces, y cada vez más progresivamente, "empezamos a tener pequeños núcleos de organizaciones juveniles" en muchos lugares de España; afirmación que me sorprendió, ya que yo estaba convencido de que las organizaciones juveniles del partido eran más numerosas e importantes y que estaban prácticamente en todas las grandes ciudades de España, quizá porque en Tarrasa habíamos alcanzado un alto grado de organización y militancia juvenil que yo mentalmente extendía a todo el territorio nacional. Pero no era así. La realidad era que aparte de Madrid, seguramente el único lugar que nos superaba, en el resto de España, incluida Barcelona y su zona industrial, apenas se empezaban a consolidar, "pequeños núcleos" al amparo del partido, que hacía esfuerzos por que así fuera, aunque éste mismo tuviera muchas dificultades para avanzar y consolidarse. Sobre la marcha, en las luchas, obreras en las zonas más dinámicas de la industria, tras cada nueva experiencia, surgieran nuevos luchadores que enseguida se mostraban como grandes dirigentes locales. Y entre esos nuevos, evidentemente los jóvenes eran el principal activo, y prácticamente, sin apenas transición, pasaban de la lucha en sus empresas, a dirigir el movimiento obrero en las ciudades y a engrosar las organizaciones juveniles comunistas. Pero eso, que luego sería la trayectoria de la J.C., todavía estaba lejos de ser una realidad. Tendrían que pasar algunos años para que eso se consiguiera. Por lo tanto, todavía la dictadura, por más voluntarismo que le pusiéramos, tenía todos los apoyos y resortes para mantenerse, como día a día demostraba con la represión. Mientras tanto, sectores de la gran burguesía catalana y vasca principalmente, no se olvide este detalle, mucho más pragmáticos a la hora de defender sus intereses, jugaban a la política de salón, sin el menor riesgo ni para sus intereses económicos ni por supuesto para su integridad física. Un pequeño gesto interesado de esos sectores franquistas, que miraban al futuro sin prisa porque sabían que sus negocios estaban todavía bien protegidos por la dictadura, era maximizado por Santiago. Cuando la realidad era que ya habían pasado los tiempos en que el golpe de Estado era la única forma de mantener sus intereses. Simplemente, modificaron el método. Y consideraban que había que establecer puentes que les permitieran pasar por demócratas, desenganchados del régimen, con algún caso muy interesado y aireado en su prensa, de todas formas no demasiado crítico, muy leve. Y nada mejor para que esos proyectos "lampedusianos" de la derecha tuvieran éxito, que el "carné de demócrata", con carácter hasta retroactivo, se lo otorgaran los que habían sido las mayores víctimas de la represión: los comunistas. No era raro enterarse, no solamente por la prensa burguesa sino por las propias publicaciones del partido, de que el denostado Secretario General del Partido Comunista de España, había mantenido una reunión en "alguna ciudad de Europa", con algún representante de estos sectores más o menos críticos con el franquismo, y era precisamente la prensa del partido la que más hincapié hacía en que ello constituía "un gran avance de la unidad de las fuerzas democráticas". Mientras tanto, porque hay que reiterar que "quedaba mucha dictadura por desollar", la burguesía recurría a la dictadura para sofocar huelgas y protestas, y los trabajadores y sus dirigentes seguían yendo a la cárcel y siendo torturados y hasta asesinados en las calles. Pero se seguía soñando y lanzando la idea de la HNP. No se sabe muy bien por qué razón, Santiago y su núcleo más allegado pensaban que aquellos nuevos "compañeros de viaje" con los que departían tan amigablemente, las burguesías franquistas que todavía era el soportes del régimen, iban a apoyar semejante dislate tan alejado de sus intereses.

La comida fue larga, y sobre todo la sobremesa, plagada de todo tipo de análisis, promesas y consejos que me sonaron paternalistas, pero que en aquel contexto elevaban la moral del más pintado. La despedida fue de lo más emotivo, entre abrazos y promesas de futuros reencuentros, "esta vez en Madrid o en Barcelona, en una España democrática, camino del socialismo".

A eso de la diez de la noche volvía a subir al tren en la misma estación parisina de Austerlitz, a la que había llegado hacía más de un mes. Sin el menor contratiempo llegué a la barcelonesa estación de Francia y tomé el tren para Tarrasa, donde iba a comprobar si todo aquello que con tanto fervor se analizaba en París, era lo que realmente estaba sucediendo en la ciudad y en toda España. El primer encuentro que tuve fue con Cipriano, que me preguntó, algo inquieto, que qué había pasado para que permaneciera tanto tiempo fuera, ya que había asuntos de la Juventud Comunista y del partido que requerían ser discutidos. Por lo demás, todo estaba igual que lo había dejado. El único cambio fue que en el taller donde trabajaba, Electricidad Humet, ante el alargamiento del permiso, que era de unas dos semanas, me habían enviado a casa la carta de despedido. Tuve que buscar otros trabajos, un tanto a salto de mata, por medio de algunos compañeros de mi oficio; fontaneros como Linares, José Cortés del Torrente de la Maurina, con Manuel Medina, del barrio de Montserrat, así como albañiles amigos que me ofrecían algunas chapuzas para que pudiera llevar algún dinero a casa, pues no era boyante la situación precisamente.

Sobre el autor

Ubaldo Plaza Requena, nació en Guadix (Granada) en 1945. A los nueve años emigró a Tarrasa (Barcelona) con sus padres.

Trabajó en el monte haciendo carbón hasta los 17 años. A los 16 (enero de 1961) ingresó en el Partido Comunista (PCE-PSUC) y emprendió la lucha clandestina contra el franquismo. Militó hasta 1983, cuando dejó la militancia por discrepancias con la dirección del PSUC por su deriva nacionalista. Poco después el PSUC sería liquidado por la dirección. Militó brevemente en el PCC.